Wittlage · Methoden und Techniken praktischer
Organisationsarbeit

D1935600

Methoden und Techniken praktischer Organisationsarbeit

Von Professor Dr. Helmut Wittlage

2.62
WIT
Inventar-Nr. 3740

VERLAG NEUE WIRTSCHAFTS-BRIEFE
HERNE / BERLIN

Europäische Wirtschaftshochschule
Universitätsstraße 1
Geb. 25.02 · Telefon 02 11 / 34 70-51
4000 Düsseldorf 1

CIP-Kurztitelaufnahme der Deutschen Bibliothek

Wittlage, Helmut:
Methoden und Techniken praktischer Organisationsarbeit / von Helmut Wittlage.
– Herne, Berlin: Verlag Neue Wirtschafts-Briefe, 1980.
ISBN 3-482-56481-7

Verlag Neue Wirtschafts-Briefe GmbH, Herne/Berlin
1980 – ISBN 3-482-56481-7
Herausgeber: Rechtsanwalt Steuerberater Dr. K. Peter, Recklinghausen
© Verlag Neue Wirtschafts-Briefe GmbH, Herne/Berlin, 1980
Alle Rechte vorbehalten.
Ohne Genehmigung des Verlages ist es nicht gestattet, das Buch oder Teile daraus nachzudrucken oder auf fotomechanischem Wege zu vervielfältigen, auch nicht für Unterrichtszwecke.
Druck: Griebsch Druck GmbH, Hamm

Vorwort

Die Methoden und Techniken der praktischen Organisationsarbeit zu beherrschen ist eine unerläßliche Voraussetzung für die erfolgreiche Durchführung von Reorganisationsmaßnahmen. Jeder Student der Betriebswirtschaftslehre und jeder Praktiker sollte sich deshalb mit diesen Methoden und Techniken vertraut machen, sei es, daß er selber praktische Organisationsarbeit zu leisten hat oder sei es, daß er von Organisationsuntersuchungen berührt wird.

Dieses Buch ist in enger Verbindung mit dem bereits in der Reihe „NWB-Studienbücher Wirtschaftswissenschaften" erschienenen Buch „Unternehmensorganisation, Einführung und Grundlagen mit Fallstudien" zu sehen, in dem das „Allgemeine Organisationswissen" – Grundbegriffe und Grundsätze der Organisation, Organisationstypen und -strukturen, Regelungen materieller und informationeller Arbeitsprozesse – dargelegt wird.

Stoffauswahl, Gliederung und Darstellung basieren auf Erfahrungen, die aufgrund praktischer Organisationsarbeit und in mehrjähriger Lehrtätigkeit gesammelt wurden. Daher werden die Methoden und Techniken besonders ausführlich behandelt, die in der praktischen Organisationsarbeit weitgehend Verwendung finden. Neben der Darstellung der einzelnen Verfahren und Techniken werden besonders die jeweiligen Vor- und Nachteile in vergleichender Gegenüberstellung herausgearbeitet, um dem organisatorisch Tätigen in einer konkreten Situation eine Entscheidungshilfe für den Einsatz alternativer Verfahren an die Hand zu geben.

Um dem Leser den Zugang zu den Verfahren und Techniken der praktischen Organisationsarbeit zu erleichtern und ihm eine kontrollierbare Erarbeitung des Stoffes zu ermöglichen, sind den Darlegungen Kontrollfragen zugeordnet, deren Beantwortung sich aus den den Kontrollfragen vorhergehenden Ausführungen ergibt. Außerdem sollen die Literaturangaben am Ende eines jeden Hauptabschnittes eine Vertiefung des jeweils behandelten Problemkreises ermöglichen.

Zielgruppe dieses Buches sind sowohl diejenigen Studenten, die sich im Grund-/Hauptstudium mit Problemen der Organisation auseinandersetzen, als auch Praktiker, die im Betrieb oder in der Verwaltung Organisationsaufgaben zu erfüllen haben.

Münster, im Juni 1980 Helmut Wittlage

Inhaltsverzeichnis

Literaturverzeichnis

Acker, H.B., Organisationsstruktur, in: Organisation, 1. Bd. der TFB-Handbuchreihe, hrsg. von Schnaufer, E., Agthe, K., Berlin – Baden-Baden 1961, S. 119 ff.

ders., Organisationsanalyse. Verfahren und Techniken praktischer Organisationsarbeit, 8. Aufl., Baden-Baden und Bad Homburg 1975

Adams, K., Kiederich, K., Systemanalyse, Arbeitstechniken der EDV-Organisation, Köln-Opladen 1973

Akademie für Organisation, Handlexikon Organisation, Frankfurt a.M. 1971

Alsleben, Alle Umwelteinflüsse (Farbe) im Büroraum, Barmstedter Hefte 3, Barmstedt 1960

Atteslander, P., Methoden der empirischen Sozialforschung, 2. Aufl., Berlin – New York 1971

Ausschuß für wirtschaftliche Fertigung e.V., Schwachstellenforschung und Rationalisierungsmaßnahmen im Betrieb, in: Schriftenreihe: Arbeitsvorbereitung, Heft 2, Frankfurt a.M./ Berlin o.J.

Bartram, P., Die innerbetriebliche Kommunikation, Berlin 1969

Battelle-Institut, Vademecum der Ideenfindung. Eine Anleitung zum Arbeiten mit Methoden der Ideenfindung, 2. Aufl., Frankfurt a.M. o.J.

dass., Methoden und Organisation der Ideenfindung, Frankfurt a.M. 1973

dass., Einführung und Anwendung der Methoden der Ideenfindung im Unternehmen. Probleme und Ansätze zu ihrer Überwindung, Frankfurt a.M. 1975

Beer, St., Kybernetik und Management, Frankfurt a.M. 1959

Berger, K.H., Organisationspläne und Dienstanweisungen, in: Organisation, 1. Bd. der TFB-Handbuchreihe, hrsg. von Schnaufer, E., Agthe, K., Berlin – Baden-Baden 1961, S. 531 ff.

Bleicher, K., Grundsätze der Organisation, in: Organisation, 1. Bd. der TFB-Handbuchreihe, hrsg. von Schnaufer, E., Agthe, K., Berlin – Baden-Baden 1961, S. 149 ff.

Bloch, M.E., Die Stellenbeschreibung, 2. Aufl., Zürich 1973

Blohm, H., Die Gestaltung des betrieblichen Berichtswesens als Problem der Leitungsorganisation, 2. Aufl., Herne/Berlin 1974

ders., Organisation, Information und Überwachung, 3. Aufl., Wiesbaden 1977

Blohm, H., Heinrich, L.J., Schwachstellen der betrieblichen Berichterstattung, Baden-Baden und Bad Homburg v.d.H. 1965

Blohm, H., Lüder, K., Investitionen, Schwachstellen im Investitionsbereich des Industriebetriebes und Wege zu ihrer Beseitigung, 4. Aufl., München 1978

Böhrs, H., Probleme der Vorgabezeit, München 1950

Bössmann, E., Die ökonomische Analyse von Kommunikationsbeziehungen in Organisationen, Berlin/Heidelberg/New York 1967

Bornemann, E., Die Gruppe im Betrieb, in: Zentralblatt für Arbeitswissenschaft und soziale Betriebspraxis, 1952, S. 86 ff.

Bundesschatzminister (Hrsg.), Richtlinien für die Innenraumbeleuchtung mit künstlichem Licht in öffentlichen Gebäuden, Köln-Braunsfeld 1965

ders., Richtlinien für die Innenraumbeleuchtung mit künstlichem Licht in Schulen, Berlin – München 1968

Buschardt, D., Zur rationellen Organisation von Arbeitsabläufen, Berlin 1973

Clark, Ch., Brainstorming, 2. Aufl., München 1967

Dahrendorf, R., Die Sozialstruktur des Betriebes, Wiesbaden 1972

Dreger, W., Management-Informationssysteme, Systemanalyse und Führungsprozeß, Wiesbaden 1973

Dressler, W., Keßler, A., Funktionendiagramme oder Stellenbeschreibungen? Eine vergleichende Analyse der Ziele und Anwendungsmöglichkeiten, in: ZfO, 44. Jg. 1975, S. 191 ff.

Dreyer, A., Scoring-Modelle bei Mehrfachzielsetzung, in: ZfB, 44. Jg. 1974, S. 255 ff.

Duschek, E., Personalbedarfsrechnung, in: Zeitschrift für das gesamte Rechnungswesen, 13. Jg. 1967, S. 245 ff., 278 ff., 14. Jg. 1968, S. 12 ff.

Erbslöh, E., Interview, Studienskripten zur Soziologie, Bd. 1, hrsg. von E.K. Scheuch, Stuttgart 1972

Feurer, W.E., Brevier der Arbeitsvereinfachung, 2. Aufl., Bern, Köln und Opladen 1968

Frese, E., Aufbauorganisation, Gießen 1976

Friedrichs, J., Methoden empirischer Sozialforschung, Reinbek b. Hamburg 1973

Frieling, H., Psychologische Raumgestaltung und Farbdynamik, 5. Aufl., Göttingen 1963

Futh, H., EDV-Organisation, Bd. 1: Entwicklung eines EDV-Systems, 2. Aufl., München – Wien 1972

ders., EDV-Organisation, Bd. 2: Einführung eines EDV-Systems, 2. Aufl., München – Wien 1973
Geschka, H., Schlicksupp, H., Techniken der Problemlösung, in: Rationalisierung, Heft 22/1971, S. 297 ff.
Grandjean, E., Physiologische Arbeitsgestaltung, München 1963
Grochla, E., Unternehmensorganisation, Reinbek b. Hamburg 1972
Grün, O., Informale Erscheinungen in der Betriebsorganisation, Berlin 1966
Gutenberg, E., Grundlagen der Betriebswirtschaftslehre, Bd. 1, Die Produktion, 19. Aufl. Berlin/Heidelberg 1972
Haberfellner, R., System-Engineering – Eine Methode zur Lösung komplexer Probleme, in: ZfO, 42. Jg. 1973, S. 373 ff.
Hackstein, R., Nüssgens, K.H., Uphus, P.H., Personalbedarfsermittlung im System Personalwesen (II), in: Fortschrittliche Betriebsführung, 20. Jg., 1971, S. 155 ff.
Hall, R.H., Die dimensionale Natur bürokratischer Strukturen, in: Bürokratische Organisation, hrsg. von Mayntz, R., Köln – Berlin 1968
Haller-Wedel, R., Das Multimomentverfahren in Theorie und Praxis, Bd. 2, 2. Aufl., München 1969
Hanfland, U., Zwei Wege – Ein Ziel, in: Büro und EDV, München, Oktober 1975, S. 18 ff.
Harrmann, A., Zum Problem der Personalplanung in einem Industriebetrieb, in: BFuP, 25. Jg. 1973, S. 341 ff.
Hax, H., Investitionstheorie, 2. Aufl., Würzburg 1972
Heinisch, I., Sämann, W., Planzeitwerte im Büro, in: Arbeitsstudium – Industrial Engineering – Grundlagen und Methoden (Schriftenreihe), Berlin–Köln–Frankfurt a.M. 1973
Heinen, E., Grundlagen betriebswirtschaftlicher Entscheidungen. Das Zielsystem der Unternehmung, 2. Aufl., Wiesbaden 1971
Helbig, M., Vordrucke, Gestalten – Verwalten – Verwenden, Aachen 1965
Hentze, J., Die Hauptdeterminanten des quantitativen Personalbedarfs, in: ZfB, 40. Jg. 1970, S. 677 ff.
Hijmans, M.E., Une Nouvelle Méthode d'Organisation par les Graphiques de Liaisons et d'Attributions, Communication, Paris 1929
Hill, W., Fehlbaum, R., Ulrich, P., Organisationslehre, Bd. 2, Bern – Stuttgart 1974
Höhn, R., Stellenbeschreibung und Führungsanweisung, 8. Aufl., Bad Harzburg 1973
Hoffmann, F., Entwicklung der Organisationsforschung, 2. Aufl., Wiesbaden 1976
Homans, G.C., Theorie der sozialen Gruppe (The Human Group), dt. Übersetzung von Gruner, R., 5. Aufl., Köln und Opladen 1970
Horváth, P., Prüfung bei automatisierter Datenverarbeitung, Herne 1971
IBM, Handbuch der EDV-Organisation, IBM-Form 71523–2
Irle, M., Verhalten in organisierten Gruppen, in: Handbuch der Psychologie, 7. Bd., 2. Halbbd., hrsg. von Graumann, C.F., Göttingen 1972, S. 1867 ff.
Jahoda, M., Deutsch, M., Cook, St.W., Beobachtungsverfahren, in: Beobachtung und Experiment in der Sozialforschung, Hrsg. von König, R., 8. Aufl., Köln 1972
Jay, A., Die Kunst der Präsentation, Düsseldorf 1973
Jenny, H.P., Die Stellenbeschreibung als Hilfsmittel zur Fixierung der Organisation, dargestellt am Beispiel eines Textilhauses, Diss., Winterthur 1966
Jope, R., Die Funktionenbeschreibung als Vorstufe zur Stellenbeschreibung, in: BTO, 1/1970, S. 38 ff.
ders., Die Stellenbeschreibung, in: Rationalisierung, 23. Jg. 1972, S. 118 ff., 128 ff.
Jordt, A., Gscheidle, K., Fernkurs für Organisation, Wiesbaden o.J.
dies., Ist-Aufnahme und Analyse von Arbeitsabläufen, in: BTO 1970, S. 459 ff., 663 ff., 887 ff., 1091 ff., 1971, S. 149 ff.
dies., Ist-Aufnahme von Arbeitsabläufen in Büro und Verwaltung, in: Industrial Engineering, Heft 1/1971
Joschke, H.K., Formular-Handbuch für die kaufmännische Verwaltung, München 1964
Keller, A.F., Methoden zum Finden neuer Ideen, in: Marketing Journal 21/1971, S. 154 ff.
Kepner, Ch.H., Tregoe, B.B., Managemententscheidungen vorbereiten und richtig treffen, 3. Aufl., München 1971
Kern, W., Investitionsrechnung, Stuttgart 1974
Kesselring, F., Schöpferische Arbeit in Technik und Wirtschaft, in: Fortschrittliche Betriebsführung, 21 (1968), S. 39 ff.
Kieser, A., Kubicek, H., Organisation, Berlin – New York 1977
Klaus, G., Wörterbuch der Kybernetik, 2. Bd., Frankfurt a.M. und Hamburg 1969
Knebel, H., Schneider, H., Taschenbuch zur Stellenbeschreibung, 2. Aufl., Heidelberg 1978
Koch, H., Über eine allgemeine Theorie des Handelns, in: Zur Theorie der Unternehmung, hrsg. von Koch, H., Wiesbaden 1962, S. 367 ff.

ders., Grundlagen der Wirtschaftlichkeitsrechnung. Probleme der betriebswirtschaftlichen Entscheidungslehre, Wiesbaden 1970
König, R., Die informellen Gruppen im Industriebetrieb, in: Organisation, 1. Bd. der TFB-Handbuchreihe, Hrsg. von Schnaufer, E., Agthe, K., Berlin und Baden-Baden 1961, S. 55 ff.
ders., Die Beobachtung, in: Handbuch der empirischen Sozialforschung, Bd. 2, Grundlegende Methoden und Techniken der empirischen Sozialforschung, Erster Teil, hrsg. von König, R., 3. Aufl., Stuttgart 1973
Kosiol, E., Organisation der Unternehmung, 2. Aufl., Wiesbaden 1976
Krasemann, B.J., Grundlagen, Möglichkeiten und Grenzen der Stellenbeschreibung als Führungsinstrument des kooperativen Führungsstiles, Burgbrohl o.J. (1972)
ders., Aktuelle Daten zur Stellenbeschreibung in der Bundesrepublik, in: ZfO, 42. Jg. 1973, S. 74 ff.
Krüsselberg, H.G., Betriebsstruktur und Lohnanreizsystem, in: Kölner Zeitschrift für Soziologie und Sozialpsychologie, 10. Jg. 1958, S. 615 ff.
ders., Organisationstheorie, Theorie der Unternehmung und Oligopol, Berlin 1965
Kruse, L., Gruppen und Gruppenzugehörigkeit, in: Handbuch der Psychologie, 7. Bd., 2. Halbbd., hrsg. von Graumann, C.F., Göttingen 1972, S. 1565 ff.
Kühne, W., Stellenbeschreibung – Möglichkeiten und Grenzen, in: Der graduierte Betriebswirt, 6. Jg. 1973, S. 221 ff.
Laszio, H., Wirkungsvolle Darstellung von Arbeitsabläufen, in: BTO, 19. Jg. 1969, S. 34 ff.
Leffson, U., Programmiertes Lehrbuch für Investitionsrechnung, Wiesbaden 1973
Lepsius, R.M., Strukturen und Wandlungen im Industriebetrieb. Industriesoziologische Forschung in Deutschland, hrsg. vom RKW, München 1960
Linhardt, H., Grundlagen der Betriebsorganisation, Essen 1954
Littmann, H.E., Organisationstechnik. Die Arbeit des Organisators im Betrieb, Bad Harzburg 1967
Lochstampfer, P., Systemorientierte Betriebsorganisation, München 1974
Löbel, G., Schmid, H., Müller, P., Lexikon der Datenverarbeitung, 2. Aufl., München 1969
Maccoby, E.E., Maccoby, N., Das Interview: Ein Werkzeug der Sozialforschung, in: Das Interview, hrsg. von König, R., 7. Aufl., Köln 1972
Mayntz, R., Die soziale Organisation des Industriebetriebes, Stuttgart 1969
Mayntz, R., Holm, K., Hübner, P., Einführung in die Methoden der empirischen Soziologie, 3. Aufl., Köln und Opladen 1972
Mellerowicz, K., Allgemeine Betriebswirtschaftslehre, Bd. 1, 14. Aufl., Berlin – New York 1973
Menzel, A., Die Gestaltung komplexer Unternehmensorganisationen, in: Führung und Organisation der Unternehmung (Schriftenreihe), Bd. 29, hrsg. vom Institut für Betriebswirtschaft an der Hochschule St. Gallen, Bern und Stuttgart 1977
Miller, D.C., Form, W.H., Unternehmung, Betrieb und Umwelt (Industrial Sociology), dt. Übertragung von K.G. Specht, in: Der Mensch im Betrieb, hrsg. von Ch. Gasser, K. Hax, Bd. 5, Köln und Opladen 1957
Müller-Pleuss, I.H., Organisationsmethoden, 4. Aufl., Heidelberg 1974
Münch, W., Datensammlung in den Sozialwissenschaften, Stuttgart 1971
Musiol, A., Organisation von Organisationsprojekten in der Industrie, in: ZfO, 43. Jg. 1974, S. 192 ff., S. 277 ff.
Nehnevajsa, J., Soziometrie, in: Handbuch dér empirischen Sozialforschung, Bd. 2, Grundlegende Methoden und Techniken der empirischen Sozialforschung, Erster Teil, hrsg. von König, R., 3. Aufl., Stuttgart 1973
Nordsieck, Fr., Betriebsorganisation, Lehre und Technik, Text- und Tafelband, Stuttgart 1961
ders., Betriebsorganisation, 4. Aufl., Stuttgart 1972
Olmsted, M.S., Die Kleingruppe, Soziologische und sozialpsychologische Aspekte (The small Group), dt. Übersetzung von Krause-Lang, M., Freiburg in Br. 1971
Ott, B., Prüfung der Betriebsorganisation, Herne 1972
Pornschlegel, H., Verfahren vorbestimmter Zeiten, in: Arbeits- und betriebskundliche Reihe, Bd. 8/9, Köln 1968
Pornschlegel, H., Birkwald, R., Handbuch der Erholungszeitermittlung, in: Arbeits- und betriebskundliche Reihe, Bd. 6, Köln 1968
Pornschlegel, H., Schiffer, K.H., Die Multimomentaufnahme, Köln 1970
Potthoff, K.P., Die Ermittlung des Brutto-Personalbedarfs in der Industrie, in: Der Betrieb, 23. Jg. 1970, S. 1397 ff.
Raidt, F., Stellenbeschreibung – Abgrenzung und Zusammenhänge mit anderen Organisations- und Führungsmitteln, Sonderdruck aus: Bürotechnik und Automation, Baden-Baden 1971
Reiners, L., Die Kunst der Rede und des Gespräches, 5. Aufl., Bern und München 1968

Ropohl, G., Systematische Ansätze bei der Anwendung der morphologischen Methode in der Praxis, in: Blohm, H., Steinbuch, K., (Hrsg.), Technische Prognosen in der Praxis, Düsseldorf 1972, S. 29 ff.
Rosenkranz, R., Die notwendigen und die tatsächlichen Verteilzeit-Zuschlags-Faktoren, in: Das rationelle Büro, 9/1966, S. 11 ff.
Rosenkranz, R., Personalbedarfsrechnung als Voraussetzung und Folge von Rationalisierungsuntersuchungen in Geld- und Kreditinstituten, in: Das rationelle Büro, 8/1970, S. 18 ff.
ders., Weiterhin schlechte Organisation und schlechter Kundendienst in Geldinstituten, in: Bürotechnik (BTA/BTO), 4./1976, S. 92 ff.
ders., Die Stichprobe bei Personalbedarfsrechnungen, in: Bürotechnik (BTA/BTO), 11/1976, S. 74 ff.
ders., Die Bedeutung des notwendigen Verteilzeitzuschlags bei Personalbedarfsrechnungen, in: Bürotechnik (BTA/BTO), 12/1976, S. 56 ff.
Rottmeyer, Fr., Quantitative Personalplanung, in: Rationalisierung, 22. Jg. 1971, S. 45 ff.
Rühl, G., Modische Falschbehauptungen, in: Der Arbeitgeber 25 (1973) 19, S. 881 ff.
ders., Untersuchungen zur Arbeitsstrukturierung, in: Industrial Engineering (REFA), 3. (1973), S. 147 ff.
Rühli, E., Unternehmensführung und Unternehmenspolitik, Bd. 1, Bern und Stuttgart 1973
Russ, A., Die Technik der Personalbedarfsrechnung, in: Das rationelle Büro, 9/1966, S. 5 ff.
Scheuch, E.K., Das Interview in der Sozialforschung, in: Handbuch der empirischen Sozialforschung, hrsg. von König, R., Bd. 2, Grundlegende Methoden und Techniken der empirischen Sozialforschung, Erster Teil, 3. Aufl., Stuttgart 1973
Schmidt, G., Organisationsanalyse, Istkritik als Phase des Organisationsprozesses, in: ZfO 41. Jg. 1972, S. 9 ff.
ders., Organisation, Methode und Technik, 2. Aufl., Gießen 1975
Schmidt, V., Die Groberfassung des Istzustandes bei Arbeitsablaufsuntersuchungen, in: Das rationelle Büro 8/1966, S. 7 ff.
Schneider, D., Investition und Finanzierung, 2. Aufl., Opladen 1971
Scholtz, H., Optimierung der Personalbedarfsrechnung mit Hilfe von Risikokalkülen, in: Das rationelle Büro, 2/1969, S. 7 ff.
Schrader, A., Einführung in die empirische Sozialforschung, Stuttgart 1971
Schramm, W., Die betrieblichen Funktionen und ihre Organisation, Berlin 1935
Schuler, M., Organisationsprüfung mit Hilfe von Arbeitsuntersuchungen, Köln und Berlin 1970
Schulze, H.H., Lexikon zur Datenverarbeitung, Reinbek bei Hamburg 1978
Schwarz, H., Arbeitsplatzbeschreibungen, 3. Aufl., Freiburg 1968
ders., Betriebsorganisation als Führungsaufgabe, 6. Aufl., München 1973
Schwarze, J., Netzplantechnik, 4. Aufl., Herne/Berlin 1979
Schweitzer, M., Probleme der Ablauforganisation in Unternehmen, Berlin 1964
Seidel, N., Büro-rationalisier-test, Quickborn o.J.
ders., Organisier-test, Quickborn o.J.
Selltiz, Cl., Johoda, M., Deutsch, M., Cook, St.W., Untersuchungsmethoden der Sozialforschung, Teil I, Neuwied und Darmstadt 1972
dies., Untersuchungsmethoden der Sozialforschung, Teil II, Neuwied und Darmstadt 1972
Senator für Inneres, Berlin, Leitfaden für die Organisationsarbeit, Der funktionsgerechte Arbeitsplatz, Berlin 1971
Siemens (Hrsg.), Organisationsplanung, Planung durch Kooperation, 2. Aufl., Berlin – München 1974
Simon, G., Organisationshandbücher sind selten perfekt, in: BTO, 41. Jg. 1972, S. 683 ff.
Sneed, H.M., Jacobs, J., Modularprogrammierung – Technik, Methodik und Organisationsform, in: Zeitschrift für Datenverarbeitung, 9. Jg. 1971, S. 487 ff.
Sommer, W., Handbuch für Systemorganisation, Berlin – New York 1971
Spitschka, H., Praktisches Lehrbuch der Organisation, München 1975
Steinbuch, P.A., Organisation, Ludwigshafen 1977
Stirn, H., Die informelle Arbeitsgruppe, in: Die Gruppe in Praxis und Forschung, Schriftenreihe für Gruppenforschung und Gruppenpflege, Heft 1, hrsg. von Steinmetz, P.H., Dortmund 1952
Strebel, H., Forschungsplanung mit Scoring-Modelle, Baden-Baden 1975
Thumb, N., Grundlagen und Praxis der Netzplantechnik, München 1968
Tumm, G.W., Die neuen Methoden der Entscheidungsfindung, München 1972
Ulrich, H., Staerkle, R., Verbesserung der Organisationsstrukturen von Unternehmungen, in: Betriebswirtschaftliche Mitteilungen, Heft 6, 3. Aufl., Bern o.J. (1969)

Verband für Arbeitsstudien REFA e.V., Methodenlehre des Arbeitsstudiums, Datenermittlung, Teil 2, 3. Aufl., München 1973
Vieregg, J., Bestandteile, Gliederung und System eines Organisationshandbuches, in: ZfO, 33. Jg. 1964, S. 121 ff.
Walz, D., Organisationsmethoden, in: Handwörterbuch der Organisation, hrsg. von Grochla, E., Stuttgart 1973
Warschkow, U., Zum Konkretisierungsgrad der Aufgabenanalyse, in ZfO, 36. Jg. 1967, S. 24 ff.
Wild, J., Neuere Organisationsforschung in betriebswirtschaftlicher Sicht, Berlin 1967
Wildemann, H., Auswahl und Bewertung von Alternativen, in: RKW-Handbuch, Führungstechnik und Organisation, hrsg. von E. Potthoff, Berlin 1975
Winkel, A., Arbeits- und Zeitstudien in der Betriebspraxis, München 1949
Winnes, R., Beschäftigungsabhängige Personalbedarfsplanung, Königstein/Ts. 1978
Wittlage, H., Informale Erscheinungen in der Betriebsorganisation, in: Der graduierte Betriebswirt, 9. Jg. 1976, S. 289 ff.
Wittlage, H., Quantitative Personalbedarfsrechnung im Verwaltungsbereich, in: Der graduierte Betriebswirt, 10. Jg. 1977, S. 5 ff.
ders., Optimierung der quantitativen Personalbedarfsrechnung im Verwaltungsbereich, in: Der graduierte Betriebswirt, 10. Jg. 1977, S. 351 ff.
ders., Unternehmensorganisation, 2. Aufl., Herne/Berlin 1978
ders., Einsatz der Informationsgewinnungstechniken bei Reorganisationsuntersuchungen, in: Neue Betriebswirtschaft 1978, S. 291 ff.
Wöhe, G., Einführung in die Allgemeine Betriebswirtschaftslehre, 12. Aufl., München 1976
Wohlleben, H.D., Präsentationstechnik, Gießen 1975
Wrabetz, W., Die Stellenbeschreibung, Ein Leitfaden für die Praxis, Wiesbaden 1973
Wunderlich, L., Netzplantechnik für den Leiter, Grundlagen – Beispiele – Übungsaufgaben, Berlin 1969
Zander, E., Handbuch der Gehaltsfestsetzung, 3. Aufl., Heidelberg 1972
Zangenmeister, Ch., Nutzwertanalyse in der Systemtechnik, 3. Aufl., München 1973
Zimmermann, H.G., Netzplantechnik, Berlin – New York 1971

Verzeichnis der Abbildungen

Verzeichnis der Anlagen

1 Einleitung: Grundlagen der praktischen Organisationsarbeit

11 Objektbereich und Zielsetzung der praktischen Organisationsarbeit

111 Objektbereich

Der Objektbereich der Unternehmensorganisation umfaßt die offenen, dynamischen, äußerst komplexen und probabilistischen sozio-technischen Systeme, deren formalisierte Gebilde- und Prozeßstruktur auf die Erreichung ökonomischer Ziele ausgerichtet sind.[1] Elemente dieser sozio-technischen Systeme sind Menschen und Sachmittel, zwischen denen eine Menge von Relationen besteht. Die Menge dieser Relationen kennzeichnet die Struktur des sozio-technischen Systems.

Die grundlegenden Systemeigenschaften Offenheit, Dynamik, äußerste Komplexität und Probabilität beinhalten:[2]

Offenheit:

Es bestehen nicht nur wechselseitige Beziehungen zwischen den Elementen des Systems (Unternehmung), sondern auch solche zu Elementen anderer Systeme (Umwelt), d.h. die Struktur, der Einsatz und die Aktivitäten der Elemente des Systems werden von außen beeinflußt.

Dynamik:

Struktur, Einsatz und Aktivitäten der Elemente des Systems verändern sich im Zeitablauf. Dies ist einerseits durch die Offenheit des Systems bedingt, denn die Veränderungen anderer Systeme (Umwelt) führen über die bestehenden Wechselbeziehungen (Kopplungen) zu einer Änderung des Systems, andererseits wirkt sich die innere Dynamik des Systems aus. Der Grad der Veränderung des Systemzustandes schwankt im Zeitablauf.

Äußerste Komplexität

Die äußerste Komplexität liegt in der großen Anzahl und den vielfältigen Formen der Beziehungen zwischen den Elementen des sozio-technischen Systems begründet, als da sind

- Mensch-Mensch-Beziehungen (Individuum, Gruppe)
- Mensch-Sachmittel-Beziehungen
- Sachmittel-Sachmittel-Beziehungen

und in der Koppelung mit anderen Systemen, so daß eine vollständige Erfassung und Beschreibung des Systems nicht möglich ist. Die Auswahl der zu untersuchenden

---

1 vgl. Wittlage, H., Unternehmensorganisation, Einführung und Grundlegung mit Fallstudien, 2. Aufl., Herne/Berlin 1978, S. 16

2 Zur Klassifikation von Systemen siehe Beer, St., Kybernetik und Management, Frankfurt a.M. 1959, S. 27 ff.

Beziehungen des sozio-technischen Systems muß daher nach Möglichkeit so vorgenommen werden, daß die nicht berücksichtigten Relationen das Verhalten des Systems nicht wesentlich beeinflussen.

Probabilität

Exakte Voraussagen über das Systemverhalten lassen sich nicht treffen. Selbst bei ausreichender Kenntnis der wesentlichen Beziehungszusammenhänge können z.T. nur Wahrscheinlichkeitsaussagen getroffen werden.

Das so als Objektbereich der Organisationsarbeit gekennzeichnete sozio-technische System kann in Teilsysteme untergliedert werden, wobei als Teilsystem der Bestandteil eines Gesamtsystems zu verstehen ist, der „bestimmte Elemente dieses Systems enthält, die nicht nur untereinander, sondern auch mit Elementen anderer Teilsysteme dieses Systems gekoppelt sind".[3] Das sozio-technische Gesamtsystem Unternehmung kann seinerseits wiederum als eine Koppelung zweier oder mehrerer Untersysteme zu einem System höherer Ordnung verstanden werden.

Beispiel:[4]

System höherer Ordnung:	Unternehmung
Untersysteme:	Beschaffungs-, Fertigungs-, Vertriebs- und Verwaltungsbereich
Teilsysteme:	Informationssystem, Managementsystem, Personalsystem

Die Gestaltung der Beziehungszusammenhänge (Relationen) innerhalb der Systeme und Teilsysteme, die Koppelung von Untersystemen zu höheren Systemen ist die Aufgabe der praktischen Organisationsarbeit unter der Maxime der „optimalen" Erreichung der jeweils vorgegebenen Formal- und Sachziele. Dabei kann diese strukturierende Tätigkeit nicht allein unter dem sachlichen Aspekt der Zweck-Mittel-Beziehung vollzogen werden und der Mensch und sein reales Verhalten unberücksichtigt bleiben. Informale Erscheinungen sind nämlich nicht als eine Ergänzung der formalen Organisation zu sehen, sondern unter dem Aspekt einer gegenseitigen Wechselwirkung. Sie wirken sich nicht nur auf die formale Organisation aus, sondern entstehen häufig erst als Reaktion auf formale Tatbestände.[5]

112 Zielsetzung

Das Ziel der praktischen Organisationsarbeit besteht in der Gestaltung und Verbesserung der Beziehungszusammenhänge zwischen den Elementen der vorstehend beschriebenen sozio-technischen Systeme. Es fehlt aber ein fester und allgemeingültiger Maßstab dafür, was „besser" ist. Zwar gilt auch hier wie für alles wirtschaftliche Handeln das Wirtschaftlichkeitsprinzip[5a], nur ist es in seiner allgemeinen Fassung kaum für die praktische Organisationsarbeit verwendbar. Denn in den meisten kon-

3 Stichwort Teilsystem in: Wörterbuch der Kybernetik, Bd. 2, hrsg. von Klaus, G., Frankfurt a.M. und Hamburg 1969, S. 644

4 vgl. Schmidt, G., Methode und Technik, 2. Aufl., Gießen 1975, S. 18

5 vgl. Wittlage, H., Informale Erscheinungen in der Betriebsorganisation, in: Der graduierte Betriebswirt, 9. Jg., 1976, S. 289 ff.

5a Zum Wirtschaftlichkeitsprinzip siehe: Koch, H., Über eine allgemeine Theorie des Handelns, in: Zur Theorie der Unternehmung, Festschrift zum 65. Geburtstag von E. Gutenberg, Wiesbaden 1962, S. 394 ff.

kreten Situationen ist nicht bekannt, was der größtmögliche Erfolg bzw. der geringste Mitteleinsatz ist. Für die praktische Organisationsarbeit ist daher der einzige Maßstab der Beurteilung einer bestehenden Organisationsstruktur der Vergleich mit einer besseren, die ggf. nur in den Vorstellungen des Organisators existiert.

Für die Entwicklung verbesserter Strukturen lassen sich kaum Regeln aufstellen, da es sich hierbei vor allen Dingen um eine kreative Tätigkeit handelt. Die Lösung eines anstehenden Problems kann daher nicht erzwungen werden. Das notwendige kreative Element in der praktischen Organisationsarbeit wird aber durch Erfahrungen und den Einsatz einer Vielzahl methodischer Hilfsmittel (Organisationsmethoden und -techniken) unterstützt. Die im weiteren Verlauf dieser Ausführungen dargelegten Organisationsmethoden und -techniken sind so im Hinblick auf die praktische Organisationsarbeit zu sehen.

Neben dem Beherrschen der Methoden und Techniken der Organisationsarbeit wird daher von jedem organisatorisch Tätigen ein Mindestmaß an Kreativität verlangt werden müssen.

12 Begriffliche Grundlagen

121 Organisation

In der betriebswirtschaftlichen Organisationslehre wird der Begriff der Organisation unterschiedlich definiert.[6] Es können vereinfachend folgende Begriffsinhalte unterschieden werden:

- Organisation als Tätigkeit des Organisierens,
- Organisation als Objekt dieser Tätigkeit,
- Organisation als ein durch die Tätigkeit erreichter Zustand der Ordnung.[7]

Diese begrifflichen Unterschiede führen in der praktischen Organisationsarbeit im Hinblick auf die zu erarbeitenden konkreten Aussagezusammenhänge zu keinen Mißverständnissen, so daß man sie nebeneinander gelten lassen kann. Wichtig ist nur, daß materiell alle Beziehungszusammenhänge zwischen den Elementen des sozio-technischen Systems Berücksichtigung finden, d.h. die Mensch-Mensch-Beziehungen, die Mensch-Sachmittel-Beziehungen und die Sachmittel-Sachmittel-Beziehungen.[8] Unter Berücksichtigung dieser Gesichtspunkte wird den weiteren Ausführungen folgender Begriffsinhalt und -umfang zugrundegelegt:

„Organisation ist eine systematische, planvolle Zuordnung von Mensch zu Mensch, Mensch zu Sachmittel, Sachmittel zu Sachmittel, gekennzeichnet durch einen dauer-

---

6 Zu dem Inhalt des Organisationsbegriffs siehe: Kieser, A., Kubicek, H., Organisation, Berlin–New York 1977, S. 1 ff.

7 vgl. Schwarz, H., Betriebsorganisation als Führungsaufgabe, 6. Aufl., München 1973, S. 19

8 Einseitige Betrachtungsweisen der Organisation sind vor allem in der „traditionellen Organisationslehre" zu finden: die menschbezogene Sicht bei Linhardt, H., Grundlagen der Betriebsorganisation, Essen 1954; die mensch-sachmittelbezogene Sicht bei Schramm, W., Die betrieblichen Funktionen und ihre Organisation, Berlin 1935; Mellerowicz, K., Allgemeine Betriebswirtschaftslehre, Bd. 1, 12. Aufl. 1964; die sachmittelbezogene Sicht bei Gutenberg, E., Grundlagen der Betriebswirtschaftslehre, 1. Bd. 15. Aufl., Berlin/Heidelberg 1969

haften spezifischen Regelzusammenhang im Hinblick auf die Erreichung der gesetzten Ziele (Formal- und Sachziel)".

Aufgrund dieses Begriffsinhaltes und -umfanges wird ersichtlich, daß bei der praktischen Organisationsarbeit neben betriebswirtschaftlichen Erkenntnissen auch die Forschungsergebnisse anderer Wissenschaftsbereiche zu berücksichtigen sind, u.a. der Arbeitspsychologie (geistig-seelisches Verhältnis des Menschen zu seiner Arbeit), der Betriebssoziologie (zwischenmenschliche Beziehungen in der Organisationseinheit), der Technologie (Sachmittelbeziehungen), der Arbeitspädagogik (einweisen, ausbilden, weiterbilden, anlernen der Mitarbeiter).

Aus pragmatischen Gründen wird eine Aufteilung der Organisationsstruktur in eine Gebilde- (Aufbauorganisation) und eine Prozeßstruktur (Ablauforganisation) vorgenommen.

Unter der Gebildestruktur wird die Zuweisung analytisch gewonnener Teilaufgaben, der zu ihrer Erfüllung notwendigen Kompetenz und Verantwortung an personale Aufgabenträger sowie die Festlegung eines dauerhaften Beziehungszusammenhanges der so gebildeten Aktionseinheiten verstanden.[9]

Damit werden alle Regelungen erfaßt, die sich auf folgende Bereiche beziehen:

- Aufgaben- und Funktionsverteilung,
- Instanzenaufbau und Kompetenzsystem,
- Befehls- und Verkehrswege,
- Kommunikationssystem.

Die Aspekte Raum und Zeit der Aufgabenerfüllung finden ihre Berücksichtigung in der Prozeßstruktur. Sie kann umschrieben werden als die Summe der dauerhaften Regelungen aller gleichzeitig oder nacheinander erfolgenden Tätigkeiten, die auf die Erfüllung gleicher Aufgaben (Teilaufgaben) gerichtet sind, sowie als die Sicherstellung des Gesamtzusammenhanges aller betrieblichen Leistungsprozesse zur Erreichung des übergeordneten Unternehmenszieles.[10]

Die Gebildestruktur schafft damit die Voraussetzung für einen sachgerechten Ablauf, die Prozeßstruktur ermöglicht und sichert die Erreichung der betrieblichen Ziele.

Durch die Funktion des Organisierens müssen mithin die betrieblichen Vorgänge und Beziehungen zu einer produktiven Einheit gestaltet werden. Dies wird erreicht durch ein „System von Regelungen". Dieses System bildet den konkreten Inhalt der Betriebsorganisation. Der Organisator wird dabei bestrebt sein, alle betrieblichen Vorgänge und Beziehungen in ein „System genereller Regelungen"[11] einzupassen. Je umfassender diese generellen Regelungen gestaltet sind, desto geringer wird der Ermessensspielraum für die im sozio-technischen System tätigen Aufgabenträger.

Beispiele genereller Regelungen:

Geschäftsrichtlinien, Arbeitsanweisungen, Kontierungs-ABC, Liefer- und Zahlungsbedingungen, Arbeitszeitregelungen usw.

Voraussetzungen für die Schaffung eines „Systems genereller Regelungen" sind die Gleichartigkeit und oftmalige Wiederholung (Häufigkeit) bzw. Dauerhaftigkeit der

9 vgl. Schwarz, H., a.a.O., S. 22/23
10 vgl. Frese, E., Aufbauorganisation, Gießen 1976, S. 241
11 vgl. hierzu Gutenberg, E., a.a.O., S. 172 ff.

Beziehungen und Vorgänge sowie deren relative Einfachheit. In der praktischen Organisationsarbeit besteht die Tendenz, fallweise Regelungen durch ein „System genereller Regelungen" zu ersetzen (Substitutionsprinzip der Organisation[12]). Dies geschieht durch die Generalisierung und Schematisierung betrieblicher Beziehungen und Vorgänge, gefördert durch den Einsatz von Organisationsmitteln (Formulare, Tabellen, Schlüssel, EDVA usw.). Der wirtschaftliche Einsatz dieser Organisationsmittel erfordert andererseits einen gewissen Grad der Generalisierung und Schematisierung.

Die Dynamik des sozio-technischen Systems verlangt, daß das „System genereller Regelungen" nicht zur Inflexibilität bzw. Starrheit der betrieblichen Beziehungen und Vorgänge führen darf. Die dadurch bedingte laufende Anpassung an die sich verändernden internen und externen Bedingungen muß aber die Prinzipien der Stabilität und Elastizität in einem ausgewogenen Verhältnis berücksichtigen[13], wobei Stabilität als dauerhafte Strukturierung von Beziehungen und Vorgängen und Elastizität (Flexibilität) als erforderliche Anpassungsfähigkeit an sich verändernde interne und externe Daten (neue Technologien, sich wandelndes soziales Verhalten, gesamtwirtschaftliche Entwicklungen, veränderte Formal- und Sachziele usw.) zu verstehen ist.

122 Disposition

Im Gegensatz zur Organisation (generelle Regelung) besitzt die Disposition (fallweise Regelung) keine strukturierende Wirkung. Zwar werden auch hier die Beziehungen und Vorgänge eines sozio-technischen Systems geregelt, aber im Gegensatz zur Organisation nur einmalig für einen Fall.[14] Damit stellt die Disposition auf der Skala der Gestaltungsmöglichkeiten das andere Extrem dar.

Es ist zwischen einer freien und gebundenen Disposition zu unterscheiden.[15] Die freie Disposition ist im Gegensatz zur gebundenen nicht an organisatorische oder improvisatorische Regelungen geknüpft.

Beispiel:

- Die Kundenbestellungen werden entsprechend ihrem zeitlichen Eingang bearbeitet (organisatorische Regelung). Ausnahmesweise wird die Bestellung des Kunden X aufgrund besonderer Umstände als erste bearbeitet (dispositive Regelung).
- In der Schadensabteilung einer Versicherung wird der Aufgabenanfall für die Sachbearbeiter nach Versicherungs-Nummern-Kreisen verteilt (organisatorische Regelung). Da sich beim Sachbearbeiter X Arbeitsstapel gebildet haben, wird abweichend von der generellen Regelung der Aufgabenverteilung dem Sachbearbeiter Y ein Teil des Arbeitsstapels zur Bearbeitung übergeben (dispositive Regelung).

---

12 vgl. Gutenberg, E., a.a.O., S. 175

13 vgl. Bleicher, K., Grundsätze der Organisation, in: Organisation, TFB-Handbuchreihe, Bd. 1, Hrsg. Schnaufer, E., Agthe, K., Berlin–Baden-Baden 1961, S. 150 ff.; Schmidt, G., a.a.O., S. 20 f.

14 Abweichend von diesen Darlegungen verstehen Jordt/Gscheidle unter Disposition für Einzelfälle und kurzfristig geltende Regeln und unter Improvisation für einen Fall einmalig geltende Regeln, vgl. Jordt, A., Gscheidle, K., Fernkurs für Organisation, Wiesbaden o.J., S. 25

15 vgl. Akademie für Organisation (Hrsg.), Handlexikon der Organisation, Frankfurt a.M. 1971, S. 36

Die Disposition ist ein Bestandteil der Aufgabe der Instanzenträger im Unternehmen. Sie kann sowohl vorausschauend als auch ad hoc durchgeführt werden.

123 Improvisation

Bei der Improvisation handelt es sich um Regelungen mit strukturierender Wirkung. Damit steht die Improvisation der Organisation sehr nahe. Im Unterschied zur Organisation sind die Regelungen von kurzfristiger Gültigkeit und beziehen sich auf eine begrenzte Anzahl von Fällen. Die Improvisation basiert nicht auf vorausschauenden Überlegungen, sondern sie wird unter einem plötzlichen Zwang zum Handeln erforderlich. Aus diesem Grunde haftet ihr auch etwas Vorläufiges an.

Gründe für improvisatorische Regelungen können sein:

- Durch das unvorhergesehene Auftreten von Fakten ist eine vorausschauende Regelung nicht möglich.
- Laufende Veränderungen lassen eine dauerhafte Regelung noch nicht zu.
- Da eine grundlegende Veränderung vorhersehbar ist (z.B. Umstellung des Produktionsprozesses, Einsatz einer EDVA), behilft man sich vorläufig.
- Eine in Arbeit befindliche dauerhafte Regelung ist aus zeitlichen Gründen noch nicht zu Ende geführt worden (z.B. Ausfall von Personen).

Die Grenzen zwischen der Organisation und der Improvisation sind in der Praxis fließend, weil die organisatorischen Regelungen im Zeitablauf auch Änderungen unterworfen sind.

124 Zusammenfassung

Aus den vorstehenden Ausführungen wird ersichtlich, daß Organisation, Disposition und Improvisation keine Alternativen für die praktische Organisationsarbeit darstellen, sondern daß zwischen ihnen ein ausgewogenes Verhältnis angestrebt werden muß. Liegt dieses nicht vor, so ist das Unternehmen über- bzw. unterorganisiert.

Überorganisation

Die dauerhaften Regelungen von Beziehungen und Vorgängen im Unternehmen gehen über das notwendige und wirtschaftlich vertretbare Maß hinaus, d.h. es wird etwas organisiert, das zweckmäßigerweise einer dispositiven oder improvisatorischen Regelung zu unterwerfen ist (es fehlen die Voraussetzungen für eine dauerhafte Regelung).[16] Dies führt zu einer Starrheit (Inflexibilität) des Systems.

Unterorganisation

Es werden Beziehungen und Vorgänge kurzfristig bzw. einmalig geregelt, die einer dauerhaften Regelung zugängig sind, d.h. zu viel Improvisations- und Dispositionsfreiheit bewirken eine zu geringe Stabilität des Systems.[17]

---

16 vgl. Akademie für Organisation (Hrsg.), a.a.O., S. 93
17 vgl. Akademie für Organisation (Hrsg.), a.a.O., S. 94

Abb. 1: Organisation, Disposition und Improvisation

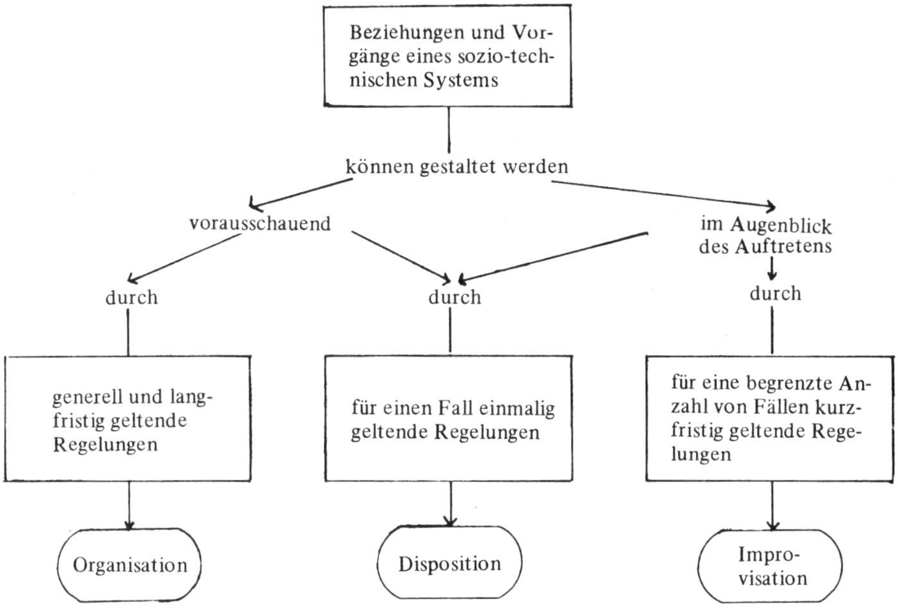

13 Organisationsmethodik und Organisationstechnik

131 Organisationsmethodik

Zu Beginn jeder praktischen Organisationsarbeit stellt sich zunächst die Frage nach der Methodik des Vorgehens. Durch die Wahl der anzuwendenden Methodik legt der Organisator im vorhinein sein planmäßiges Vorgehen fest, d.h. die Schritte, die er ausgehend von der Problemstellung (Organisationsauftrag) bis zur Problemlösung zu durchlaufen hat. Die gewählte Methodik bietet ihm ein Raster, in das er zeitlich und sachlich seine auszuführenden Tätigkeiten einordnen kann.

Idealtypisch können zwei Vorgehensweisen unterschieden werden, das empirische Vorgehen, auch als induktive Methode bezeichnet, und das konzeptionelle Vorgehen, oftmals als deduktive Methode charakterisiert.[18]

Bei der konzeptionellen (deduktiven) Methode bilden die Problemstellung und die daraus abgeleitete Zielsetzung die Basis, auf der ein Konzept (Sollvorschlag) erarbeitet wird. Dieses Idealkonzept kann entwickelt werden, wenn entsprechende

18 vgl. Schmidt, G., a.a.O., S. 39 f.; Müller-Pleuss, J.H., Organisationsmethoden, 3. Aufl., Heidelberg 1972, S. 13 f.; Hill, W., Fehlbaum, R., Ulrich, P. sprechen in diesem Zusammenhang von generell-normativen Methodenkonzepten und situationsspezifischen Konzepten, vgl. Hill, W., Fehlbaum, R., Ulrich, P., Organisationslehre, Bd. 2, Bern-Stuttgart 1974, S. 454 f.

Gesetzmäßigkeiten, erhärtet in einer Vielzahl von Einzelfällen, vorhanden sind. Die Sollkonzeption wird also unbeeinflußt von der vorliegenden Situation (Istzustand) konzipiert. Entsprechend der Deduktion wird mithin ausgehend von allgemeinen organisatorischen Gesetzmäßigkeiten auf die Lösung für den Einzelfall geschlossen. Der so erarbeitete Sollvorschlag wird mit dem Istzustand verglichen. Die Bedingungen im Istzustand können zu einer Modifizierung – damit ist eine Problemlösung gefunden – oder zu einer Verwerfung der Sollkonzeption führen.

Der Vorteil dieser Vorgehensweise kann darin gesehen werden, daß durch die anfängliche Loslösung vom Istzustand der Weg zu völlig neuen und eventuell besseren Lösungen gedanklich offen gehalten wird. Der Nachteil besteht darin, daß eine Idealkonzeption entwickelt wird, deren Realitätsferne so groß sein kann, daß Modifizierung und Anpassung an die realen Bedingungen unmöglich sind bzw. unwirtschaftlich werden. Von größerem Gewicht ist aber der Tatbestand, daß für den Verwaltungsbereich die erforderlichen Gesetzmäßigkeiten nur für wenige Problemkreise gegeben sind. Der Grund ist darin zu sehen, daß in den verschiedenen Organisationseinheiten Anzahl und Gewicht der zu berücksichtigenden Faktoren zu unterschiedlich sind.

Als typische Beispiele für die Anwendung der konzeptionellen Methode können u.a. folgende Organisationsaufgaben genannt werden:

- Einsatz von Diktiergeräten,
- Einrichtung eines zentralen Schreibdienstes,
- Gestaltung von Großraumbüros,
- Einsatz von Modularprogrammen bei der edv-maschinellen Verarbeitung (normierte Programmierung).

Bei der empirischen (induktiven) Vorgehensweise wird der vorhandene Istzustand zunächst auf seine Mängel hin untersucht. Eine Analyse der aufgedeckten Mängel und deren Ursachen bildet die Grundlage der zu entwickelnden Sollkonzeption. Entsprechend der Induktion wird aus der Kenntnis des Einzelfalles unter Verwendung des vorhandenen organisatorischen Erfahrungsstandes und Wissens auf die Problemlösung geschlossen. Dabei besteht die Gefahr, daß sich diese Sollkonzeption nur auf die Beseitigung der Mängel und deren Ursachen im Istzustand beschränkt, da eine grundlegende Veränderung des vorgefundenen Istzustandes (Gebilde oder Prozeß) nicht in die Überlegungen einbezogen, bzw. deren Einführung als zu risikobehaftet angesehen wird.

Der Organisator bedient sich meistens einer Zwischenform, indem er zunächst empirisch vorgeht und auf der Basis der so gewonnenen Erkenntnisse eine konzeptionelle Groblösung entwickelt, die er sukzessive den realen Bedingungen anpaßt. Durch diese Vorgehensweise macht er sich die Vorteile beider Methoden nutzbar.

132 Organisationstechnik

Unter der Organisationstechnik werden die Verfahren und Instrumente zusammengefaßt, deren sich der Organisator bei der Informationsgewinnung und -verarbeitung bedient. Sie stellen das Handwerkszeug der praktischen Organisationsarbeit dar. Der Erfolg praktischer Organisationsarbeit hängt damit entscheidend von deren richtigem Gebrauch ab, d.h. Organisationsauftrag (Problemstellung), Untersuchungsbedingungen (zeitliche, sachliche und finanzielle) und die Gegebenheiten des Untersuchungsbereichs verlangen entsprechend abgestimmte Instrumente.

Die Organisationsmethodik bildet demnach ein Raster für eine systematische Organisationsarbeit, das durch die sachgerechte Auswahl der einzusetzenden Techniken auszufüllen ist.

Kontrollfragen zu Abschnitt 1:

1. Worin unterscheiden sich sozio-technische Systeme von biologischen und technischen Systemen?
2. Welche Bedeutung besitzen die unterschiedlichen Begriffsinhalte der Organisation für die praktische Organisationsarbeit?
3. Welcher Zusammenhang besteht zwischen Gebilde- und Prozeßstruktur?
4. Worin unterscheiden sich Organisation, Disposition und Improvisation?
5. Was beinhaltet die Zielsetzung der praktischen Organisationsarbeit?
6. Beschreiben Sie aufgrund Ihres eigenen Erfahrungsbereiches die Auswirkungen des Substitutionsprinzips der Organisation.
7. In welchem Beziehungsverhältnis stehen Organisation, Disposition und Improvisation zur Über- und Unterorganisation?
8. Worin unterscheidet sich die Organisationsmethodik von der Organisationstechnik?
9. Was ist der Unterschied zwischen der empirischen (induktiven) und der deduktiven (konzeptionellen) Methode?
10. Auf welcher Art der Methodik basiert die praktische Organisationsarbeit?

Literatur zur Vertiefung:

Frese, E., Aufbauorganisation, Gießen 1976, S. 15–27
Grochla, E., Unternehmensorganisation, Reinbek bei Hamburg 1972, S. 13–37
Hill, W., Fehlbaum, R., Ulrich, P., Organisationslehre, 2 Bde., Bern-Stuttgart 1974, Bd. 1, S. 17–55, Bd. 2, S. 405 ff.
Kieser, A., Kubicek, H., Organisation, Berlin-New York 1977, S. 1–23
Kosiol, E., Organisation der Unternehmung, Wiesbaden 1962, S. 15–37
Schwarz, H., Betriebsorganisation als Führungsaufgabe, 6. Aufl., München 1973, S. 19–30
Schmidt, G., Organisation, Methode und Technik, 2. Aufl., Gießen 1975, S. 15–23
Wittlage, H., Unternehmensorganisation, 2. Aufl., Herne/Berlin 1978, S. 13–25.

2 Organisationskreislauf

21 Ansatzpunkte praktischer Organisationsarbeit

Die Ansatzpunkte praktischer Organisationsarbeit können einem oder mehreren der drei folgenden Ursachenkomplexe entstammen:

- Strukturierung neuer Systeme (Organisationseinheiten),
- Berücksichtigung veränderter bzw. erweiterter Aufgabenstellungen,
- Schwachstellen der Gebilde- und Prozeßstruktur.[19]

Der erste Ursachenkomplex bedingt eine freie Organisationsarbeit, d.h. eine Strukturierung auf der Basis einer vorgegebenen Zielsetzung (Formal- und Sachziele), ohne an konkrete Aufgabenträger und Sachmittel gebunden zu sein. Hier besitzt der Organisator den größten Freiheitsraum in seiner gestaltenden Tätigkeit.

Die beiden übrigen Komplexe verlangen eine gebundene Organisationsarbeit, da der Organisator bei seiner gestaltenden Tätigkeit aufgrund der Ansatzpunkte vorhandene Aufgabenträger und Sachmittel in angemessener Weise zu berücksichtigen hat.

In der praktischen Organisationsarbeit überwiegen die Ansatzpunkte „Schwachstellen der Gebilde- und Prozeßstruktur". Unter Schwachstellen der Organisation werden „realtypische, komplexe Mängel der Organisation, zu denen auch die Nichtbeachtung bewährter Grundsätze gehört"[20], verstanden. Die in der Literatur dargestellten Schwachstellenkataloge[21] sind in der Regel das Ergebnis praktischer Organisationsarbeit. Sie stellen damit fundierte Ansatzpunkte für Reorganisationsmaßnahmen dar.

Vereinfachend lassen sich die in den z.T. umfangreichen Schwachstellenkatalogen genannten Ansatzpunkte für Reorganisationsmaßnahmen gliedern in:

Mängel der Prozeßstruktur:

- Mängel der Arbeitsergebnisse:
  - Qualität, Toleranzen, Aussagefähigkeit,
  - Termine, Häufigkeit,
  - Aufbau.
- Mängel in der Aufgabenerfüllung:
  - eingesetzte Technologien,
  - personale, temporale und lokale Synthese,
  - Kombination von Tätigkeiten.

---

19 vgl. Schmidt, G., a.a.O., S. 24

20 vgl. Blohm, H., Organisation, Information und Überwachung, 3. Aufl., Wiesbaden 1977, S. 144

21 vgl. ebenda, S. 147; insbesondere folgende Quellen enthalten Schwachstellenkataloge: Blohm, H., Heinrich, L.J., Schwachstellen der betrieblichen Berichterstattung, Baden-Baden und Bad Homburg v.d.H. 1965; Blohm, H., Die Gestaltung des betrieblichen Berichtswesens als Problem der Leitungsorganisation, 2. Aufl., Herne/Berlin 1974; Blohm, H., Lüder, K., Investition, Schwachstellen im Investitionsbereich des Industriebetriebes und Wege zu ihrer Beseitigung, 3. Aufl., München 1974; Ausschuß für wirtschaftliche Fertigung e.V. (AWF) (Hrsg.), Schwachstellenforschung und Rationalisierungsmaßnahmen im Betrieb, Schriftenreihe „Arbeitsvorbereitung", Heft 2, Frankfurt a.M./Berlin o.J.; Rühl, G., Untersuchungen zur Arbeitsstrukturierung, in: Industrial Engineering (REFA), 3 (1973) 3, S. 147–197; ders., Modische Falschbehauptungen, in: Der Arbeitgeber, 25 (1973) 19, S. 881–885.

- Mängel in den Arbeitsbedingungen:
  - Mensch/Sachmittel-Verhältnis,
  - Arbeitsphysiologisches und -psychologische Faktoren,
  - Hilfsmitteleinsatz.

Mängel der Gebildestruktur:
  - Verteilung von Aufgaben, Kompetenzen und Verantwortung,
  - Abteilungs- und Stellengliederung (Ungleichgewichte, Leitungsspanne usw.),
  - Koordination der Aktioneinheiten,
  - Informations- und Kommunikationssystem.

Widerstände der personalen Aufgabenträger gegen die auf vorstehenden Mängeln beruhenden Reorganisationsmaßnahmen können in den folgenden Befürchtungen gesehen werden:[22]

- Auflösung von Aktionseinheiten und damit Freisetzung von Mitarbeitern (Einkommensverlust),
- Änderungen in und zwischen formalen und informalen Gruppen (Verlust sozialer Integration),
- Statuseinbußen einzelner Personen oder ganzer Gruppen,
- Verminderung bisher bestehender Ermessens- und Entfaltungsspielräume,
- Einführung neuer Beurteilungskriterien und Verfahrensweisen (Verunsicherung).

Diese Befürchtungen sind subjektiver Art; sie können auf tatsächlichen oder vermuteten Auswirkungen von Reorganisationsmaßnahmen beruhen. Um diesen die praktische Organisationsarbeit negativ beeinflussenden Tendenzen entgegenzuwirken, ist es erforderlich, die Mitarbeiter der Untersuchungsbereiche umfassend zu informieren und soweit das möglich ist, aktiv in die Organisationsarbeit einzubeziehen.

22 Organisationskreislauf

Der Organisator bedient sich meistens bei seiner Arbeit einer Mischform von induktiver und deduktiver Vorgehensweise, indem er zunächst empirisch vorgeht und auf der Basis der so gewonnenen Erkenntnisse eine konzeptionelle Lösung entwickelt, die aufgrund einer erneuten Überprüfung anhand der Bedingungen des Istzustandes modifiziert wird. Durch dieses Vorgehen macht er sich die Vorteile beider Methoden nutzbar.

Aufgrund dieser Vorgehensweise ergibt sich ein Kreislauf des Organisierens (Organisationszyklus).

22 vgl. Hill, W., Fehlbaum, R., Ulrich, P., Bd. 2, a.a.O., S. 477

Abb. 2: Kreislauf der Organisation

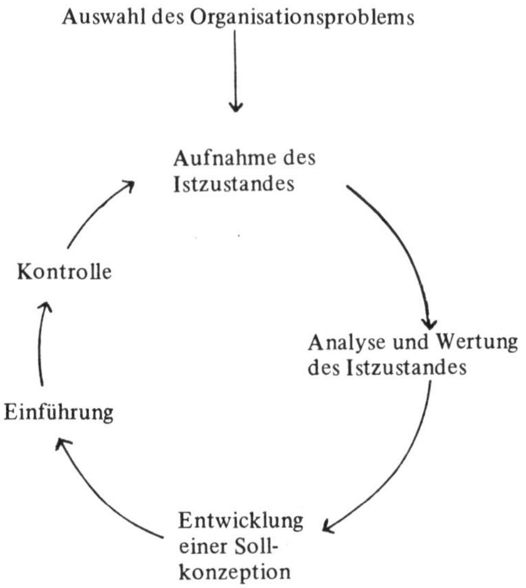

Es können sachlich und zeitlich folgende Phasen unterschieden werden.[23]

Phase 1: Auswahl des Organisationsproblems und Erteilung eines Organisationsauftrages (Impuls für die Ingangsetzung eines Organisationskreislaufes)

Phase 2: Aufnahme des Istzustandes (Informationsgewinnung)

Phase 3: Analyse und Wertung des Istzustandes (Schwachstellenanalyse und Kritik)

Phase 4: Entwicklung einer Sollkonzeption (Ausarbeitung alternativer Lösungsmöglichkeiten und Auswahl der zu realisierenden Alternative)

Phase 5: Einführung der Sollkonzeption (Implementierung der neuen Gebilde- und Prozeßstruktur)

Phase 6: Kontrolle des angestrebten Rationalisierungserfolges (diese Kontrolle kann in Form einer Aufnahme des nunmehrigen Istzustandes erfolgen, so daß sich hier der Kreislauf schließt, bzw. sich der Eintritt in die erste Phase eines neuen Kreislaufes des Organisierens ergibt).

Aufgabenart und -umfang für die in den einzelnen Phasen des Kreislaufes tätigen Personen ergeben sich aus der nachfolgenden Tabelle.

23 Bezüglich der Anzahl der Phasen und ihrer Bezeichnung sind unterschiedliche Vorgehensweisen möglich; alle im Schrifttum dargelegten Organisationszyklen sind aber inhaltlich deckungsgleich; die Unterschiede sind rein formaler Natur. vgl. Acker, H.B., Organisationsanalyse, Baden-Baden und Bad Homburg, 7. Aufl., 1973, S. 9 f.; Schmidt, G., a.a.O., S. 37 ff.; Müller-Pleuss, J.H., a.a.O., S. 14 ff.; Hill, W., Fehlbaum, R., Ulrich, P., Bd. 2, a.a.O., S. 455 f.; Feurer, W.E., Brevier der Arbeitsvereinfachung, 2. Aufl., Bern, Köln und Opladen 1968, S. 40 f.

Abb. 3: Art und Umfang der Tätigkeiten der am Organisationskreislauf beteiligten Personen

lfd. Nr.	Kennzeichnung der Phase	Unternehmensleitung (Auftraggeber)	Organisator	Mitarbeiter des Untersuchungsbereiches
1	Auswahl des Organisationsproblems und Erteilung eines Organisationsauftrages an den internen bzw. externen Organisator	o	x	
2	Aufnahme des Istzustandes (Organisator wählt die einzusetzenden Techniken der Informationsgewinnung aus und steuert den Einsatz).		o	x
3	Analyse und Wertung des Istzustandes (Schwachstellenanalyse, Grundsatz- und Verfahrenstechnik).		o	x
4	Entwicklung einer Sollkonzeption (Ausarbeitung alternativer Lösungsmöglichkeiten, Bewertung und Auswahl der zu realisierenden Alternative).		o	x
5	Genehmigung der ausgewählten Sollkonzeption (gegebenenfalls unter der Bedingung bestimmter Ergänzungen und/oder Modifizierungen).	o	x	
6	Einführung der genehmigten Sollkonzeption (Implementierung der Gebilde- und Prozeßstrukturen).		o	x
7	Kontrolle (Ermittlung des erzielten Rationalisierungserfolges und Vergleich mit dem in der Sollkonzeption projektierten Rationalisierungserfolg).		o	x

o = Treffen von Entscheidungen und Wahrnehmung der ausführenden Tätigkeiten;

x = unterstützende Tätigkeiten, insbesondere Bereitstellung von Informationen.

23 Praktische Vorgehensweise in Abhängigkeit von der Komplexität des Organisationsproblems

Bei der Behandlung komplexer Organisationsprobleme wiederholen sich die Phasen 1–4 des Organisationskreislaufes (Auswahl des Organisationsproblems, Istaufnahme, Istkritik, Entwicklung einer Sollkonzeption) in den Stufen[24]

- Voruntersuchung (Vorstudie),
- Hauptuntersuchung (Hauptstudie),
- Einzeluntersuchung (Teilstudie).

Je nach dem Kenntnisstand des Organisators über die betrieblichen Gegebenheiten – dies ist vor allem davon abhängig, ob es sich um einen internen oder externen Organisator handelt – können die einzelnen Stufen mehr oder weniger detailliert durchgeführt werden. Dabei kann sich eine Stufe auch mehrfach wiederholen.

231 Voruntersuchung

Die Voruntersuchung bildet die Grundlage für die Durchführung einer Organisationsuntersuchung. Dies gilt sowohl für die Abwicklung durch betriebseigene als auch durch betriebsfremde Organisatoren. In ihr müssen folgende Fakten erarbeitet werden:

- Klarstellung der Betriebsziele:

  Wie empirische Untersuchungen gezeigt haben, gilt für den ökonomischen Bereich als Formalziel nicht nur das Gewinnmaximierungsprinzip.[25] Außer dieser Zielsetzung können auch andere Formalziele angestrebt werden z.B. Umsatzmaximierung bei einer vorgegebenen Gewinngröße, Kostendeckung, Erhaltung von Arbeitsplätzen, angemessene Kapitalverzinsung, Erzielung eines gesicherten Unternehmereinkommens usw. Über die jeweilige betriebliche Zielsetzung – sie kann allein nur vom Unternehmer bzw. von den dafür zuständigen Organen eines Unternehmens festgelegt werden – muß der Organisator Kenntnis besitzen, um seine praktische Organisationsarbeit darauf ausrichten zu können.

Diese Information gewinnt der Organisator aufgrund eines Gespräches (Diskussion) mit der Unternehmensleitung (Auftraggeber). Oftmals muß die betriebliche Zielsetzung aber erst in diesem Gespräch erarbeitet werden.

- Festlegung des Aufgabenumfanges bezüglich der durchzuführenden Organisationsuntersuchung:

  Hierzu bedarf es zunächst einer groben Erfassung des Untersuchungsbereiches (Mengen-, Zeit- und Wertgerüst) sowie der Schnittstellen zu angrenzenden, nicht in die Untersuchung einzubeziehender Sachgebiete. Aufgrund dieser Information ist es dem Organisator erst möglich, die einzusetzenden Organisationsmethoden und -techniken, den Arbeitsumfang, den Zeitbedarf, den Terminplan und den Aufwand für die Durchführung der Organisationsuntersuchung festzulegen.

---

24 vgl. Schmidt, G., a.a.O., S. 26 ff; Müller-Pleuss, J.H., a.a.O., S. 16; Acker, H.B., a.a.O., S. 10

25 vgl. Heinen, E., Grundlagen betriebswirtschaftlicher Entscheidungen. Das Zielsystem der Unternehmung, 2. Aufl., Wiesbaden 1971, S. 38 ff.

Die erforderlichen Informationen gewinnt der Organisator einerseits durch eine Betriebsbegehung (nur bei externen Beratern) und andererseits durch die Analyse folgender betrieblicher Unterlagen:
- Stellengliederungspläne (Organigramme)
- Stellenbesetzungspläne (Personalverzeichnis)
- Raumbelegungspläne
- Aufstellungen der wichtigsten eingesetzten Arbeitsmittel (z.B. Konfiguration der installierten EDVA).

• Erstellung eines Kurzberichtes:

Den Abschluß der Voruntersuchung bildet die Erstellung eines Kurzberichtes (bei externen Beratern in Form eines Angebotes). Er beinhaltet die Darstellung der Ausgangsbasis der Organisationsuntersuchungen (grobe, umrißartige Dokumentation des Istzustandes), die einzusetzenden Organisationsmethoden und -techniken, einen Terminplan sowie die Kosten (Preis) der Organisationsuntersuchung.

Das Kernstück der Voruntersuchung bildet eine Kosten/Nutzenschätzung, d.h. eine Gegenüberstellung der Kosten der Organisationsuntersuchung und des erzielbaren Rationalisierungserfolges (prognostizierte Kostenersparnis aufgrund der anzustrebenden Reorganisationsmaßnahmen). Aufgrund des Kurzberichtes ist es dem Auftraggeber möglich, eine Entscheidung darüber zu treffen, ob der Organisationsauftrag in seiner ursprünglichen bzw. in modifizierter Form durchgeführt werden soll.

232 Hauptuntersuchung

Das Ziel der Hauptuntersuchung besteht darin, festzulegen, welche Aktionseinheiten (damit zugleich Teilaufgaben) und Prozesse detailliert analysiert werden müssen, um die komplexen Beziehungszusammenhänge erkennen, dokumentieren, Schwachstellen feststellen und Reorganisationsmaßnahmen erarbeiten zu können. Dazu bedarf es der Lösung folgender Fragenkomplexe:

• Welche überschaubaren Teil- und Untersysteme können für den Untersuchungsbereich gebildet werden? Kriterien können sein: Beschränkung auf eine oder wenige Teilaufgaben, Minimierung der Interdependenzen zu den anderen Teil- und Untersystemen, Gestaltung einer flexiblen Teilkonzeption.[26]

• Welche Schnittstellen entstehen zwischen den gebildeten Teil- und Untersystemen?

• Welche sachlich bedingte Reihenfolge ergibt sich für die Bearbeitung der gebildeten Teil- und Untersysteme? Kriterium für die Festlegung der Priorität der Bearbeitung ist der Einfluß der Gestaltung eines Teil- oder Untersystems auf die übrigen Teil- bzw. Untersysteme. Dabei ist es durchaus denkbar, daß eine simultane Bearbeitung aufgrund des Gewichtes zirkularer Beziehungen erforderlich wird.

• Welches globale Lösungskonzept wird angesteuert (z.B. Implementierung eines edv-gestützten Informationssystems) und welche Bedingungen ergeben sich hieraus für die Teilkonzeptionen der einzelnen Teil- und Untersysteme (z.B. Einsatz bestimmter Arbeitsmittel und Arbeitsunterlagen)?[27]

---

26 vgl. hierzu die Kriterien der Modulbildung bei der modularen Programmierung, vgl. Sneed, H.M., Jacobs, I., Modulare Programmierung – Technik, Methode und Organisation, in: Zeitschrift für Datenverarbeitung, Köln, 9. Jg., Bd. 7, 1971, S. 487 ff.

27 vgl. Schmidt, G., a.a.O., S. 29 ff.

Diese vorstehend dargelegte Vorgehenssystematik hat sich in der praktischen Organisationsarbeit als sinnvoll erwiesen, weil nur auf diesem Weg kompatible Teilkonzeptionen entwickelt werden können, die eine befriedigende Gesamtkonzeption ergeben.[28] Weiterhin bedingt die Lösung komplexer Organisationsprobleme eine Segmentierung vorstehender Art, da der Organisator einerseits nicht in der Lage ist, simultan alle Beziehungszuammenhänge und Aspekte zu berücksichtigen, andererseits eine arbeitsteilige Vorgehensweise eines Organisationsteams ermöglicht werden muß. Zudem wird so ein gewisser Zwang zu einer aussagefähigen Dokumentation auf alle Mitarbeiter der Untersuchung ausgeübt und eine erhöhte Transparenz im Hinblick auf die Gesamtkonzeption erreicht. Die negativen Auswirkungen des sogenannten „Experteneffektes" können zudem vermieden werden.

233 Einzeluntersuchung

Entsprechend der in der Hauptuntersuchung festgelegten Reihenfolge (Prioritäten) werden nun die gebildeten Teil- und Untersysteme einer Einzeluntersuchung unterzogen. Diese Einzeluntersuchungen beinhalten:

- Aufgabenanalyse/Aufgabengliederungsplan,
- Arbeitsanalyse/Arbeitsablaufdarstellungen,
- Ermittlung des Mengen-, Zeit- und Wertgerüstes,
- Schwachstellenanalyse (Kritik des Istzustandes),
- Erarbeitung der Sollkonzeption.

Die Ergebnisse dieser Einzeluntersuchungen sind integrationsfähige Teilkonzeptionen für die einzelnen Teil- und Untersysteme.

Ausgehend von den in der Hauptuntersuchung gewonnenen Erkenntnissen und gesetzten Bedingungen (Restriktionen) werden in der Einzeluntersuchung die betriebsspezifischen Fakten einer eingehenden Analyse und Synthese unterzogen. Haupt- und Einzeluntersuchung unterscheiden sich daher durch den Bezugsbereich (Gesamt-, Teilbereich) und den Detaillierungsgrad.

Die sowohl in der Vor-, Haupt- und Einzeluntersuchung einzusetzenden Organisationsmethoden und -techniken werden in den Kapiteln 3–6 eingehend dargelegt.

24 Phasen des Organisationskreislaufes

Wie bereits in der Darstellung der praktischen Vorgehensweise in Abhängigkeit von der Komplexität des Organisationsproblems aufgezeigt wurde, weisen Vor-, Haupt- und Einzeluntersuchung dieselben Strukturen auf, d.h. sie beinhalten gleiche Phasen des Organisationskreislaufes.

---

28 Es wird bewußt nicht von einem Optimum gesprochen, da die praktische Organisationsarbeit kaum zu einem solchen führen wird, vgl. Wittlage, H., Unternehmensorganisation, a.a.O., S. 23 f.

241 Auswahl des Organisationsproblems und Planung der Organisationsarbeit

Reorganisationsmaßnahmen können bedingt sein durch die Strukturierung neuer Systeme, die Berücksichtigung veränderter und/oder erweiterter Aufgabenstellungen sowie durch Schwachstellen der Gebilde- und Prozeßstruktur (vgl. die Ausführungen zu Punkt 21). Oftmals werden aber nur die Symptome und nicht die Ursachen der organisatorischen Mängel wahrgenommen, was sich dann in sehr allgemeinen Problemformulierungen wie „Da ist irgend etwas nicht in Ordnung“ oder „In dem Unternehmensbereich sind Verbesserungen vorzunehmen“ niederschlägt. Es ist daher erforderlich, daß vor Beginn einer Organisationsuntersuchung das zu bearbeitende Organisationsproblem wie folgt beschrieben wird:[29]

- Darlegung der festgestellten Zielabweichungen und/oder der erkannten organisatorischen Schwachstellen: Hier ist zunächst zu untersuchen, ob es sich bei den erkannten Mängeln tatsächlich um organisatorische Schwachstellen handelt bzw. ob sich die festgestellten Zielabweichungen durch organisatorische Maßnahmen beseitigen lassen. Weiterhin ist zu versuchen, die Ursache bzw. Ursachenketten offenzulegen. Zu Beginn einer Organisationsuntersuchung wird es oftmals nur möglich sein, vorstehende Fakten mehr oder weniger genau darzulegen. Daher bedarf es im Verlaufe der Untersuchung einer dauernden Verfeinerung dieser Fakten. Nur hierdurch wird eine sinnvolle Weiterarbeit ermöglicht.
- Eingrenzung des Unternehmensbereiches, indem die Organisationsuntersuchung durchzuführen ist. Das Unternehmen ist ein so komplexes sozio-technisches System, daß eine vollständige und umfassende Untersuchung aus Kosten- und Zeitgründen nicht möglich ist. Die Organisationsuntersuchung muß sich auf den Unternehmensbereich (-bereiche) beschränken, der für die Problemstellung von Bedeutung ist.[30] Dies beinhaltet notwendigerweise auch die Berücksichtigung der Schnittstellen und Einflüsse zu anderen Unternehmensbereichen.
- Festlegung des anzustrebenden Zieles sowie der Kriterien zur Messung des Grades der Zielerreichung. Unter den anzustrebenden Zielen ist der zu erreichende organisatorische Endzustand zu verstehen, der aufgrund der Reorganisationsmaßnahmen realisiert werden soll. Um nach abgeschlossener Reorganisation den Zielerreichungsgrad feststellen zu können, sind im vorhinein Kriterien (Maßstäbe) festzustellen z.B. Bearbeitungszeiten, Durchlaufzeiten, Kostengrößen, Personalbestand usw.[31]
- Wenn es zu diesem Zeitpunkt bereits möglich ist, sind die zu ergreifenden Reorganisationsmaßnahmen (nur global, nicht differenziert) festzulegen, zumindest sind die Restriktionen zu benennen, die bei den zu erarbeitenden Reorganisationsmaßnahmen zu berücksichtigen sind. Sie können sachlicher und/oder zeitlicher Natur sein. Bei den sachlichen Restriktionen überwiegen die finanziellen Nebenbedingungen (Ausgaben, Kosten), doch werden oftmals auch personelle Nebenbedingungen relevant (z.B. Verbleiben bestimmter Mitarbeiter auf ihren bisherigen Stellen).

---

29 vgl. Hill, W., Fehlbaum, R., Ulrich, P., a.a.O., Bd. 2, S. 485 f.; Sommer, W., Handbuch für Systemorganisation, Berlin–New York 1971, S. 143 ff.
30 vgl. Acker, H.B., a.a.O., S. 10
31 vgl. Schmidt, G., a.a.O., S. 37 f.

Durch die Restriktionen wird der Rahmen möglicher Lösungsalternativen eingeschränkt, andererseits kann aber die Konzentration auf die verbleibenden Lösungsalternativen von Vorteil sein (Zeit- und Kostenersparnis der Organisationsuntersuchung, Erarbeitung nur praktikabler Reorganisationsmaßnahmen).

Je nach dem Grad der Genauigkeit der vorstehend beschriebenen Tatbestände kann von einer offenen bzw. engen Projektformulierung gesprochen werden. Je enger die Projektformulierung gestaltet wird, desto gezielter wird die Organisationsuntersuchung ansetzen können und desto höher wird der Zielerreichungsgrad sein. Unabhängig davon sollte die Projektformulierung immer in schriftlicher Form dokumentiert werden, um später Unstimmigkeiten zwischen Auftraggeber und Organisator über Ziel und Umfang der Organisationsuntersuchung auszuschließen. Dies gilt sowohl für die Arbeit interner (unternehmenseigener) als auch externer (unternehmensfremder) Organisatoren.

Weiterhin sind in dieser Phase die Organisationsstruktur des Projektes, die Terminplanung und ein Budget zu erarbeiten.

Bei der Frage der Organisationsstruktur geht es um die Entscheidung über die Form der Projektorganisation. Als Alternativen kommen die Projektkoordination, die Matrixorganisation und die reine Projektorganisation in Betracht.[32] Generell ist die Tendenz feststellbar, daß in der Praxis bei großen und für die Unternehmung bedeutenden Organisationsproblemen die reine Projektorganisation gewählt wird, hingegen bei kleinen und weniger bedeutsamen Projekten sowohl die Projektkoordination als auch die Matrixorganisation Verwendung finden. Mit der Organisationsstruktur werden zugleich die Mitarbeiter (externe, interne, full-time, part-time Mitarbeiter) bestimmt sowie die Entscheidungs-, Beratungs- und Informationszuständigkeiten geregelt.

Die Überlegungen in Bezug auf die Fixierung des Organisationsproblems sowie die Entscheidung über die Organisationsstruktur finden ihren Niederschlag in der Terminplanung. In ihr werden die Ablaufphasen aufgrund von Zeitvorgaben, die auf Schätzungen/Erfahrungswerten beruhen, zeitlich terminiert. Praktische Erfahrungen zeigen, daß die Phase der Istaufnahme ein Viertel bis ein Drittel des Gesamtzeitaufwandes beansprucht, ein Drittel auf die Istkritik und die Erarbeitung der Sollkonzeption zu verwenden und der verbleibende Zeitaufwand der detaillierten Ausarbeitung und Einführung der Sollkonzeption zuzurechnen ist.[33] Bei der Terminplanung bedient man sich der unterschiedlichen Methoden der Netzplantechnik (Critical Path Method [CPM], Programm Evaluation and Review Technique [PERT], Metra Potential Methode [MPM]). Je nach der im Vordergrund stehenden Zielsetzung, Steuerung und/oder Kontrolle des Projektes, wird die einzusetzende Methode ausgewählt.

Die Phase der Auswahl des Organisationsproblems und der Planung der Organisationsarbeit wird abgeschlossen mit der Budgeterstellung. In ihr werden alle durch die Organisationsuntersuchung bedingten Aufwendungen (Personal- und Sachaufwendungen), nach Aufwandsarten differenziert, zusammengestellt. Bei dem Einsatz externer Berater (Beratungsfirmen) ist ein wesentlicher Posten dieses Budgets der Preis, der mit dem externen Berater für dessen zur Verfügung gestellten Dienstleistungen aus-

32 Zu den Formen der Projektorganisation siehe Wittlage, H., Unternehmensorganisation, a.a.O., S. 109 ff.
33 vgl. Acker, H.B., a.a.O., S. 11 f.

gehandelt wird. Hierbei ist es üblich, die Phasen Istaufnahme bis einschließlich Erarbeitung der Sollkonzeption mit einer Pauschale abzugelten (Basis sind die geschätzten Mann-Tage), während die Einführungsphase nach den effektiv geleisteten Mann-Tagen abgerechnet wird.

242 Aufnahme des Istzustandes (Informationsgewinnung)

Der Auswahl des Organisationsproblems und der Planung der Organisationsarbeit folgt als nächste Phase im Organisationskreislauf die Aufnahme des Istzustandes. Sie umfaßt die Gewinnung aller erforderlichen Informationen über den Untersuchungsbereich (Mengen-, Zeit- und Wertgerüst) sowie die Überprüfung dieser auf ihre Vollständigkeit und sachliche Richtigkeit. Aufgrund der Problembeschreibung ergibt sich, welche Informationen zu gewinnen sind. Dabei muß sich der Organisator der Tatsache bewußt sein, daß aus Zeit- und Kostengründen aus der Fülle der Informationen nur die zu ermitteln sind, die im Hinblick auf die Problemstellung von unabdingbarer Notwendigkeit sind.

Diese beziehen sich insbesondere auf:
- das bestehende formale Regelungssystem und seine tatsächliche Handhabung,
- die subjektiven Einstellungen der Organisationsmitglieder gegenüber diesem Istzustand,
- den Bedingungsrahmen des Istzustandes[34],
- die informalen Erscheinungen.[35]

Dabei bedient sich der Organisator unterschiedlicher Techniken der Informationsgewinnung, u.a. der Befragung, der Beobachtung, der Selbstaufschreibung durch die Mitarbeiter des Untersuchungsbereiches, des Messens und Zählens, der Dokumentenanalyse.[36] Da nicht nur objektive Verfahren der Informationsgewinnung eingesetzt werden (Beobachtung, Messen, Zählen usw.), sondern auch die Aussagen der Mitarbeiter (Befragung, Selbstaufschreibung) einen breiten Raum einnehmen, sind Verschleierung und Irreführung nicht ausgeschlossen. Letztere sind im großen Umfang durch die menschlichen Schwächen wie Eitelkeit, Prahlsucht, Schönfärberei, Angst vor Bestrafung, Verschweigen oder Vertuschen von Mißerfolgen, Furcht vor Neuerungen, mangelndes Erinnerungsvermögen bedingt.[37] Weiterhin führt die Dynamik des sozio-technischen Systems Unternehmung dazu, daß sich die erhobenen Daten im Erhebungszeitraum ändern. Beiden Tatsachen kann Rechnung getragen werden, indem die Aussagen der Mitarbeiter überprüft werden (stichprobenmäßiger Einsatz objektiver Erhebungstechniken) bzw. die sich im Erhebungszeitraum ergebenden Datenveränderungen nachträglich berücksichtigt werden.

Trotz dieser Maßnahmen bleiben die „Input-Informationen" aus folgenden Gründen unvollkommen:

- „zu geringe oder fehlende Überschaubarkeit des Sachverhaltes,
- beschränkte Mittel für die Informationsbeschaffung,
- unvollkommene Aufbereitung der Informationen".[38]

---

34 vgl. Hill, W., Fehlbaum, R., Ulrich, P., a.a.O., Bd. 2, S. 496
35 vgl. Wittlage, H., Informale Erscheinungen . . . a.a.O., S. 289 ff.
36 Diese Techniken der Informationsgewinnung werden im Kapitel 3 eingehend dargestellt.
37 vgl. Acker, H.B., a.a.O., S. 14
38 vgl. Menzel, A., Die Gestaltung komplexer Unternehmensorganisationen, Bd. 29 der Schriftenreihe „Führung und Organisation der Unternehmung", hrsg. vom Institut für Betriebswirtschaft an der Hochschule St. Gallen, Bern u. Stuttgart, 1977, S. 14

Die Auswirkungen dieser Einflußfaktoren müssen vom Organisator durch den gezielten Einsatz der Erhebungstechniken auf ein Mindestmaß gesenkt werden.

Nach der Informationssammlung folgt die Überprüfung der Istaufnahme auf Vollständigkeit und Klarheit. Die Vollständigkeit bezieht sich auf die Erfüllung der Forderung, daß mit der Istaufnahme die Voraussetzungen für die Aufdeckung der Ursachen organisatorischer Mängel sowie für die Entwicklung von Problemlösungen erarbeitet worden sind.

Bei der Überprüfung auf Klarheit geht es um die Eindeutigkeit und Widerspruchsfreiheit der Einzelangaben. Hingewiesen sei hier auf die vorstehend beschriebenen Verschleierungen und Irreführungen. Basisunterlagen für die Überprüfungen sind, sofern für den Untersuchungsbereich im Unternehmen vorhanden: Lohn- und Gehaltslisten, interne Telefonverzeichnisse, Raumbelegungspläne, Abteilungs- und Stellenverzeichnisse, Vordruckverzeichnisse, Funktionsdiagramme, Stellenbeschreibungen, Arbeitsplatzbeschreibungen, Arbeitsanweisungen, BAB usw. Die Ergebnisse dieser Überprüfungen können den Organisator zu einer mehr oder minder umfangreichen Nacherhebung zwingen.

Die solchermaßen kontrollierten Informationen sind abschließend zu ordnen und zu dokumentieren. Die Ordnung ergibt sich aus der Zielsetzung der Organisationsuntersuchung. Bei der Darstellung des Istzustandes werden die verbalen, graphischen und tabellarischen Techniken der Dokumentation eingesetzt (Funktionsdiagramme, Organigramme, Kommunikationsdiagramme, Arbeitsablaufdiagramme usw.).[38a]

243 Anlayse und kritische Würdigung des Istzustandes

Die Erfassung und Dokumentation des Istzustandes des Untersuchungsbereiches bilden die Basis für die Analyse und kritische Würdigung, durch die organisatorische Schwachstellen bzw. Ansatzpunkte für die Verbesserung der Gebilde- und Prozeßstruktur erkannt werden sollen.[38b] Diese analytische Arbeit des Organisators kann in drei Schritte gegliedert werden:

1. Schritt:

Zuerst ist die Frage nach dem Warum oder Wozu einer organisatorischen Regelung zu stellen (Grundsatzkritik). Diese Frage ist zu Beginn aller weiteren Überlegungen zu beantworten, da in einem Untersuchungsbereich durchaus Teilaufgaben erfüllt werden können, die im Hinblick auf die übergeordnete Aufgabe nicht oder nicht mehr erforderlich sind. Damit können Verrichtungen als auch Aktionseinheiten erkannt werden, die keiner Reorganisation unterworfen zu werden brauchen. Dies ist bei der Feststellung folgender Fakten gegeben:[39]

- Durchführung von Doppelarbeiten (Statistiken desselben Inhalts werden manuell und edv-maschinell erstellt),
- gesetzliche Vorschriften haben sich geändert (z.B. Verkürzung der Aufbewahrungsfristen von Geschäftsunterlagen, Anerkennung der Mikroverfilmung),

---

38a Diese Darstellungstechniken werden im Kapitel 4 eingehend behandelt.
38b Die Verfahren der Istkritik werden im Kapitel 5 ausführlich dargestellt.
39 vgl. Müller-Pleuss, J.H., a.a.O., S. 65

- der ursprüngliche Grund ist entfallen (z.B. das Abrechnungssystem hat sich geändert, so daß bisher benötigte Arbeitsunterlagen entfallen können; bisherige Kontrollen können entfallen, da sie durch die Änderung des Arbeitsprozesses nicht mehr erforderlich sind),
- Teilaufgaben sind bedeutungslos geworden (z.B. durch die Abschaffung eines eigenen Fuhrparks, die Reparaturwerkstatt; durch den Anschluß an das öffentliche Versorgungsnetz, die eigene Wassergewinnung).

2. Schritt:

Analyse der organisatorischen Regelungen auf fehlerhafte und unzweckmäßige Gestaltung.[39a] Bei dieser immanenten Kritik setzt der Organisator neben seinen Erfahrungen besondere Hilfsmittel ein und zwar insbesondere den Prüffragenkatalog (Prüfliste) und die Prüfmatrix.

Der Prüffragenkatalog beinhaltet eine Zusammenstellung von Fragen, die sich einerseits aus einer rein logischen Betrachtungsweise des Untersuchungsbereiches ergeben und andererseits sich aus den in der praktischen Organisationsarbeit erkannten häufigsten Schwachstellen der Gebilde- und Prozeßstruktur ableiten lassen.[40]

Die Schwächen des Prüffragenkataloges sind darin zu sehen, daß aufgrund der beschränkten Anzahl der Fragen nicht sichergestellt wird, daß alle Mängel des Istzustandes erkannt werden (Zufallswirkung), und zudem die Fragen in Bezug auf die vorliegende Untersuchungssituation konkretisiert werden müssen. Die in der Literatur dargelegten Fragenkataloge sind nämlich im Hinblick auf eine weitgehende Anwendbarkeit sehr allgemein formuliert.[41]

Die Prüfmatrix beinhaltet eine gezielte Mängel-Ursachen-Analyse. Organisatorische Mängel (Spalten) und mögliche Ursachen (Zeilen) bilden eine Matrix. Aus den Schnittpunkten der Spalten und Zeilen ergeben sich die möglichen Ansatzpunkte der Analyse.

Diese vorstehend beschriebene immanente Kritik ist die Voraussetzung für den dritten Schritt, die Verfahrenskritik. Denn es ist nur sinnvoll, ein fehlerfreies Verfahren des Istzustandes mit einem alternativen Verfahren zu vergleichen, insbesondere dann, wenn letzteres nur in der Vorstellung des Organisators besteht (Idealkonzept) und frei von Organisationsmängeln ist.

3. Schritt:

Verfahrenskritik. Aufgrund der im 2. Schritt gewonnenen Informationen werden die Regelungen des Istzustandes (bereinigt um die erkannten Schwachstellen) mit alternativen Lösungsmöglichkeiten verglichen. Diese alternativen Lösungsmöglichkeiten können gleichartige oder ähnliche Regelungen anderer Unternehmen in vergleichbaren Situationen beinhalten oder nur als Konzeption des Organisators bestehen. Der Vergleich anhand von Kennzahlen wie Wirtschaftlichkeit, Rentabilität, Produktivität, Kosten, Zeiten (Bearbeitungs-, Liege-, Transportzeiten) läßt erkennen, ob sachgerechte Verfahren im Istzustand realisiert werden. Das Vergleichsergebnis bildet die

---

39a vgl. Feurer, W.E., a.a.O., S. 47

40 vgl. Nordsieck, Fr., Betriebsorganisation, 4. Aufl., Stuttgart 1972, S. 71 ff.; Sommer, W., a.a.O., S. 156 ff.

41 vgl. Acker, H.B., a.a.O., S. 69 ff., 94 ff.; Nordsieck, Fr., a.a.O., S. 71 ff.; Schmidt, G., a.a.O., S. 289 ff.; Steinbuch, P.A., Organisation, Ludwigshafen 1977, S. 281 f.

Basis für die Erarbeitung einer Sollkonzeption, die eine Bereinigung des Istzustandes von fehlerhaften und unzweckmäßigen Regelungen unter Beibehaltung der bisherigen Verfahren und/oder die Einführung völlig andersgestalteter Verfahren beinhaltet.

Grundsätzlich ist zur Istkritik anzumerken, daß nur eine konstruktive Istkritik die Basis für eine Lösung des vorliegenden Organisationsproblems bilden kann. Eine destruktive Kritik, d.h. eine Kritik, die keine Ansatzpunkte für eine praktische Lösung anbietet, muß vermieden werden.

244 Entwicklung einer Sollkonzeption

Im Rahmen der Sollkonzeption werden auf der Basis der Erkenntnisse der Istkritik, insbesondere der Grundsatz- und Verfahrenskritik, alternative Lösungsmöglichkeiten erarbeitet. Die Kreativität des Organisators, die in dieser Phase von besonderem Gewicht ist, wird unterstützt durch den Einsatz sog. Kreativitätstechniken wie Brainstorming, Methode 635, CNB-Methode und Morphologische Analyse. Unter Berücksichtigung der in der Phase „Auswahl des Organisationsproblems und Planung der Organisationsarbeit“ festgelegten Restriktionen sind alternative, praktikable Lösungsmöglichkeiten zu erarbeiten (1. Schritt). Diese Lösungsmöglichkeiten beinhalten je nach Art des Organisationsproblems u.a.

- Aufgabensynthese,
- Arbeitssynthese,
- Arbeitsmittel- und Arbeitsunterlagengestaltung,
- EDV-Konfiguration,
- Vordruckgestaltung.

Aus den erarbeiteten alternativen Lösungsmöglichkeiten ist die „beste“ auszuwählen (2. Schritt). Als Bewertungs- und Auswahlverfahren kommen der verbale Vergleich, die statischen und dynamischen Verfahren der Wirtschaftlichkeitsrechnung und das Punktwertverfahren (Scoring-Modelle) in Frage. Die ausgewählte Lösungsmöglichkeit ist dem Auftraggeber zur Genehmigung vorzulegen (Präsentation der Sollkonzeption).[42] Er entscheidet darüber, ob die vorgeschlagene Lösung realisiert werden soll. Oftmals müssen nach der Präsentation noch Änderungswünsche und Verbesserungsvorschläge in die vorgeschlagene Sollkonzeption eingearbeitet werden. Dabei ist vom Organisator zu prüfen, ob unter Berücksichtigung der gewünschten Änderungen die vorgeschlagene Sollkonzeption noch die „beste“ Lösungsalternative darstellt oder ob nicht eine beim Auswahlverfahren verworfene Alternative zur Realisation vorzuschlagen ist.[42a]

245 Einführung der ausgewählten Sollkonzeption

Die Einführung der mit dem Auftraggeber abgestimmten Sollkonzeption kann in zwei Schritte untergliedert werden, nämlich in die Einsatzvorbereitungs- und die Übernahmephase.

---

42 Zu der bei der Vorlage der Sollkonzeption auftretenden Situation siehe Littmann, H.E., Organisationstechnik, Die Arbeit des Organisators im Betrieb, Bad Harzburg 1967, S. 25 ff.

42a Die Methoden und Techniken der Entwicklung einer Sollkonzeption werden im Kapitel 6 behandelt.

Die Einsatzvorbereitungsphase beinhaltet:

- Festlegung der Einführungsreihenfolge (Einsatz der Netzplantechnik),
- Beschaffung der Arbeitsmittel und Arbeitsunterlagen entsprechend der Einführungsreihenfolge; hier sind insbesondere Vorlaufzeiten zu berücksichtigen z.B. Installations- und Testzeiten bei der Implementierung einer EDVA,
- Personalbereitstellung entsprechend der Einführungsreihenfolge: Schulung eigenen Personals und/oder Beschaffung neuer Mitarbeiter.

In der Übernahmephase werden die Sollvorschläge entsprechend der gewählten Einführungsmethode realisiert (vgl. die Ausführungen im Kapitel 7).

246 Kontrolle

Die Kontrolle der eingeführten Reorganisationsmaßnahmen wird in zweierlei Hinsicht erforderlich. Zu einem muß vermieden werden, daß nach der Reorganisation doch wieder nach den abgelösten alten Regelungen verfahren wird. Dieser Rückfall in alte Verfahrensweisen ist bedingt durch deren Beharrungsvermögen sowie die Mentalität der Mitarbeiter, lieber bekannte und eingeübte Techniken und Verfahren einzusetzen, als nach neuen, noch nicht voll beherrschten Regelungen zu verfahren.

Zum anderen ist zu überprüfen, ob die mit der Einführung der Sollkonzeption prognostizierten Verbesserungen (Beseitigung organisatorischer Mängel- und Schwachstellen) auch wirklich eingetreten sind.

Diese Überprüfung ist in dreifacher Form möglich:[43]

- in Form einer Einzeluntersuchung: die wichtigsten Teilbereiche der realisierten Sollkonzeption werden einer Analyse unterworfen (Stichprobenverfahren);
- in der Form eines Soll-Ist-Vergleichs: Größen der Sollkonzeption werden mit Werten des Istzustandes nach der Reorganisation verglichen, z.B. Zahl der Beschäftigten, Durchlaufzeiten, Bearbeitungszeiten, Liegezeiten, Transportzeiten, Sach- und Personalkosten usw.;
- in Form einer erneuten Istaufnahme: der gesamte reorganisierte Unternehmensbereich wird einer eingehenden Istaufnahme unterworfen.

Die Ergebnisse dieser Überprüfung können den auslösenden Impuls für einen neuen Organisationsauftrag (Projekt) ergeben. Abschließend ist zu dieser Phase des Organisationskreislaufes anzumerken, daß sie erst nach Ablauf eines gewissen Zeitraumes durchzuführen ist, da die Prüfungsergebnisse nur aussagefähig sind, wenn sich die eingeführte Sollkonzeption konsolidiert hat (vgl. hierzu die Ausführungen im Kapitel 8).

Kontrollfragen zu Abschnitt 2:

1. Welchen Ursachenkomplexen können die Ansatzpunkte der praktischen Organisationsarbeit entstammen und welche unterschiedlichen Arten der Organisationsarbeit bedingen sie?

---

43 vgl. Walz, D., Organisationsmethoden, in: Handwörterbuch der Organisation, hrsg. von Grochla, E., Stuttgart 1973, Spalte 1215 f.

2. Systematisieren Sie die Schwachstellen der Gebilde- und Prozeßstruktur!
3. Was beinhaltet die Voruntersuchung im Rahmen einer Organisationsuntersuchung?
4. Umschreiben Sie die Zielsetzung der Hauptuntersuchung! Welche Fragenkomplexe müssen in dieser bearbeitet werden?
5. In welchem Beziehungszusammenhang steht die Einzeluntersuchung zur Hauptuntersuchung?
6. Was sind die wichtigsten Punkte in der Phase „Auswahl des Organisationsproblems und Planung der Organisationsarbeit"?
7. Worin besteht der Inhalt der Informationsgewinnung und aus welchen Gründen bleibt sie unvollkommen?
8. Welche Schritte sind in der kritischen Würdigung des Istzustandes zu unterscheiden?
9. Welche Schritte sind in der Entwicklung einer Sollkonzeption zu unterscheiden? Welche Techniken der Entwicklung und Bewertung einer Sollkonzeption können eingesetzt werden?
10. Worin unterscheidet sich die Einsatzvorbereitungsphase von der Übernahmephase?

Literatur zur Vertiefung:

Acker, H.B., Organisationsanalyse, Verfahren und Techniken praktischer Organisationsarbeit, 8. Aufl., Baden-Baden und Bad Homburg vor der Höhe 1975, S. 9–18.

Haberfellner, R., System-Engineering – Eine Methode zur Lösung komplexer Probleme, in: Zeitschrift für Organisation, Heft 7/1973, S. 373–386.

Hill, W., Fehlbaum, R., Ulrich, P., Organisationslehre, Bern und Stuttgart 1974, Bd. 2, S. 496–568.

Littmann, H.E., Organisationstechnik, Bad Harzburg 1967, S. 1, S. 13–32.

Musiol, A., Organisation von Organisationsprojekten in der Industrie, in: Zeitschrift für Organisation, Heft 4/1974, S. 192–206, Heft 5/1974, S. 277–286.

Nordsieck, F., Betriebsorganisation, 4. Aufl., Stuttgart 1972, S. 61–74.

Schmidt, G., Organisation, Methode und Technik, 2. Aufl., Gießen 1975, S. 24–56.

Sommer, W., Handbuch für Systemorganisation, Berlin – New York 1971, S. 119–170.

3 Techniken der Informationsgewinnung (Erhebungstechniken)

31 Zielsetzung der Istaufnahme

Die Zielsetzung der Istaufnahme besteht in der Gewinnung der Mengen-, Zeit- und Wertinformationen, die den Untersuchungsbereich charakterisieren (vom Organisator vorgefundenes Mengen-, Zeit- und Wertgerüst) und deren Kenntnisse zur Lösung der Organisationsaufgabe erforderlich sind. Aus den Merkmalen und Determinanten der Aufgaben[44] des Untersuchungsbereiches ergibt sich der Regelkreis der Informationsgewinnung (die sieben W's der Istaufnahme):

Abb. 4: Regelkreis der Informationsgewinnung

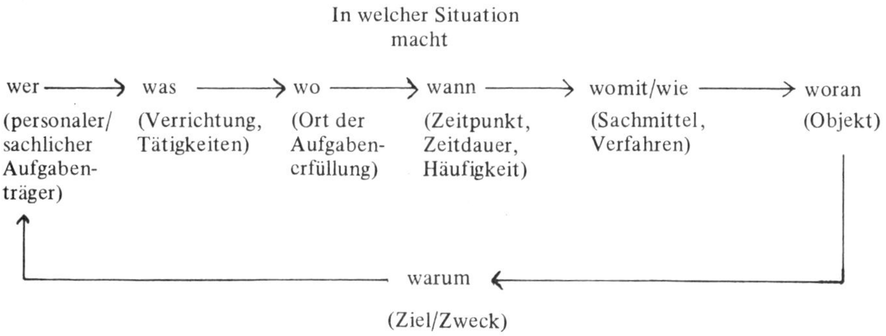

Neben der Erfassung dieser die formale Organisation betreffenden Information ist es zweckmäßig, auch solche zu gewinnen, die die informalen Erscheinungen im Untersuchungsbereich charakterisieren. Für die strukturierende Tätigkeit des Organisators sind diese Informationen von großem Gewicht, weil im Rahmen der Gestaltung der Kommunikation, Koordination, Kooperation und Arbeitsleistung z.T. keine detaillierten formal-organisatorischen Regelungen möglich sind. Die dadurch entstehenden Lücken werden bei guten interpersonalen Beziehungen informal geschlossen. Das darf jedoch nicht zu der Schlußfolgerung führen, informale Erscheinungen könnten bei Bedarf zum Zwecke der formalen Zielerreichung eingesetzt werden, denn das interpersonale Beziehungsgefüge ist in der Regel instabil. Zudem können die informalen Beziehungszusammenhänge vom Organisator nur unvollständig erfaßt werden, da die sie begründenden Faktoren in der Individualsphäre der Mitarbeiter des Untersuchungsbereiches zu suchen sind, und von diesen entsprechende Informationen gar nicht oder nur unvollständig bzw. verfälscht zur Verfügung gestellt werden.

Da die Lösung des Organisationsproblems entscheidend von der Qualität und Vollständigkeit der verfügbaren Informationen abhängt, wird den Techniken der Informationsgewinnung in den nachfolgenden Ausführungen ein besonders großes Gewicht beigemessen.

---

44 vgl. Wittlage, H., Unternehmensorganisation, a.a.O., S. 27/28; Feurer, W.E., a.a.O., S. 49 f.

32 Schwierigkeiten und Widerstände

Die Schwierigkeiten und Widerstände in der Informationsgewinnungsphase lassen sich in drei Problemgruppen unterteilen:

- Schwierigkeiten, die in den dem Organisator vorgegebenen Restriktionen begründet liegen,
- Schwierigkeiten, die sich aus der Komplexität des Organisationsproblems ergeben,
- Schwierigkeiten und Widerstände, die aus dem Einsatz nicht objektiver Techniken der Informationsgewinnung resultieren.

Die Schwierigkeiten, die in den dem Organisator vorgegebenen Restriktionen begründet liegen, sind zunächst in dem Zeitdruck und in der zeitlichen Beschränkung zu sehen, unter denen eine Untersuchung durchgeführt wird. Das zwingt dazu, nur eine begrenzte Anzahl von Informationsgewinnungstechniken einzusetzen. Damit eröffnet sich die Möglichkeit, daß wichtige Faktoren des Untersuchungsbereiches unerkannt bleiben. Zudem kann, dies gilt insbesondere für den externen Berater, eine zu geringe oder fehlende Überschaubarkeit des Untersuchungsbereiches den gezielten Einsatz der Erhebungstechniken verhindern, was wiederum zu einer unvollständigen Erfassung des Istzustandes führt.

Die Komplexität des Organisationsproblems kann den Organisator dazu zwingen, Wege der Informationsbeschaffung zu beschreiten, die von den im Normalfall eingesetzten Techniken vollkommen abweichen, z.B. Mitarbeit in einer Aktionseinheit bei der Aufgabenerfüllung, ohne sich als Organisator erkennen zu geben (verdeckte, teilnehmende Beobachtung), um die erforderlichen Informationen zu gewinnen.

Von größtem Gewicht sind aber die Schwierigkeiten und Widerstände, die sich durch den Einsatz nicht objektiver Techniken der Informationsgewinnung – Befragung, Selbstaufschreibung – ergeben. Die Ursachen sind in folgenden Fakten zu sehen:

- die Organisationsuntersuchung wird gegen den Widerstand der leitenden Mitarbeiter des Untersuchungsbereiches von der Unternehmensleitung durchgeführt,
- die im Unternehmensbereich tätigen Mitarbeiter befürchten den Verlust ihrer Arbeitsplätze (Einkommensverlust), der sozialen Integration durch Änderungen der formalen und informalen Gruppen, bestehender Ermessens- und Entfaltungsspielräume, bisher bestehender Statussymbole,
- Verunsicherung durch die Einführung neuer Verfahrensregelungen und dem Einsatz neuer Technologien, die den Mitarbeitern des Untersuchungsbereiches noch unbekannt sind und/oder von ihnen nicht beherrscht werden.

Diese Ursachen können zu einer bewußten oder unbewußten Manipulation der bereitgestellten Informationen führen. Die bewußten Manipulationen zeitigen folgende Ergebnisse:

- Auslassen wichtiger Informationen, insbesondere dann, wenn im Rahmen der Befragung die entsprechenden Tatbestände nicht direkt angesprochen werden (lückenhafte Auskünfte), Interpretation von Fakten in einer für den Befragten vorteilhaften Art (gefärbte Auskünfte); auch hier kann wie beim Auslassen noch nicht von einer unrichtigen Informationsabgabe gesprochen werden;
- unrichtige Informationsabgabe; hier werden bewußt unrichtige, d.h. von den zutreffenden Daten abweichende Angaben gemacht (verfälschte, unrichtige Auskünfte).

Als Ergebnisse der unbewußten Manipulation sind zu nennen:

- Nichtangabe von Fehlern und Schwachstellen infolge Verdrängung dieser Tatbestände durch den Auskunftsgebenden,
- Vergessen von Ausnahmefällen aufgrund ihrer geringen Vorkommenshäufigkeit,
- Selektion und Ergänzung der abgegebenen Informationen; unbewußt gesteuert wird jeder Mitarbeiter die Informationen, die er abgibt, als die aus seiner Sicht wichtigen ansehen, während er die aus seiner Sicht unwichtigen unterdrückt.

Diese durch den Einsatz nicht objektiver Techniken der Informationsgewinnung entstehenden falschen und lückenhaften Informationen muß der Organisator einerseits durch den Einsatz objektiver Informationsgewinnungstechniken auszugleichen versuchen. Andererseits gilt es, die Ursachen der bewußten und unbewußten Manipulation – Widerstand leitender Mitarbeiter, Befürchtungen und Verunsicherungen der Mitarbeiter des Untersuchungsbereiches – durch eine entsprechende Information der Betroffenen über Ziel und Umfang der Organisationsuntersuchung sowie durch ihre weitgehende Beteiligung an der Untersuchung auszuräumen. Entsprechende Möglichkeiten sind in Rundschreiben, Informationsveranstaltungen und Diskussionen aller Beteiligten (Auftraggeber, Organisator, Mitarbeiter des Untersuchungsbereiches) zu sehen.

33 Formen der Techniken der Informationsgewinnung (Erhebungstechniken)

Die Formen der Informationsgewinnungstechniken können in die beiden Hauptgruppen der objektiven und der „nicht objektiven" Techniken untergliedert werden.

Als objektive Techniken sind solche zu bezeichnen, bei denen die gewonnenen Informationen nicht auf den Aussagen von Personen des Untersuchungsbereiches beruhen, d.h. der Organisator erfaßt selbst unmittelbar die benötigten Informationen, er bedient sich keines Informanten. Die mit Hilfe der nicht objektiven Techniken gewonnenen Informationen beruhen auf Aussagen der Mitarbeiter des Untersuchungsbereiches (in schriftlicher oder mündlicher Form). Sie sind damit bewußten oder unbewußten Manipulationen zugängig.

Abb. 5: Techniken der Informationsgewinnung

objektive Techniken	nicht objektive Techniken
Beobachtung (z.B. Multimomentverfahren)	Interview
Messen (z.B. Refa)	Fragebogen
Zählen (z.B. Belege)	Tagesberichte (kontinuierliche Erfassung der Tätigkeitszeiten)
Dokumentenanalyse (Analyse von Berichten)	Aufgaben- und Tätigkeitsberichte (Schätzung der Zeiten für die durchzuführenden Aufgaben und Tätigkeiten)
Kostenermittlung (BAB)	

331 Befragung

Die allgemeingültigen Überlegungen zur Befragung gehen von folgenden drei Problemkreisen aus:

(1) Rollenproblematik des Befragten,
(2) Funktion der Frage,
(3) Untersuchungsinteraktion mit den Befragten.[45]

Im Vordergrund der weiteren Überlegungen stehen der zweite und dritte Problemkreis, da Fragen des ersten Problemkreises „Rollenproblematik des Befragten" (kulturelle Hemmungen, soziale Hemmungen, psychische Hemmungen) im Rahmen von Organisationsuntersuchungen von geringerem Gewicht sind. In der empirischen Sozialforschung kommt ihnen hingegen ein größeres Gewicht zu. Es wird deshalb auf die entsprechende Spezialliteratur verwiesen.[46] Die mit Hilfe der Befragung zu gewinnenden Informationen beinhalten:

- Tatsachen
- Bewertungen von Tatsachen
- Gefühle
- Verhaltensmaßstäbe
- gegenwärtiges oder vergangenes Verhalten,
- bewußte Gründe für Bewertungen, Gefühle, Strategien und Verhalten.[47]

Im Vordergrund der Informationsgewinnung bei Organisationsuntersuchungen stehen Tatsachen (z.B. Über- und Unterstellungsverhältnisse, Anweisungsbefugnisse, Zeitaufwendungen für die Aufgabenerfüllung), weniger Gefühle, Verhalten und Meinungen, wobei noch zu beachten ist, daß mit Hilfe der Befragung nur menschliches Verbalverhalten erfaßt werden kann.[48]

Bei der Befragung ist zwischen den Formen des Interviews (mündliche Befragung) und des Fragebogens (schriftliche Befragung) zu entscheiden. Bei beiden Formen handelt es sich um Informationsgewinnungstechniken, die in jeder Organisationsuntersuchung Anwendung finden und mit deren Hilfe ein Großteil der erforderlichen Informationen gewonnen wird.

3311 Interview

Unter dem Interview als Informationsgewinnungstechnik ist das planmäßige Vorgehen des Organisators zu verstehen, die Mitarbeiter des Untersuchungsbereiches durch eine Reihe gezielter Fragen oder mitgeteilter Stimuli zu verbalen Informationsabgaben zu veranlassen.[49] Vor dem Einsatz dieser Technik muß der Organisator über folgende, die Form und den Ablauf des Interviews bestimmenden Faktoren entscheiden:

- Interviewpartner,
- Bewegungsspielraum für Interviewer und Befragten,
- Art der Beziehung des Interviewers zum Befragten,
- Frageform,
- Interviewphasen,

---

45 vgl. Schrader, A., Einführung in die empirische Sozialforschung, Stuttgart 1971, S. 94
46 vgl. Schrader, A., a.a.O., S. 97; Atteslander, P., Methoden der empirischen Sozialforschung, Berlin-New York 1971, S. 106 ff.
47 vgl. Schrader, a.a.O., S. 106
48 vgl. Münch, W., Datensammlung in den Sozialwissenschaften, Stuttgart 1971, S. 57; Atteslander, P., a.a.O., S. 74
49 vgl. Scheuch, E.K., Das Interview in der Sozialforschung, in: Handbuch der empirischen Sozialforschung, hrsg. von R. König, Bd. 2, Grundlegende Methoden und Techniken der empirischen Sozialforschung, Erster Teil, 3. Aufl., Stuttgart 1973, S. 70/71

- Fragestellung,
- Interviewort,
- Dokumentation des Interviews.

Diese Aufzählung weist nur die wichtigsten Faktoren auf, die es bei der Durchführung von Interviews im Rahmen von Organisationsuntersuchungen zu beachten gilt. Im Hinblick auf weitere Aspekte der Interviewtechnik wird auf die umfangreiche Literatur der empirischen Sozialforschung verwiesen.[50]

Die Entscheidungen über die vorstehend aufgeführten Faktoren sind abhängig von der Untersuchungssituation, den zu gewinnenden Informationen, deren Dokumentation und Auswertungsmöglichkeiten sowie der Stellung der Befragten in der Unternehmenshierarchie.

Interviewpartner

Die Frage nach dem Interviewpartner umfaßt zwei Teilprobleme:

- Wer soll das Interview durchführen?
- Wie viele Personen sollen zugleich befragt werden?

Es besteht die Möglichkeit, hauptberufliche Interviewer für die Befragung einzusetzen oder vom Organisator selbst die Interviews durchführen zu lassen. Die hauptberuflichen Interviewer bedürften einer organisatorischen Schulung, da es einerseits in der Regel nicht möglich ist, im Organisationsinterview ausschließlich nach einer festgelegten Fragenbatterie vorzugehen, andererseits den Befragten oftmals organisatorische Fragestellungen zuvor erklärt und erläutert werden müssen. Der Organisator muß hingegen mit der Interviewtechnik vertraut sein. Da die Schulung des Organisators in der Interviewtechnik weniger zeit- und kostenaufwendig ist als die Vermittlung des notwendigen organisatorischen Wissens an die hauptberuflichen Interviewer, werden die Interviews von dem Organisator durchzuführen sein.[51]

Weiterhin stellt sich die Frage, sofern interne (betriebseigene) und externe (betriebsfremde) Organisatoren an einer Organisationsuntersuchung beteiligt sind, wer von beiden sinnvollerweise die Interviews durchführen sollte. Bei gleicher Qualifikation der Organisatoren hat diese Entscheidung keinen Einfluß auf das Untersuchungsergebnis, da es in erster Linie bei der Befragung um die Gewinnung von Tatsachen (sachliche Zusammenhänge) handelt und sich die Vorteile und Nachteile (Betriebskenntnis einerseits, Betriebsblindheit andererseits) ausgleichen.[52] Die Entscheidung sollte ausschließlich im Hinblick auf eine sinnvolle Arbeitsteilung im Rahmen der gesamten Organisationsuntersuchung getroffen werden.

Terminologisch besteht keine Einmütigkeit darüber, welche Zahl von Gesprächspartnern für das Interview kennzeichnend sind.[53] Überwiegend wird die Zweierbeziehung als typisch angesehen. Im Organisationsinterview stellt sich die Frage nach der Anzahl der Gesprächspartner nur dann, wenn gleiche Informationen von unterschied-

---

50 siehe u.a. Scheuch, E.K., a.a.O., S. 66 ff.; Maccoby, E.E., Maccoby, N., Das Interview: Ein Werkzeug der Sozialforschung, in: Das Interview, hrsg. von R. König, 7. Aufl., Köln 1972, S. 37 ff.; Erbslöh, E., Interview, Stuttgart 1972; Friedrichs, J., Methoden empirischer Sozialforschung, Reinbek bei Hamburg 1973, S. 207 ff.; Selltiz, Cl., Jahoda, M., Deutsch, M., Cook, St.W., Untersuchungsmethoden der Sozialforschung, Teil II, Neuwied und Darmstadt 1972, S. 9 ff.; Atteslander, P., a.a.O., S. 77 ff.; Münch, W., a.a.O., S. 57 ff.

51 vgl. Schmidt, G., a.a.O., S. 62, Acker, H.B., a.a.O., S. 21

52 vgl. Müller-Pleuss, J.H., a.a.O., S. 30

53 vgl. Erbslöh, E., a.a.O., S. 27

lichen Mitarbeitern gewonnen werden können. Für die gleichzeitige Befragung mehrerer Mitarbeiter sprechen folgende Gründe:

- Vermeidung von bewußten und unbewußten Manipulationen der abgegebenen Informationen,
- geringerer Einfluß des Interviewers auf den einzelnen Befragten und damit auf dessen Informationen,
- Vermeidung von Stockungen während des Interviews,
- geringerer Kosten- und Zeitaufwand.

Die möglichen Nachteile einer Gruppenbefragung sind in folgendem zu sehen:

- Informationen werden unterdrückt aus Furcht vor möglichen späteren Sanktionen, insbesondere wenn es sich um problematische, heikle Fragen handelt,
- Austragung von Meinungsverschiedenheiten zwischen den Befragten,
- die Befragten bilden eine selbsttragende Gruppe, die den Interviewer abqualifiziert,[54]
- es bildet sich ein Führer der Befragten, der bestimmt, welche Informationen in welcher Form gegeben werden,
- es entfällt eine Kontrolle der gewonnenen Informationen, die bei Einzelinterviews durch den Informationsabgleich möglich ist.

Die aufgeführten Nachteile des Gruppeninterviews werden gegenüber den möglichen Vorteilen in der praktischen Organisationsarbeit so stark gewichtet, daß nur in Ausnahmefällen das Gruppeninterview zum Einsatz kommt.

Bewegungsspielraum für Interviewer und Befragten

Im Hinblick auf den Bewegungsspielraum für Interviewer und Befragten kann zwischen dem standardisierten Interview (auch als strukturiertes bzw. gebundenes bezeichnet) und dem nicht standardisierten (unstrukturiertem bzw. freiem) Interview unterschieden werden. Zwischen diesen beiden Formen sind Interviews unterschiedlichen Strukturierungsgrades angesiedelt, von denen im weiteren nur das halbstandardisierte Interview (zentriertes, gelenktes) behandelt werden soll.

„Man spricht von einem standardisierten Interview, wenn die Fragen vor dem Interview festgelegt worden sind und mit dem gleichen Wortlaut und in der gleichen Reihenfolge allen Befragten gestellt werden. Die Fragen eines standardisierten Interviews können entweder ‚offen' oder ‚geschlossen' sein, d.h. die Auswahl der Antwort freilassen oder begrenzen. Das wesentliche Merkmal des standardisierten Interviews besteht darin, daß dem Interviewer keine Freiheit gelassen wird, Fragen zu formulieren oder neu zu formulieren, Fragen zu stellen, die in dem individuellen Fall besonders anwendbar erscheinen, oder die Reihenfolge der Themen zu ändern, um sie der spontanen Gedankenfolge des Befragten anzupassen".[55]

Diesem „Gesprächsraster" liegen folgende vier Annahmen zugrunde:[56]

(1) Die Mitarbeiter des Unternehmensbereiches verfügen über ein gleiches Vokabular, das dem Organisator die Formulierung von Fragen ermöglicht, die für alle Befragten ungefähr die gleiche Bedeutung besitzen.

54 vgl. Schmidt, G., a.a.O., S. 62
55 Maccoby, E.E., Maccoby, N., a.a.O., S. 39
56 vgl. Atteslander, P., a.a.O., S. 78 f.

(2) Für die betreffenden Untersuchungsgegenstände kann für alle Befragten eine einheitliche Formulierung gefunden werden.

(3) Die identische Bedeutung jeder Frage für alle Befragten des Untersuchungsbereiches verlangt eine identische Fragefolge.

(4) Vor- und Hauptuntersuchung müssen die Erstellung eines endgültigen Fragebogens ermöglichen, der den ersten drei Erfordernissen entspricht.

In der Regel liegen diese Erfordernisse bei der Durchführung von Organisationsinterviews nicht vor.[57] Organisatorische Sachverhalte verlangen infolge ihrer Komplexität, insbesondere für Befragte auf der operativen (ausführenden) Ebene eine Erläuterung und Erklärung. Zudem erkennt der Organisator erst während des Interviews speziell vorliegende Bedingungen und Daten, die in der Vor- und Hauptuntersuchung nicht erkannt wurden oder nicht erkannt werden konnten, die aber für die Lösung des anstehenden Organisationsproblems von großer Bedeutung sind. Das standardisierte Interview eignet sich daher nur für die Gewinnung quantitativer Informationen unter der Voraussetzung, daß Organisator und Befragte die gleiche Sprache (identische Begriffsinhalte) sprechen.[58]

Das halbstandardisierte Interview ist durch folgende wesentliche Merkmale charakterisiert:[59]

- Fehlen eines absolut gültigen und ausschließlichen Fragebogens, sondern Vorliegen eines flexibel aufgebauten Fragenrasters, Erklärung unverstandener Fragen, Stellung von Zusatzfragen, Möglichkeiten der Unformulierung der Fragen sowie Änderung der Fragenreihenfolge.

Diesem Interview liegen folgende Annahmen zugrunde:[60]

(1) Soll eine Frage für alle Mitarbeiter eines Untersuchungsbereiches die gleiche Bedeutung besitzen, so muß die Frage in der ihnen verständlichen Form formuliert werden (Vokabular des Befragten).

(2) Die wirkungsvollste Reihenfolge für den Befragten wird durch seine Bereitschaft, zu einem Thema Informationen zu geben, bestimmt.

(3) Durch eine dem Interview vorausgehende Analyse der Mitarbeiter des Untersuchungsbereiches sowie durch eine gezielte Auswahl und Schulung der Organisatoren in der Interviewtechnik kann annähernd erreicht werden, daß durch die Gestaltung der Fragen und deren Reihenfolge eine Bedeutungsäquivalenz für alle Beteiligten gegeben ist.

In der Regel treffen diese Annahmen auf die Bedingungen zu, unter denen das Organisationsinterview durchgeführt wird. Der Organisator führt die Befragung anhand eines vorher ausgearbeiteten Interviewleitfadens durch, der ihm die Möglichkeit bietet, die Fragen entsprechend der jeweiligen Situation zu formulieren, Erläuterungen und Erklärungen vorzunehmen, Zusatz- und Ergänzungsfragen zu stellen, die Reihenfolge der Fragen zu ändern, d.h. durch Anpassung des Interviews an den speziellen Einzelfall den organisatorischen Sachverhalt möglichst vollständig zu erfassen.[61]

---

57 vgl. Acker, H.B., a.a.O., S. 22; Schmidt, G., a.a.O., S. 63; Steinbuch, P.A., a.a.O., S. 237
58 vgl. Müller-Pleuss, J.H., a.a.O., S. 28
59 vgl. Atteslander, P., a.a.O., S. 80; Erbslöh, E., a.a.O., S. 19 f.; Maccoby, E.E., Maccoby, N., a.a.O., S. 45
60 vgl. Atteslander, P., a.a.O., S. 80 f.
61 vgl. Acker, H.B., a.a.O., S. 22

Bei dem nicht standardisierten Interview besitzt der Interviewer nur einen Katalog über diejenigen Informationen, die er im Interview zu gewinnen hat. Er kann die Situation so gestalten, wie es ihm im Hinblick auf das Befragungsziel am geeignetsten erscheint, d.h. Anzahl und Formulierung der Fragen, Reihenfolge der Fragen usw. Um diesen Interviewtyp erfolgreich einsetzen zu können, bedarf es eines qualifizierten Organisators, der sowohl die Interviewtechnik vollkommen beherrscht und zudem über detaillierte Organisationskenntnisse verfügt. Liegen diese Voraussetzungen nicht vor, so besteht die Gefahr, daß die gewonnenen Informationen unvollständig und nicht aussagefähig sind und aufwendige Nacherhebungen erforderlich werden.

Zusammenfassend kann festgestellt werden, daß in der praktischen Organisationsarbeit in der Regel das halbstandardisierte Interview Verwendung findet, es aber ergänzt wird um einen standardisierten Teil, wenn es sich um die Erfassung quantitativer Sachverhalte handelt, und um einen nicht standardisierten Teil, wenn Meinungen und Verhalten erfaßt werden sollen.

Art der Beziehung des Interviewers zum Befragten

In bezug auf die Beziehung des Interviewers zum Befragten lassen sich drei Modelle „optimalen Verhaltens" unterscheiden und zwar die Konzeptionen des

- weichen Interviewens,
- harten Interviewens,
- neutralen Interviewens.

Das weiche Interview ist wie folgt charakterisiert:

- der Organisator spielt eine passive Rolle,
- der Befragte bestimmt den Gang des Interviews,
- es besteht eine von Sympathie getragene Beziehung zwischen Organisator und Befragten.[62]

Durch diese Tatbestände sollen die Offenheit der Antworten und die Bereitwilligkeit des Befragten zur Mitarbeit erreicht werden. Für das Organisationsinterview ist dieses Verhaltensmodell weniger geeignet, da die Gefahr der bewußten, insbesondere aber der unbewußten Manipulation der abgegebenen Informationen gefördert wird.

Das harte Interview ist hingegen durch folgende Kriterien[63] gekennzeichnet:

- der Organisator nimmt gegenüber dem Befragten eine autoritäre Stellung ein, zeigt zum Teil sogar ein aggressives Verhalten,
- schnelle Abfolge der Fragen,
- ständiger Druck auf den Befragten,
- Erzwingen spontaner Antworten (keine langen Überlegungsmöglichkeiten).

Durch dieses Verhalten des Interviewers soll der Befragte zu schnellen Antworten gezwungen werden und keine Zeit haben, seine einzelnen Antworten aufeinander abzustimmen. So sollen Unrichtigkeiten und Denkfehler schneller und sicher erkannt werden können. Dieses, dem Verhör gleichkommende Interview ist für den Organisator nur dann geeignet, wenn er nicht auf eine andere Weise als durch aggressive und provokatorische Fragen den „Mantel des Schweigens" aufbrechen kann. Die mögli-

62 vgl. Scheuch, E.K., a.a.O., S. 96; Atteslander, P., a.a.O., S. 83
63 vgl. Scheuch, E.K., a.a.O., S. 97 ff.; Atteslander, P., a.a.O., S. 84

chen negativen Auswirkungen auf die spätere notwendige Zusammenarbeit mit den Mitarbeitern des Untersuchungsbereiches in den Phasen der Entwicklung der Sollkonzeption und deren Einführung verbieten normalerweise ein solches Verhalten des Organisators.

Das Verhalten des Organisators beim neutralen Interview läßt sich wie folgt charakterisieren: „. . . , daß sich der Interviewer bis zu einem gewissen Grade zurückhalten soll; er sollte einen seriösen Eindruck machen und deutlich werden lassen, daß er das Interview ernst nimmt. Gleichzeitig sollte er keinen zu steifen Eindruck machen; es ist von großer Wichtigkeit für den Interviewer, ein echtes Interesse an dem zu zeigen, was der Befragte sagt. In seinen Reaktionen muß sich der Interviewer in engen Grenzen halten – es ist sogar ein Grundprinzip jeder Befragung, daß der Interviewer versuchen muß, seine eigene Einstellung zum Untersuchungsgegenstand zu verbergen. Er darf auch kein Befremden oder Mißbilligung über irgend etwas zeigen, was der Befragte sagt, und auch nicht enthusiastisch nicken, wenn der Befragte die eigenen Ansichten des Interviewers zum Ausdruck bringt. Wenn dieser jedoch sogar dann völlig unempfindlich und neutral bleibt, wenn der Befragte ihn offensichtlich herausfordern will, so wird die natürliche Gesprächsatmosphäre des Interviews zerstört werden und der Kontakt wird darunter leiden. Es hat sich als ein wirksamer Kompromiß herausgestellt, daß der Interviewer eine Haltung freundlichen Gewährenlassens annimmt. Er lacht über die Witze des Befragten, er macht Ausrufe, wenn der Befragte etwas sagt, daß offensichtlich Erstaunen erregen soll (‚Wirklich?‘, Was Sie nicht sagen!‘), macht unterstützende Bemerkungen wie etwa: ‚Ich sehe, was Sie meinen‘, ‚Das kann man verstehen‘, ‚Das ist sehr interessant‘ und verwendet auch andere Ausdrucksweisen, die in der betreffenden Lage normal sein würden. Er vermeidet jedoch gewissenhaft eine direkte Zustimmung oder Ablehnung der Einstellungen des Befragten – kurz: er argumentiert niemals mit Befragten und sagt auch nicht: ‚Ich denke genauso‘.“[64]

Dieses neutrale Verhalten des Interviewers ist für das Organisationsinterview das geeignete, da der Organisator rationale Argumente, nicht manipulierte Informationen, und klare Antworten auf der Basis eines sachlichen Beziehungsverhältnisses zum Befragten gewinnen will.

Frageform

In der Interviewtechnik wird eine große Anzahl von Fragekategorien unterschieden, u.a. Fakt-, Meinungs-, Einstellungs-, Verhaltens-, Programm-, Test-, Beweis-, Puffer-, Filter-, Kontrollfragen.[65] Im folgenden wird nur auf die Begriffspaare offene und geschlossene, direkte und indirekte Frageform eingegangen.

Offene (ungebundene) und geschlossene (gebundene) Fragen

Die Offenheit bzw. die Geschlossenheit einer Frage bestimmt den Spielraum, der dem Befragten bei der Beantwortung einer Frage eingeräumt wird. Bei der geschlossenen Frageform wird die Äußerung des Befragten auf die vorgegebenen Antworten beschränkt, wobei diese alle möglichen oder mindestens alle relevanten umfassen müssen. Die vorgegebenen Antworten können einem der drei folgenden Typen zugehören:

---

64 Maccoby, E.E., Maccoby, N., a.a.O., S. 63

65 vgl. Münch, W., a.a.O., S. 69; Scheuch, E.K., a.a.O., S. 82 ff.; Atteslander, P., a.a.O., S. 97 ff.; Friedrich, J., a.a.O., S. 192 ff.; Selltiz, Cl., Jahoda, M., Deutsch, M., Cook, St.W., a.a.O., S. 18 ff.

- „Identifikationstyp: Eine Frage, welche die Nennung (Identifikation) einer Person, einer Gruppe, eines Ortes, einer Zeit, Nummer usw. verlangt, indem gefragt wird: wer, wo, wann, wie viele oder welche.
- Selektionstyp: Eine Frage mit vorgegebenen Alternativen, wobei der Befragte eine von zwei oder mehreren Antwortmöglichkeiten auszuwählen hat.
- Ja-Nein-Typ: Eine Frage, die mit Ja oder Nein genügend beantwortet werden kann".[66]

Die offene Frage erlaubt dem Befragten eine freie Antwort, die nicht durch vorgegebene Alternativen beschränkt wird, „Das entscheidende Merkmal von offenen Fragen ist, daß sie einen Gesichtspunkt lediglich anschneiden, aber der Antwort des Befragten keine bestimmte Form vorschlagen und vorschreiben. Der Befragte hat die Gelegenheit, in seinen eigenen Worten und innerhalb seines eigenen Bezugsrahmens zu antworten".[67]

Die geschlossene Frage wendet sich an das Wiedererkennungsvermögen des Befragten, die offene Frage an das Erinnerungsvermögen, wobei das Erinnern schwieriger als das Wiedererkennen einzustufen ist. Beide Frageformen besitzen ihre spezifischen Vor- und Nachteile, die im folgenden tabellarisch zusammengefaßt werden:

Vor- und Nachteile der offenen und geschlossenen Frageform

Frageform → / ↓ Vorteile Nachteile	offene Frage	geschlossene Frage
Vorteile	• Erkennen von Unwissenheit, Mißverständnissen, unerwarteten Bezugssystemen • Förderung des Gesprächskontaktes und des Interesses am Interview beim Befragten • keine Beeinflussung der Beantwortung • in der Antwort ist die unterschiedliche Interpretation der Frage erkennbar	• Einheitlichkeit der Antworten • verbesserte Auswertungsmöglichkeiten • keine Überforderung der Befragten • genauere quantitative Angaben • vorgegebene Antworten erklären die Bedeutung der Frage • Erklärung der Dimension der gesuchten Antworten • eigenes Urteil über die eigene Einstellung
Nachteile	• Gefahr der Überforderung der Befragten • ungenaue quantitative Angaben • erschwerte Auswertungsmöglichkeiten • fehlende Erklärung der Dimension der gesuchten Antwort	• Abwertungen einer Meinung, auch wenn keine vorliegt • die vorgegebenen Antworten sind unvollständig bzw. nicht zutreffend • Beeinflussung der Antwort (Verzerrung) • verschiedene Interpretation der Frage findet keine Berücksichtigung in der Antwort.

66 Atteslander, P., a.a.O., S. 92
67 Selltiz, Cl., Jahoda, M., Deutsch, M., Cook, St.W., a.a.O., S. 34

Diese Vor- und Nachteile der offenen bzw. geschlossenen Frageform legen es nahe, ein Interview nicht nur aus einer Art von Fragen bestehen zu lassen. Für viele Zwecke ist eine Kombination von offenen und geschlossenen Fragen am ergiebigsten.[68] Es ist dabei üblich, die Fragen „trichterförmig" zu reihen, d.h. mit der offenen Frageform in bezug auf einen Untersuchungsgegenstand zu beginnen und mit der geschlossenen Frageform fortzusetzen. Offene Fragen sind insbesondere in der Voruntersuchung (Planungsstadium der Organisationsuntersuchung) geeignet, da der Organisator noch nicht in der Lage ist, sämtliche oder alle relevanten Antwortalternativen zu formulieren, sondern das Problemfeld zu erfassen versucht. Weiterhin ist sie dann einzusetzen, wenn der Organisator nur wenige Informationen besitzt, es sich bei den Befragten um gut informierte, qualifizierte Mitarbeiter handelt, oder wenn es um die Erfassung von Arbeitsabläufen geht.[69] Der Einsatz der geschlossenen Frageform ist dann angezeigt, wenn der Organisator die relevanten Antworten aufgrund seiner bereits gewonnenen Erkenntnisse formulieren kann, insbesondere dann, wenn die Gewinnung quantitativer Größen im Vordergrund steht.

Direkte und indirekte Frage

Dem Interview als Informationsgewinnungsmethode stehen zur Erlangung „wahrer" Informationen, insbesondere wenn Tatbestände unmittelbar angesprochen werden (direkte Frage), „zwei Hindernisse gegenüber: über gewisse Probleme will und zu gewissen Fragen kann der Befragte keine ‚wahre' Auskunft geben."[70] Um diese Hindernisse zu überwinden, bedient man sich der indirekten Frage. Indirekte Fragen ermöglichen dadurch eine „wahre" Beantwortung, daß Indizien für Sachverhalte ermittelt werden anstelle unmittelbarer Informationen über den Sachverhalt selbst.[71]

Eine indirekte Frage ist im Organisationsinterview bei Vorliegen folgender Bedingungen bzw. Untersuchungsobjekte angezeigt:[72]

- der Befragte befürchtet Sanktionen, wenn seine gegebenen Informationen bekannt werden,
- Solidarität der Befragten gegenüber dem Organisator,
- Beurteilung der Qualifikation und des Verhaltens von Mitarbeitern, von Vorgesetzten, der Ausbildungs- und Weiterbildungsmaßnahmen, des Betriebsklimas,
- Erfassung von organisatorischen Sachverhalten, über deren Zusammenhänge der einzelne Befragte keine Übersicht besitzen kann, z.B. das betriebliche Informations- und Kommunikationssystem.

Interviewphasen

Jedes Organisationsinterview bedarf, soll es erfolgreich durchgeführt werden, einer „dramaturgischen" Planung[73], d.h. Überlegungen in bezug auf die Strukturierung des Interviewablaufs.

---

68 vgl. Selltiz, Cl., Jahoda, M., Deutsch, M., Cook, St.W., a.a.O., S. 47; Scheuch, E.K., a.a.O., S. 86; Maccoby, E.E., Maccoby, N., a.a.O., S. 52; Acker, H.B., a.a.O., S. 25
69 vgl. Müller-Pleuss, J.H., a.a.O., S. 28; Schmidt, G., a.a.O., S. 68
70 Atteslander, P., a.a.O., S. 93
71 vgl. Scheuch, E.K., a.a.O., S. 88
72 vgl. Acker, H.B., a.a.O., S. 27; Schmidt, G., a.a.O., S. 68/69
73 vgl. Schrader, A., a.a.O., S. 107

Folgende Interviewphasen sollte jedes Interview aufweisen:

- Einleitungsphase (Einstimmung),
- Informationsgewinnungsphase (Erhebung der Informationen),
- Ausklangsphase (Trennung).

In der Einleitungsphase wird das Ziel angestrebt, eine positive Gesprächsatmosphäre zu schaffen, d.h. etwaige Widerstände gegen das Interview abzubauen, den Befragten für die erforderliche Mitarbeit zu motivieren, und die Persönlichkeit und mögliche Verhaltensweisen (Reaktionen) des Befragten zu erkennen. Inhalt dieser Phase ist: Vorstellen des Organisators, Erläuterung des Organisationsauftrages und der Zielsetzung der Untersuchung, Aufbau- und Durchführung der Untersuchung, evtl. auch ein kurzes Gespräch über aktuelle Themen, die nicht unmittelbar zum Untersuchungsgegenstand gehören (z.B. Entwicklungen auf dem Sachgebiet, in dem der Befragte tätig ist). In dieser Phase wird in erster Linie der „Psychologe" im Organisator angesprochen, d.h. seine Fähigkeit im Umgang mit Menschen (vergleichbar mit dem von jedem Instanzenträger verlangten Führungsverhalten). Der Zeitaufwand für diese Einleitungsphase wird durch den daraus resultierenden besseren Ablauf der weiteren Interviewphasen mehr als aufgewogen.

In der Informationsgewinnungsphase versucht der Organisator, die Informationen zu gewinnen, die den Untersuchungsbereich kennzeichnen. Grundlage sind die Entscheidungen, die der Organisator im vorhinein über den Bewegungsspielraum für Interviewer und Befragten (standardisiertes, halbstandardisiertes, nicht standardisiertes Interview), über die Art der Beziehung des Interviewers zum Befragten (hartes, weiches, neutrales Interview) und über die Frageform (offene, geschlossene Fragen) getroffen hat. Da von beiden Gesprächspartner in dieser Phase eine hohe Konzentration verlangt wird, und diese Anspannung nicht über eine längere Zeitdauer als 15 – 20 Minuten aufrechterhalten werden kann[74], sind Entspannungsphasen (Abkühlungsphasen) einzuplanen. In diesen sind die Fragen zu stellen, die nicht problembezogen sind und damit eine Entspannung und Abkühlung der Gesprächsatmosphäre erlauben.

Die Ausklangsphase (Trennungsphase) ermöglicht eine Verstärkung eines bereits bestehenden positiven Beziehungsverhältnisses zwischen Interviewer und Befragten bzw. den Aufbau eines solchen Verhältnisses in bezug auf die weitere Zusammenarbeit.

Fragestellung

In bezug auf die Fragestellung sind eine Vielzahl von Grundsätzen entwickelt worden, die sicherstellen sollen, daß die Fragen vom Befragten verstanden werden können und eine Basis für die Gewinnung aussagefähiger Informationen bilden. Da diese Grundsätze keiner Erläuterung bedürfen, werden sie im folgenden nur aufgezählt:[75]

- einfache Formulierung, grammatikalisch einfache Konstruktion in der jeweils gebräuchlichen „Betriebssprache" (keine Verwendung unbekannter Begriffe),
- eindeutige und präzise Formulierung (Vermeidung mehrdeutiger und vager Worte),
- keine Überforderung des Wissens und des Erinnerungsvermögens des Befragten,

74 vgl. Schrader, A., a.a.O., S. 108

75 vgl. Atteslander, P., a.a.O., S. 88; Maccoby, E.E., Maccoby, N., a.a.O., S. 47; Friedrich, J., a.a.O., S. 194 ff.; Erbslöh, E., a.a.O., S. 42; Scheuch, E.K., a.a.O., S. 78; Acker, H.B., a.a.O., S. 31 ff.; Schmidt, G., a.a.O., S. 72.

- Fragen mit erklärendem Vorwort oder Beispiel einleiten, wenn die Problemstellung dem Befragten nicht sehr vertraut ist,
- genaue Angabe von Zeit, Ort und Zusammenhang,
- entweder alle Alternativen klar darstellen oder keine,
- Fragen sollen an konkrete Erfahrungen der Befragten anknüpfen,
- Vermeidung von Suggestivfragen,
- Zeit- und Mengenangaben eingabeln (nicht sofort nach Durchschnittswerten fragen, sondern zunächst nach Minimum- und Maximumwerten),
- Einbau von Kontrollfragen.

Interviewort

Als Ort der Durchführung des Organisationsinterviews ist der Arbeitsplatz des Befragten aus folgenden Gründen am geeignetsten:[76] Zunächst wird der Befragte nicht aus seiner ihm vertrauten Arbeitsumwelt herausgelöst. Dies vermeidet eine Verunsicherung des Befragten und erhöht die Gesprächsbereitschaft (nicht der Befragte muß zum Organisator, sondern der Organisator kommt zum Befragten).

Des weiteren ermöglicht das Interview am Arbeitsplatz dem Organisator den Einsatz der Beobachtung, d.h. er lernt den Arbeitsplatz (Arbeitsplatzgestaltung, Arbeitsplatzanordnung, Arbeitsumwelt) und z.T. das Tätigwerden des Befragten an diesem kennen. Die Informationen des Befragten bezüglich Bearbeitungsobjekte, Arbeitsmittel und Arbeitsunterlagen können anhand der konkreten Situation verdeutlicht werden. Zum anderen ergibt sich für den Organisator zugleich die Möglichkeit der Kontrolle der Informationen (Einsichtnahme in die Arbeitsunterlagen des Befragten, Vergleich des Geschehens am Arbeitsplatz mit den Angaben des Befragten, z.B. Häufigkeit von Telefonaten, Besuchen usw.).

Vom Arbeitsplatz des Befragten als Interviewort soll nur dann abgewichen werden, wenn der Organisator erkennt, daß durch die Anwesenheit weiterer Mitarbeiter im Büroraum der Befragte in seinen Aussagen gehemmt wird (keine Information bzw. diese nur zögernd gibt).

Dokumentation des Interviews

Ein Grundproblem der Interviewtechnik ist die Aufzeichnung der vom Befragten abgegebenen Informationen. Als denkbare Alternativen sind möglich:

„1. Aufschreiben aus dem Gedächtnis: Der Interviewer versucht, sich so gut wie möglich an das zu erinnern, was der Befragte gesagt hat, und macht nach dem Interview Notizen über dessen Inhalt.

2. Feldbewertungen: Der Interviewer ist mit einer Anzahl von Einstufungsschemata versehen. Er versucht gar nicht, die Bemerkungen des Befragten niederzuschreiben, sondern bewertet sie direkt aufgrund des Interviews in bezug auf die Dimensionen, die durch die Untersuchung gemessen werden sollen.

3. Feldverschlüsselung: Der Interviewer verschlüsselt während des Interviews die Antworten auf gewisse Fragen anhand vorher festgesetzter Kategorien.

4. Wörtliche Aufzeichnungen: Während der Befragte spricht, versucht der Interviewer, die Antworten so wörtlich wie möglich niederzuschreiben.

---

76 vgl. Müller-Pleuss, J.H., a.a.O., S. 29; Steinbuch, P.A., a.a.O., S. 238; Acker, H.B., a.a.O., S. 22/23; Schmidt, G., a.a.O., S. 69

5. Mechanische Aufnahme: Der Befragte spricht in ein Mikrophon (das entweder offen oder verborgen ist). Seine Aussagen werden mit Hilfe eines Band-, Draht- oder Schallplatten-Aufnahmegeräts aufgenommen."[77]

Für das Organisationsinterview kommen vor allen Dingen die Formen 1, 4 und 5 in Frage. Die Entscheidung über die Form der Dokumentation ist abhängig von der Art des Interviews (standardisiert, halbstandardisiert, nicht standardisiert), der Art der Fragen (offen, geschlossen) und der Dauer des Interviews. Bei der geschlossenen Frageform ist eine sofortige schriftliche Kennzeichnung der Antwort möglich und sinnvoll. Dauert ein Interview nur wenige Minuten und ist die Anzahl der Fragen gering, so kann das Gedächtnisprotokoll (Form 1) geeignet sein. Nur ist auch hier zu bedenken, daß selbst eine sofortige Aufzeichnung der Ergebnisse nach Beendigung des Interviews nicht garantiert, daß bereits wichtige Informationen nicht verlorengegangen sind bzw. mit dem zugehörigen Gewicht Berücksichtigung finden. Als praktikabel hat sich folgendes Vorgehen erwiesen: Nach überschaubaren Abschnitten des Interviews fixiert der Organisator die bis dahin erzielten Ergebnisse in schriftlicher Form (verbal, graphisch) bzw. diktiert sie auf einem Tonträger. Indem er dem Befragten Einsicht in die Aufzeichnungen gewährt, besteht die Möglichkeit, durch den Befragten evtl. Ergänzungen und Klarstellungen vornehmen zu lassen. Durch dieses Vorgehen wird der Interviewfluß nicht gestört, im Gegenteil werden so die nötigen Entspannungsphasen während der Informationsgewinnungsphase geschaffen. Auf eine Verwendung von Aufzeichnungsgeräten (der Befragte spricht in ein Mikrophon) sollte verzichtet werden, da der Befragte dadurch gehemmt und bestimmte Fragen sehr vorsichtig bzw. gar nicht beantworten würde. Zudem bedingt die Auswertung von Tonaufzeichnungen einen hohen Zeitaufwand. Entsprechendes gilt auch für die wörtliche Aufzeichnung aller Aussagen des Interviewten, selbst wenn nicht der Interviewer, sondern ein weiterer Organisator dieses durchführen würde. Zudem würde sich hier die Situation eines Verhörs mit all den negativen Auswirkungen auf den Befragten ergeben.[78]

Zusammenfassung

Aufgrund der vorstehenden Ausführungen läßt sich das Organisationsinterview wie folgt umschreiben:

Das Organisationsinterview ist vom Organisator selbst durchzuführen in der Form des halbstandardisierten Interviews, ergänzt um einen standardisierten Teil (quantitative Sachverhalte) und einem nicht standardisierten Teil (Meinungen und Verhalten), als neutrales Interview unter Verwendung offener und geschlossener, direkter und indirekter Fragen am Arbeitsplatz des Befragten. Die Befragungsergebnisse werden während des Interviews vom Organisator verbal und/oder graphisch dokumentiert.

Der Durchführung des Organisationsinterviews liegt ein Interviewplan zugrunde, der Aufnahmebereiche, Gesprächspartner, Termine, Interviewort und einen Katalog der benötigten Informationen bzw. den Interviewleitfaden (Fragenbatterie) beinhaltet.

---

77 Maccoby, E.E., Maccoby, N., a.a.O., S. 67

78 Zu diesen vorstehenden Ausführungen vgl. Maccoby, E.E., Maccoby, N., a.a.O., S. 67 ff.; Steinbuch, P.A., a.a.O., S. 240; Müller-Pleuss, J.H., a.a.O., S. 34; Schmidt, G., a.a.O., S. 69 ff.

3312 Fragebogen

Bei der schriftlichen Befragung wird allen Personen des Untersuchungsbereiches, die Informationen zu dem anstehenden Organisationsproblem geben können, ein Fragebogen ausgehändigt mit der Bitte, diesen sorgfältig, vollständig und klar zu beantworten. Das Fehlen des Interviewers wirkt sich doppelt bei diesem Vorgehen aus, „positiv, weil er die Befragungssituation nicht beeinflußt; negativ, weil er weder den Befragten zur Mitarbeit motivieren noch durch Erläuterungen Unklarheiten beseitigen kann".[79] Aus diesem Grunde ist eine sorgfältigere Vorbereitung und Durchführung als beim Interview erforderlich.

Der Fragebogen entspricht formal dem standardisierten Interview und damit liegen ihm dieselben Annahmen zugrunde. Die Ausführungen in bezug auf die Frageform und die Fragestellung sind ebenfalls für die Fragebogenmethode relevant.

Durch einen Pretest (Probebefragung) ist zu prüfen, ob die zugrundeliegenden Annahmen auch tatsächlich gegeben sind und aufgrund der gestellten Fragen klare und vollständige Informationen gewonnen werden können. Insbesondere sind im Pretest folgende Punkte zu prüfen, d.h. ob

- jede Frage zweifelsfrei verständlich ist,
- die verwendeten Begriffe der „Betriebssprache" entsprechen,
- bei geschlossenen Fragen die Antworten entsprechend den drei Antworttypen – Identifikations-, Selektiv- und Ja-Nein-Typ – richtig formuliert sind,
- keine Suggestivfragen vorhanden sind,
- Kontrollfragen so eingebaut sind, daß sie ihre Funktion erfüllen[80],
- verbale und graphische Hilfestellungen für die Beantwortung wirksam sind.[81]

Eine geringe Motivation der Befragten (z.T. bedingt durch die Anonymität der Befragung) kann z.T. dadurch vermieden werden, daß durch einen Begleit- oder Einführungsbrief, durch Informationsveranstaltungen oder durch Informationen der Instanzenträger des Untersuchungsbereiches die Befragten über Ziel und Umfang der Untersuchung unterrichtet werden. Das Problem der Rücklaufquote, das bei der empirischen Sozialforschung von großem Gewicht ist, ist bei Organisationsuntersuchungen irrelevant, da der Auftraggeber (Unternehmensleitung) einen gewissen Zwang auf die Befragten ausüben kann.

Um die schriftliche Befragung effektiver zu gestalten und insbesondere um die Voraussetzungen für ihren Einsatz zu schaffen (die im Pretest zu prüfenden Punkte), wird der Organisator nicht nur einen Fragebogen einsetzen. Zumindest sind entsprechend der hierarchischen Stufe der Befragten zwei Fragebogen zu verwenden, einer für die Leitungs- und einer für die Ausführungsebene.[82] Eine weitere Differenzierung nach Aufgabenbereichen ist dann angezeigt, wenn der Aufgabenumfang des Untersuchungsbereiches sehr komplex ist. Durch die Verwendung derart differenzierter Fragebogen sind folgende Ziele erreichbar:

- klare und gezielte Antworten durch weniger allgemein formulierte Fragen,
- bessere Abstimmung der Fragen auf die Befragten und deren Tätigkeitsfeld,
- Verkürzung des Fragebogens durch Wegfall der Fragen, die nicht für alle relevant sind.

---

79 Friedrich, J., a.a.O., S. 236

80 Nach Friedrich sind Kontrollfragen in einem Fragebogen nicht möglich, vgl. Friedrich, J., a.a.O., S. 238

81 vgl. Atteslander, P., a.a.O., S. 104

82 vgl. Acker, H.B., a.a.O., S. 18; Schmidt, G., a.a.O., S. 75 f.

Als eine Form derart spezialisierter Fragebogen ist der Aufgaben- und Tätigkeitsbericht anzusehen, der im Punkt 3332 näher behandelt wird. Für die Bearbeitung der Fragebogen sollte den Befragten eine Frist von 2 – 3 Tagen[83] eingeräumt werden, da ein längerer Zeitraum keinen Nutzen bringt (erhöht nur die Liegezeit bei den Befragten), sondern nur den Ablauf der Organisationsuntersuchung verzögert.

3313 Beurteilung der unterschiedlichen Befragungsformen

Eine Beurteilung der schriftlichen und mündlichen Befragung im Hinblick auf ihren Einsatz bei Organisationsuntersuchungen geschieht am besten anhand der Vor- und Nachteile, die beide Methoden aufweisen. In der folgenden tabellarischen Übersicht werden diese Vor- und Nachteile unter den Kriterien Zeit, Kosten, Genauigkeit der Informationsgewinnung und psychologische Aspekte subsumiert.

Beide Befragungsarten haben im Hinblick auf die Erfassung organisatorischer Tatbestände ihre spezifischen Vor- und Nachteile. Die Gegenüberstellung dieser Vor- und Nachteile zeigt, daß die Nachteile der einen Methode durch die Vorteile der anderen Methode ausgeglichen werden können. Daraus ist die Schlußfolgerung zu ziehen, daß eine kombinierte Anwendung beider Methoden die bestmögliche Erfassung des Mengen-, Zeit- und Wertgerüstes des Istzustandes ermöglicht. Auf dieser Überlegung basiert das praktische Vorgehen des Organisators, das sich in die folgenden zwei Schritte gliedern läßt:

1. Schritt: Erfassung der Grundtatbestände des Istzustandes des Untersuchungsbereiches mit Hilfe der Fragebogenmethode (Einsatz zweier und noch weiter differenzierter Fragebogen)
2. Schritt: Ergänzung und Vertiefung der im ersten Schritt gewonnenen Informationen durch den Einsatz von Interviews.

Durch die Fragebogenmethode wird zunächst eine organisatorische Momentaufnahme (Stichtagbild) gewonnen, deren Feinheiten in der zweiten Stufe durch den Einsatz der Interviewmethode herausgearbeitet werden.

Basis für die durchzuführenden Interviews bilden die beantworteten Fragebogen. Die Fragenbatterie der Interviews konzentriert sich auf die Tatbestände, über die im Fragebogen unklare, widersprüchliche oder unvollständige bzw. keine Informationen gegeben wurden. Aufgrund der ausgewerteten Fragebogen können die Interviewfragen konkret und gezielt formuliert werden, da die Grundtatbestände für den Untersuchungsbereich bereits weitgehend bekannt sind. Dadurch verkürzt sich der Zeitaufwand für die Durchführung der Interviews. Ebenfalls vereinfacht sich die Dokumentation der Interviewergebnisse, da sich diese auf Korrekturen und Ergänzungen der bereits vorliegenden Informationen beschränken. Die Kombination beider Verfahren stellt damit wohl den besten Weg der Aufnahme des Istzustandes dar. Selbst wenn der Organisator sich dessen nicht bewußt ist, verfährt er bei der praktischen Organisationsarbeit entsprechend diesen Überlegungen.

---

83 vgl. Acker, H.B., a.a.O., S. 18; Schmidt, G., a.a.O., S. 76

Vergleichende Gegenüberstellung der Vor- und Nachteile der schriftlichen und mündlichen Befragung

Vor/Nachteile	Interview*)	Fragebogen
Vorteile in bezug auf: Genauigkeit	1. durch Anpassung der Fragen und Reihenfolge an Befragten erhöhte Aussagefähigkeit 2. durch Ergänzung der Fragen erkennen neuer Tatbestände 3. gleichzeitige Beobachtung erhöht die Genauigkeit 4. keine Manipulation durch Dritte 5. Antworten mündlich leichter möglich 6. kein Auslassen von Antworten	1. Stichtagbild 2. Einfluß des Organisators entfällt 3. besser durchdachte Antworten und präzisere Angaben
Kosten	./.	1. geringere Kosten sowohl im Hinblick auf Organisator als auch Befragten 2. geringere Kosten im Hinblick auf die Dokumentation und Auswertung
Zeit	./.	1. geringerer Zeitaufwand für die Durchführung 2. kurzfristiges Vorliegen der Ergebnisse in auswertbarer Form
psychologische Aspekte	1. persönlicher Kontakt baut emotionale Widerstände ab 2. stimulierende Wirkung durch Anwesenheit des Interviewers	1. Anonymität; kann zu „wahren" Aussagen führen
Nachteile in bezug auf: Genauigkeit	1. Zeitraumbild 2. Einfluß durch den Organisator	1. allgem. Fragen führen zu allgem. Aussagen 2. keine Zusatz- und Ergänzungsfragen 3. Ausfüllen in Gemeinschaftsarbeit 4. Mißverständnisse möglich 5. unvollständiger Fragenkatalog 6. Auslassen von Antworten 7. bei offenen Fragen Schwierigkeiten in bezug auf eine ausreichende Antwort
Kosten	1. höhere Kosten sowohl im Hinblick auf den Befragten als auch den Organisator 2. höhere Kosten im Hinblick auf Dokumentation und Auswertung	./.
Zeit	1. höherer Zeitaufwand für die Durchführung 2. höherer Zeitaufwand für die Dokumentation	./.
psychologischer Aspekt	Hemmungen durch dic Anwesenheit des Interviewers	1. unpersönliches Vorgehen 2. emotionale Widerstände, Befragung z.T. als Kontrolle angesehen.

*) in Form des halbstandardisierten Interviews, ergänzt um einen standardisierten und um einen nicht standardisierten Teil.

Kontrollfragen zu Abschnitt 331

1. Worauf beruht die Unterscheidung in objektive und nicht objektive Techniken der Informationsgewinnung?
2. Zu welchen Schwierigkeiten führt der Einsatz nicht objektiver Informationsgewinnungstechniken im Rahmen der Istaufnahme?
3. Welche die Form und den Ablauf des Interviews bestimmenden Faktoren können unterschieden werden?
4. In welcher Form ist der Bewegungsspielraum für Interviewer und Befragten beim Organisationsinterview zu gestalten?
5. Grenzen Sie die Konzeptionen des weichen, des harten und des neutralen Interviewens voneinander ab.
6. Was beinhaltet die „trichterförmige" Reihung der Interviewfragen?
7. Welche Zielsetzung wird mit der Untergliederung des Interviews in einzelne Phasen verfolgt?
8. Charakterisieren Sie anhand der Kriterien Interviewpartner, Bewegungsspielraum, Art der Beziehung des Interviewers zum Befragten, Frageform, Fragestellung und Ort des Interviews das Organisationsinterview!
9. Welche Bedeutung besitzt der Pretest im Rahmen der Fragebogenmethode?
10. Stellen Sie die beiden Formen der Befragung, Fragebogen- und Interviewmethode, einander vergleichend gegenüber. Aus den jeweiligen Vor- und Nachteilen schließen Sie auf den Einsatz dieser Techniken bei der praktischen Organisationsarbeit!

Literatur zur Vertiefung:

Acker, H.B., Organisationsanalyse, Verfahren und Techniken praktischer Organisationsarbeit, 8. Aufl., Baden-Baden und Bad Homburg vor der Höhe 1975, S. 18–35

Atteslander, P., Methoden der empirischen Sozialforschung, Sammlung Göschen, Bd. 4229, 2. Aufl., Berlin-New York 1971, S. 74–121

Erbslöh, E., Interview, Studienskripten zur Soziologie, hrsg. von E.K. Scheuch, Bd. 1, Stuttgart 1972

Friedrich, J., Methoden empirischer Sozialforschung, Reinbek bei Hamburg 1973, S. 192–255

Maccoby, E.E., Maccoby, N., Das Interview: Ein Werkzeug der Sozialforschung, in: Das Interview, hrsg. von R. König, 7. Aufl., 1972, S. 37–85

Münch, W., Datensammlung in den Sozialwissenschaften, Eine Einführung in ihre Methoden, Stuttgart-Berlin-Köln-Mainz 1971, S. 57–72

Selltiz, Cl., Jahoda, M., Deutsch, M., Cook, St.W., Untersuchungsmethoden der Sozialforschung, Teil II, Neuwied und Darmstadt 1972, S. 9–48

Scheuch, E.K., Das Interview in der Sozialforschung, in: Handbuch der empirischen Sozialforschung, hrsg. von R. König, Bd. 2, Grundlegende Methoden und Techniken der empirischen Sozialforschung, Erster Teil, 3. erw. Aufl., Stuttgart 1973, S. 66–166

Schmidt, G., Organisation, Methode und Technik, 2. Aufl., Gießen 1975, S. 56–79

Schrader, A., Einführung in die empirische Sozialforschung, Stuttgart 1971

Der Beobachtung als Informationsgewinnungstechnik kommt in Organisationsuntersuchungen nicht die Bedeutung wie der Befragung zu. Sie besitzt einen mehr ergänzenden Charakter, z.B. Informationen, die mit Hilfe der Fragebogen- und Interviewmethode gewonnen wurden, stichprobenartig zu überprüfen bzw. zu ergänzen. Der Organisator bedient sich dabei der „wissenschaftlichen" Beobachtung[84], die durch folgende Merkmale charakterisiert ist:[85]

(1) Sie dient einem bestimmten Erkenntniszweck, d.h. sie wird zweckgerichtet und zusammenhängend durchgeführt.

(2) Sie ist systematisch geplant und nicht zufallsabhängig.

(3) Sie wird systematisch aufgezeichnet und auf allgemeinere Urteile bezogen; sie stellt keine Sammlung von Merkwürdigkeiten dar.

(4) Sie kann Prüfungen und Kontrollen hinsichtlich ihrer Gültigkeit und Verläßlichkeit unterworfen werden.

Die mit Hilfe der Beobachtung zu gewinnenden Informationen können beinhalten:

- Sozialverhalten der im Untersuchungsbereich tätigen Personen,
- Arbeitsgestaltung (Bewegungsstudien, Transportwege, Laufwege; in bezug auf diese Tatbestände insbesondere erfaßbar: Entfernungen, Richtungen, Häufigkeiten).
- Arbeitsplatzgestaltung (Arbeitsplatzanordnung, Arbeitsplatzausstattung unter Berücksichtigung arbeitsphysiologischer, -psychologischer und -medizinischer Gesichtspunkte),
- Auslastungsermittlungen.

Diese Informationen geben keine Auskunft über Sinnzusammenhänge, auslösende Ursachen, Zielsetzungen und Motivationen. Es werden also nur Kenntnisse über effektives Verhalten, effektive Vorgänge und gegebene Zustände gewonnen. Informationen im Hinblick auf Sinnzusammenhänge, Ursachen, Zielsetzungen und Motivationen im Untersuchungsbereich müssen mithin mit Hilfe anderer Techniken, insbesondere der Fragebogen- und Interviewmethode erarbeitet werden.

Welche Zielsetzung der Organisator auch verfolgt, er muß sich zuerst Klarheit über die folgenden Fragenkomplexe verschaffen:

„1. Was soll beobachtet werden?
2. Wie sollen die Beobachtungen aufgezeichnet werden?
3. Wie sollte man vorgehen, um zu versuchen, Genauigkeit bei der Beobachtung zu garantieren?
4. Welche Beziehung sollte zwischen dem Beobachter und den Beobachteten bestehen, und wie kann die Beziehung hergestellt werden?"[86]

---

84 Zur Unterscheidung zwischen naiver und wissenschaftlicher Beobachtung siehe: Atteslander, P., a.a.O., S. 121 ff.

85 vgl. Atteslander, P., a.a.O., S. 126; Selltiz, Cl., Jahoda, M., Deutsch, M., Cook, St.W., Untersuchungsmethoden der Sozialforschung, Teil I, Neuwied und Darmstadt 1972, S. 237; Jahoda, M., Deutsch, M., Cook, St.W., Beobachtungsverfahren, in: Beobachtung und Experiment in der Sozialforschung, hrsg. von R. König, 8. Aufl., Köln 1972, S. 77

86 Selltiz, Cl., Jahoda, M., Deutsch, M., Cook, St.W., a.a.O., S. 243

Entsprechend den diesbezüglichen Entscheidungen können die Beobachtungen reichen „von beinahe völliger Flexibilität, nur durch die Formulierung des Problems, das untersucht werden soll, und einigen allgemeinen Vorstellungen über Aspekte von vermutlicher Wichtigkeit geleitet, bis zur Benutzung vorgeschriebener, bis ins Detail schon vorher durchüberlegter Instrumente. Der Beobachter kann selbst aktiv am Gruppenleben der von ihm beobachteten Gruppe teilnehmen. Seine Rolle kann als die eines Mitglieds der Gruppe definiert sein, und er kann dennoch seine Teilnahme minimal halten; er kann als Beobachter gelten, der kein Teil der Gruppe ist, seine Anwesenheit kann auch einigen oder allen Leuten, die er beobachtet, unbekannt bleiben“.[87]

Diese unterschiedlichen Gestaltungsmöglichkeiten finden ihren Niederschlag in den verschiedenen Formen der Beobachtung, deren wesentliche in der folgenden Darstellung zusammengestellt sind.

Abb. 6: Formen der Beobachtung[88]

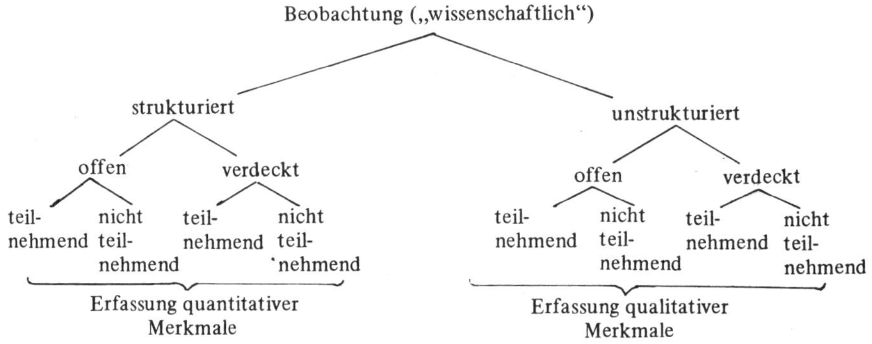

Weiterhin kann noch die direkte (unmittelbare) von der indirekten (mittelbaren) Beobachtung unterschieden werden.[89] Direkt bedeutet dabei die Aufnahme der Daten im Augenblick des Auftretens, indirekt die Sammlung schriftlicher Unterlagen über diese Daten (Sekundärmaterial) in Form von Berichten, Protokollen, Aufzeichnungen organisatorischer Regelungen. Die indirekte Beobachtung stellt damit aber nichts anderes als eine Dokumentenanalyse dar. Sie wird im Punkt 335 behandelt. Die weiteren Ausführungen beziehen sich nur auf die direkte Beobachtung.

3321 Formen der Beobachtung

33211 Strukturierte und unstrukturierte Beobachtung

Die strukturierte Beobachtung ist durch folgende vier Kriterien gekennzeichnet:[90]

(1) Die Beobachtungseinheiten sind eindeutig festgelegt,

(2) Die Beobachtungskategorien sind klar fixiert (ähnlich wie beim Aufstellen eines Fragebogens),

---

87 ebenda, S. 242
88 in Anlehnung an Atteslander, P., a.a.O., S. 131
89 vgl. König, R., Die Beobachtung, in: Handbuch der empirischen Sozialforschung, Bd. 2, Grundlegende Methoden und Techniken der empirischen Sozialforschung, Erster Teil, hrsg. von R. König, 3. Aufl., Stuttgart 1973, S. 46
90 vgl. Atteslander, P., a.a.O., S. 134

(3) die Zeitintervalle der Beobachtung sind festgelegt (die Intervalle können sowohl Minuten als auch Stunden betragen),

(4) die Dokumentationsform ist vorgegeben.

Diese Kriterien sichern ein einheitliches Vorgehen beim Einsatz verschiedener Organisatoren, eine Quantifizierung und die Nachprüfbarkeit der beobachteten Tatbestände.

Voraussetzung für die Durchführung der strukturierten Beobachtung ist mithin, daß der Organisator das Problem bereits vorher spezifiziert hat und die Kategorien der Informationen kennt, deren Kenntnis er zur Lösung des anstehenden Organisationsproblems benötigt. Da, wie bereits dargelegt wurde, die Beobachtung eine ergänzende Erhebungstechnik ist und dieser bereits Befragungen vorangegangen sind, sind die vorstehend aufgeführten Voraussetzungen in den meisten Fällen gegeben.

Mit Hilfe der strukturierten Beobachtung versucht der Organisator in den Verwaltungsorganisationen vor allen Dingen allgemeine Vorkommnisse in einem Büroraum bzw. an einem Arbeitsplatz zu ermitteln z.B. Arbeitsunterbrechungen, Arbeitsstörungen, Verrichtungen von Nebentätigkeiten usw. Da hier objektive Tatsachen ohne eine weitere Qualifizierung erfaßt werden, ist die Verwendung der „Alles oder Nicht-Kategorien" angebracht, z.B. das Telefon klingelt oder klingelt nicht, ein Besucher betritt den Büroraum oder nicht, usw.

Die Multimomentverfahren – Multimoment-Häufigkeitszählverfahren und Multimoment-Zeitmeßverfahren – sind Beispiele für strukturierte Beobachtungen, die zunehmend im Verwaltungsbereich Verwendung finden. Auf diese Verfahren wird im Punkt 3343 noch näher einzugehen sein.

Bei der unstrukturierten Beobachtung werden lediglich die Hauptkategorien vorgegeben. Im Hinblick auf die Beobachtungseinheiten, die Zeitintervalle und die Dokumentation der beobachteten Tatbestände wird dem Organisator ein großer Ermessensspielraum zugestanden. Er ist damit in der Lage, unvorhergesehene Ereignisse in seine Beobachtung einzubeziehen und sie entsprechend zu berücksichtigen. „Wir stehen hier im Prinzip vor den gleichen Problemen, wie wir sie bereits im Kapitel über die Befragung für das standardisierte (oder strukturierte) und das nichtstandardisierte (oder unstrukturierte) Interview darlegten."[91]

Die Dokumentation stellt sich hier als ein wesentliches Problem dar. Es werden deshalb vornehmlich photographische Techniken eingesetzt, wie Photo- und Filmaufnahmen, mit deren Hilfe Zustände und Bewegungen dauerhaft festgehalten werden. Sie sind damit noch zu einem späteren Zeitpunkt einer Einzeluntersuchung zugängig.

Strukturierte und unstrukturierte Beobachtungen stellen zwei Grenzwerte auf einer Skala dar, zwischen denen Beobachtungen unterschiedlichen Strukturierungsgrades angesiedelt sind. „Ein Minimum an Strukturierung erfordert auch die unstrukturierte Beobachtung, und eine gewisse Flexibilität besteht auch bei der strukturierten Beobachtung."[92] Wie beim Interview wird der Organisator den Strukturierungsgrad wählen, der seiner Zielsetzung entspricht (Bandbreite zwischen einer Betriebsbegehung bis hin zum Multimomentverfahren).

---

91 Atteslander, P., a.a.O., S. 132
92 Atteslander, P., a.a.O., S. 135

Sowohl für die strukturierte als auch für die unstrukturierte Beobachtung gelten folgende Hinweise:[93]

- die Dauer der Beobachtung ist abhängig vom Aufgabenumfang und der Komplexität der Arbeitsabläufe (Anzahl der Aufnahmekategorien),
- die Beobachtung ist nur auf räumlich eng begrenzte Bereiche infolge der begrenzten Aufnahmekapazität des Organisators anwendbar.

33212 Offene und verdeckte Beobachtung[94]

Bei der offenen Beobachtung gibt der Beobachter sich als Organisator zu erkennen, d.h. die Mitarbeiter des Untersuchungsbereiches kennen zumindest den Zweck der Anwesenheit des Organisators, ohne daß sie genaue Kenntnisse über die Ziele der Beobachtung zu besitzen brauchen. Zu umfassende Informationen über die Ziele der Beobachtung bergen nämlich die Gefahr in sich, daß sie die beobachtete Situation verfälschen. So würde z.B. eine Information darüber, daß durch die Beobachtung die Einhaltung der Arbeitszeitregelung (Arbeitsbeginn, Pausen, Arbeitsende) festgestellt werden soll, dazu führen, daß während des Beobachtungszeitraumes alle Mitarbeiter auf das genaueste die Arbeitszeitregelung beachten werden. Es ist daher genau zu überlegen, welche Informationen den Beobachteten mitgeteilt werden soll.

Bei der verdeckten Beobachtung gibt sich der Organisator nicht zu erkennen. Der Sinn einer verdeckten Beobachtung kann nur darin gesehen werden, eine Verfälschung der beobachteten Situation zu vermeiden. Da es aber kaum möglich sein wird, die Beobachtung vollkommen unbemerkt durchzuführen – das Verhalten des Organisators wird den Mitarbeitern des Untersuchungsbereiches sofort auffallen –, ist es besser, die Beobachteten vorher zu informieren. Dies umso mehr, da durch eine vertrauensvolle Zusammenarbeit mit den Mitarbeitern des Untersuchungsbereiches die Arbeit nur erleichtert werden kann. Die verdeckte Beobachtung ist daher für die praktische Organisationsarbeit ungeeignet.

Ethische Vorbehalte werden hier wie beim Einsatz aller anderen Informationsgewinnungstechniken nicht relevant. Sie können sich für den Organisator nur im Hinblick auf die Organisationsaufgabe sowie auf die Verwendung der gewonnenen Informationen ergeben.

33213 Teilnehmende und nicht teilnehmende Beobachtung

Eine teilnehmende Beobachtung liegt dann vor, wenn der Organisator im Untersuchungsbereich für eine begrenzte Zeitdauer an der Aufgabenerfüllung mitwirkt, d.h. Aufgaben oder Tätigkeiten eines Mitarbeiters des Untersuchungsbereiches übernimmt. Dieses sehr zeitaufwendige Vorgehen ist nur dann gerechtfertigt, wenn auf eine andere Weise die benötigten Informationen nicht gewonnen werden können. Die teilnehmende Beobachtung findet deshalb nur in Ausnahmefällen in der Organisationspraxis Verwendung, so z.B. bei der Einführung einer Sollkonzeption.

Die nicht teilnehmende Beobachtung – der Organisator ist nicht an der Aufgabenerfüllung des Untersuchungsbereiches beteiligt – ist die geeignete Beobachtungsform in der Phase der Informationsgewinnung.

---

93 vgl. Schmidt, G., a.a.O., S. 95
94 Zu den folgenden Ausführungen siehe Atteslander, P., a.a.O., S. 140

3322 Kritische Würdigung

Wie die vorstehenden Ausführungen zeigen, besitzen die unterschiedlichen Formen der Beobachtung ihre jeweiligen Vor- und Nachteile in bezug auf ihren Einsatz im Rahmen von Organisationsuntersuchungen. Aufgrund des Bestrebens, die mit den unterschiedlichen Formen der Beobachtung verbundenen Nachteile möglichst auszuschalten, die Vorteile dagegen vollständig zu realisieren, bedient man sich in der Regel der offenen, strukturierten, nicht teilnehmenden Beobachtung.

Im Vergleich zu den anderen Informationsgewinnungstechniken, insbesondere gegenüber der Befragung, besitzt die vorstehend charakterisierte Beobachtungsform folgende Vor- und Nachteile.

Vorteile:[95]

- Erfassung des Geschehens zum Zeitpunkt seines tatsächlichen Eintritts,
- die Erfassung ist unabhängig von der Fähigkeit und der Bereitwilligkeit der Mitarbeiter des Untersuchungsbereiches,
- objektive Erfassung durch den Organisator, d.h. keine Verfälschung durch die Zwischenschaltung von Informationsträgern.

Nachteile:

- der Eintritt des zu beobachtenden Ereignisses ist nicht immer zeitlich genau fixierbar,
- die Möglichkeit der Beobachtung wird durch die Dauer der Ereignisse begrenzt,
- keine Informationen über Sinnzusammenhänge, auslösende Ursachen, Zielsetzungen und Motivationen,
- hoher Zeitaufwand und damit hohe Kosten der Erfassung, da der Beobachtungszeitraum aufgrund der Dauer der zu beobachtenden Ereignisse oder der Ungewißheit über ihren Eintritt oft lang gewählt werden muß.

Aufgrund dieser vorstehend aufgeführten Vor- und Nachteile wird der Organisator die Beobachtung nur als ergänzende Informationsgewinnungstechnik einsetzen und zwar insbesondere in bezug auf Informationen, die er nicht auf anderem Wege oder mit der erforderlichen Objektivität gewinnen kann.

Kontrollfragen zu Abschnitt 332

1. Durch welche Merkmale ist die „wissenschaftliche" Beobachtung charakterisiert?
2. Welche Informationen können nicht im Weg der Beobachtung gewonnen werden?
3. Welche Form der Beobachtung ist im Rahmen einer Organisationsuntersuchung normalerweise zu wählen? Begründen Sie Ihre Antwort!
4. Welche Vor- und Nachteile weist die offene, strukturierte, nicht teilnehmende Beobachtung insbesondere gegenüber der Befragung auf?

---

95 vgl. Selltiz, Cl., Jahoda, M., Deutsch, M., Cook, St.W., a.a.O., S. 238 ff.; Atteslander, P., a.a.O., S. 126 ff.; Schmidt, G., a.a.O., S. 95 f.; Münch, W., a.a.O., S. 37

Literatur zur Vertiefung:

Atteslander, P., Methoden der empirischen Sozialforschung, 2. Aufl., Berlin-New York 1971, S. 121–154

Cook, St.W., Jahoda, M., Deutsch, M., Beobachtungsverfahren, in: Beobachtung und Experimente in der Sozialforschung, hrsg. von R. König, 8. Aufl., Köln 1972, S. 77–96

König, R., Die Beobachtung, in: Handbuch der empirischen Sozialforschung, Bd. 2, Grundlegende Methoden und Techniken der empirischen Sozialforschung, hrsg. von R. König, Erster Teil, 3. Aufl., Stuttgart 1973, S. 1–65

Münch, W., Datensammlung in den Sozialwissenschaften, Stuttgart-Berlin-Köln-Mainz 1971, S. 32–56

Schmidt, G., Organisation, Methode und Technik, 2. Aufl., Gießen 1975, S. 80–97

Selltiz, Cl., Jahoda, M., Deutsch, M., Cook, St.W., Untersuchungsmethoden der Sozialforschung, Teil 1, Neuwied und Darmstadt 1972, S. 237–278

333 Selbstaufschreibung

Die Selbstaufschreibung beinhaltet die Erstellung von Aufzeichnungen in bezug auf Mengen, Tätigkeitszeiten und Tätigkeiten durch die Mitarbeiter des Untersuchungsbereiches. Damit wird ein großer Teil des Zeitaufwandes für die Aufnahme des Istzustandes auf die Mitarbeiter des Untersuchungsbereiches verlagert. Im Hinblick auf die Zeitdauer dieser Selbstaufschreibung können unterschieden werden:[96]

- Führen von Tätigkeitsberichten über einen längeren Zeitraum (Arbeits- bzw. Tagesberichte),
- einmaliges Erstellen von Aufgaben- und Tätigkeitsberichten (-listen).

Selbstaufschreibungen werden immer dann eingesetzt, wenn im Untersuchungsbereich eine Vielzahl von Personen tätig bzw. die Anzahl der an der Untersuchung beteiligten Organisatoren gering ist. Der Anwendungsbereich der Selbstaufschreibung ist auf solche Vorgänge und Tatbestände zu beschränken, die sich eindeutig abgrenzen lassen, und damit zu auswertbaren Informationen führen. Dabei sind folgende Kriterien zu beachten:[97]

(1) Die Vorgänge und Tatbestände müssen repräsentativ sein und eine brauchbare Basis für die Erfassung des tatsächlichen Geschehens darstellen. Dies gilt insbesondere für die erfaßten Arbeitsergebnisse.

(2) Es muß eine leichte Erfaß- und Nachprüfbarkeit gewährleistet sein. Dem Organisator muß eine richtige Vorstellung von dem, was er messen und beurteilen will, vermittelt werden.

(3) Die zu erfassenden Kategorien müssen durch Stetigkeit gekennzeichnet sein, d.h. sie müssen in sachlicher Hinsicht ebenso wie von Untersuchungsperiode zu Untersuchungsperiode im wesentlichen vergleichbar sein.

(4) Von der Erfassung unerheblicher Kategorien ist abzusehen, d.h. insbesondere bei der Erfassung von Tätigkeiten. Es ist im allgemeinen sinnvoller, auf unerhebliche Details zu verzichten, als auf deren Erfassung, die unrealistisch, nur mit Schwierigkeiten zu verwirklichen ist, zu bestehen.

---

96 vgl. Müller-Pleuss, J.H., a.a.O., S. 40
97 vgl. Sommer, W., a.a.O., S. 281/282

In erster Linie sind mit der Technik der Selbstaufschreibung Tätigkeitsarten, Tätigkeitszeiten, Mengenangaben über Bearbeitungsobjekte und eingesetzte Sachmittel erfaßbar.

Um die Dokumentation und die Auswertung zu erleichtern, werden für beide Arten der Selbstaufschreibung vom Organisator zu entwickelnde Formulare eingesetzt.

3331 Tagesberichte

Beim Tagesbericht zeichnet jeder Mitarbeiter im Untersuchungsbereich seine durchgeführten Tätigkeiten chronologisch entsprechend des zeitlichen Anfalls auf (vgl. Abb. 7). Zur Vereinfachung dieser Arbeit sowie zur Erhöhung der Aussagekraft der Tagesberichte wird den Mitarbeitern ein Aufgaben- und Tätigkeitskatalog an die Hand gegeben. Nur so ist es möglich, daß eine einheitliche Sprache und einheitliche Begriffsinhalte verwandt werden. „Sonst kommt es vor, daß ein Kontokorrentbuchhalter das Buchen als ‚Verbuchen von Ausgangsrechnungen' einträgt, während der andere die gleiche Tätigkeit mit ‚Kundenkontokorrent führen' bezeichnet. Einer mag dabei die Zeit für die Addition der Journale einschließen, der zweite nicht."[98]

Den Aufzeichnenden ist zudem vorher die Verwendung dieser Aufgaben- und Tätigkeitskataloge sowie das Ausfüllen der Tagesberichtsformulare zu erläutern. Notfalls ist bei großen Schwierigkeiten ein Pretest durchzuführen. Bei der Informierung ist mit psychologischem Geschick vorzugehen, um die oftmals gegen diese Erhebungstechnik bestehenden Widerstände abzubauen bzw. gar nicht entstehen zu lassen.

Im Vordergrund der Aufzeichnungen stehen die erledigten Tätigkeiten und nicht die durchgeführten Aufgaben und zwar aus folgenden Gründen:[99]

- für die Mitarbeiter des Untersuchungsbereiches ist es in den meisten Fällen einfacher, die Aktivitäten als die zugehörigen Aufgaben anzugeben,
- für die Analyse organisatorischer Sachverhalte ist es aufschlußreicher, die einzelnen Aktivitäten und ihre jeweilige Zeitdauer als Angaben über die erfüllten Aufgaben und den zugehörigen Zeitaufwand zu kennen,
- es müssen alle Tätigkeiten erfaßt werden, also auch solche, die keiner Aufgabenerfüllung direkt zugerechnet werden können, da sie die Arbeitszeit des Mitarbeiters beanspruchen, z.B. Dienst- und Privatgespräche, Erholungszeiten, persönliche Verrichtungen, Lohnempfang und ähnliches.

Neben den Aufgaben- und Tätigkeitskatalogen sind noch folgende Hinweise für das Ausfüllen der Tagesberichte zu geben:[100]

- Tätigkeiten mit einer kürzeren Zeitdauer als 5 Minuten sind in Stichworten oder als Strichliste am Fuße des Formulars zu erfassen (die Zeitdauer dieser Kurztätigkeiten kann durch eine Multiplikation der Anzahl mit dem Faktor „2 Minuten" später ermittelt werden; diese Berechnung führt zu brauchbaren Ergebnissen und erleichtert insbesondere die Aufzeichnung in den Augen der Betroffenen[101])
- in der Kurzbeschreibung der Tätigkeit ist anzugeben, wer die Tätigkeit veranlaßt und für wen sie durchgeführt wird,

98 Acker, H.B., a.a.O., S. 63
99 vgl. Schmidt, G., a.a.O., S. 98
100 vgl. Feurer, W.E., a.a.O., S. 68/69
101 vgl. Acker, H.B., a.a.O., S. 64

Abb. 7: Tagesbericht

Tagesbericht vom: 27.1.78	Bereich: Marketing Name: Müller	Abteilung: Vertrieb Vorname: Willi		Stelle: Auftragsbearbeitung Telefon: 4711	Blatt-Nr. 1
Tätigkeit (Kurzbezeichnung, in chronologischer Reihenfolge)	Aufgaben Nr.	Beanspruchte Zeit			Bearbeitungsmenge in Stück
		von	bis	Zeitdauer i.Min.	
Kundenaufträge formal und sachlich geprüft |	1	7^{30}	8^{30}	60	6
Preisverhandlung mit dem Kunden A	3	8^{45}	11^{00}	135	1
Diktat über Preisverhandlung Kunde A	3	11^{00}	11^{20}	20	1
Auftragsbestätigung erstellen ||	11	11^{30}	12^{00}	30	3

Kurze Tätigkeiten und Unterbrechungen (bis zu 5 Minuten)

Rückfragen bei Lagerverwaltung |||
Anrufe Produktionsleitung ||
Abteilungsleiter-Kurzbesuch |

Unterschrift

- bei Besprechungen und Telefongesprächen Angabe der Gesprächsteilnehmer und des Inhaltes (z.B. Kunde, Lieferant, Vorgesetzter, Abteilung, Reklamation, Zahlungseingang, Mahnung),
- sofern möglich, sind Mengenangaben bezüglich Anzahl der Bearbeitungsobjekte einzutragen,
- bei Verwendung von Fremdsprachen ist dies in der Kurzbeschreibung der Tätigkeit anzumerken (z.B. frz., engl., ital.),
- bei häufiger kurzfristiger Unterbrechung von Tätigkeiten ist dieses durch Striche bei der entsprechenden Kurzbezeichnung der Tätigkeiten zu vermerken.

Die Aussagefähigkeit des Tagesberichtes hängt neben der Genauigkeit der Aufzeichnung von der Zeitdauer und des Zeitpunktes der Erfassung ab. Der Erfassungszeitraum sollte mindestens zwei Wochen (= 10 Arbeitstage), besser aber 4 Wochen (= 20 Arbeitstage) betragen[102] und dabei nicht eine Periode extrem einseitiger Beanspruchung umfassen. Bei einem vierwöchigen Zeitraum (= 20 Arbeitstage) ist es sinnvoll, sofern der Zeitplan der Organisationsuntersuchung dies zuläßt, eine Periode (= 10 Arbeitstage) normaler und eine Periode (= 10 Arbeitstage) extremer Beanspruchung (z.B. Quartals-, Jahresende) abzudecken. Sind in der Erfassungsperiode periodisch wiederkehrende (Quartal, Halbjahr, Jahr) oder gelegentliche Tätigkeiten nicht erfaßbar, so sind diese von den im Untersuchungsbereich Tätigen auf einem separaten Formular (vgl. Abb. 8) aufzuzeichnen.

Die Tagesberichte sind täglich einzusammeln, möglichst durch den Organisator selber oder durch eine dafür bestimmte Person, die nicht dem Untersuchungsbereich angehört (z.B. eine Stabstelle), um nachträgliche Manipulationen durch den Aufzeichnenden selbst oder dessen Vorgesetzten auszuschließen.

Am Ende der Erfassungsperiode sind die gesammelten Tagesberichte zu verdichten. Das geschieht in der Weise, daß die Tätigkeitszeiten eines Arbeitsplatzes und die je Aktionseinheit (Stelle, Abteilung), entsprechend dem vorliegenden Tätigkeitskatalog kumuliert und aufgrund des vorliegenden Aufgabenkataloges den entsprechenden Aufgaben zugeordnet werden. Entsprechendes gilt für die erfaßten Mengen der Bearbeitungsobjekte (Abb. 9).

Dabei ist es sinnvoll, die Tätigkeiten entsprechend ihres Zeitaufwandes zu reihen und prozentuale Anteile am Gesamtzeitaufwand des Arbeitsplatzes bzw. der Aktionseinheit auszuweisen. Weiterhin können durchschnittliche Bearbeitungszeiten für einzelne Bearbeitungsobjekte ermittelt werden. Hierdurch werden dem Organisator wichtige Hinweise auf das Gewicht der einzelnen Tätigkeiten gegeben sowie mögliche Ansatzpunkte für spätere Reorganisationsmaßnahmen erkennbar.

Schwierigkeiten können sich ergeben, wenn die Instanzenträger des Untersuchungsbereiches ebenfalls solche Tagesberichte zu erstellen haben. Aber im Hinblick auf die Analyse der Gebildestruktur ist es von großer Bedeutung, auch Informationen über die Tätigkeiten und die zugehörigen Zeitaufwendungen der Instanzenträger zu besitzen. Ein Ausweg ist darin zu sehen, zunächst diese Aufzeichnungen von der

---

102 Die Angaben bezüglich der Zeitdauer stimmen in der Literatur im wesentlichen überein. Acker fordert einen Zeitraum von einer Woche bis zu mehreren Monaten (a.a.O., S. 63), Schmidt ein bis zwei Wochen (a.a.O., S. 100), Feurer eine, evtl. zwei Wochen (a.a.O., S. 68), Müller-Pleuss 14 bis 28 Tage (a.a.O., S. 46) und Steinbuch sechs Wochen (a.a.O., S. 246).

Abb. 8: Tätigkeitsliste

Tätigkeitsliste (nicht in Tagesberichte erfaßte Tätigkeiten)	Bereich: Marketing	Abteilung: Vertrieb	Stelle: Auftragsbearb.		Blatt-Nr. 1
	Name: Müller	Vorname: Willi	Telefon: 4711		
lfd. Nr.	Periodisch wiederkehrende Tätigkeiten (Kurzbeschreibung)		Beanspruchte Zeit		Aufgaben-Nr.
			Std. je Monat	Std. je Woche	
1	Jahresbericht erstellen	pro Jahr 36 Std.	3		5
2	Auswerten der Quartalstatistik pro Quartal	12 Std.	4		7
		Gesamt	7		
	Gelegentliche Tätigkeiten (Kurzbeschreibung)				
1	Reisen	pro Jahr 40 Std.	3,33		1
2	Reisebericht erstellen	pro Jahr 12 Std.	1		1
			4,33		
	Datum:	Unterschrift:			

Abb. 9: Tagesberichte

Verdichtete Tagesberichte der Zeit vom 27.1.–10.2.78		Bereich: Marketing Name: Müller	Abteilung: Vertrieb Vorname: Willi		Stelle: Auftragsbearb. Telefon: 4711		Blatt Nr. 1
lfd. Nr.	Tätigkeit		Aufgaben Nr.	Stunden pro Woche	% von Gesamtstunden	Bearbeit.-menge	Ø Zeitaufwand pro Bearbeit.-einheit
1	Kundenaufträge formal und sachlich prüfen		1	10	25	60	10 Min.
2	Auftragsbestätigungen erstellen		11	5	12,5	15	20 Min.
3	Preisverhandlungen mit Kunden		3	5	12,5	5	60 Min.
	.		.	.	.	.	.
	.		.	.	.	.	.
	.		.	.	.	.	.
	.		.	.	.	.	.
	Gesamte Arbeitsstunden:			40	100 %	–	–

Sekretärin oder dem Assistenten des Instanzenträgers erstellen zu lassen.[103] Diese vorläufigen Aufzeichnungen können anschließend vom Instanzenträger korrigiert werden, bevor sie dem Organisator zur Auswertung übergeben werden. Damit kann dem meistens geäußerten Argument begegnet werden, daß dem Instanzenträger der Zeitaufwand für die Erstellung der Tagesberichte nicht zugemutet werden könne.

Wie die Erhebungstechniken der Befragung und Beobachtung besitzt auch die Selbstaufschreibung in Form der Tagesberichte ihre spezifischen Vor- und Nachteile.[104]

Als wichtigste Vorteile können genannt werden:

- es wird eine umfassende Aufnahme aller Arbeitsplätze des Untersuchungsbereiches durchgeführt,
- der Erfassungsaufwand wird auf eine Vielzahl von Personen verteilt,
- durch den Einsatz der vom Organisator vorgegebenen Formulare wird sowohl die Dokumentation als auch die Auswertung der gewonnenen Informationen vereinfacht,
- relativ niedriger Erfassungsaufwand,
- da die Erfassung von den Betroffenen selbst durchgeführt wird, weisen die Ergebnisse eine gewisse Unangreifbarkeit auf.

Diesen Vorteilen stehen folgende Nachteile gegenüber:

- mögliche erhebliche Widerstände der Betroffenen gegen diese Aufzeichnungen,
- Manipulation (bewußt oder unbewußt) durch die Aufzeichnenden bzw. durch die Instanzenträger des Untersuchungsbereiches,
- bei längerem Erhebungszeitraum (z.B. 4 Wochen = 20 Arbeitstage) erheblicher Zeitverlust bis zum Vorliegen auswertbarer Ergebnisse,
- bei zeitlich stark schwankender Beanspruchung (unregelmäßiger Aufgabenanfall) Schwierigkeit der Gewinnung repräsentativer Angaben.

Eine Gewichtung der vorstehend aufgeführten Vor- und Nachteile veranlassen den Organisator oftmals, die andere Form der Selbstaufschreibung zu wählen, nämlich die Erstellung von Aufgaben- und Tätigkeitsberichten.

3332 Aufgaben- und Tätigkeitsberichte

Bei den Aufgaben- und Tätigkeitsberichten wird im Gegensatz zu den Tagesberichten keine laufende d.h. über einen längeren Zeitraum durchzuführende Aufzeichnung der Tätigkeiten, Tätigkeitszeiten und Bearbeitungsmengen verlangt, sondern nur eine einmalige. Allen Mitarbeitern des Unternehmensbereiches wird ein Formular – Aufgaben- und Tätigkeitsbericht (vgl. Abb. 10) – übergeben, in das sie auf der Basis eines Monats durchschnittlicher Beanspruchung für die vorgegebenen Aufgaben und Tätigkeiten die zutreffenden Zeitaufwendungen und Bearbeitungsmengen eintragen. Die Eintragungen beruhen auf den Erfahrungswerten, die die Mitarbeiter des Untersuchungsbereiches aufgrund ihrer Tätigkeit gewonnen haben.

Da die im Aufgaben- und Tätigkeitsbericht aufgeführten Tätigkeiten (Kopfleiste des Formulars) für alle Bereiche der Verwaltungsorganisation relevant sind, braucht der

103 vgl. Acker, H.B., a.a.O., S. 64
104 vgl. Steinbuch, P.A., a.a.O., S. 247

Organisator nur die jeweiligen Aufgaben der betroffenen Personen pro Bereich/Abteilung zu ermitteln. Dieses ist ohne Schwierigkeiten auf der Grundlage der vorher bereits durchgeführten Befragung (Fragebogen, Interview) möglich.

Um den Mitarbeitern des Untersuchungsbereiches die Erstellung der Aufgaben- und Tätigkeitsberichte zu erleichtern, hat es sich als sinnvoll erwiesen, ihnen ein Muster an die Hand zu geben, d.h. ein mit fiktiven Zahlen ausgefülltes Formular. Zwischen Ausgabe und Abgabe der Berichte sollte eine Woche liegen (= 5 Arbeitstage), um so den Ausfüllenden die Möglichkeit zu bieten, bei Unsicherheiten für sich persönlich über ein oder zwei Tage einen Tagesbericht führen zu können. Die ausgefüllten Berichte sollten direkt an den Organisator zurückgegeben werden, um Manipulationen durch die Instanzenträger zu vermeiden.

Die Verdichtung der Berichte pro Aktionseinheit (Stelle, Abteilung, Bereich) kann vom Organisator unter Verwendung desselben Formulars vorgenommen werden.

Die Vor- und Nachteile der Aufgaben- und Tätigkeitsberichte gegenüber den Tagesberichten lassen sich wie folgt zusammenfassen:

Vorteile:

- geringerer Zeitaufwand und damit geringere Belastung der Mitarbeiter des Untersuchungsbereiches,
- einfache Erstellung der Berichte durch Vorgabe der Aufgaben und Tätigkeiten,
- kurzfristiges Vorliegen auswertbarer Ergebnisse,
- Verwendung nur einer Formularart für Einzelangaben/Mitarbeiter und deren Verdichtung für Aktionseinheiten (Stelle, Abteilung),
- eine Verdichtung der täglichen Angaben zu Wochen- bzw. Monatswerten entfällt,
- leichte Kontrollen der Angaben durch Vergleich der Aufgaben- und Tätigkeitsberichte vergleichbarer Arbeitsplätze,
- einfache Kontrolle der Einzelangaben durch Vergleich der Summen der Zeilen- und Spaltenwerte,
- da die Bezugsbasis ein Monat durchschnittlicher Beanspruchung ist, sind die Angaben der Berichte von zeitlichen Schwankungen des Arbeitsanfalls unbeeinflußt.

Nachteile:

- Gefahr der Manipulation durch Absprachen der Mitarbeiter eines Untersuchungsbereiches untereinander sowie jedes einzelnen Mitarbeiters; geringere als die tatsächlichen Zeitaufwendungen werden besonders bei als geringwertig eingeschätzten Tätigkeiten angegeben (z.B. Botengänge, Ablegen, Ablage sortieren usw.),
- geringere Aussagefähigkeit der Angaben, da diese auf Schätzungen und nicht auf genauen zeitlichen Aufzeichnungen beruhen,
- durch die Angabe von Durchschnittswerten sind die zeitlichen Schwankungen in der Beanspruchung nicht erkennbar.

Eine Gewichtung der Vor- und Nachteile führt in vielen Organisationsuntersuchungen dazu, daß das Verfahren der Erstellung von Aufgaben- und Tätigkeitsberichten dem der Tagesberichte vorgezogen wird.

Abb. 10: Aufgaben- und Tätigkeitsbericht

Tätigkeiten → / Aufgaben ←	Kundenaufträge	Preisverhandl.	Auftragsbestät.	Auftragsstatist.	Kundenanfragen															Summe
%	51,4	5,8	15,6	23,1	4,1															100
Monatl. Stunden	89	10	27	40	7															173
Planen																				
Bearbeiten			20	20	7															47
Belegvorb. f. EDV				15																15
Vorrechnen																				
Nachrechnen																				
Durchsehen/unterschr.																				
Überwachen																				
Prüfen	80																			80
Telefonieren intern																				
Telefonieren extern	2																			2
Besprechen intern	3																			3
Besprechen extern		10																		10
Diktieren			5																	5
Diktat aufnehmen																				
Schreiben Korrespond. (und laufende Texte)																				
Schreiben Vordrucke																				
Schreiben Tab./Aufst.																				
Kartei führen																				
Listen führen	4																			4
Eintragen in Bücher																				
Sortieren/Zusammenst.																				
Ablage sortieren																				1
Ablage lochen			1																	
Ablegen				1																1
Fotokopieren			1																	1
Botengänge				4																4
Sonstiges																				
Bearbeitungsmenge	93	6		12																

Abgabe-Termin

Bereich: Marketing Abteilung: Vertrieb Stelle: Auftragsbearbeitung Name: Müller, Willi Tel. 4711

Kontrollfragen zu Abschnitt 333

1. Worin bestehen die Unterschiede zwischen den beiden Formen der Selbstaufschreibung (Tagesberichte, Aufgaben- und Tätigkeitsberichte)?
2. Welche Bedingungen müssen die mit Hilfe der Selbstaufschreibung zu erfassenden Vorgänge und Tatbestände erfüllen?
3. Welche Hinweise sind den Mitarbeitern des Untersuchungsbereiches zu geben, damit aussagefähige Tagesberichte erstellt werden können?
4. Nennen Sie die möglichen Vor- und Nachteile der Informationsgewinnung mit Hilfe von Tagesberichten!
5. Worin sind die wesentlichen Vor- und Nachteile der Verwendung von Aufgaben- und Tätigkeitsberichten zu sehen?

Literatur zur Vertiefung:

Acker, H.B., Organisationsanalyse, Verfahren und Techniken praktischer Organisationsarbeit, 8. Aufl., Baden-Baden und Bad Homburg vor der Höhe 1975, S. 63 ff.
Feurer, W.E., Brevier der Arbeitsvereinfachung, Schriftenreihe des Instituts für Betriebswirtschaft an der Hochschule St. Gallen, 2. Aufl., Bern-Köln/Opladen 1968, S. 67 ff.
Müller-Pleuss, J.H., Organisationsmethoden, 4. Aufl., Heidelberg 1974, S. 40 ff.
Schmidt, G., Organisation, Methode und Technik, 2. Aufl., Gießen 1975, S. 98 ff.
Sommer, W., Handbuch für Systemorganisation, Berlin-New York 1971, S. 283 ff.

334 Messen und Zählen

Mit den Verfahren des Messens und Zählens sind insbesondere folgende Tatbestände des Istzustandes erfaßbar:

- Umweltfaktoren des Arbeitsplatzes (u.a. Geräuschpegel, Lichtverhältnisse, Temperatur, Luftfeuchtigkeit),
- Mengen der Bearbeitungsobjekte,
- eingesetzte Sachmittel (Arbeitsmittel, Arbeitsunterlagen),
- Bearbeitungszeiten.

Beim Einsatz dieser Techniken ist es z.T. möglich, Mitarbeiter des Untersuchungsbereiches einzusetzen. Dadurch wird der erforderliche Zeitaufwand auf eine größere Anzahl von Personen verteilt, so daß der Erfassungszeitraum verkürzt werden kann. Auswertbare Informationen über den Istzustand liegen damit kurzfristig vor.

3341 Erfassung der Umweltfaktoren des Arbeitsplatzes

Zur Beurteilung der lokalen Synthese im Rahmen der Prozeßstrukturierung sind Informationen über die Gestaltung der Arbeitsumwelt des Arbeitsplatzes von großem Gewicht, beeinflussen die Umweltfaktoren doch im erheblichen Umfang die Bearbeitungszeiten und damit den gesamten Zeitaufwand für die Erfüllung der Aufgaben des Untersuchungsbereiches.[105] Im folgenden werden die wichtigsten Umweltfakto-

105 vgl. Wittlage, H., Unternehmensorganisation, a.a.O., S. 141

ren, die Möglichkeiten ihrer Erfassung sowie die anzustrebenden Richtwerte, die aus den Erkenntnissen der Arbeitswissenschaft, Arbeitsphysiologie und Arbeitspsychologie abgeleitet worden sind, dargestellt.

Beleuchtung am Arbeitsplatz

„Arbeitstempo, Fehlerquote sowie Ermüdungserscheinungen werden durch die Beleuchtung in starkem Maße mitbestimmt. Schlechtes Licht am Arbeitsplatz erschwert die Arbeit, mindert die Arbeitsfreude. Deshalb ist immer darauf zu achten, daß das Auge so wenig wie möglich überbeansprucht wird. Die Ermüdung der Augen kann den ganzen Körper in Mitleidenschaft ziehen".[106] Während die Forschung noch darum bemüht ist, den Zusammenhang zwischen Intensität bzw. Rhythmus der Tagesbeleuchtung und den vegetativen Funktionen des Menschen im einzelnen zu klären, liegen bereits Erkenntnisse darüber vor, wie die Beleuchtung sich auf die menschliche Arbeitsleistung auswirkt.

Die Anforderungen an die Beleuchtung beziehen sich auf die Beleuchtungsstärke und zwar auf ihre absolute Größe und ihre räumliche Verteilung (Gleichförmigkeit), die Schattigkeit, die Blendungsfreiheit, auf die Farbe des Lichts und auf die ästhetische Wirkung. Leitsätze für eine gute Beleuchtung sind in den DIN-Normen 5034 (Tageslicht) und 5035 (künstliches Licht) zusammengefaßt (Anlagen 1 und 2).

Bei der Arbeitsplatzbeleuchtung hängt die erforderliche Beleuchtungsstärke von der Art der duchzuführenden Arbeit und dem Reflexionsgrad der Bearbeitungsobjekte ab.

Die Beleuchtungsstärke wird in Lux mit Hilfe von Beleuchtungsmessern, handlichen subjektiv oder objektiv arbeitenden Photometern, gemessen. Nach der DIN 5035 sind bei der Büroarbeit angemessen:

Allgemeinbeleuchtung:	250 Lux
am Arbeitsplatz je nach Art der auszuführenden Tätigkeiten:	500 Lux im Minimum bis 1000 Lux im Maximum

Zwielichterscheinungen sind bei ausreichender Beleuchtungsstärke kaum noch zu objektieren, da praktisch keine Übergänge mehr vom Tages- zum Kunstlicht bestehen. Bei Tageslichtbeleuchtung sind die vorstehenden Beleuchtungsstärken erfüllt, wenn ein Verhältnis vom 1 m^2 Fensterfläche zu 4 m^2 Fußbodenfläche für den Büroraum gegeben ist.

Von der Lichtfarbe hängen Sehschärfe und Wahrnehmungsgeschwindigkeit sowie Augenermüdung und Lesegeschwindigkeit ab. Auf eine Erörterung dieser komplexen Zusammenhänge kann hier verzichtet werden, da sie erst bei unzureichender Beleuchtungsstärke bedeutungsvoll werden.

Blendung tritt dann auf, wenn das Auge von zu hoher Leuchtdichte getroffen wird, bei starken Lichtkontrasten sowie bei einer im Verhältnis zur Umgebung zu geringen Leuchtdichte des zu betrachtenden Gegenstandes. Um die Blendwirkung am Arbeitsplatz weitgehend zu vermeiden, ist ein Lichteinfall von links sicherzustellen.

106 Leitfaden für die Organisationsarbeit, Der funktionsgerechte Arbeitsplatz, hrsg. vom Senator für Inneres Berlin, Berlin 1971, S. 46

Geräusche am Arbeitsplatz

Tätigkeiten im Verwaltungsbereich (Büroarbeit) sind durch eine hohe geistig-nervliche Beanspruchung gekennzeichnet und daher von vermeidbaren Lärmeinwirkungen freizuhalten. Hohe Schallstärken wirken sich als Störungen des subjektiven Wohlbefindens aus und führen von der Ablenkung von der durchzuführenden Arbeit, Steigerung der Nervosität, Verringerung der Konzentrationsfähigkeit, Leistungsminderung, Erhöhung der Fehlerquoten bis zu gesundheitlichen Schäden (Lärm ist der „Bürofeind Nr. 1").

Gemessen wird die Lautstärke nach DIN 1318 in Phon bzw. Dezibel (dB), wobei beide Maßeinheiten bei einem Ton der Frequenz 1.000 Hz zahlenwertmäßig gleich sind. Die objektive Messung der Lautstärke geschieht mit dem DIN-Lautstärkemesser nach DIN 5045. Da dieses Gerät die Eigenschaften des menschlichen Gehörs nur grob simulieren kann, entspricht die gemessene Lautstärke nur näherungsweise der subjektiv empfundenen Lautstärke.

Für die praktische Organisationsarbeit „mag als Anhaltspunkt die Forderung der Arbeitsmediziner dienen, daß in Büros Störgeräusche auf keinen Fall mehr als 60 dB betragen dürfen. Bei intellektueller Arbeit ist selbst dieser Lärmpegel noch zu hoch. Bei mehr als 60 dB beginnen Störungen in der Sprachverständlichkeit, bei mehr als 70 dB bestehen deutliche Störungen in der Konzentration".[107]

Die besten Möglichkeiten zur Senkung der Lärmentwicklung am Arbeitsplatz bestehen in dem Einsatz lärmarmer Arbeitsmittel (Schreibmaschinen, Rechenmaschinen usw.), in einem weitgehenden Einsatz von Textilien (Stellwände, Vorhänge) und Teppichböden sowie in einer guten Lärmdämmung gegenüber dem Außenlärm (Straßenverkehr) und einem reduzierten Einsatz stark resonierender Materialien (Glas, Leichtmetall) im Büroraum.

Raumklima

Das Raumklima, es wird bestimmt durch die Faktoren Temperatur, Luftfeuchtigkeit, Luftbewegung und Sauerstoffgehalt, muß den physiologischen Gegebenheiten des Menschen entsprechen, sollen Minderleistungen vermieden werden.

Der Temperaturbereich, in dem sich die Mitarbeiter behaglich fühlen, ist relativ klein und schwankt zwischen 19° – 22° C, abhängig von Geschlecht (Frauen wünschen durchschnittlich eine um 1° C höhere Temperatur), Lebensalter (über 40 Jahre 1° C höher) und von der Jahreszeit (im Winter 2° C höher als im Sommer). Optimal sind Temperaturen um 20° C bei etwa 50 % Luftfeuchtigkeit.

Die Luftbewegung im Raum, sie ist erforderlich, um durch Luftaustausch den erforderlichen Sauerstoffgehalt der Luft zu sichern, sollte 0,2 m/Sekunde nicht überschreiten. Für empfindliche Personen ist dieser Wert sogar mit 0,1 m/Sekunde als obere Grenze anzusetzen. Luftbewegungen bis zu diesem Wert sind von Mitarbeitern mit Sicherheit nicht wahrzunehmen und können damit keinen objektiven Grund zu Klagen bieten.

Die entsprechenden Werte mißt der Organisator mit Hilfe folgender Geräte:
Thermometer, Hygrometer (Luftfeuchtigkeit) und Anemometer (Luftgeschwindigkeit). Welche Bedeutung dem Raumklima zuzumessen ist, wird aus den anfänglichen

107 Leitfaden für die Organisationsarbeit, a.a.O., S. 51

Schwierigkeiten ersichtlich, die sich bezüglich dieser Faktoren bei der Einführung von Großraumbüros ergaben.

Farben am Arbeitsplatz

Von den mittelbar wirkenden Faktoren am Arbeitsplatz sind die arbeitspsychologischen weniger leicht faßbar und schwerer objektivierbar. „Einen wesentlichen Einflußfaktor stellen die in den Büroräumen verwendeten Farben dar. Die Mehrzahl der Menschen verfügt über ein gleiches psychologisches Farbempfinden, welches je nach Farbgebung bestimmte positive oder auch negative Reaktionen hervorruft".[108]

Im Hinblick auf die Farbgebung haben sich folgende Richtlinien als sinnvoll erwiesen:

- einheitlicher Reflexionsgrad der verwendeten Farben, d.h. Verwendung aufeinander abgestimmter Farben und Vermeidung von Kontrasten (also unterschiedliche Tönung),
- keine Verwendung leuchtender Farben (reine „krasse" Farben),
- sparsame Verwendung psychologisch stark anregend wirkender Farben wie Rot, Orange, Violett.

Die vorhandene Farbgebung kann der Organisator durch eine Besichtigung der Büroräume erfassen.

3342 Messen und Zählen von Bearbeitungsobjekten und Sachmitteln

Um das Mengengerüst des Untersuchungsbereiches exakt erfassen zu können, ist es in vielen Fällen angebracht, sich der Methoden des Messens und Zählens zu bedienen. Dabei können die erforderlichen Messungen und Zählungen sowohl durch den Organisator selbst als auch durch die Mitarbeiter des Untersuchungsbereiches vorgenommen werden. Als wirkungsvoll hat es sich jedoch erwiesen, solche Erfassungen nach Anweisung und unter Kontrolle des Organisators durchzuführen, da einerseits dadurch der Zeitaufwand für den Organisator reduziert, andererseits aber eine exakte, vollständige Erfassung sichergestellt wird. Die Ergebnisse sind in vom Organisator vorgegebenen Formularen niederzulegen, um eine klare und einfach auswertbare Dokumentation zu erhalten. Mit Hilfe des Zählverfahrens können insbesondere folgende Tatbestände erfaßt werden:

- Bearbeitungsobjekte, z.B. Anzahl der Rechnungen, Anzahl der Kundenanfragen, Anzahl der Bestellungen, Anzahl der Materialentnahmescheine, jeweils bezogen auf einen bestimmten Zeitraum z.B. Monat, Quartal, Geschäftsjahr,
- Arbeitsunterlagen, z.B. Anzahl der Karteikarten einer Kartei (Artikel-, Kunden-, Lieferantenkartei), Anzahl, Umfang und Art der Verzeichnisse (Stücklisten, Telefonverzeichnisse),
- Arbeitsmittel, z.B. Art und Anzahl der Schreibmaschinen, Rechenmaschinen, Diktiergeräte, Telefone, Fernschreiber, Photokopierer.

Mit dem Verfahren des Messens sind folgende Tatbestände erfaßbar:

- Flächen, z.B. Bruttoraumflächen, Nutzflächen, Verkehrsflächen, Flächen für die Unterbringung des Schriftgutes,
- Stärke der Akten, lfd. Meter des zu archivierenden Schriftgutes,
- Wege z.B. Laufwege, Transportwege.

108 Leitfaden für die Organisationsarbeit, a.a.O., S. 51

Aus den vorstehenden Aufzählungen ist ersichtlich, daß die Verfahren des Messens und Zählens in Kombination angewandt werden können, z.B. bei der Erfassung des Schriftgutes, Zählen der Anzahl der Akten, Messen der Aktenstärke.

Gegen diese relativ zeitaufwendigen Verfahren könnte eingewandt werden, daß brauchbare Mengeninformationen auch aufgrund von Schätzungen durch die Mitarbeiter des Untersuchungsbereiches mit einem geringeren Aufwand gewonnen werden können. Dem ist aber entgegenzuhalten, daß die Schätzungen so große Ungenauigkeiten beinhalten können, daß darauf eine fundierte Reorganisation nicht aufgebaut werden kann.

3343 Verfahren der Zeitermittlung

Mit den nicht objektiven Erhebungstechniken der Befragung und Selbstaufschreibung (vgl. Ausführungen zu den Punkten 331 und 333) kann der Organisator neben anderen Informationen auch das Zeitgerüst (Bearbeitungs-, Liege- und Transportzeiten) des Istzustandes erfassen. Außer diesen Techniken sind auch objektive Verfahren der Zeitermittlung einsetzbar, die auf Messungen und Zählungen basieren. Bevor auf diese Techniken näher eingegangen wird, sollen zunächst die möglichen Verfahren der Zeitermittlung und deren Beziehungszusammenhänge in den folgenden Abbildungen dargestellt werden.

Abb. 11: Übersicht für die Verfahren der Zeitermittlung

Verfahren der Zeitermittlung

Ermittlung von Istzeiten

- Messen (Zeitnehmer mit Zeitmeßgeräten)
- Selbstaufschreibung durch Mitarbeiter (Tagesberichte, Aufgaben- und Tätigkeitsberichte)
- Selbstaufschreibung durch Arbeitsmittel (in Arbeitsmittel eingebaute Zeitmeßgeräte)
- Berechnen (auf der Basis von technologischen Daten berechnen von Prozeßzeiten)
- Schätzen (aufgrund von Erfahrungswerten bzw. durch Vergleich mit gleichen oder ähnlichen Vorgängen)
- Befragung (Fragebogen und Interview)
- Zählen (Multimoment-Häufigkeits- und Multimoment-Zeitmeßverfahren)

Ermittlung von Sollzeiten

- Schätzen (aufgrund von Erfahrungswerten bzw. durch Vergleich mit gleichen oder ähnlichen Vorgängen)
- Systeme vorbestimmter Zeiten (MTM, MCD, WF, UOC[109])
- Messen (Zeitnehmer mit Zeitmeßgeräten ———> REFA)
- Berechnung (auf der Basis technologischer Daten berechnen von Prozeßzeiten)

Ist- und Sollzeiten (Vorgabezeiten) unterscheiden sich durch Verlustzeiten, die im Istzustand auftreten. Dabei handelt es sich um solche Zeiten, die für die Aufgabenerfüllung weder mittelbar noch unmittelbar erforderlich sind (Zeiten für Privatgespräche, private Tätigkeiten, ungeklärte Abwesenheit). Die Sollzeiten können dabei definiert werden als die Zeitdauer, „die für eine bestimmte Arbeit an einem bestimmten Arbeitsgegenstand bei festumrissener Arbeitsweise mit genau bestimmten Betriebs- und Arbeitsmitteln sowie unter ganz bestimmten äußeren Arbeitsplatz-

109 MTM = Methods-Time-Measurement, MCD = Master Clerical Data, WF = Work Factor, UOC = Universal Office Control

bedingungen vom Arbeiter je Einheit oder je Auftrag benötigt wird, um eine normale Leistung erzielen zu können".[110]

Die vorstehend aufgeführten Verfahren unterscheiden sich insbesondere im Hinblick auf den Grad ihrer Genauigkeit sowie des erforderlichen Aufwandes bei ihrem Einsatz.

Genauigkeitsgrad und Aufwand werden in der folgenden Aufstellung einander vergleichend gegenübergestellt.

Abb. 12: Genauigkeit und Aufwand der Verfahren der Zeitermittlung[111]

Verfahren der Zeitermittlung	Kurzbezeichnung	Genauigkeit (Ø Abweichung von der mittleren Genauigkeit bei Zeitmessung in %)	Ø Aufwand (Basis: ZM = 100)
Messen (Zeitaufnahme mit Zeitmeßgeräten)	ZM	–	100
Selbstaufschreibung durch Mitarbeiter	SM	± 10 ... 15	10
Selbstaufschreibung durch Arbeitsmittel	SA	–	10
Berechnen von Prozeßzeiten	BE	± 3	20
Schätzen	SC	± 20 ... 100	30
Befragung	BF	± 20 ... 40	50
Zählen:			
Multimoment-Häufigkeits-Verfahren	MH	± 10	30
Multimoment Zeitmeßverfahren	MZ	± 10	35
Systeme vorbestimmter Zeiten	SVZ	± 3 ... 10	500

Aufgrund der unterschiedlichen Vorgehensweisen können die folgenden Einsatzmöglichkeiten im Hinblick auf die zu erfassenden Ablaufarten und Größen der Arbeitsabschnitte unterschieden werden.

110 Böhrs, H., Probleme der Vorgabezeit, München 1950, S. 9

111 in Anlehnung an Heinisch, J., Sämann, W., Planzeitwerte im Büro, Bd. 17 der Schriftenreihe Arbeitsstudium-Industrial Engineering – Grundlagen und Methoden, Berlin-Köln-Frankfurt a. Main 1973, S. 48

Abb. 13: Einsatzmöglichkeiten der Verfahren der Zeitermittlung[112]

Ablaufart / Größe des Arbeitsabschnitts	rein manuell (voll beeinflußbar vom Arbeitsträger)	manuell und technologisch (teilweise beeinflußbar vom Arbeitsträger)	rein technologisch (nicht beeinflußbar vom Arbeitsträger)
Mikro-Abschnitt (Zeitdauer bis zu einer Minute)	ZM SVZ	ZM	ZM SA BE
Makro-Abschnitt (Zeitdauer von einer Minute bis zu Stunden)	ZM BF SM MH SVZ MZ SC	ZM MH SM MZ BF SC	ZM SA BE SC

Im folgenden sollen die Verfahren der Zeitermittlung näher untersucht werden, die auf den Methoden des Messens und Zählens beruhen. Hierbei kann zwischen direkten und indirekten Zeitermittlungen unterschieden werden. Als direkt sind Verfahren zu bezeichnen, bei denen der Ablaufprozeß untermittelbar mit Hilfe des Messens oder Zählens erfaßt wird. Bei den indirekten Verfahren werden die Zeiten mittelbar, d.h. ohne unmittelbare Aufnahme des Ablaufprozesses ermittelt.

33431 Direkte Zeitermittlungen

Als Verfahren der direkten Zeitermittlung werden im folgenden die Zeitaufnahme mit Meßgeräten sowie die Multimoment-Verfahren behandelt.

Zeitaufnahme

Die Zeitaufnahme ist ein Verfahren der Zeitermittlung, bei dem die einzelnen Tätigkeiten direkt und kontinuierlich mit Hilfe von Meßgeräten erfaßt werden. Ihre Anwendung ist nur sinnvoll, wenn kurzzyklische Arbeiten und solche mit geringen Schwankungen im Zeitverbrauch vorliegen.

„Zeitaufnahmen bestehen in der Beschreibung des Arbeitssystems im besonderen des Arbeitsverfahrens, der Arbeitsmethode und der Arbeitsbedingungen, und in der Erfassung der Bezugsmengen, der Einflußgrößen, der Leistungsgrade und Ist-Zeiten für einzelne Ablaufsabschnitte; deren Auswertung ergeben Soll-Zeiten für bestimmte Ablaufabschnitte".[113] Die Begleitumstände müssen also ebenso erfaßt werden wie die Zeiten selbst.

Bevor der Organisator eine Zeitaufnahme durchführt, also zur Technik der Aufnahme übergeht, muß er dafür sorgen, daß der zu erfassende Arbeitsablauf aufnahmereif ist. Es hat keinen Zweck, Zeiten zu erfassen, wenn der Arbeitsplatz in Unordnung ist, falsche Arbeitsmittel verwendet werden, keine richtige Beleuchtung vorhanden ist usw. Weiterhin dürfen die Arbeitsbedingungen, und das ist ebenso zu beachten, nicht gekünstelt oder frisiert werden. Daraus folgt, Vorbedingung für eine Zeitaufnahme ist ein betriebsüblicher Verlauf der Arbeiten.[114]

112 in Anlehnung an Heinisch, J., Sämann, W., a.a.O., S. 49
113 Verband für Arbeitsstudien-REFA e.V., Methodenlehre des Arbeitsstudiums, Datenermittlung, Teil 2, 3. Aufl., München 1973, S. 81
114 vgl. Winkel, A., Arbeits- und Zeitstudien in der Betriebspraxis, München 1949, S. 19

Für die Zeitmessung eines Arbeitsablaufes können zwei verschiedene Meßverfahren angewandt werden, die Fortschrittzeitmessung und die Einzelzeitmessung. Bei einer Fortschrittzeitmessung läuft das Meßgerät während der gesamten Zeitaufnahme hindurch. Die Dauer eines Ablaufabschnittes ergibt sich aus der zeitlichen Differenz der Fortschrittzeiten zweier aufeinanderfolgender Meßpunkte.

Bei der Einzelzeitmessung wird jeder Ablaufabschnitt gesondert gemessen. Dadurch ist aber der Meßvorgang viel umfangreicher und für die Zeitmeßgeräte sind höhere Kosten erforderlich. Die Meßgeräte werden nach ihrer Funktion unterschieden. Während bei der Stoppuhr der Zeitnehmer die Bestätigung und das Registrieren des Ablaufes vornehmen muß, gibt es verschiedene Meßgeräte, die selbständig den Ablauf registrieren (Preiseler Stopp-Rechner, Prodata/Stopp-Gerät, Zeiter-Stoppbandgerät, usw.). Außer den reinen Zeitmeßgeräten sind noch die zu erwähnen, die die Einflußgrößen und die Bezugsmengen registrieren (Drehzahlmesser, Meßgeräte für Lärm, Licht, Schrittzähler, usw.). Welche Meßgeräte eingesetzt werden, ist abhängig von der erforderlichen Meßgenauigkeit, der Art des Arbeitsablaufes, den Anschaffungskosten und weiteren Faktoren.

Als weitere Hilfsmittel im Rahmen der Zeitaufnahme werden Zeitaufnahmebögen verwendet. Auf ihnen werden die anfallenden Daten registriert und für die Ermittlung von Soll-Zeiten festgehalten. Trotz der erforderlichen Vorkehrungen zur Erfassung der Zeiten und besonders deren Begleitumstände, die auch auf den Zeitaufnahmebögen festgehalten werden, können sich aber unterschiedliche Zeiten für das Ausführen von völlig gleichen Tätigkeiten ergeben. Die Ursachen für diese Zeitdifferenzen bei gleichen Arbeitsmethoden, -verfahren und -bedingungen sind in den Streuungen der menschlichen Leistung zu suchen.

Bei der Streuung der menschlichen Leistung kann zwischen einer interindividuellen und intraindividuellen unterschieden werden, d.h., daß die Ursachen einer Zeitdifferenz für wiederholte Ausführungen bestimmter Tätigkeiten sowohl bei verschiedenen Arbeitspersonen als auch bei der gleichen Arbeitsperson zu suchen sind.[115] So können z.B. menschlich bedingte Streuungen zwischen verschiedenen Menschen durch die unterschiedliche körperliche und geistige Leistungsfähigkeit, verschiedene Einarbeitungsgrade, unterschiedliche Arbeitsbereitschaft, Ermüdungsgrade und Bewegungsformen, usw. bedingt sein. Streuungen bei dem selben Arbeitsträger sind dagegen in Schwankungen des Arbeitswillens, des Ermüdungsgrades, des Bewegungsablaufes usw. begründet.

Weiterhin erwähnt seien neben den menschlichen die sachlichen Streuungsursachen. Diese werden durch die Erfassung der Begleitumstände erkannt und festgehalten.

Aus der Beschreibung der menschlichen Leistungsstreuung wird deutlich, daß es sich bei der Erfassung der menschlichen Leistung um ein Beurteilen von Daten qualitativer Art handelt. Diese qualitative Erfassung der menschlichen Leistung wird durch den Leistungsgrad bei der Zeitaufnahme festgehalten. Es ergibt sich also eine zusätzliche Einflußgröße, der Leistungsgrad, der bei der Soll-Zeitermittlung für Arbeitsabläufe mittels der Zeitaufnahme erforderlich wird.

Somit ist die Kenntnis des Leistungsgrades, der der Ist-Zeit zugrunde liegt, notwendig, um die erfaßte Ist-Zeit auf eine Zeit bestimmter Bezugsleistung umrech-

115 vgl. Böhrs, H., Probleme der Vorgabezeit, a.a.O., S. 10 ff.

nen zu können. Der REFA-Verband bezeichnet die einer Soll-Zeit zugrunde liegende Leistung mit Bezugsleistung[116], wobei diese im allgemeinen einen Leistungsgrad von 100 % aufweist. Beobachtet man z.B. einen Arbeitsplatz, so ist die Ist-Mengenleistung die in einer bestimmten Zeit gefertigte Stückzahl. Welchem Leistungsgrad diese erfaßte Ist-Zeit entspricht, ergibt sich aus der Soll-Stückzahl pro Zeiteinheit, die man von der Arbeitsperson erwartet. Erwartet man also viel, dann ist der Leistungsgrad niedriger als wenn man eine geringe Leistung erwarten würde. Würde die gleiche Leistung von einer Maschine ausgeführt, so wäre deren Soll-Leistung als Nennleistung bekannt und der Leistungsgrad errechenbar.

Das Leistungsgradbeurteilen wird also bei Arbeitsabläufen erforderlich, bei denen das Arbeitsergebnis vom Menschen beeinflußt werden kann.

Das Vorgehen beim Leistungsgradbeurteilen besteht darin, daß das Erscheinungsbild des Bewegungsablaufes beobachtet und mit dem Bild des vorgestellten Bewegungsablaufes verglichen wird, so daß auf diese Weise das Verhältnis zwischen der mutmaßlich erreichten Ist-Leistung und der Bezugs- oder Soll-Leistung zu erkennen ist. Zur Grundlage der Leistungsgradbeurteilung zählt also das Beurteilen des Erscheinungsbildes des Bewegungsablaufes und das Festlegen der Bezugsleistung.

Der Bewegungsablauf einer menschlichen Arbeit wird im wesentlichen von der Intensität und dem Wirkungsgrad bestimmt. Die Intensität zeigt sich in der Bewegungsgeschwindigkeit und der Kraftanspannung der Bewegungsführung.[117] Die Wirksamkeit ist erkennbar an der qualitativen Arbeitsweise einer Person. Dieser komplexe Begriff wird wie folgt umschrieben:

„Die Wirksamkeit ist ein Ausdruck für die Güte der Arbeitsweise der Arbeitsperson. Die Wirksamkeit ist daran zu erkennen, wie geläufig, zügig, beherrscht, harmonisch, sicher, unbewußt, ruhig, zielsicher, rhythmisch, locker gearbeitet wird“.[118]

Diese aufgeführten Eigenschaften und noch weitere, die die Qualität der Arbeit beeinflussen, beruhen auf der individuellen Ausnutzung des Spielraumes der vorgeschriebenen Arbeitsmethode.

Neben der Beurteilung des Bewegungsablaufes ist die Festlegung der Bezugsleistung erforderlich, die als Durchschnitts-, Standard- oder REFA-Normalleistung bestimmt werden kann.

Die bisher beschriebene Zeitaufnahme ist darauf ausgerichtet, die Zeiten von planmäßigen Ablaufsabschnitten aufzunehmen. Sachlich oder persönlich bedingte Unterbrechungen, zusätzlich vorkommende Ablaufabschnitte oder sonstige Zeitverluste werden bei der Zeitaufnahme nur am Rande erfaßt. Häufig reichen diese am Rande notierten zusätzlichen Zeiten für die Ermittlung von Verteilzeitprozentsätzen nicht aus. Aus diesem Grunde müssen dann durch weitere lang andauernde Verteilzeitaufnahmen oder Multimomentaufnahmen die Zeiten für die Ermittlung von Verteilzeitprozentsätzen zusätzlich erfaßt werden.[119]

Da es keine ermüdungsfreien Arbeiten gibt, ist eine angemessene Erholungszeit eine menschliche und sachliche Notwendigkeit besonders bei Arbeiten, die eine starke Konzentration erfordern. Es hat sich gezeigt, daß ein wirksamer Ausgleich der

---

116 vgl. REFA, Datenermittlung, a.a.O., S. 125 ff.
117 vgl. REFA, Datenermittlung, a.a.O., S. 127 ff.
118 ebenda, S. 130
119 vgl. REFA, Datenermittlung, a.a.O., S. 196 f.

arbeitsbedingten Ermüdung durch eingestreute Erholungszeiten innerhalb von Arbeitsabläufen möglich ist und daß sich solche Zeiten bei entsprechender Ablaufgestaltung auch für das Unternehmen als wirtschaftlich erweisen.[120] Die Zeiten zur Ermittlung von Erholungszeitprozentsätzen können durch zusätzliche Zeitaufnahmen oder andere Verfahren wie Befragung ermittelt werden.

Aus den vorstehenden Darlegungen wird ersichtlich, wie umfangreich und zeitaufwendig die Durchführung eines derartigen Zeitermittlungsverfahrens ist. Die Zeitaufnahme setzt eine Fremdausschreibung durch geschulte und erfahrene Fachleute voraus, da mit Stoppuhren und sonstigen komplizierten Meßgeräten die Zeiten kontinuierlich gemessen und insbesondere gleichzeitig Leistungsgradbeurteilungen vorgenommen werden müssen. Die personellen Voraussetzungen und die Dauer der Zeitaufnahme verursachen hohe Kosten, so daß der Einsatz dieses Verfahrens nur sinnvoll ist, wenn Arbeitsabläufe vorliegen, die sich häufig wiederholen. Ferner müssen Überlegungen angestellt werden, ob im gegebenen Fall Zeitaufnahmen Zeitersparnis- und Verbesserungsmöglichkeiten erkennen lassen, so daß die Kosten für derartig genaue und aufwendige Untersuchungen gerechtfertigt sind.

Im Verwaltungsbereich gibt es Arbeitsprozesse, die analog zu den Ablauffolgen der Fertigung zyklisch, reihenweise oder wechselnder Art sind, so daß dem Einsatz von Zeitaufnahmebögen ähnlich wie im Fertigungsbereich nichts im Wege steht. Schwierigkeiten, eine Zeitaufnahme in gleicher Weise wie im Fertigungsbereich durchzuführen, liegen häufig darin begründet, daß Arbeitsabläufe des Verwaltungsbereiches im allgemeinen langwierig und verschachtelt sind, so daß sich die Anfangs- und Endpunkte der einzelnen Arbeitsabschnitte schlecht erkennen lassen. Zum Beispiel kann ein Zeitnehmer kaum feststellen, zu welchem Zeitpunkt der Bearbeiter eines Formulars eine Gruppe von Angaben gelesen hat, wenn dieser sich ohne sichtbare Unterbrechung einer anderen Gruppe von Daten in einem anderen Teil des Formulars zuwendet.[121]

Weiterhin ist im Fertigungsbereich die Voraussetzung der ständigen Wiederholung von Arbeitsabläufen gegeben. Im Verwaltungsbereich fehlt dagegen diese Voraussetzung, da gleiche oder ähnliche Impulse innerhalb eines Prozesses verschiedene Abläufe hervorrufen können.[122] Betrachtet sei z.B. der normale Ablauf der Bearbeitung einer Kundenbestellung, der routinemäßig eine Lagerbestandsüberprüfung beinhaltet. Bei dieser Überprüfung ergibt sich z.B., daß der Meldebestand erreicht ist. Diese Feststellung erfordert neben der gewöhnlichen Bearbeitung der Kundenbestellung einen zusätzlichen Arbeitsprozeß, der dafür sorgt, daß das Lager wieder aufgefüllt wird.

Die Anwendung der Zeitaufnahme im Verwaltungsbereich wird also durch die Ablaufvarianten und durch die Beobachtungsschwierigkeiten erheblich erschwert, so daß diese Methode nur bei einigen manuellen Routinearbeiten zur Ist- und Soll-Zeitermittlung oder als Kontrollinstrument für schon festgesetzte Vorgabezeiten eingesetzt werden kann. Wenn man außerdem die hohen Kosten der Zeitaufnahme und weiterhin die Möglichkeit der Anwendung anderer Zeitermittlungsverfahren berücksichtigt, ist für viele Arbeitsprozesse im Verwaltungsbereich eine Zeitaufnahme nicht angebracht.

---

120 vgl. Pornschlegel, H., Birkwald, R., Handbuch der Erholungszeitermittlung, Arbeits- und betriebskundliche Reihe, Bd. 6, Köln 1968, S. 91

121 vgl. Acker, H.B., a.a.O., S. 88 f.

122 vgl. Schmidt, G., a.a.O., S. 94

Multimomentverfahren

Das Messen der Zeit für die Erledigung bestimmter Arbeiten ist nicht die einzige Technik der Zeitermittlung. Auch das Verfahren des Zählens kann Auskünfte über Zeitanteile verschiedener Tätigkeiten und der Arbeitsunterbrechungen an der gesamten Arbeitszeit geben. Durch das Zählen bestimmter Arbeitsverrichtungen läßt sich deren Häufigkeit innerhalb eines Arbeitsprozesses ermitteln, so daß aus dieser Häufigkeitsermittlung deren Zeitanteil feststellbar ist.[123]

Auf der Basis der Häufigkeitsermittlung beruht im Prinzip das Feststellen von Zeitanteilen durch die Multimomentaufnahme oder Multimomentstudie. „Die Multimomentstudie ist ein Stichprobenverfahren, das Aussagen über die prozentuale Häufigkeit bzw. über die Dauer von vorwiegend unregelmäßig auftretenden Vorgängen oder Größen beliebiger Art für eine frei wählbare Genauigkeit bei einer statistischen Sicherheit von 95 % gibt.[124]

Zwei Formen der Multimomentaufnahme sind zu unterscheiden: Das Multimoment-Häufigkeitsverfahren (MMH) gibt durch das Zählen von zeitverbrauchenden Tätigkeiten an zufällig bestimmten Zeitpunkten Auskunft über die absolute oder prozentuale Häufigkeit von Vorgängen. Das Multimomentzeitmeßverfahren (MMZ) ermittelt durch zufälliges Festlegen von Zeitpunkten entsprechende Zeitwerte in Minuten oder Stunden. Bei beiden Formen der Multimomentaufnahme (MMA) beruhen die ermittelten Werte auf einer statistisch gesicherten Genauigkeitsaussage.[125]

Multimoment-Häufigkeitsverfahren (MMH)

Das allgemeine Prinzip einer Multimomentaufnahme (MMA) soll durch den Vergleich der Zeitmessung (Zeitaufnahme) mit dem Multimoment-Häufigkeitsverfahren (MMH) anhand eines Beispiels und mittels eines Zeitbalkenmodells (Abb. 14) dargestellt werden.

Eine Arbeit soll von den Arbeitern A–K in der Zeit von 8.00–12.00 und von 13.00–17.00 Uhr verrichtet werden (vgl. Abb. 14). Da alle Arbeiter völlig unregelmäßig beschäftigt sind, die einzelnen Tätigkeiten unterschiedliche Längen aufweisen, wird die Beschäftigungszeit aufgegliedert. T_1 soll die Haupt-, t_2 die Neben- und t_3 die Verteilzeit sein. Wenn ermittelt werden soll, welche Zeiten die 10 Arbeiter für ihre Arbeit gebraucht haben, so müßte bei einer Zeitaufnahme für jeden Arbeiter je ein Zeitnehmer die drei Zeitarten messen. Das Ergebnis dieser Zeitmessung seien die in der Abb. 14 dargelegten Zeiten in %. Alle 10 Zeitaufnahmen ergeben im Durchschnitt 60 % für t_1, 30 % für t_2 und 10 % für t_3. Die Messung würde mit der Stoppuhr ausgeführt worden sein und die gesamte Beobachtungszeit für 10 Arbeitsplätze 80 Stunden betragen (10 x 8 Std.).

Für den gleichen Sachverhalt bietet sich das MMH als ein wesentlich einfacheres Verfahren an. Weder Stoppuhr noch Beobachtungsspezialisten werden benötigt. Lediglich eine Strichliste ist erforderlich, auf der die zu den verschiedenen Zeitpunkten bei den Rundgängen beobachteten Zeitarten festgehalten werden. In der Abb. 14 sind die Rundgänge durch schräge Striche von A–K eingezeichnet, z.B. wurde beim ersten Rundgang 8 mal t_1 und 2 mal t_2 beobachtet. Die Zeit für einen Rundgang beträgt 24 Minuten, so daß nach 100 Beobachtungen, d.h. nach 10 Rund-

123 vgl. Pornschlegel, H., Schiffer, K.-H., Die Multimomentaufnahme, Köln 1970, S. 3 f.
124 Haller-Wedel, E., Das Multimomentverfahren in Theorie und Praxis, Band 2, 2. Aufl., München 1969, S. 16
125 Haller-Wedel, E., Das Multimomentverfahren in Theorie und Praxis, a.a.O., S. 18

gängen an 10 Arbeitsplätzen, nur 4 Stunden verbraucht wurden. Weiterhin zeigt die Auswertung der Beobachtungen ein Ergebnis, das nur einen geringen Unterschied zu den gemessenen Werten der Zeitaufnahme zeigt. In diesem Beispiel ist bei dem MMH 59 % für t_1, 30 % für t_2 und 11 % für t_3 ermittelt worden. Es muß hier aber darauf hingewiesen werden, daß 100 Beobachtungen für eine hinreichende Genauigkeit nicht genügen.[126]

Abb. 14: Das Prinzip eines MMH, dargestellt am Zeitbalkenmodell *)

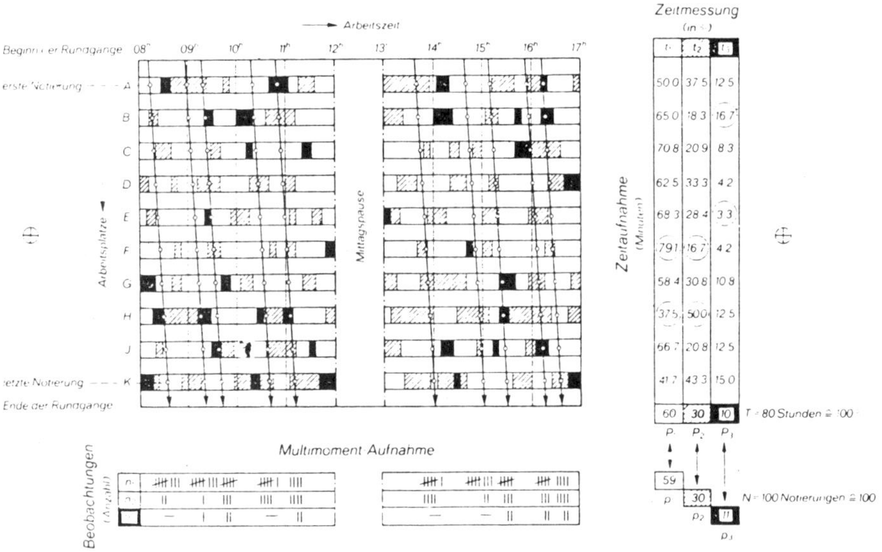

*) Haller-Wedel, E., Das Multimomentverfahren in Theorie und Praxis, a.a.O., S. 25

Weiterhin ist darauf hinzuweisen, daß die Ergebnisse wiederholter Beobachtungen nicht identisch sein müssen. Man hat es mit zufälligen Ereignissen zu tun, die sich innerhalb bestimmter Grenzen bewegen, wobei diese durch die Anzahl der Notierungen bestimmt werden.

Es stellt sich nun die Frage, wieviel Rundgänge bzw. Beobachtungen notwendig sind, um ausreichend genaue Ergebnisse zu erreichen.

Die Multimomenthauptformel zeigt bei einer statistischen Sicherheit von 95 %, welches Ergebnis mit welcher Streuung ermittelt worden ist bzw. wieviel Beobachtungen erforderlich sind, um ein Ergebnis mit der gewünschten Genauigkeit zu erreichen.

Die Multimomenthauptformel lautet:

$$N = \frac{1{,}96^2 \cdot p \cdot (100\text{-}p)}{f^2} \; ^{*)}$$

126 vgl. Haller-Wedel, E., Das Multimomentverfahren in Theorie und Praxis, a.a.O., S. 24 ff.

daraus folgt:

$$f = \pm 1{,}96 \cdot \sqrt{\frac{p \cdot (100 - p)}{N}}$$

wobei bedeutet:

N = Gesamtanzahl der aufgenommenen Notierungen
p = Ergebnisanteil in Prozent von N
f = berechnetes Streumaß = absolute ± Fehlertoleranz von p in Prozent von N
1,96 = statistischer Sicherheitsfaktor, der bei einer Aussagewahrscheinlichkeit von 95 % angewendet wird

(*) Haller-Wedel, E., Das Multimomentverfahren in Theorie und Praxis, a.a.O., S. 36).

Die Anwendungen dieser Formel zum Ermitteln der gewünschten Genauigkeit bzw. der erforderlichen Beobachtungshäufigkeit soll kurz dargestellt werden. Durch die Kenntnis der Genauigkeit werden die Grenzen bekannt, zwischen denen sich der durch das MMH ermittelte Wert bei einer statistischen Sicherheit von 95 % bewegt.

Angenommen der tatsächliche Anteil der Schreibarbeit in einem Büro beträgt 25 % und bei einem MMH werden 500 Beobachtungen vorgenommen. Dann erhält man eine Fehlertoleranz von:

$$f = \pm 1{,}96 \sqrt{\frac{25\,(100-25)}{500}} = \pm 1{,}96 \sqrt{3{,}25} = \pm 3{,}8$$

Bei der Erhöhung der Beobachtungsanzahl auf 1000 erhält man eine Fehlertoleranz von:

$$f = \pm 1{,}96 \sqrt{\frac{25\,(100-25)}{1000}} = \pm 1{,}96 \sqrt{1{,}875} = \pm 2{,}7$$

Aus diesem Beispiel[127] läßt sich die Anwendung der Formel hinsichtlich der Genauigkeit des MMH erkennen. Weiterhin zeigt sich, daß durch eine Erhöhung der Anzahl der Beobachtungen die ± Fehlertoleranz geringer wird, bzw. die Genauigkeit der Untersuchung in ihrer Aussage gestiegen ist.

Wesentlich für die Qualität eines MMH ist es, daß sich die Untersuchung innerhalb der erforderlichen Genauigkeitsbereiche bewegt.

Der REFA-Verband benutzt zur Bestimmung des Beobachtungsumfanges ein Nomogramm, in dem sich durch die Verlängerung der Geraden, die den Anteilswert mit der erforderlichen oder gewünschten Genauigkeit verbindet, die für die Untersuchung erforderliche Anzahl der Beobachtungen ergibt (vgl. Abb. 15). Daraus ist zu erkennen, daß die Anzahl der Notierungen vom Anteilswert abhängig ist. Dieser ist aber vor der Zeitermittlung nicht bekannt und muß geschätzt werden, oder durch stichprobenartige Voruntersuchungen im kleineren Rahmen, z.B. 300 Beobachtungen näher bestimmt werden. Weiterhin muß ermittelt werden, mit welcher Genauigkeit, d.h. welchem gewünschten Streumaß man den Anteilswert ermitteln möchte. Wie hoch die Genauigkeit sein muß, hängt von der Größenordnung der Zeitanteile und deren Bedeutung im Rahmen der Untersuchung ab. Die Bedeutung der Genauigkeit im Rahmen der Untersuchung liegt im Verwendungszweck. Sollen z.B. die auf

127 vgl. Schmidt, G., a.a.O., S. 85

Abb. 15: Nomogramm zur Ermittlung des erforderlichen Beobachtungsumfangs n mit der erforderlichen Genauigkeit f

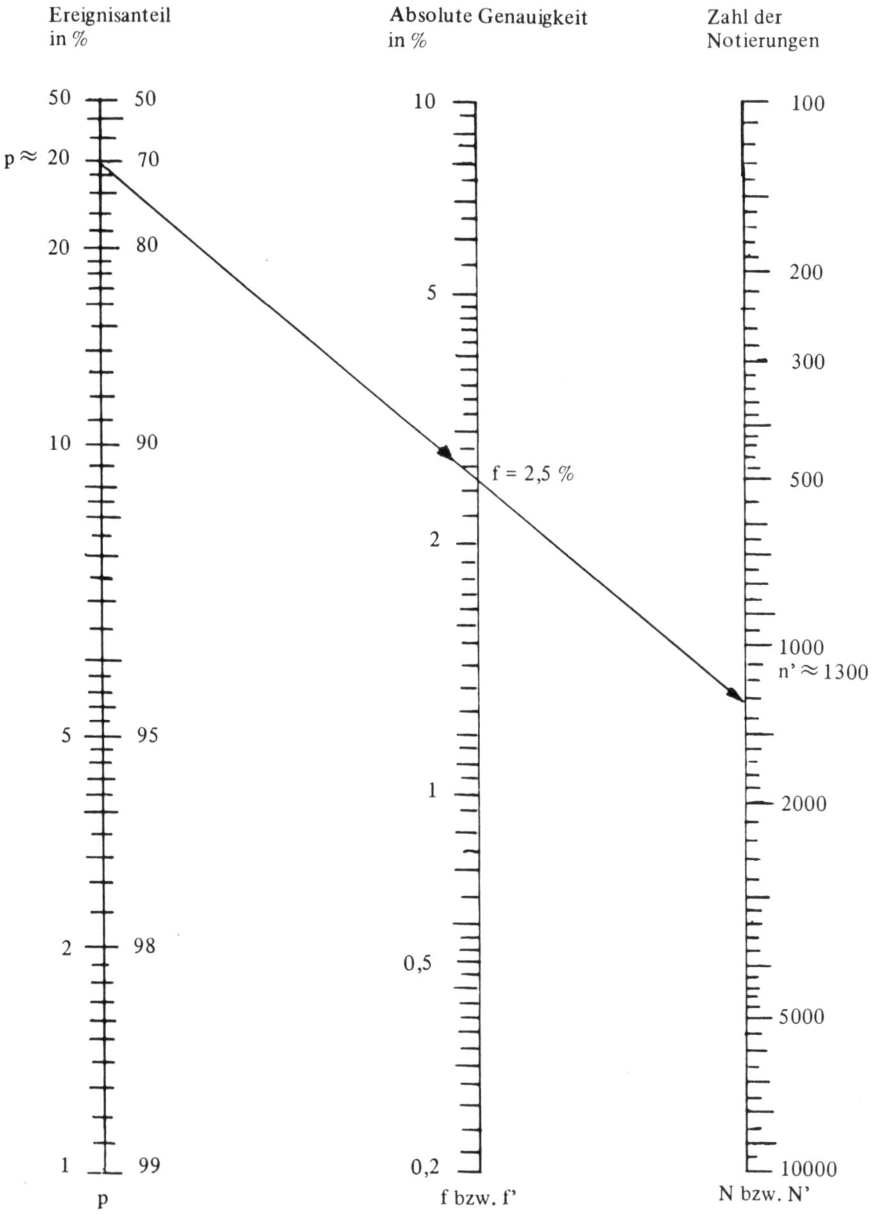

(REFA, Datenermittlung, a.a.O., S. 234)

Multimomentbasis ermittelten Werte für die Entlohnung verwendet werden, haben die Vertragsparteien das Recht, über die Genauigkeit eine Vereinbarung zu treffen.[128]

Diesem Nomogramm liegt die Multimomenthauptformel zugrunde. Weiterhin kann der Beobachtungsumfang auch noch mit Hilfe des Multimoment-Häufigkeits-Sonder-rechenstabs von F. Nitsche ermittelt werden.[129]

Häufig wird in der Literatur im Rahmen vom MMA nicht nur das Streumaß f, sondern auch der Genauigkeitsgrad ϵ verwandt. Aus den vorherigen Ausführungen ergibt sich, daß f die absolute Gesamtabweichung vom Ergebnisanteil in Prozent von der Summe aller Notierungen ist. Der Genauigkeitsgrad ϵ ist dagegen die relative Gesamtabweichung vom jeweils errechneten Ergebnisanteil p in Prozent von p. Da aber das Streumaß f gegenüber dem Genauigkeitsgrad ϵ eine unmittelbar anschauliche Aussage beinhaltet und in den letzten Jahren die praktischen Erfahrungen zeigen, daß der Genauigkeitsgrad ϵ bei der MMA meistens nicht benötigt wird[130], soll auf ihn nicht näher eingegangen werden.

Weiterhin ist für die korrekte Durchführung einer MMA das Festlegen der Rundgangszeitpunkte wichtig. Eine MMA verliert ihren Sinn, wenn die Beobachtungen nicht rein zufällig erfolgen. „Eine zwingende Voraussetzung einer korrekten Multimomentaufnahme ist es, daß jeder Zeitpunkt eines Ereignisses dieselbe Chance haben muß, durch zufällige Beobachtung notiert zu werden."[131]

Durch zufällig bestimmte Beobachtungspunkte werden die statistischen Bedingungen erfüllt und außerdem wird einer Beeinflussung der Ergebnisse durch den Beobachter und den Beobachteten vorgebeugt.[132] Die Festlegung der Startzeitpunkte der Rundgänge erfolgt im allgemeinen mit Hilfe von Zufallszahlen, die Minuten- oder Stundenzufallstafeln zu entnehmen sind (Zufallszahlentafeln).

Zusammenfassend ist zu erkennen, daß durch ein Stichprobenverfahren wie das MMH der zeitliche Umfang der beobachteten Tätigkeiten ermittelt werden kann, wobei jede gewünschte Genauigkeit bei einer statistischen Sicherheit von 95 % mit der entsprechenden Wahl des Beobachtungsumfanges erreicht werden kann. Es können beliebig viele Arbeitsplätze auf einem Rundgang beobachtet werden, wodurch für die Reorganisation bei einem derartigen Augenblicksquerschnitt des betrieblichen Geschehens neue Einsichten und Ansatzpunkte gegeben werden. Wichtig ist auch die Erkenntnis, daß durch die jeweiligen Kurzbeobachtungen der normale Arbeitsablauf kaum gestört wird und außerdem durch die unregelmäßige Anordnung der Kurzbeobachtungen die erfaßten Daten weniger manipuliert werden können. Weiterhin geben die Untersuchungsergebnisse ein tatsächliches Spiegelbild für den Istzustand ab, da sie bei einer unmittelbaren komplexen Beobachtung von Mensch, Betriebsmittel, Arbeitsgegenstand und Arbeitsvorgang entstanden sind.[133]

Das MMH benötigt weiterhin keine Zeitmeßgeräte und keine qualifizierten Zeitnehmer für die Beobachtung. Der Zeitaufwand für die Zeitermittlung mittels eines MMH ist gegenüber der konventionellen Stoppuhrzeitaufnahme zwischen 60 % und 95 % geringer.[134] Die Kosten betragen, verglichen mit der Zeitaufnahme, nur etwa 30 %.[135]

---

128 vgl. REFA, Datenermittlung, a.a.O., S. 233 ff.
129 vgl. Haller-Wedel, E., a.a.O., S. 39
130 vgl. Haller-Wedel, E., a.a.O., S. 37
131 vgl. ebenda, S. 30
132 vgl. REFA, Datenermittlung, a.a.O., S. 239
133 vgl. Haller-Wedel, E., a.a.O., S. 104
134 vgl. Pornschlegel, H., Schiffer, K.-H., Die Multimomentaufnahme, a.a.O., S. 76
135 vgl. Heinisch, J., Sämann, W., Planzeitwerte im Büro, a.a.O., S. 60

Grenzen für das MMH sind vorwiegend in dem statistischen Charakter der Aufnahmetechnik zu suchen. Es ist nicht möglich, eine Genauigkeitsaussage bei Ereignissen zu treffen, deren Häufigkeit kleiner als 1 % ist. Im Augenblick der Kurzbeobachtung kann auch nicht jedes Ereignis erfaßt werden, so daß Aussagen über die Leistungsbereitschaft oder den Erholungsbedarf mittels des MMH unmöglich sind. Ebenso können Leistungsgrade nicht mit dieser Methode beurteilt werden, so daß sie als Zeitermittlungsmethode für Entlohnungsgrundlagen nur bedingt herangezogen werden kann.

Der Einsatz dieses Verfahrens ist überall dort vorteilhaft, wo die übrigen Zeitermittlungsverfahren versagen oder auch zu aufwendig sind. „Eine Abgrenzung in besondere Anwendungsbereiche gibt es nicht, denn alles, was sich unter Beachtung der statistischen Voraussetzung beobachten läßt, kann auch Gegenstand einer Multimoment-Studie sein“.[136]

Das MMH läßt sich im administrativen Sektor im besonderen zum Ermitteln der Verteilung und des Aufwandes für Bürotätigkeiten, zur Untersuchung von Beleghäufigkeiten, zur Personalbemessung, zur Erstellung von Kennzahlen, für Durchlaufzeiten von Vorgängen und für Auslastungsstudien von Verwaltungseinrichtungen verwenden.[137] Weiterhin können unregelmäßig auftretende Betriebszeiten erkannt, Verteilzeitstudien durchgeführt, Zeitverluste näher untersucht sowie Arbeitskapazitäten kontrolliert und Kennzahlen für Mehrstellenarbeit und Warteschlangen ermittelt werden.[138] Dabei können Erfahrungen aus dem technischen Bereich sowie die dort verwandten Hilfsmittel wie die MM-Aufnahmebögen verwandt werden.

Das Multimoment-Zeitmeßverfahren (MMZ)

Eine Variante des MMH ist das MMZ, bei dem auch Beobachtungen von Vorgängen in Form von unregelmäßig stattfindenden Rundgängen vorgenommen werden, aber nicht die einzelnen Zeitarten gezählt, sondern ein diskontinuierliches Messen der Zeitlängen in Minuten oder Stunden durchgeführt wird. Während beim MMZ der durchschnittliche Zeitverbrauch, etwa die durchschnittliche Dauer eines Telefongespräches ermittelt wird, gibt das MMH Auskunft über den Zeitanteil der Telefongespräche am täglichen Gesamtaufwand. Das Prinzip dieses Verfahrens sei an der Abb. 16 veranschaulicht.

136 vgl. Haller-Wedel, E., Das Multimomentverfahren in Theorie und Praxis, a.a.O., S. 102
137 vgl. ebenda, S. 130
138 vgl. Schmidt, G., a.a.O., S. 92

Abb. 16: Prinzip einer Multimoment-Zeitmeßstudie

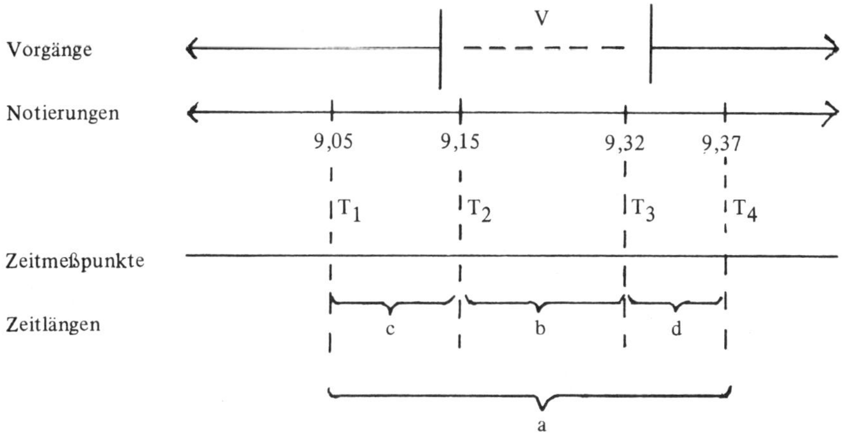

Aus den Differenzen zwischen den Zeitmeßpunkten ergeben sich verschiedene Zeitschätzungen:

$T_4 - T_1$ = a (maximale Zeitschätzung) lt. o.B. = 32 Min.
$T_3 - T_2$ = b (minimale Zeitschätzung) lt. o.B. = 17 Min.
$T_2 - T_1$ = c (1. Zwischenzeitschätzung) lt. o.B. = 10 Min.
$T_4 - T_3$ = d (2. Zwischenzeitschätzung) lt. o.B. = 5 Min.

Es ist zu erkennen, daß die Zeitlänge des Vorganges V nicht größer als die Zeitlänge a und auch nicht kleiner als die Zeitlänge b sein kann. Aus diesem Grunde kann der Durchschnittswert der Zeitlängen a und b brauchbare Angaben für einen statistischen Näherungswert t über die unbekannte Dauer des Vorganges V geben.[139]

$$t = \frac{a + b}{2} = \frac{(T_4 - T_1) + (T_3 - T_2)}{2} \text{ lt. o.B. } \frac{32 + 17}{2} = 24{,}5 \text{ Min.}$$

Die Zahl der notwendigen Zeitmeßpunkte für eine bestimmte Genauigkeit der Ergebnisse ist abhängig von der Dauer des zu beobachtenden Vorgangs.[140]

Diese Zahl läßt sich auch bei dem MMZ durch statistische Rechenvorgänge ermitteln, die sich in ähnlicher Weise wie beim MMH ergeben.

Die Berechnungen von Einzelzeiten verschiedener Vorgänge an mehreren Arbeitsplätzen sind aber so umfangreich, daß sie sinnvoll nur beim Einsatz von EDV-Anlagen durchgeführt werden können.[141]

Mit Hilfe dieses Verfahrens lassen sich relativ schnell zuverlässige Zeiten ermitteln. Es läßt sich überall dort einsetzen, wo die übrigen Verfahren zur Zeitermittlung zu unwirtschaftlich oder nicht anwendbar sind. Das MMZ eignet sich besonders für die Aufnahme von langzyklischen und unregelmäßig auftretenden Arbeitsvorgängen, selten auftretenden Arbeitsabschnitten und bei starken Unterschieden in der Zusammensetzung der Aufgaben.[142]

---

139 vgl. Haller-Wedel, E., Das Multimomentverfahren in Theorie und Praxis, a.a.O., S. 106 f.
140 vgl. Heinisch, J., Sämann, W., a.a.O., S. 61
141 vgl. Haller-Wedel, E., Das Multimomentverfahren in Theorie und Praxis, a.a.O., S. 107
142 vgl. ebenda, S. 129; Schmidt, G., a.a.O., S. 94

33432 Indirekte Zeitermittlungen

Zu den indirekten Verfahren der Zeitermittlung, d.h. die Zeiten werden ohne unmittelbare Aufnahme des Ablaufprozesses ermittelt, zählen insbesondere die Systeme vorbestimmter Zeiten (SVZ). Der Grundgedanke dieser Systeme beruht darauf, daß in jeder menschlichen, nicht rein geistigen Tätigkeit eine Folge von Bewegungselementen zu sehen ist. Die Bewegungselemente werden durch die Anatomie des Körpers in der Anzahl und in ihrer Art relativ eng begrenzt, so daß die fast unbegrenzte Zahl unterschiedlicher Bewegungsvorgänge innerhalb von Arbeitsprozessen aus nur relativ wenigen Bewegungselementen, die in ihrer Reihenfolge unterschiedlich sind, zusammengesetzt werden kann. Solche Bewegungselemente sind z.B. Hinlangen, Bringen, Greifen, Loslassen, Transportieren usw. Die Zeit für die Ausführung der einzelnen Bewegungselemente hängt von Einflußgrößen ab. Die Zahl und die Art der Einflußgrößen ist bei den einzelnen Bewegungselementen unterschiedlich, z.B. sind beim Hinlangen die Bewegungslänge und die Bewegungsschwierigkeiten die wichtigsten Einflußgrößen. Weitere Einflußgrößen sind auf die Form, das Gewicht, die Abmessungen zu bewegender Teile usw. zurückzuführen.[143]

Der Untersuchungsablauf bei einer Zeitermittlung mittels der SVZ besteht in der Gliederung des vorliegenden Arbeitsablaufes in Bewegungselemente. Die Zeiten für die einzelnen Bewegungselemente in Abhängigkeit von ihren Einflußgrößen sind aus SVZ-Tabellen (auch Kataloge genannt) zu entnehmen. Durch Bewertung der einzelnen Bewegungselemente und nach Addition der Elementzeitwerte kann auf diese Weise eine Aussage über den gesamten Zeitbedarf eines Arbeitsprozesses gemacht werden. „Die Systeme vorbestimmter Zeiten bestehen also praktisch nur aus Katalogen von Bewegungselementen und dazu gehörenden ausführlichen Regelwerken für ihre Anwendung".[144]

Von den Verfahren der SVZ soll das MTM-System (Methods-Time-Measurement) näher erläutert werden, da die bekanntesten Zeitermittlungsverfahren der SVZ auf dieser Methode aufbauen. MTM basiert auf der These von A.B. Segur, „daß innerhalb praktischer Grenzen die für die Ausführung einer Bewegung notwendige Zeit bei allen eingearbeiteten Personen gleich sein sollte".[145]

Den Bewegungselementen des MTM werden Normzeiten zugrundegelegt, die aus Filmaufnahmen und Leistungsgradschätzungen des Ist-Zustandes – der Leistungsgrad wird hierbei durch ein Leistungsgradschätzen ähnliches Verfahren, dem Leveling-Verfahren, festgestellt – ermittelt wurden. Außer den üblichen Bewegungselementen wie Hinlangen, Greifen, Bringen, Loslassen, Fügen, Trennen, Drücken und Drehen werden noch Blickpunktfunktionen, Körper-, Bein- und Fußbewegungen berücksichtigt und entsprechend bei den Zeitwerten in den SVZ-Tabellen des MTM-Systems festgehalten. Die Zeiteinheiten werden in den Tabellen in TMU (time measurement unit) ausgedrückt, wobei ein TMU eine hunderttausendstel Stunde ist (27,8 TMU = 1 sec.). Da dieses System amerikanischer Herkunft ist, stammen die Kodierungen für die Beschreibung der einzelnen Bewegungselemente aus dem Englischen. Sie besitzen heute internationale Gültigkeit.[146]

Aus den Basiswerten der MTM-Grundbewegungen sind im Rahmen der Standardisierung des Verfahrens zusammengesetzte Zeitwerte wie Mehrzweck-, Fertigungs-

---

143 vgl. REFA, Datenermittlung, a.a.O., S. 68 ff.
144 vgl. Schmidt, G., a.a.O., S. 108
145 vgl. Zander, E., Handbuch der Gehaltsfestsetzung, 3. Aufl., Heidelberg 1972, S. 205
146 vgl. Zander, E., a.a.O., S. 205

bereichs-, Einzelwerte und Kalkulationsblätter entstanden. Mehrzweckwerte sind Zeitwerte, die sich aus Basiswerten zusammensetzen. Fertigungsbereichswerte sind Kombinationen von Basis- und Mehrzweckwerten, die nur innerhalb bestimmter Fertigungsbereiche angewendet werden können. Einzelwerte dagegen sind Zeitwerte, die nur bei bestimmten Maschinen und Arbeitsvorgängen vorkommen. Kalkulationsblätter sind Vordrucke, auf denen für bestimmte Arbeitsvorgänge oder Betriebsmittel alle nur vorkommenden Teilvorgänge mit Zeitwerten dargestellt sind.[147]

Mit Hilfe dieser Standarddaten, die im Prinzip nur die MTM-Basiswerte zu größeren Einheiten zusammenfassen, ist bei gegebenen Arbeitsprozessen eine rationellere Anwendung der SVZ möglich.

Eine Weiterentwicklung des MTM Verfahrens ist das MTM-2-Verfahren. MTM-2 ist ein System zusammengesetzter MTM-Grundbewegungen und zählt somit auch zu den Verfahren, mit dessen Hilfe Zeiten für schwer kontrollierbare Tätigkeiten (SKT) ermittelt werden können. MTM-2 kann sowohl bei Fertigungs- als auch bei Büroarbeiten eingesetzt werden. Die Anwendung dieser Weiterentwicklung wird nur durch den Umfang von Arbeitsvorgängen, die hauptsächlich menschliche Bewegungen enthalten, eingeschränkt.[148]

Büroarbeiten gehören zu den Arbeitsvorgängen, die sich im allgemeinen aus SKT zusammensetzen. Während der Entwicklung des MTM-2-Systems haben sich spezielle Verfahren herausgebildet, die für die Zeitmessung im Büro von Bedeutung sind. MCD (Master Clerical Data) und UOC (Universal Office Control) sind solche Verfahren, die auf den Grundlagen des MTM-Systems entstanden sind. „Das Bestreben dieser Systeme für den Verwaltungsbereich ist, die Grundbewegungen bestimmter für das Büro typischer Arbeitsstufen zusammenzufassen und dafür Normalzeiten festzulegen."[149]

Das System MCD soll als Beispiel für die anderen Verfahren (UOC und das auf dem WF-System (Work-Factor) basierende Verfahren VFP (Variable Factor Planning)), die im Prinzip ähnlich vorgehen, näher erläutert werden.

Für das MCD-System wurde ebenfalls ein Katalog erarbeitet, der Abläufe, Beschreibungen und Normalzeitwerte zur Verfügung stellt. Im Katalog nicht enthalten sind die Verwaltungstätigkeiten, die sich überwiegend aus schöpferischem Denken, komplizierten Entscheidungen oder Planungen zusammensetzen, wobei nach MCD solche Vorgänge nur 5 % der Bürotätigkeiten einnehmen und daher die restlichen 95 % mit dem System ermittelt werden können. Die Zeitwerte des Systems werden wie bei MTM in TMU ausgedrückt. Das System enthält 13 Elementklassen, die sich aus typischen Bürotätigkeiten wie z.B. Lesen, Rechnen, Finden, Suchen usw. zusammensetzen. Die einzelnen Elementklassen sind noch weiter in Einzelelemente untergliedert. So wird z.B. die Elementklasse „R" Rechenelemente in fünf Einzelelemente unterteilt, und zwar in Addieren, Zählen, Dividieren, Multiplizieren und Subtrahieren. Mit Hilfe von speziellen Formeln für die Einzelelemente werden die Zeitwerte in TMU für die jeweiligen Vorgänge berechnet.[150]

---

147 vgl. Pornschlegel, H., Verfahren vorbestimmter Zeiten, Arbeits- und betriebskundliche Reihe, Bd. 8/9, Köln 1968, S. 35 f.

148 vgl. ebenda, S. 39

149 vgl. Zander, E., a.a.O., S. 213

150 vgl. Pornschlegel, H., Verfahren vorbestimmter Zeiten, a.a.O., S. 69 ff.

Für die Durchführung der Zeitermittlung werden MCD-Analysebögen benutzt, auf denen alle notwendigen Elemente für eine bestimmte Büroarbeit aufgeführt werden. Weiterhin werden mit Hilfe von Arbeitszusammenstellungsbögen und Richtwertrechnungsblättern die Gesamtzeiten für bestimmte Bürotätigkeiten ausgewiesen.[151]

Zusammenfassend ist über die SVZ zu sagen, daß ihre Anwendung durchaus vorteilhaft ist, da die Anschaffung sehr teurer Meßgeräte, das Leistungsgradschätzen und die psychologisch negative Wirkung des Messens auf den Menschen am Arbeitsplatz entfällt und außerdem durch die Anwendung der SVZ-Tabellen im Sinne der Reorganisation von Arbeitsprozessen Arbeitsmethodenverbesserungen gefördert werden. Weiterhin haben sich aus den Systemen Verfahren herauskristallisiert, die für die Ermittlung von Plan- oder Vorgabezeiten im administrativen Sektor angewendet werden können (MCD, UOC, MTM-2, VFP und Standarddaten zur Büroarbeit). Doch muß bedacht werden, daß nur Zeiten für manuelle Tätigkeiten ermittelt werden können, wobei jede Bewegung erkenntlich sein muß. Reine, schöpferische Denkarbeiten können nicht erfaßt werden. Tätigkeiten wie Lesen, Vergleichen oder Rechnen sind aber nicht als eigentliche Denkarbeit zu bezeichnen, sondern zu den Routinetätigkeiten zu zählen. Bei weiteren Fortschritten der Automation wird der Anteil der manuellen Tätigkeiten kleiner werden, wodurch sich der prozentuale Anteil der meßbaren Arbeiten immer mehr verringert, so daß der Anwendungsbereich dieser Verfahren zunehmend sinkt.

Weiterhin sind die Kosten für SVZ erheblich höher als bei anderen Verfahren der Zeitermittlung, so daß in der Regel mit SVZ-Verfahren nicht wirtschaftlich gearbeitet werden kann, außer bei solchen manuellen Tätigkeiten, die aufgrund ihres häufigen Vorkommens in Arbeitszyklen mit hoher Genauigkeit geplant werden sollen, oder wenn SVZ-Werke als stichprobenartige Kontrollen anderer Zeitermittlungsverfahren eingesetzt werden.[152]

Kontrollfragen zu Abschnitt 334

1. Welche Fakten können insbesondere mit den Verfahren des Messens und Zählens erfaßt werden?
2. Nennen Sie einige wichtige Kriterien, die bei der Gestaltung der Beleuchtung des Arbeitsplatzes zu berücksichtigen sind!
3. Welche Faktoren bestimmen das Raumklima und welche Normwerte sind anzustreben?
4. Worin sind die wesentlichen Unterschiede zwischen den Verfahren der Zeitermittlung zu sehen?
5. Warum sind Zeitaufnahmen im Verwaltungsbereich nur bedingt einsetzbar?
6. Worin besteht der Unterschied zwischen dem Multimoment-Häufigkeits- und dem Multimoment-Zeitmeßverfahren?
7. Nennen Sie die Vorteile des Einsatzes der Multimomentverfahren im Verwaltungsbereich im Vergleich zur Zeitaufnahme!

---

151 vgl. Pornschlegel, H., Verfahren vorbestimmter Zeiten, a.a.O., S. 72 ff.
152 vgl. Heinisch, J., Sämann, W., a.a.O., S. 60

8. Welcher Grundgedanke liegt der indirekten Zeitermittlung zugrunde?
9. Nennen Sie einige Verfahren der indirekten Zeitermittlung für den Einsatz im Verwaltungsbereich!
10. Worin sind die Vorteile der indirekten Zeitermittlung gegenüber der direkten zu sehen?

Literatur zur Vertiefung:

Alsleben, Alle Umwelteinflüsse (Farbe) im Büroraum, Barmstedter Hefte 3, Barmstedt 1960
Böhrs, H., Probleme der Vorgabezeit, München 1950
Bundesschatzminister (hrsg.), Richtlinien für die Innenraumbeleuchtung mit künstlichem Licht in öffentlichen Gebäuden, Köln-Braunsfeld 1965
ders., Richtlinien für die Innenraumbeleuchtung mit künstlichem Licht in Schulen, Berlin-München 1968
Frieling, H., Psychologische Raumgestaltung und Farbdynamik, 4. Aufl., Göttingen
Grandjean, E., Physiologische Arbeitsgestaltung, München 1963
Haller-Wedel, E., Das Multimomentverfahren in Theorie und Praxis, Bd. 2, 2. Aufl., München 1969
Heinisch, J., Sämann, W., Planzeitwerte im Büro, Bd. 17 der Schriftenreihe Arbeitsstudium – Industrieal Engineering, Grundlagen und Methoden, Berlin-Köln-Frankfurt a.M., 1973
Pornschlegel, H., Birkwald, R., Handbuch der Erholzeitermittlung, Arbeits- und betriebskundliche Reihe, Band 6/7, Köln 1968
Pornschlegel, H., Schiffer, K.-H., Die Multimomentaufnahme, Köln 1970
Pornschlegel, H., Verfahren vorbestimmter Zeiten, Arbeits- und betriebskundliche Reihe, Bd. 8/9, Köln 1968
REFA, Methodenlehre des Arbeitsstudiums, Datenermittlung, Teil 2, 3. Aufl., München 1973
Senator für Inneres, Berlin (hrsg.), Leitfaden für die Organisationsarbeit, Der funktionsgerechte Arbeitsplatz, Berlin 1971
Winkel, A., Arbeits- und Zeitstudien in der Betriebspraxis, München 1969
Zander, E., Handbuch der Gehaltsfestsetzung, 3. Aufl., Heidelberg 1972

335 Dokumentenanalyse

Wie bereits im Punkte 332 dargelegt, handelt es sich bei der Dokumentenanalyse um eine indirekte (mittelbare) Beobachtung, d.h. um eine Auswertung von Sekundärmaterial in Form von Berichten, Protokollen, Statistiken und Aufzeichnungen organisatorischer Regelungen. Infolge der steigenden Automatisierung betrieblicher Abläufe (Einsatz von Mensch-Maschinen- bzw. Maschinen-Maschinensystemen) wird der Zwang zur schriftlichen Fixierung der entsprechenden organisatorischen Regelungen immer stärker. Die betrieblichen Dokumentationen zeigen ein entsprechendes Wachstum und damit kommt der Dokumentenanalyse zunehmende Bedeutung zu.

Bei der Dokumentenanalyse handelt es sich um ein „non-reaktives Verfahren", d.h. der Organisator und die Untersuchungsobjekte treten nicht miteinander in Kontakt. Der Organisator beeinflußt im Rahmen dieser Erhebungstechnik nicht das Verhalten der im Untersuchungsbereich Tätigen, noch reagieren diese auf seine Untersuchungen.[153]

---

153 vgl. Friedrichs, J., a.a.O., S. 309

Für den Organisator sind insbesondere die folgenden systematischen Aufzeichnungen von Bedeutung, sofern sie in bezug auf den Untersuchungsbereich vorhanden sind:

- Organisationshandbücher,
- Lohn- und Gehaltslisten,
- Raumverteilungs- und Belegpläne,
- Telefonverzeichnisse,
- Organigramme,
- Stellenbeschreibungen,
- Arbeitsablaufdarstellungen usw.

Eine vollständige Erfassung des Istzustandes auf Basis dieser Unterlagen ist nur dann gewährleistet, wenn folgende Bedingungen erfüllt sind:[154]

(1) Der Untersuchungsbereich muß hinreichend dokumentiert sein.

(2) Zwischen Dokumentationsinhalt und Istzustand dürfen keine gewichtigen Abweichungen bestehen bzw. diese müssen dem Organisator bekannt sein.

In vielen Fällen beinhalten aber die Dokumentationen nur eine Grobdarstellung der betrieblichen Gegebenheiten, die zudem nicht durch einen systematischen Änderungsdienst den zeitlichen Veränderungen angepaßt wird.

Sind aber die vorstehend aufgeführten Voraussetzungen erfüllt, so bedient sich der Organisator einer systematischen Inhaltsanalyse. Bevor aber mit der eigentlichen Inhaltsanalyse begonnen werden kann, sind zwei Punkte abzuklären:[155]

(1) Abgrenzung des zu analysierenden Materials, d.h. Beantwortung folgender Fragen: Wie breit soll die Auswahl der in die Untersuchung einzubeziehenden Dokumente sein? Welchen Zeitraum sollen die Dokumente erfassen? Soll das ganze Dokument oder nur bestimmte Teile analysiert werden?

(2) Festlegung der Hauptkategorien der Analyse, d.h. Festlegung eines Rasters von Kategorien, nach denen die Elemente der Dokumente zu ordnen sind. Dieses Raster muß dem Organisationsproblem entsprechen und den zu analysierenden Inhalt der Dokumente erfassen können.

Die Technik der Dokumentenanalyse findet vornehmlich Anwendung[156]

- zur Vorinformation
- zur Ergänzung und Kontrolle der mit Hilfe der übrigen Erhebungstechniken (u.a. Fragebogen, Interview) gewonnenen Informationen,
- bei bereits bestehenden Anwendungssystemen der elektronischen Datenverarbeitung.

Bei ihrem Einsatz lassen sich folgende Vorteile realisieren:

- geringer Aufwand für die Informationsgewinnung,
- eine Dokumentation der erfaßten Informationen entfällt,
- die Mitarbeiter und die Arbeitsabläufe des Untersuchungsbereiches werden von der Untersuchung nicht tangiert (keine Störungen und Unterbrechungen).

---

154 vgl. Steinbuch, P.A., a.a.O., S. 247
155 vgl. Atteslander, P., a.a.O., S. 71 ff.
156 vgl. Steinbuch, P.A., a.a.O., S. 247

Kontrollfragen zu Abschnitt 335

1. Welche Dokumente werden insbesondere einer Dokumentenanalyse unterworfen?
2. Welche Voraussetzungen müssen diese Dokumente erfüllen?
3. Welche Zielsetzungen verfolgt der Organisator mit Hilfe einer Dokumentenanalyse?

Literatur zur Vertiefung:

Atteslander, P., Methoden der empirischen Sozialforschung, 2. Aufl., Berlin-New York 1971, S. 53–74

Friedrichs, J., Methoden empirischer Sozialforschung, Reinbek bei Hamburg 1973, S. 309–333

336 Kostenermittlungen

Für die Erkennung organisatorischer Schwachstellen und für die Erarbeitung von Reorganisationsmaßnahmen sind Informationen über die Kostenhöhe und das Kostengefüge des Untersuchungsbereiches von großer Bedeutung. Insbesondere die Bildung von Kostenkennzahlen wie

- Kosten je Buchung,
- Kosten je bearbeitetem Auftrag,
- Kosten je abgegebenem Angebot,
- Kosten je Mitarbeiter,
- Kosten je betreutem Kunden usw.

lassen Rückschlüsse auf mögliche Schwachstellen des Untersuchungsbereiches zu.

Um diese Kostenkennzahlen bilden zu können, sind außer dem Mengengerüst (Anzahl der Aufträge, Anzahl der Angebote, Anzahl der Kunden usw.) einer Periode die entsprechenden Kosten zu ermitteln. Zu diesem Zweck ist es sinnvoll, auf das Zahlenmaterial des betrieblichen Rechnungswesens zurückzugreifen, insbesondere der Kostenrechnung (Betriebsabrechnungsbogen). Eine ungeprüfte Übernahme des Zahlenmaterials verbietet sich aber, da, wie die Praxis zeigt, oftmals betriebspolitische Gesichtspunkte bei der Kostenzu- und -verrechnung berücksichtigt werden und damit für die Untersuchungsbereiche zu ungenauen Kostenausweisen führen.

Kann der Organisator nicht auf Zahlen der betrieblichen Kostenrechnung zurückgreifen, hat er selbst die entsprechenden Kosten für den Untersuchungsbereich zu ermitteln. Hierbei ist es sinnvoll, entsprechend der folgenden Kosteneinteilung vorzugehen: Personalkosten, Materialkosten, Kapitalkosten, Fremdleistungskosten und sonstige Kosten. Die in der Kostenrechnungspraxis angewandten Verfahren und Grundsätze sind hierbei zu berücksichtigen.

Die so vom Organisator selbst ermittelten Kosten weisen zwar nicht den Genauigkeitsgrad auf, der sich bei einer systematischen und fundierten betrieblichen Kostenrechnung erzielen läßt; er reicht aber im Hinblick auf den Untersuchungszweck aus.

4 Techniken der Dokumentation (Darstellungstechniken)

Die mit Hilfe der Erhebungstechniken gewonnenen Informationen über den Istzustand bedürfen einer sinnvollen Darstellung d.h. einer Darstellung, die in klarer und verdichteter Form den Istzustand des Untersuchungsbereiches dokumentiert, zugleich aber eine aussagefähige Basis für die weitere Organisationsarbeit (Istkritik und Entwicklung einer Sollkonzeption) bildet. Hierzu bedient sich der Organisator einer Vielzahl von Techniken, die im folgenden dargestellt werden.

41 Formen der Darstellung

Als Darstellungsmethoden zur Fixierung organisatorischer Strukturen (Gebilde- und Prozeßstrukturen) können unterschieden werden

- Verbaldarstellungen
- tabellarische Darstellungen
- graphische (schaubildliche) Darstellungen unter Verwendung von Symbolen
- mathematische Verfahren (Netzplantechnik, Entscheidungstabellentechnik).

„Während die Verwendung graphischer Hilfsmittel vorwiegend darauf abzielt, organisatorische Erscheinungen und Zusammenhänge in übersichtlicher Form – daher häufig vereinfachend – abzubilden, liegt der Schwerpunkt verbaler Darstellungsmittel in der Beschreibung und Erklärung einzelner Strukturmerkmale und Regelungen. Mit der Anwendung mathematischer Verfahren schließlich wird eine über den Zweck der Darstellung weit hinausgehende Zielsetzung verfolgt. Zwar bedeutet die Konstruktion eines mathematischen Modells ebenfalls nur eine isomorphe Abbildung der vielfältigen Realität, die Auswertung des Modells erlaubt jedoch ggf. die Lösung außerordentlich komplexer Gestaltungsaufgaben und eine Annäherung an das Ziel eines optimalen Systems von Regelungen und Verhaltensweisen."[157]

Im Hinblick auf die jeweilige im Vordergrund stehende Zielsetzung der Dokumentation – Abbildung, Beschreibung und Erklärung organisatorischer Strukturen, Lösung komplexer Gestaltungsaufgaben – setzt der Organisator die vorstehenden Techniken ein, wobei die graphischen Techniken an praktischer Bedeutung nicht verloren haben. Dies liegt u.a. darin begründet, daß viele organisatorische Strukturen durch die mathematischen Verfahren nicht adäquat erfaßt werden können bzw. der erforderliche Aufwand in keinem Verhältnis zu dem erzielbaren Erfolg steht.

In der Abb. 17 werden die wichtigsten Darstellungstechniken den obigen vier Gruppen zugeordnet, wobei nach dem Objekt der Darstellung – Gebilde – und Prozeßstruktur – unterschieden wird.

---

157 vgl. Schwarz, H., Betriebsorganisation als Führungsaufgabe, 6. Aufl., 1973, S. 241/242

Abb. 17: Darstellungstechniken organisatorischer Strukturen

Darstellungstechniken

- **verbale**
  - *Gebildestruktur*
    - Führungsanweisungen
    - Stellenbeschreibungen
    - Aufgabengliederungsübersichten
    - Verzeichnisse
    - Organisationsanweisungen
    - Geschäftsordnungen
  - *Prozeßstruktur*
    - Arbeitsplatzbeschreibungen
    - Ablaufverzeichnisse
- **tabellarische**
  - *Gebildestruktur*
    - Soziomatrix
    - Kommunikationsmatrizen
  - *Prozeßstruktur*
    - Ablaufkarten
- **graphische**
  - *Gebildestruktur*
    - Organigramme
    - Funktionendiagramme
    - Kommunikationsdiagramme
    - Kommunikationsnetzwerke
    - Soziogramme
    - Rasterbogen der Aufgabenanalyse
    - Aufgabenstrukturbild
  - *Prozeßstruktur*
    - Balkendiagramme
    - Blockdiagramme
    - Vordruckstammbaum
    - Vordruckdurchlaufplan
    - Methode Jordt-Gscheidle
    - Blockschaltbildmethode
- **mathematische**
  - *Gebildestruktur*
    - Zuordnungsmodelle (lineare Programmierung)
  - *Prozeßstruktur*
    - Netzplantechnik
    - Entscheidungstabellen
    - Warteschlangenmodelle

42 Darstellung der Gebildestruktur (Aufbauorganisation)

421 Aufgabengliederungsübersicht

Für die Gewinnung der Daten, die in die Aufgabengliederungsübersicht des Untersuchungsbereiches eingehen, kommt als Erhebungstechnik nur die Interviewmethode in Frage. „Weder der Fragebogen noch die Beobachtung sind geeignet, um die Aufgaben zu erkennen. Die Beobachtung ist insbesondere im Verwaltungsbereich ungeeignet, weil dort zwar bestimmte Verrichtungen an Objekten (etwa Schreiben eines Briefes) erkannt werden können, nicht aber die zugrundeliegenden Aufgaben. Der Fragebogen ist deswegen ungeeignet, weil über ein starres Fragenschema unmöglich sichergestellt werden kann, daß

- alle Aufgaben genannt werden und
- die genannten Aufgaben zweckmäßig gegliedert sind.

Die Selbstaufschreibung ist aus den gleichen Gründen für die Erhebung der Aufgaben nur als grobes Instrument für den Nicht-Fachmann anzusehen“.[158]

Das einzusetzende Interview basiert auf den Grundlagen der Aufgabenanalyse, die hier nicht näher dargelegt werden sollen.[159]

Um einen operativen Aufgabengliederungsplan zu gewinnen, sind bei der Aufgabenanalyse folgende Grundsätze zu beachten:

- Anwendung nur eines Gliederungskriteriums, bzw. der Kombination der Kriterien Objekt/Verrichtung auf derselben Gliederungsstufe (dadurch Gewinnung sich nicht überschneidender Teilaufgaben)
- die Summe der Teilaufgaben muß den Inhalt der zerlegten Aufgabe/Teilaufgabe ergeben (Sicherung der Vollständigkeit)
- auf einer Ordnungsstufe ist in nicht mehr als fünf bis sechs Teilaufgaben zu gliedern (Gewährleistung der Überschaubarkeit)

Zur Dokumentation der Aufgabenanalyse bedient sich der Organisator zweier Hilfsmittel, des Rasterbogens (Abb. 18) und des Strukturbildes (Abb. 19).

Rasterbogen (vgl. Abb. 18)

In das obere linke Feld des Rasterbogens wird die Aufgabe des Untersuchungsbereiches eingetragen und oben links im Feld mit der Ordnungszahl 1 gekennzeichnet. In der zweiten Zeile werden die aufgrund des angewandten Gliederungskriteriums sich ergebenden Teilaufgaben 2. Ordnung aufgezeichnet und mit einer Ordnungszahl entsprechend dem dekadischen System versehen, also mit 11, 12, 13 usw. Sollen die sich ergebenden Teilaufgaben nicht weiter zerlegt werden, so ist dies durch einen waagerechten Strich zu dokumentieren. Alle anderen Teilaufgaben sind entsprechend der vorstehenden Systematik weiter zu untergliedern, wobei je zu zerlegende Teilaufgabe eine Zeile benötigt wird. Für die Teilaufgabe 2. Ordnung 11 ergeben sich die Teilaufgaben 111, 112, 113 usw. 3. Ordnung, für die Teilaufgabe 12 die Teil-

158 vgl. Schmidt, G., a.a.O., S. 122
159 vgl. Wittlage, H., a.a.O., S. 26 ff.; Kosiol, E., Organisation der Unternehmung, Wiesbaden 1962, S. 42 ff.; Warschkow, U., Zum Konkretisierungsgrad der Aufgabenanalyse, in: Zeitschrift für Organisation, 36. Jg., 1967, S. 24 ff.; Schwarz, H., a.a.O., S. 55 ff.

Abb. 18: Rasterbogen der Aufgabenanalyse

Untersuchung Bezugsbereich	Material- bereich

Tag der Aufnahme Bearbeiter Blatt Nr. von Gesamt	20.5.80 H Hilfreich 1/3

1	2	3	4	5	6
1 Materialien beschaffen					
11 Rohstoffe beschaffen	129.999 Hilfsstoffe beschaffen 11 ____	13 Betriebsstoffe beschaffen			
111 Metalle beschaffen	112.999 Nicht-Metalle beschaffen 10 ____				
111.1 Stahl beschaffen	111.299 Kupfer beschaffen 7 ____	111.399 Schmiedeeisen beschaffen 8 ____	111.499 Aluminium beschaffen 9 ____		
111.11 Bleche beschaffen	111.129 Rohre beschaffen 4 ____	111.139 T-Träger beschaffen 5 ____	111.149 Flachband beschaffen 6 ____		
111.111 Planung 1 ____	111.112 Durchführung 2 ____	111.113 Kontrolle 3 ____			
131.999 Putzmittel beschaffen 12 ____	132.999 Schmierstoffe beschaffen 13 ____	133 Energie beschaffen			
133.199 Planung 14 ____	133.299 Durchführung 15 ____	133.399 Kontrolle 16 ____			

aufgaben 121, 122, 123 usw. Ist eine Teilaufgabe entsprechend der gewünschten Gliederungsstufe (-tiefe) analysiert, so wird dies durch eine diagonale Streichung des zugehörigen Feldes festgehalten. Dies ist immer dann gegeben, wenn alle zugehörigen Teilaufgaben auf der untersten Gliederungsstufe in einer Zeile waagerecht markiert, auf einer höheren Ordnungsstufe durch waagerechte Striche und/oder Diagonalen in einer Zeile gekennzeichnet sind. Die Aufgabenanalyse ist beendet, wenn alle beschrifteten Felder im Rasterbogen mit einem waagerechten Strich oder mit einer Diagonalen markiert sind. Hierdurch ist auf einem Blick erkennbar, ob die Aufgabenanalyse abgeschlossen ist.

Strukturbild (vgl. Abb. 19)

Zur Erhöhung der Klarheit und Überschaubarkeit der durchgeführten Aufgabenanalyse werden die Teilaufgaben des Rasterbogens in ein Strukturbild übertragen (zum Formularaufbau vgl. Abb. 19). Zu diesem Zweck werden die Ordnungszahlen aller mit einem waagerechten Strich versehenen Teilaufgaben durch Neunen ergänzt, bis sie die Stellenzahl der im Rasterbogen höchsten Ordnungszahl besitzen (im Beispiel sechs Stellen). Die sich ergebenden Zahlenwerte werden entsprechend ihres Wertes geordnet. Beginnend mit dem niedrigsten Zahlenwert werden sie mit den Zahlen 1, 2, 3, . . . versehen. Diese Zahlen werden links unten in die zugehörigen Felder des Rasterbogens eingetragen.

Nach dieser Vorarbeit kann die Übertragung in das Strukturbild wie folgt vorgenommen werden:

Die links unten in einem Feld stehenden Zahlen geben die Zeile des Strukturbildes, die Stellenzahl der ursprünglichen Ordnungszahl (ohne aufgefüllte Neunen) die zugehörige Spalte (Ordnungsstufe) an. Nach Eintragung aller waagerecht markierten Teilaufgaben werden die mit einer Diagonalen gekennzeichnten Teilaufgaben übernommen. Zu diesem Zweck wird spaltenweise, beginnend mit der rechten Spalte im Strukturbild, die letzte Stelle der Ordnungszahlen der dort eingetragenen Teilaufgaben gestrichen. Den sich dadurch ergebenden gleichen Ordnungszahlen ist die mit dieser Ordnungszahl gekennzeichnete Teilaufgabe (mit einer Diagonale im Rasterbogen markiert) zuzuordnen, wobei deren Stellenzahl die Spalte der Eintragung angibt. Nach Eintragung aller diagonal markierten Teilaufgaben ist das Strukturbild vollständig.

Zum Abschluß der Überlegungen zur Dokumentation der Aufgabenanalyse muß noch auf die Betrachtungsweise der Und/Odergliederung eingegangen werden. Durch diesen Denkansatz versucht der Organisator, die gebildeten Teilaufgaben zusätzlich zu charakterisieren.

Die Undgliederung bedeutet, daß die Erfüllung aller Teilaufgaben für die Aufgabenerfüllung der analysierten Aufgabe/Teilaufgabe erforderlich ist.

Beispiel:

Die Teilaufgabe „Produktion einer Bohrmaschine" beinhaltet, daß sowohl die Fertigung des Getriebes mit Spindel, der Vorrichtung und des Maschinenständers erforderlich ist; die Montage der Bohrmaschine erfordert, daß Vor- und Hauptmontage der Bohrmaschine durchgeführt werden. Diese Teilaufgaben stellen also keine alternativen Handlungsziele dar.

Die Odergliederung hingegen bedeutet, daß die gebildeten Teilaufgaben Alternativen darstellen können und zur Erfüllung der analysierten Aufgabe/Teilaufgabe nicht insgesamt erforderlich sind bzw. sich sogar gegenseitig ausschließen können.

Abb. 19: Aufgabenstrukturbild

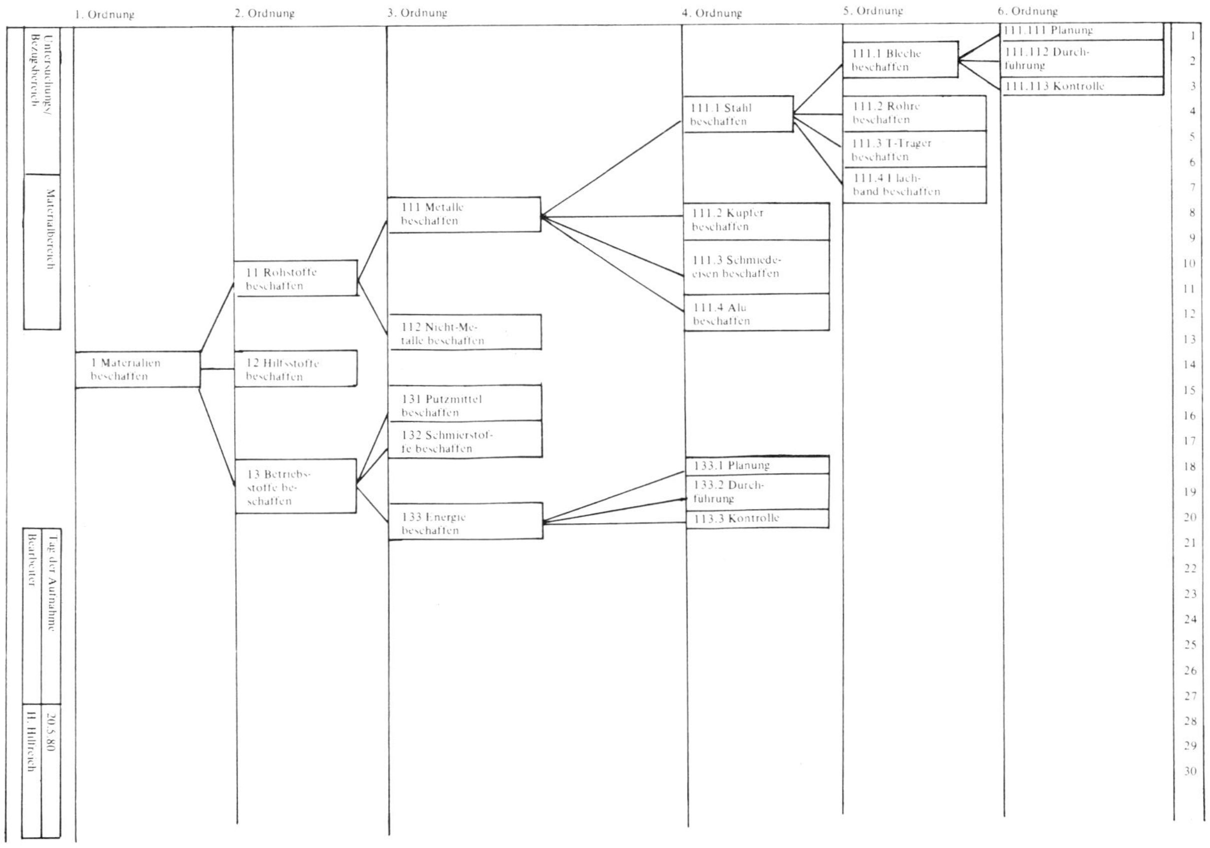

Beispiel:

Zur Erfüllung der Aufgabe „Werkzeugmaschinen bereitstellen für den Markt" genügt die Erfüllung einer oder mehrerer der folgenden Teilaufgaben: Bohrmaschinen bereitstellen, Fräsmaschinen bereitstellen, Drehmaschinen bereitstellen. Bei der Herstellung des Maschinenständers kann die Oberflächenbehandlung in einer Lackierung oder in einer Verzinkung oder ... bestehen. Diese Alternativen schließen sich gegenseitig aus.

Für die spätere organisatorische Gestaltung ist es für den Organisator von Bedeutung, ob die gebildeten Teilaufgaben Und- oder Odercharakter besitzen.

Eine wie auch immer durchgeführte Aufgabenanalyse stellt eine Momentaufnahme dar, sie ist mithin zeitpunktbezogen. Bevor der Organisator aufgrund einer Aufgabenanalyse in einem konkreten Untersuchungsbereich zur Synthese (Gestaltung) übergeht, hat er die in der Zukunft liegenden Veränderungen zu ermitteln. Analysierter Istzustand und zukünftige Veränderungen bilden gemeinsam die Grundlage der sich anschließenden Synthese (Sollkonzeption).

Kontrollfragen zu Abschnitt 421

1. Welche Anforderungen sind an einen operativen Aufgabengliederungsplan zu stellen?
2. Worin unterscheiden sich Rasterbogen und Aufgabenstrukturbild?
3. Welche Folgerungen ergeben sich aus der Zeitpunktbezogenheit der Aufgabenanalyse?

Literatur zur Vertiefung:

Acker, H.B., Organisationsstruktur, in: Organisation, 1. Bd. der TFB-Handbuchreihe, hrsg. von Schnaufer, E., Agthe, K., Berlin – Baden-Baden 1961, S. 119 ff.

Kosiol, E., Organisation der Unternehmung, Wiesbaden 1962, S. 42–75

Schmidt, G., Organisation, Methode und Technik, 2. Aufl., Gießen 1975, S. 111–134

Schwarz, H., Betriebsorganisation als Führungsaufgabe, 6. Auflage, München 1973, S. 55 ff.

Warschkow, U., Zum Konkretisierungsgrad der Aufgabenanalyse, in: Zeitschrift für Organisation, 36. Jg., 1967, S. 24 ff.

422 Stellenbeschreibung

Sowohl in der Literatur als auch in der organisatorischen Praxis werden für den Begriff „Stellenbeschreibung" synonyme Bezeichnungen wie „Arbeitsplatzbeschreibung", „Tätigkeitsbeschreibung", „Positionsbeschreibung", „Dienstanweisung" und „Arbeitsanweisung" verwendet, deren Aussagewerte aber nicht immer mit dem der Stellenbeschreibung übereinstimmen. Diese Synonyme müssen daher im Hinblick auf die weiteren Ausführungen zunächst von der Stellenbeschreibung abgegrenzt werden. Der geläufigste Begriff in den Unternehmen ist die Arbeitsplatzbeschreibung[160], die vielfach nur eine andere Bezeichnung für die Stellenbeschreibung ist. Gegen die Verwendung dieses Begriffs spricht, daß Tätigkeiten nicht an einen

160 vgl. Schwarz, H., Arbeitsplatzbeschreibungen, 3. Aufl., Freiburg, o.J. (1968), S. 10

festen Arbeitsplatz gebunden sein müssen, wie es z.B. bei Reisenden, Vertretern, Kundendienstmitarbeitern, usw. der Fall ist.[161] Ferner dient die Arbeitsplatzbeschreibung in der Regel arbeitswissenschaftlichen Untersuchungen zwecks Arbeitsplatzbewertung und Lohnermittlung. Zudem verleitet sie dazu, die Tätigkeit einer Person isoliert zu betrachten, wohingegen die Stellenbeschreibung u.a. auch das Zusammenwirken mehrerer Mitarbeiter regeln soll.[162]

Tätigkeitsbeschreibungen, die „die zeitliche und räumliche Abfolge von Arbeits- und Teilvorgängen darstellen“[163], sind hingegen ein Hilfsmittel der Dokumentation der Ablauforganisation (Prozeßstruktur). Die Tätigkeitsbeschreibungen werden zusammen mit einer kurz gefaßten Aufgabenbeschreibung in der Regel für die ausführende Ebene erstellt. Positionsbeschreibungen, eine Zusammensetzung aus englischen (Position Description) und deutschen Bezeichnungen (Stellenbeschreibung), sind rein personenbezogen und beinhalten nur die Aufgabenstellung und das Vorgesetztenverhältnis für einen Arbeitsplatz.[164]

Dagegen ist die englische Bezeichnung Position-Description ein echtes Synonym zur deutschen Stellenbeschreibung.[165] In den öffentlichen Verwaltungen hat sich für die Stellenbeschreibung der Begriff Dienstanweisung eingebürgert.[166] Soweit die Dienstanweisungen Arbeitsanweisungen beinhalten, die auf Richtlinien und Vorschriften beruhen, dienen sie auch der zweckmäßigen Aufgabenerfüllung (Ablauforganisation).

Auch der Begriff Stellenbeschreibung ist in der Literatur nicht einheitlich definiert. Dies ist darauf zurückzuführen, daß die Begriffsinhalte jeweils auf das mit der Stellenbeschreibung verfolgte Ziel abgestellt sind. Daher ist es notwendig, den den weiteren Ausführungen zugrundeliegenden Begriffsinhalt zu formulieren.

Die Stellenbeschreibung soll hier verstanden werden als die schriftliche Erfassung aller relevanten Aufgaben, Kompetenzen, Verantwortungen und Anforderungen einer Stelle sowie deren festgelegte Eingliederung in die formale Organisation einer Unternehmung.[167]

Unter der Stelle ist dabei der personenbezogene Aufgabenkomplex (Teilaufgabengesamt) zu verstehen, der vom Personenwechsel unabhängig ist.[168] Der jeweilige Aufgabenträger, dem eine Stelle zugeordnet worden ist, wird als Stelleninhaber bezeichnet.

Entsprechend dieser Definition ist die Stellenbeschreibung rein aufbauorganisatorisch zu sehen. Sie beschreibt sowohl die vertikale Aufbauorganisation, indem sie klare Über- und Unterstellungsverhältnisse festlegt, als auch die horizontale, also die Aufgabenverteilung zwischen den auf gleicher Ebene befindlichen Stellen.

---

161 vgl. Nordsiek, F., Betriebsorganisation – Lehre und Technik, Textband, 2. Aufl., Stuttgart 1972, S. 91

162 vgl. Schwarz, H., Arbeitsplatzbeschreibung a.a.O., S. 15

163 vgl. Raidt, F., Stellenbeschreibung – Abgrenzung und Zusammenhänge mit anderen Organisations- und Führungsmitteln, Sonderdruck aus: Bürotechnik und Automation, Baden-Baden 1971, Heft 1, S. 7

164 vgl. Berger, K.H., Organisationspläne und Dienstanweisungen, in: Organisation, Band 1, TFB-Handbuchreihe, Schnaufer, E., Agthe, K., (Hrsg.), Berlin - Baden-Baden 1961, S. 534

165 vgl. Jenny, H.P., Die Stellenbeschreibung als Hilfsmittel zur Fixierung der Organisation, dargestellt am Beispiel eines Textilwarenhauses, Dissertation, Winterthur 1966, S. 18

166 vgl. Ulrich, H., Staerkle, R., Verbesserung der Organisationsstruktur von Unternehmungen, in: Betriebswirtschaftliche Mitteilungen, Heft 6, 3. Aufl., Bern, o.J., (1969), S. 45

167 vgl. Wrabetz, W., Die Stellenbeschreibung, Ein Leitfaden für die Praxis, Wiesbaden, o.J., (1973), S. 15

168 vgl. Kosiol, E., a.a.O., S. 89

Damit kann die Stellenbeschreibung als die „höchste Stufe der Fixierung des organisatorischen Aufbaus einer Unternehmung“[169] bezeichnet werden.

Der Inhalt der Stellenbeschreibung läßt sich in folgenden vier Punkten zusammenfassen:[170]

- genaue Formulierung der Aufgaben, Kompetenzen und Verantwortung, bezogen auf die Gliederungsmerkmale der Stellenaufgabe (Aufgabenbild)
- Darstellung der persönlichen Anforderungen an den Stelleninhaber aufgrund des Aufgabenbildes (Besetzungsbild)
- Angabe der instanziellen Beziehungen des Stelleninhabers innerhalb des Leitungsaufbaus des Unternehmens (Instanzenbild)
- Angabe der Kommunikationsbeziehungen außerhalb der formalen Autoritätsstruktur (Kommunikationsbild).

Als Formen der Dokumentation kommen sowohl eine formlose Beschreibung als auch die Verwendung eines Formblattes in Frage.[171] Für die Verwendung eines Formblattes („Normierung“) können folgende Vorteile angeführt werden:[172]

- leichte Handhabung der Stellenbeschreibung sowohl für den Organisator als auch für den Stelleninhaber
- erhöhte Übersichtlichkeit und Aussagekraft
- erleichterter Änderungsdienst (Berücksichtigung von Veränderungen im Zeitablauf)
- vereinfachte Erstellung von parallelen Stellenbeschreibungen
- gute Vergleichbarkeit der Stellen im Unternehmen/Unternehmensbereich.

Unabhängig von der Form der Darstellung sollte eine Stellenbeschreibung im einzelnen folgende Informationen beinhalten:[173]

1. Bezeichnung der Stelle:
Kennzeichnung der Stelle aufgrund der Funktion, z.B. Leiter der Kalkulation, Lagerist, Assistent des Betriebsleiters. Sofern aus der Stellenbezeichnung der Unternehmensbereich, die Abteilung, die Gruppe, das Sachgebiet nicht erkennbar ist, ist dies ergänzend hinzuzufügen (z.B. Sachbearbeiter der Einkaufsabteilung Rohstoffe). Sofern im Unternehmen Nummern oder Kennziffern für Stellen im Stellenplan vorhanden sind, sollten diese verwendet werden.

2. Rang des Stelleninhabers:
Kennzeichnung der Ranges des Stelleninhabers z.B. Sachgebietsleiter, Abteilungsleiter, Hauptgruppenleiter, Gruppenleiter, d.h. Verwendung der im Unternehmen verwandten Dienstrangbezeichnungen. Diese sind von Unternehmen zu Unternehmen

169 vgl. Ulrich, H., Staerkle, R., a.a.O., S. 45

170 vgl. Handlexikon Organisation, a.a.O., S. 87

171 Beispiele für formlose Stellenbeschreibungen, s.: Acker, H.B., Organisationsanalyse . . . , a.a.O., S. 101 ff.; Wrabetz, W., a.a.O., S. 95 ff.; Beispiele für die Verwendung eines Formblattes, s.: Schmidt, G., a.a.O., S. 286 ff.; Müller-Pleuss, J.H., a.a.O., S. 104; Knebel, H., Schneider, H., Taschenbuch zur Stellenbeschreibung, 2. Aufl. Heidelberg 1978, S. 25

172 vgl. Wrabetz, W., a.a.O., S. 23

173 vgl. Höhn, R., Stellenbeschreibung und Führungsanweisung, 8. Aufl. Bad Harzburg 1973, S. 227 ff.; Wrabetz, W., a.a.O., S. 22 ff.; Knebel, H., Schneider, H., a.a.O., S. 19 ff.; Schmidt, G., a.a.O., S. 136 ff.

unterschiedlich und selbst gleichlautende Bezeichnungen sind daher nicht unmittelbar vergleichbar.

3. Unterstellung:
Zu unterscheiden ist zwischen fachlicher und disziplinarischer Unterstellung. Die fachliche und die disziplinarische Unterstellung können sich auf einen oder mehrere Vorgesetzte beziehen, d.h. die denkbar möglichen Fälle varrieren zwischen einem Vorgesetzten (disziplinarisch und fachlich) und mehreren disziplinarischen und fachlichen Vorgesetzten. Z.B. kann ein Kalkulator fachlich dem Leiter der Kalkulation und disziplinarisch dem Personalchef unterstellt sein, zudem noch in organisatorischer Hinsicht vom Leiter der Organisation/Datenverarbeitung Anweisungen erhalten. Wie aus diesem Beispiel ersichtlich wird, sind die Instanzenbezeichnungen und nicht die Namen der Vorgesetzten aufzuführen.

4. Überstellung:
Hier sind die Mitarbeiter aufzuführen – nicht namentlich, sondern nur die Stellenbezeichnungen –, die unmittelbar dem Stelleninhaber unterstellt sind und zwar wiederum unter Angabe, ob fachlich und/oder disziplinarisch. Zu unterscheiden sind weiterhin die Funktionen der unterstellten Mitarbeiter, ob Unterstellung

- in Linienfunktion (die unterstellten Mitarbeiter entscheiden selbst im Rahmen ihres Delegationsbereiches, der Vorgesetzte übt lediglich Dienstaufsicht und Kontrolle aus)
- in Stabsfunktion (die Mitarbeiter informieren und beraten den Vorgesetzten)
- in Dienstleistungsfunktion (der Vorgesetzte entscheidet über Inanspruchnahme der Dienstleistung).

5. Ziel der Stelle:
Knappe und aussagefähige Formulierung (möglichst quantifiziert) der Zielsetzung der Stelle; eine exakt formulierte Zielsetzung bildet die Basis für die Erfolgskontrolle durch den Vorgesetzten und für die Selbstkontrolle des Stelleninhabers.

6. Stellenvertretung:
Sowohl die vertikale (Vorgesetzter/Untergebener) als auch die horizontale Vertretung (Stelleninhaber gleicher Ebene) sind hier aufzuführen. Umfang und Art der Stellvertretung (echte Stellvertretung, Platzhalter) sind dabei zu unterscheiden.

7. Aufgaben der Stelle:
Bei den Aufgaben, die der Stelleninhaber dauerhaft zu erfüllen hat, um das Stellenziel zu erreichen, kann zwischen Allgemeinen (Fach-) und Sonderaufgaben unterschieden werden.

71 Allgemeine (Fach-) Aufgaben
Bei den Allgemeinen Aufgaben handelt es sich in erster Linie um die Beschreibung der täglichen bzw. periodisch wiederkehrenden Aufgaben. Eine Untergliederung ist gemäß der Funktion, in der die Aufgaben zu erfüllen sind, also nach Linien-, Stabs- und Dienstleistungsfunktion, sowie nach dem zeitlichen Kriterium der Aufgabenerfüllung, täglich, wöchentlich, monatlich und jährlich möglich. Es ist bei der Formulierung der Aufgabe darauf zu achten, daß klar ersichtlich ist, ob der Stelleninhaber die Aufgabe selbst durchzuführen hat oder nur für deren Erfüllung verantwortlich ist.

72 Sonderaufgaben
Unter diesem Punkt sind die Aufgaben aufzuführen, die nicht als Fachaufgaben erfaßbar sind, die sich also aus besonderen Sachzusammenhängen ergeben und nicht durch Termine (aperiodisch) hervorgerufen werden. Dazu können gerechnet werden z.B. Ausbildung und Anlernung von Mitarbeitern, Einstellung und Entlassung (gilt nicht bei einer Personalstelle), Organisationsaufgaben (Ablaufgestaltung, Aufbau eines Informationssystems, Formulargestaltung; dies gilt nicht bei einer Organisationsstelle).

Aus den zu erledigenden Fach- und Sonderaufgaben ergeben sich die Kompetenzen und die Verantwortung der jeweiligen Stelle; sie sind von den Aufgaben nicht zu trennen und daher nicht gesondert zu regeln.

8. Besondere Befugnisse:
Es handelt sich um die Befugnisse des Stelleninhabers, die es ihm ermöglichen, über seine aus der Aufgabenstellung der Stelle sich ergebenden fachlichen und personellen Entscheidungsrechte hinausgehend zu handeln. Dazu zählen insbesondere Vertretungsbefugnisse (nach außen wirkende rechtliche Vollmachten wie Handlungsvollmacht, Prokura, Bankvollmacht), Verfügungsbefugnisse hinsichtlich Arbeitsordnung, Reiseordnung, Kassenordnung, Urlaubsgewährung etc. und Unterschriftsbefugnisse (Gegenzeichnung des Schriftverkehrs anderer Bereiche).

9. Schriftliche Information der Stelle:
Hier sind die Berichte, Mitteilungen, Statistiken, untergliedert nach dem zeitlichen Anfall (täglich, wöchentlich, monatlich, usw.) aufzuführen, die der Stelle zugehen und von dieser ausgehen.

10. Zusammenarbeit mit anderen Stellen:
Da keine Stelle isoliert ihre Aufgaben erfüllen kann, ist es erforderlich, die Zusammenarbeit mit anderen Stellen festzuhalten. Hierbei sind die Aufgaben sowie die Art der Zusammenarbeit (informative, koordinierende, beratende, mitentscheidende, ausführende) genau zu beschreiben.

11. Mitarbeit in Gremien:
Die Mitarbeit in innerbetrieblichen und außerbetrieblichen Ausschüssen, Kommissionen etc. ist hier aufzuführen und, soweit möglich, Ort und Zeitpunkte (Termine) der entsprechenden Sitzungen.

12. Einzelaufträge:
Es handelt sich um Aufgaben, die außerhalb des fachlichen Aufgabengebietes der Stelle liegen, insbesondere um unvorhergesehene Aufgaben, die sich nur aus der Vergangenheit ableiten lassen.

13. Anforderungen an den Stelleninhaber (Anforderungsprofil):
Insbesondere sind hier Anforderungsarten an den Stelleninhaber zu definieren, die für eine „optimale" Wahrnehmung der Stellenaufgaben erforderlich sind:

- Fachkenntnisse
- berufliche Vorbildung
- Erfahrungen
- persönliche Eigenschaften.

14. Bewertungsmaßstäbe für die Leistung:
Wird die Stellenbeschreibung auch zur Arbeits- und Leistungsbewertung herangezogen, so sind Leistungsstandards in die Stellenbeschreibung aufzunehmen. Es handelt sich hierbei jedoch nicht um eine Stellenbewertung.

Die Abb. 20 beinhaltet eine formularmäßige Darstellung des vorstehend beschriebenen Inhalts einer Stellenbeschreibung.

Aussagefähige Stellenbeschreibungen bedürfen einer vorhergehenden, detaillierten und vollständigen Aufgabengliederung des Untersuchungsbereiches (Aufgabenanalyse ———> Aufgabengliederungsplan). Weiterhin sind sie allen betrieblichen Veränderungen im Zeitablauf anzupassen, d.h., in der Regel Überprüfung der Stellenbeschreibungen in einem Zeitraum von ein bis zwei Jahren, sofern nicht gravierende organisatorische Veränderungen bereits eine vorzeitige Fortschreibung verlangen.

Die Vor- und Nachteile, die sich für den Mitarbeiter und für das Unternehmen aus aussagefähigen Stellenbeschreibungen ergeben, lassen sich wie folgt zusammenfassen:

Vorteile:[174]

- die Gebildestruktur wird bis ins Detail überschaubar
- eindeutige Verteilung der Aufgaben, Kompetenzen und Verantwortung
- verbesserte Übersicht über das Gesamtsystem, da sich jeder Mitarbeiter informieren kann
- erleichterte Koordination infolge erhöhter Transparenz
- erleichterte Einarbeitung der Mitarbeiter
- lückenlose Vertretung der Mitarbeiter untereinander
- fundierte Grundlage für Personalbedarfsermittlungen, Personalplanung und -beschaffung
- objektive Möglichkeiten der Leistungsbeurteilung der Mitarbeiter
- Basis für die Objektivierung der Lohn- und Gehaltsstruktur des Unternehmens.

Nachteile:[174]

- hoher Aufwand (Zeit und Kosten) für die Einführung der Stellenbschreibungen und für die Durchführung des Änderungsdienstes,
- Schwachstellen organisatorischer Regelungen (Überschneidungen und Versäumnisse) nicht unmittelbar erkennbar,
- keine optimale Transparenz der Aufgaben und Kompetenzen (im Vergleich zum Funktionendiagramm),
- Gefahr des Abweichens des Inhaltes der Stellenbeschreibung vom Ist,
- der Inhalt der Stellenbeschreibung kann vom Mitarbeiter als Besitzstand angesehen werden, der nur mit Schwierigkeiten verändert werden kann.

---

174 vgl. Schmidt, G., a.a.O., S. 139/140; Steinbuch, P.A., a.a.O., S. 218

Abb. 20: Stellenbeschreibung

<table>
<tr><td>Firma</td><td colspan="2">STELLENBESCHREIBUNG</td><td>Blatt</td></tr>
<tr><td>Stelleninhaber</td><td colspan="3">Name: Vorname:</td></tr>
<tr><td>Stellennummer</td><td>Kostenstelle:</td><td>Raum/Ort:</td><td>Telefon:</td></tr>
<tr><td colspan="4">01 Bezeichnung der Stelle:
02 Rang des Stelleninhabers:
03 Vorgesetzter:
04 Unterstellte Mitarbeiter:
05 Vertritt:
06 Wird vertreten durch:</td></tr>
<tr><td colspan="4">07 Zielsetzung der Stelle:
08 Aufgaben der Stelle:</td></tr>
<tr><td>Tritt in Kraft am:</td><td>Nächste Überprüfung</td><td colspan="2">Verteiler</td></tr>
<tr><td>Unterschriften:
Stelleninhaber: am:</td><td>Vorgesetzter: am:</td><td>Organisation: am:</td><td>Anz. Blätter inges.</td></tr>
</table>

Stellennummer		Blatt

09 Besondere Befugnisse des Stelleninhabers:

10 Schriftliche Information der Stelle:

11 Zusammenarbeit mit anderen Stellen:

12 Mitarbeit in Ausschüssen, Besprechungen, etc.:

13 Einzelaufträge:

14 Anforderungen an Stelleninhaber:

15 Bewertungsmaßstäbe für die Leistung:

In Anlehnung an: Schmidt, G., Organisation, Methode und Technik, 2. Aufl., Gießen 1975, S. 286 ff.

Auch von der Legislative wird die Stellenbeschreibung bereits immer mehr in den Vordergrund gerückt. So heißt es z.B. im § 81 Abs. 1, Satz 1 des Betriebsverfassungsgesetzes (BetrVerfG) vom 15.1.1972: „Der Arbeitgeber hat dem Arbeitnehmer über dessen Aufgabe und Verantwortung sowie über die Art seiner Tätigkeit und ihre Einordnung in den Arbeitsablauf des Betriebes zu unterrichten.“ Wie aus dieser Formulierung ersichtlich wird, ist die Stellenbeschreibung, ohne daß sie im Gesetz ausdrücklich genannt oder eine schriftliche Fixierung der Aufgaben gefordert wird, geeignet, dieser Gesetzesbestimmung Rechnung zu tragen. Weiterhin sei auf § 92, Abs. 1, S. 1 und Abs. 2 sowie auf die §§ 93 und 95 des BetrVerfG hingewiesen.

Kontrollfragen zu Abschnitt 422

1. Worin unterscheiden sich Stellenbeschreibungen von Arbeitsplatz-, Tätigkeitsbeschreibungen und Arbeitsanweisungen?
2. Welche Vorteile weist eine „normierte“ Stellenbeschreibung gegenüber einer formlosen auf?
3. Zählen Sie die inhaltlichen Bestandteile einer aussagefähigen Stellenbeschreibung auf!
4. Welche Vor- und Nachteile ergeben sich aus aussagefähigen Stellenbeschreibungen für die Mitarbeiter und für das Unternehmen?
5. Wo findet die Stellenbeschreibung im Betriebsverfassungsgesetz von 1972 ihren Niederschlag?

Literatur zur Vertiefung:

Berger, K.H., Organisationspläne und Dienstanweisungen, in: Organisation, Band 1, TFB-Handbuchreihe, Schnaufer, E., Agthe, K., (Hrsg.), Berlin – Baden-Baden 1961, S. 531 ff.
Bloch, M.E., Die Stellenbeschreibung, 2. Aufl., Zürich 1973
Höhn, R., Stellenbeschreibung und Führungsanweisung, in d. Reihe: Menschenführung und Betriebsorganisation, Bd. 7, 8. Aufl., Bad Harzburg 1973
Jenny, H.P., Die Stellenbeschreibung als Hilfsmittel zur Fixierung der Organisation, dargestellt am Beispiel eines Textil-Warenhauses, Dissertation, Winterthur 1966
Jope, R., Die Stellenbeschreibung, in: Rationalisierung, 23. Jg. 1972, S. 118 ff.
Knebel, H., Schneider, H., Taschenbuch zur Stellenbeschreibung, 2. Aufl., Heidelberg 1978
Kühne, W., Stellenbeschreibung – Möglichkeiten und Grenzen, in: Der graduierte Betriebswirt, 6. Jahrgang 1973, S. 221 ff.
Krasemann, B.J., Grundlagen, Möglichkeiten und Grenzen der Stellenbeschreibung als Führungsinstrument des kooperativen Führungsstiles, Burgbrohl o.J. (1972)
Krasemann, B.J., Aktuelle Daten zur Stellenbeschreibung in der Bundesrepublik, in: ZfO, 42. Jg. 1973, S. 74 ff.
Raidt, F., Stellenbeschreibung – Abgrenzung und Zusammenhänge mit anderen Organisations- und Führungsmitteln, Sonderdruck, aus: Bürotechnik und Automation, Baden-Baden 1971, Heft 1
Schwarz, H., Arbeitsplatzbeschreibung, 3. Aufl., Freiburg o.J. (1968)
Wrabetz, W., Die Stellenbeschreibung, Ein Leitfaden für die Praxis, Wiesbaden o.J. (1973)

423 Organigramme

Mit Hilfe des Organigramms – auch als Organisationsplan, Organisationsschaubild, Stellenplan, Strukturplan oder Betriebsgliederungsplan bezeichnet – soll das Wesentliche der Gebildestruktur eines Unternehmens/Unternehmensbereiches graphisch dargestellt werden. Folgende organisatorische Regelungen können veranschaulicht werden:[175]

- Verteilung der betrieblichen Aufgaben sowie die Stellen/Abteilungsbildung aufgrund der Aufgabenverteilung (Ausmaß der Abteilungs- und Stellenspezialisierung nach Funktionen und Objekten)
- horizontale und vertikale Verknüpfung der Stellen/Abteilungen (Gliederungstiefe, Leitungsspanne, Relationen zwischen den verschiedenen Stellenarten)
- Struktur der Anordnungs- und Dienstwege (Rangordnung der Instanzen) und der vertikalen Informatinonswege
- Einordnung von Leitungshilfsstellen.

Soweit erforderlich können noch als weitere Regelungen berücksichtigt werden:

- institutionalisierte Gremien (Ausschüsse, Kommissionen) zur Koordination und Entscheidungsfindung bei bereichsübergreifenden Entscheidungen
- Struktur funktionaler Weisungsbezeichnungen (z.B. Produkt- und Projektmanagement)
- personelle Besetzung der Stellen (Soll/Ist-Besetzung).

Nicht erfaßbar sind hingegen das Ausmaß der Entscheidungsdelegation, die Formalisierung des Informationsflusses und der Leistungserfassung sowie der konkrete Einsatz der Koordinationsinstrumente. Hierzu bedarf es des Einsatzes anderer Dokumentationstechniken wie der Stellenbeschreibung, der Funktionendiagramme etc.

Für die Darstellung der Elemente (der unterschiedlichen Stellenarten) kann man sich der folgenden Symbole bedienen, die aber nicht genormt sind und in der Praxis nicht immer Anwendung finden:

Symbole für Organigramme

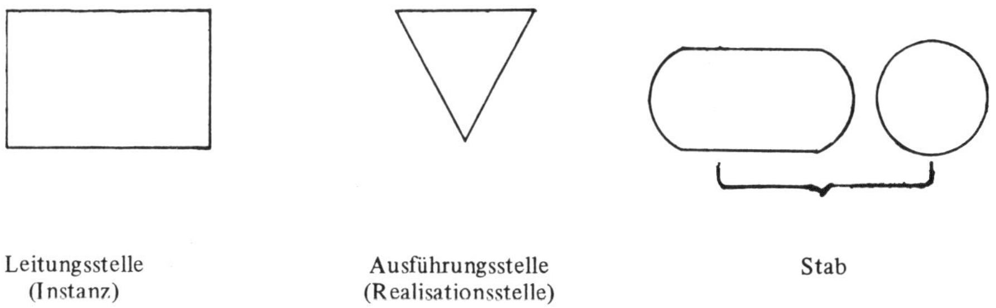

175 vgl. Schwarz, H., Betriebsorganisation . . . , a.a.O., S. 242 ff.; Kieser, A., Kubicek, H., a.a.O., S. 139 f.; Hill, W., Fehlbaum, R., Ulrich, P., Bd. II, a.a.O., S. 537

Mit Linien werden die Über-, Unter- und Zuordnungen der Stellen zueinander dargestellt, wobei sie sowohl vertikal als auch horizontal verlaufen können. Mit Volllinien wird die Vollkompetenz, mit gestrichelten Linien die Teilkompetenz (funktionale Weisungsbefugnisse) gekennzeichnet.

Die Symbole für die Stellen werden mit einer Kurzbezeichnung versehen, aus der die Stellenaufgabe, nach Verrichtung oder Objekt unterschieden, ersichtlich wird. Diese Kurzinformation ermöglicht nur einen groben Überblick über die Aufgabenverteilung; ergänzt werden muß sie daher durch einen detaillierten Aufgabengliederungsplan. Weiterhin kann in die Symbole noch folgendes eingetragen werden:

- Anzahl der Aufgabenträger (Ist- und Sollbesetzung der Stelle)
- Stellennummer, aus der die hierarchische Ebene sowie die Bereichszugehörigkeit der Stelle ersichtlich wird; die Stellennummer wird nach dem dekadischen System gebildet
- an Stelle der Stellennummer können auch alpha-numerische (mnemotechnisch gebildet) Kurzzeichen treten, die im Berichtswesen des Unternehmens als Kurzadresse verwandt werden. Die Verwendung von Kostenstellennummern ist nicht angebracht, da diese nicht nach aufbauorganisatorischen Gesichtspunkten gestaltet werden.
- Häufig werden auch die Namen der jeweiligen Stelleninhaber in die Symbole eingetragen. Dies ist aber wohl nur auf den oberen hierarchischen Ebenen sinnvoll, weil jeder Personenwechsel einen entsprechenden Änderungsdienst verursacht.

Die vorstehenden Ausführungen werden an dem folgenden Beispiel veranschaulicht (vgl. Organigramm Abb. 21).

Erläuterungen:

Die Unternehmensleitung setzt sich aus drei Mitgliedern zusammen, denen jeweils ein Ressort (Geschäftsbereich) zugeordnet ist. Dem für den Vertrieb zuständigen Mitglied der Unternehmensleitung ist ein Stab in Form eines Assistenten zugeordnet. Die Ressortleitungen, sie gehören der zweiten Hierarchieebene an (zweistellige Stellennummer), weisen jeweils eine bestimmte Soll- und Istbesetzung auf, die nur in der Stelle Leitung Produktion (21) eine Unterbesetzung von einer Person aufweist.

Würde für die Unternehmensleitung keine Zuständigkeitsregelung in bezug auf die zweite Ebene bestehen, so ist die Numerierung der zweiten Ebene beliebig, z.B. 11, 12, 13 oder 21, 22 und 23.

Da bei mittleren und größeren Unternehmen eine Darstellung der gesamten Gebildestruktur in einem Organigramm zu platzaufwendig ist, ist es sinnvoll, das Organigramm zu segmentieren oder ein Grob- (Übersichts-) und Feindiagramm zu erstellen. Die Segmentierung kann auf jeder beliebigen hierarchischen Ebene vorgenommen werden; sie richtet sich nach der jeweiligen organisatorischen Tiefengliederung des Unternehmens. Das Organigramm erstreckt sich über mehrere Blätter, auf denen die unterschiedlichen Hierarchieebenen dargestellt sind. Ein Grob- (Übersichts-) Organigramm zeigt nur die Bereichs- und Abteilungsgliederungen auf, in den Feindiagrammen werden diese Abteilungen bis hin zu den einzelnen Stellen detailliert aufgezeichnet.

Die unterschiedlichen Erscheinungsformen, in denen Organigramme auftreten, sind im wesentlichen:

Abb. 21: Organigramm

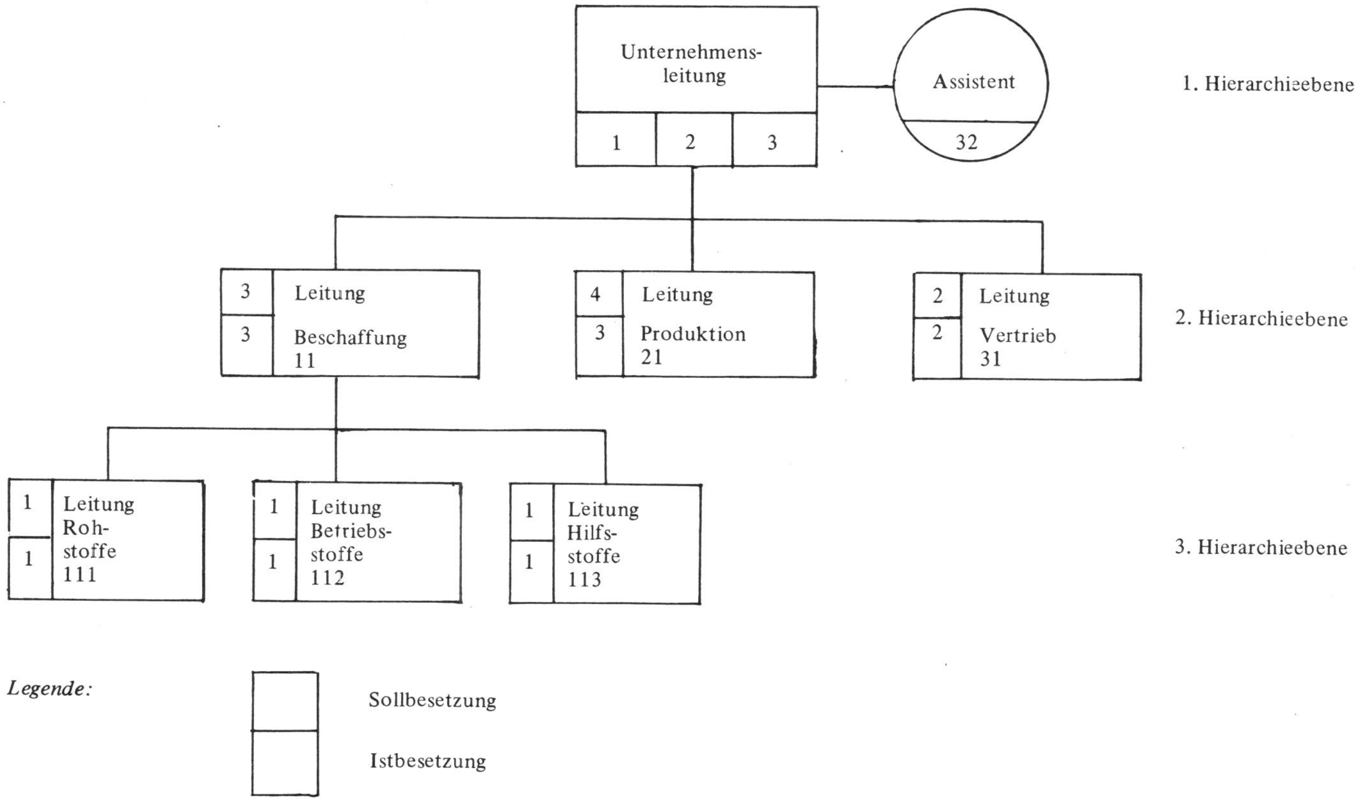

- vertikale Pyramidenform
- horizontale Pyramidenform
- Astform
- Säulenform
- Kreisform (Sonnenorganigramm)
- Ringsegmentform
- modifizierte Blockform
- Mischform

Sie werden im folgenden mit ihren jeweiligen Vor- und Nachteilen dargestellt:

Bei der vertikalen Pyramidenform (Abb. 22) werden die Aktionseinheiten von oben nach unten hierarchisch angeordnet. Pyramidenartig verbreitern sich die jeweilig nachfolgenden, abgeleiteten Ebenen.

Diese Darstellungsform weist folgende Vor- und Nachteile auf:

Vorteile:

- klare Darstellung der hierarchischen Ebenen
- der Beziehungszusammenhang jeder Stelle ist leicht erkennbar
- Leitungshilfestellen können zeichnerisch leicht zugeordnet werden.
- Nachwuchskräfte können erkennen, welche Hierarchiestufen sie noch anstreben können.

Nachteile:

- das hierarchische Denken steht im Vordergrund; dies widerspricht den modernen Führungskonzeptionen, in denen die kooperative Zusammenarbeit im Vordergrund steht
- ein technischer Mangel besteht darin, daß die Darstellung stark „in die Breite" geht; das zwingt spätestens auf der vierten Ebene zu einer Segmentierung des Organigramms.

Bei der horizontalen Pyramidenform (Abb. 23) werden die Aktionseinheiten in Leserichtung hierarchisch angeordnet. Der verfügbare Platz wird damit besser genutzt.

Im einzelnen können dieser Darstellungsform folgende Vor- und Nachteile zugeordnet werden.

Vorteile:

- spaltenweise Zusammenfassung ranggleicher Aktionseinheiten
- gedrängte Darstellungsmöglichkeit (abbildungstechnischer Vorteil)
- optischer Abbau der hierarchischen Gliederung (psychologischer Vorteil)

Nachteile:

- geringfügiger Verlust an Anschaulichkeit
- ein technischer Mangel besteht auch hier darin, daß die Darstellung stark „in die Höhe" geht; das zwingt dazu, daß spätestens ab der 5. oder 6. Ebene das Organigramm segmentiert werden muß.

Abb. 22: Vertikale Pyramidenform

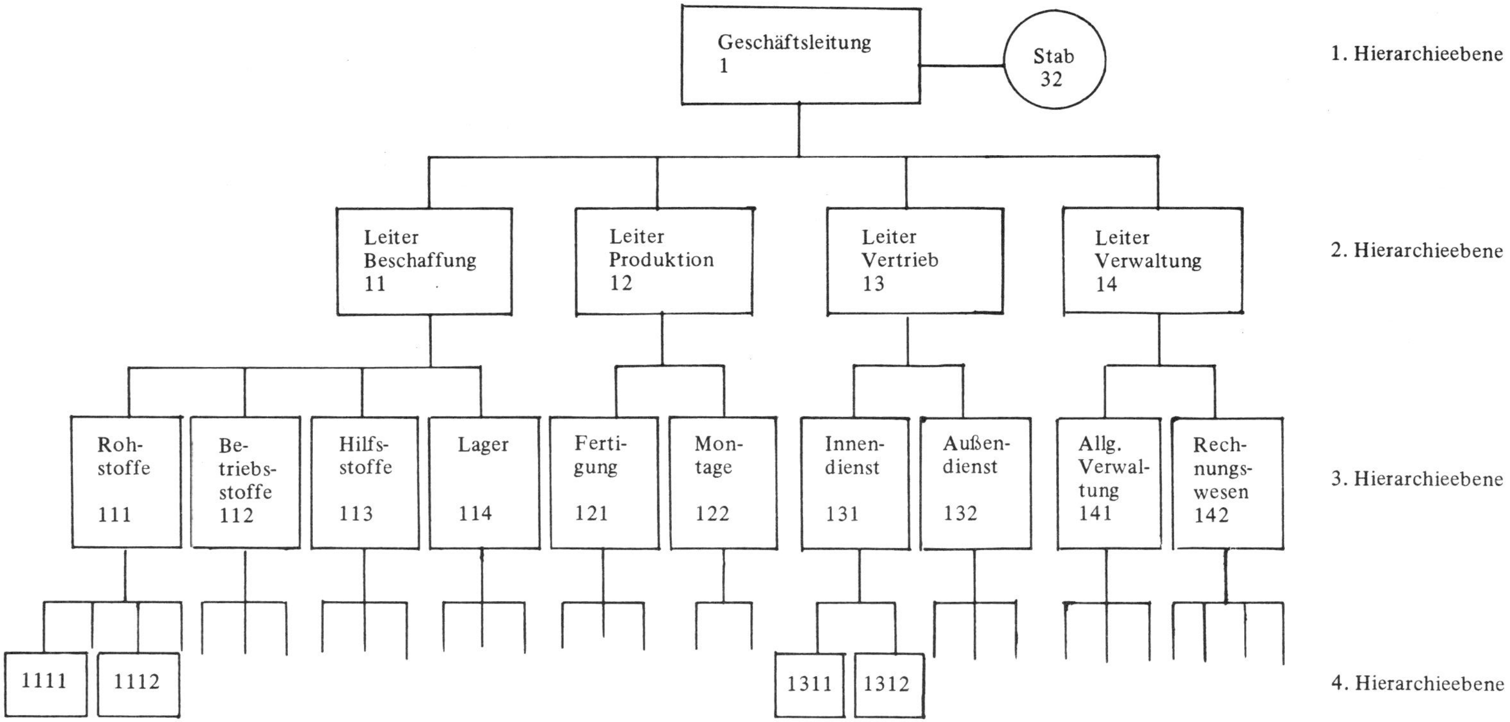

Abb. 23: Horizontale Pyramidenform

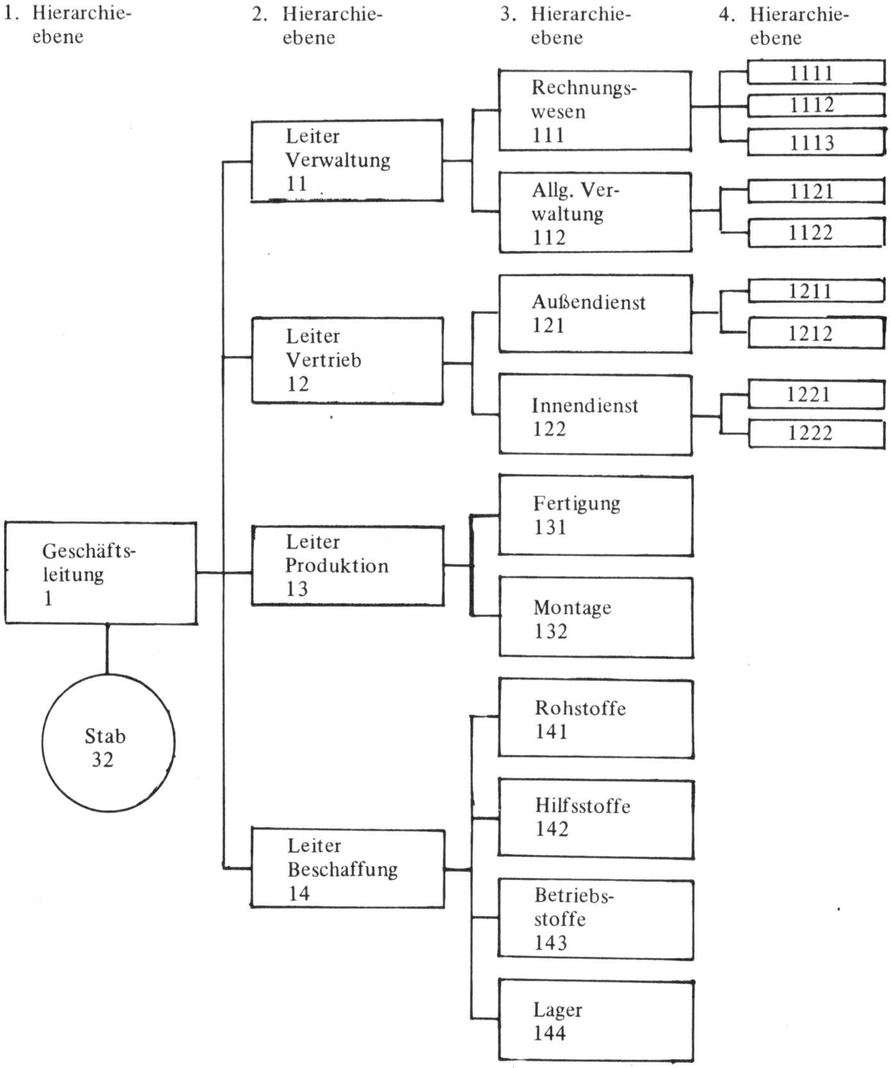

Ast- und Säulenform sind zwei Darstellungstechniken, die ergänzend zur vertikalen Pyramidenform treten und eine bessere Ausnutzung des zur Verfügung stehenden Platzes ermöglichen. Bei der Säulenform wird zudem der Aspekt der hierarchischen Struktur ab der 3. und allen weiteren Hierarchieebenen optisch abgemildert, wie aus der folgenden Abbildung (Abb. 24) ersichtlich wird. Damit wird aber die spalten- oder zeilenweise Zusammenfassung ranggleicher Aktionseinheiten aufgehoben.

Die Astform eignet sich besonders für die zeichnerische Darstellung zentraler Dienstleistungsabteilungen. Die folgende Abbildung (vgl. Abb. 25) soll deshalb auf diesen Tatbestand beschränkt bleiben.

Abb. 24: Säulenform

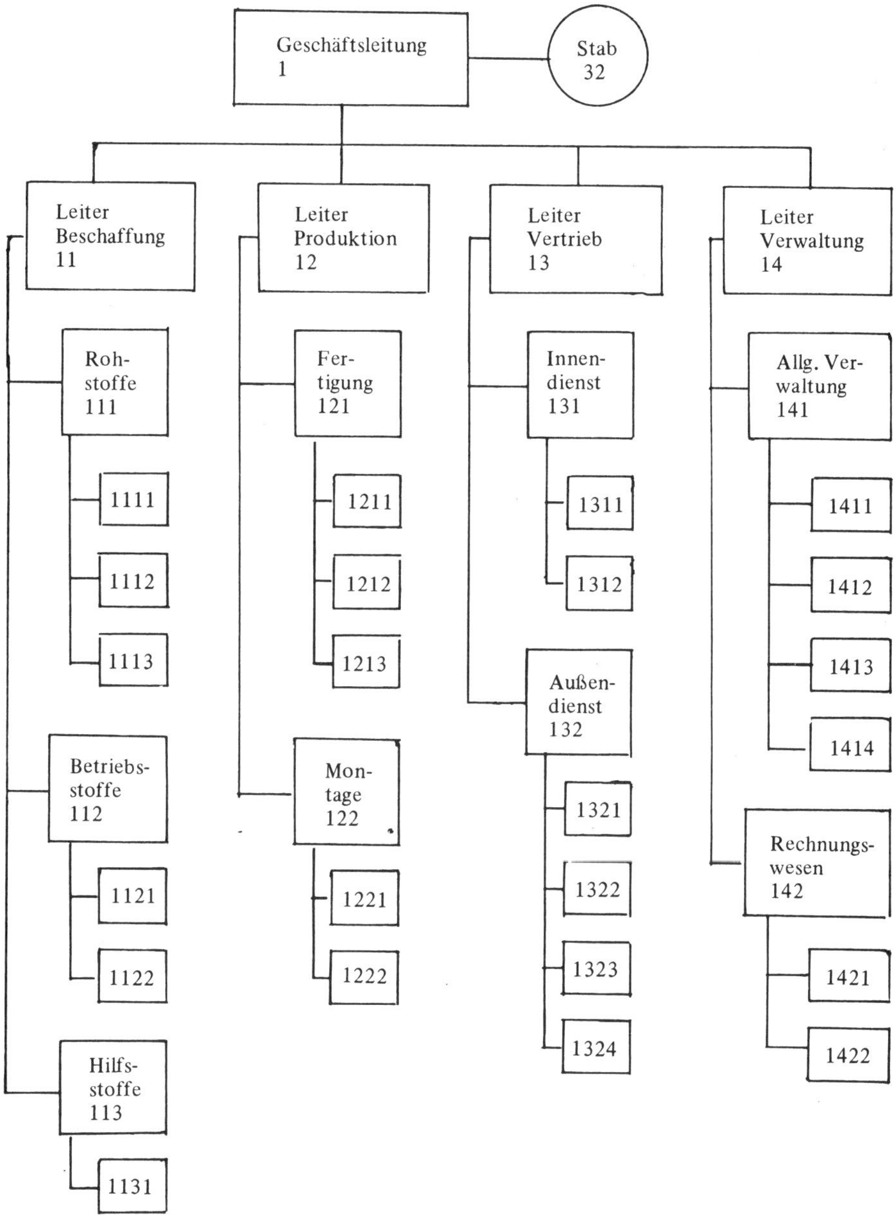

Abb. 25: Astform

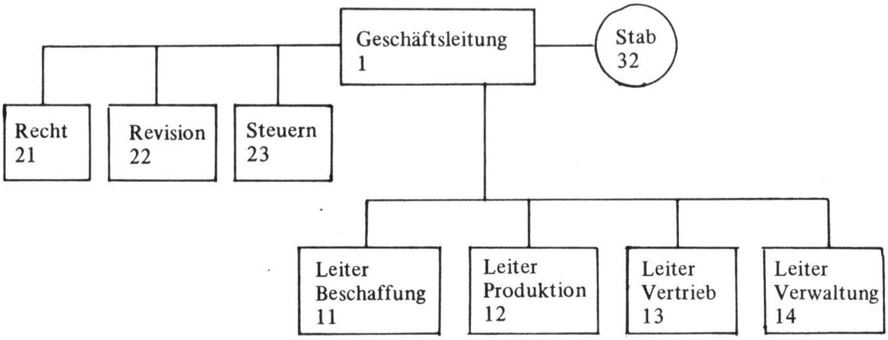

Die übrigen Darstellungsformen – Kreisform (Sonnenorganigramm), Ringsegmentform und Blockdiagramm – zielen in erster Linie darauf ab, die hierarchischen Beziehungen aus psychologischen Gründen weniger deutlich werden zu lassen.

Abb. 26: Kreisform (Sonnenorganigramm)

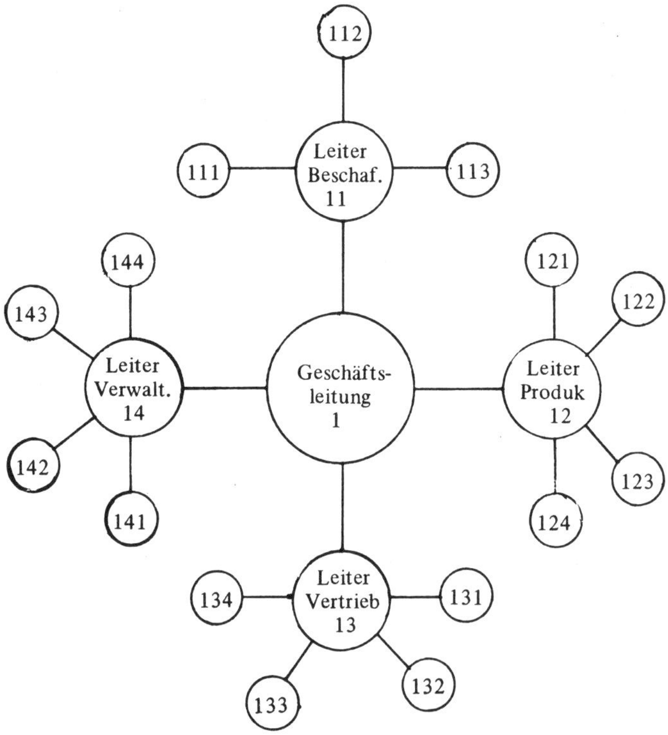

In der Kreisform (Sonnenorganigramm) werden die Aktionseinheiten als Kreise dargestellt und satellitenartig um die jeweiligen Instanzen angeordnet. Hierdurch soll die kooperative Zusammenarbeit der Instanzen mit den ihnen zugeordneten Aktionseinheiten (Instanzen und Realisationsstellen) besonders betont und herausgestellt werden. Darstellerische Probleme ergeben sich in der Beschriftung der Aktionseinheiten sowie bei Unternehmen/Unternehmensbereichen, die eine größere „Tiefengliederung“ aufweisen.

Bei der Ringsegmentform bedient man sich ebenfalls des Kreises als Darstellungsmittel. In der Mitte des Kreises wird die höchste Instanz des Unternehmens angeordnet, während die nachfolgenden Instanzenebenen mit ihren Realisationsstellen ringförmig darum gelagert werden. Durch die Größe der Segmente kann die Gliederungstiefe der einzelnen Unternehmensbereiche berücksichtigt werden.

Abb. 27: Ringsegmentform

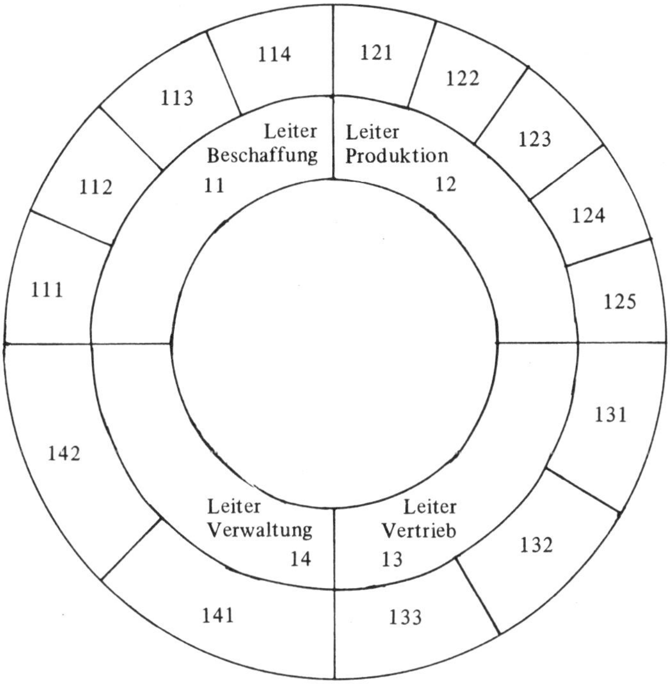

Ein Vorteil dieser Darstellungsform kann darin gesehen werden, daß bei steigender Anzahl der Hierarchieebenen der Platzbedarf nur geringfügig zunimmt. Die Nachteile sind aber in folgenden Tatbeständen zu sehen: Schwierigkeit, Stabstellen auf den unterschiedlichen Hierarchieebenen einzuordnen; unterschiedliche Anzahl von Hierarchieebenen in verschiedenen Unternehmensbereichen sprengen die einheitliche Darstellungsform; die Lesbarkeit wird durch ein dauerndes Drehen des Blattes erschwert.

Das Blockdiagramm basiert auf derselben Darstellungsmethodik wie die Ringsegmentform, es wird aber auf das Rechteck als Darstellungsform zurückgegriffen. Hierdurch wird nur die Lesbarkeit des Organigramms in geringem Umfang verbessert, während die übrigen Vor- und Nachteile der Ringsegmentform bestehen bleiben.

Abb. 28: Blockdiagramm

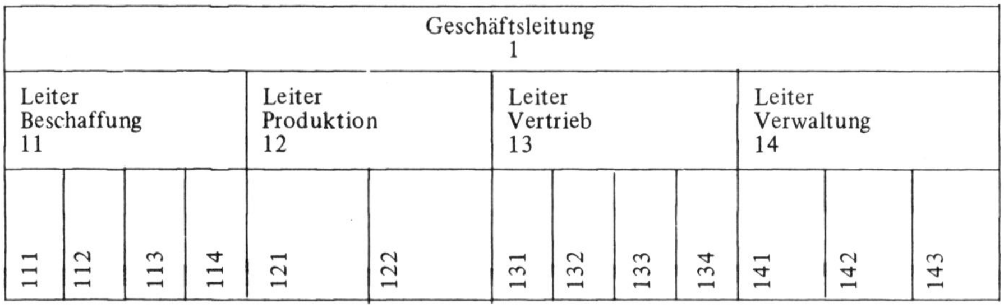

Das modifizierte Blockdiagramm unterschiedet sich von der vorstehenden Darstellung dadurch, daß die Anordnung der Aktionseinheiten in vertikaler Richtung vorgenommen wird.

Abb. 29: Modifiziertes Blockdiagramm

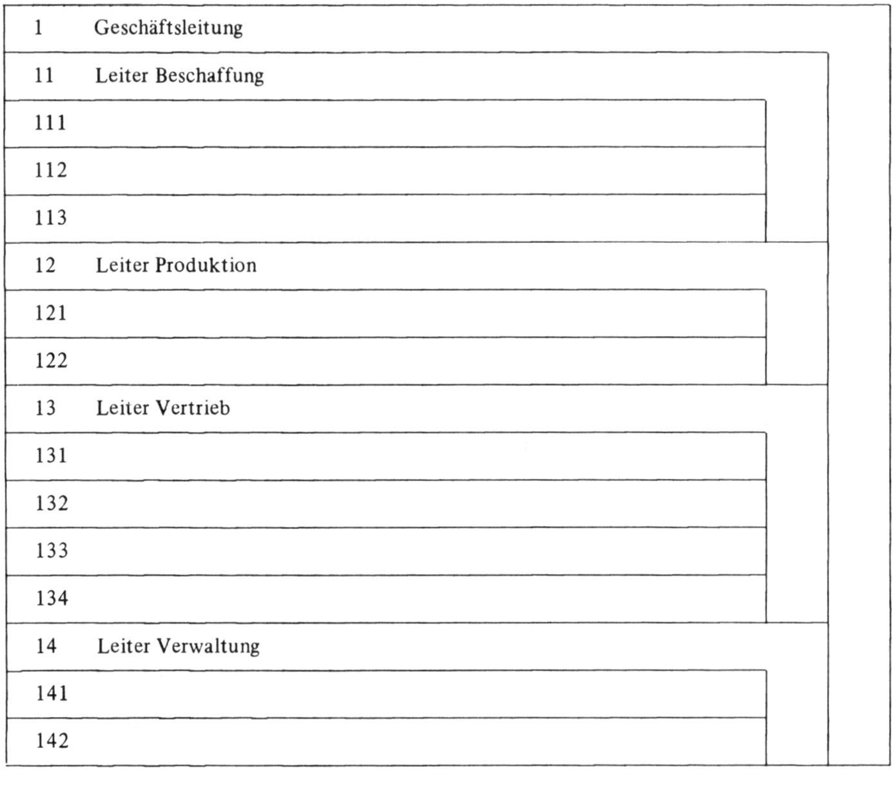

Eine Auswertung der Vorkommenshäufigkeit der vorstehend dargelegten unterschiedlichen Darstellungsformen führt zu dem Ergebnis, daß Kreisform (Sonnenorganigramm), Ringsegmentform, Blockdiagramm und modifiziertes Blockdiagramm nur von geringer praktischer Relevanz sind, während die vertikale Pyramidenform mit der Säulen- und Astform kombiniert häufig Verwendung findet. Dabei werden die erste und zweite Hierarchieebene in vertikaler Pyramidenform dargestellt, zentrale Dienstleistungsabteilungen der Unternehmensleitung bzw. der zuständigen Instanz in der Astform zugeordnet, während der Beziehungszusammenhang der dritten und weiteren Hierarchieebenen einschließlich der zugehörigen Realisationsstellen in Säulenform dargestellt wird.

In einer konkreten Situation muß der Organisator aufgrund der folgenden Kriterien entscheiden, welchen Informationsgehalt das Organigramm besitzen muß und in welcher graphischen Form die Gebildestruktur dargestellt werden soll:

- Welcher Zielsetzung soll das Organigramm dienen, z.B. Information der Mitarbeiter, Basis für Reorganisationsmaßnahmen.
- Welche Kriterien der Gebildestruktur sollen besonders betont werden, z.B. die Leitungsbeziehungen, der Gesichtspunkt der Kooperation zwischen Instanzen und zugeordneten Aktionseinheiten, die Aufgabenverteilung.
- Weist der darzustellende Bereich (Unternehmen/Unternehmensbereich) eine organisatorische Tiefen- oder Breitengliederung auf?
- Zur Verfügung stehender Platz für die Darstellung, insbesondere unter Berücksichtigung der Verwendung des Organigramms (Organisationshandbuch, Wandschaubild).

424 Funktionendiagramme

Das Funktionendiagramm – auch als Funktionsmatrix oder ungenau als Aufgabenverteilungsplan bezeichnet – beinhaltet die „schaubildliche Darstellung der Zuordnung von Aufgaben und Entscheidungsbefugnissen auf organisatorische Einheiten bzw. Stelleninhaber".[176] Es wurde im Jahre 1929 von Hijmans entwickelt[177] und im Laufe der Zeit bis zum erweiterten mehrstufigen Funktionendiagramm verfeinert.

Der Terminus Funktion ist hier als „Anteil an der Erfüllung einer Aufgabe" zu verstehen.[178] Die Funktion kann, wie jede Aufgabe im Rahmen der Aufgabenanalyse, in Teilfunktionen aufgeteilt werden; anders als bei der logischen Aufgabengliederung nach den Kriterien Objekt, Verrichtung, Rang, Phase und Zweckbeziehung ist die Aufteilung in Teilfunktionen abhängig von dem Grad und der Art der Arbeitsteilung und der Ausgestaltung des Leitungs- und Führungssystems im Unternehmen. Aus diesem Grunde ist eine allen konkreten Situationen gerecht werdende allgemeine Aufgliederung nicht möglich. Zudem ist zu beachten, daß der Organisator überfordert wäre, im Rahmen der Istaufnahme den Inhalt und die Abgrenzung einer großen Zahl von Teilfunktionen (z.B. 20) immer präsent zu haben und richtig anzuwenden.

---

176 Handlexikon Organisation, a.a.O., S. 45

177 Hijmans, M.E., Une Nouvelle Méthode d'Organisation par les Graphiques de Liaisons et d'Attributions, Communication, Paris 1929

178 vgl. Hill, W., Fehlbaum, R., Ulrich, P., a.a.O., Bd. 1, S. 176

Aus den beiden vorstehenden Gründen sollten, in Übereinstimmung mit den Erfahrungen bei der praktischen Organisationsarbeit und der Mehrzahl der in Literatur dargestellten Funktionendiagrammen, im Ansatz folgende Teilfunktionen unterschieden werden:[179]

- Entscheidung (E)
- Planung (Entscheidungsvorbereitung (P))
- Ausführung (A)
- Kontrolle (K)
- Gesamtfunktion (X)

Je nach dem Ziel der Organisationsuntersuchung und den jeweiligen betrieblichen Gegebenheiten können diese Funktionen noch um einige der folgenden Teilfunktionen ergänzt werden, d.h. eine oder mehrere der vorstehenden Teilfunktionen werden in weitere Teilfunktionen zerlegt:

- Eigenentscheidungsbefugnisse,
- Fremdentscheidungsbefugnisse (Anordnung),
- Anregungs- oder Initiativrecht,
- Informationsrecht,
- Informationspflicht,
- Überwachung,
- Ergebniskontrolle (Nachprüfung).

Insbesondere die Funktion Entscheidung beinhaltet einen so komplexen Tatbestand, daß sie – wenn sie u.a. Gegenstand einer Organisationsuntersuchung ist – einer weiteren Differenzierung bedarf. Eine Unterscheidung in folgenden Komponenten wird dann sinnvoll.[180]

- Grundsatzentscheidung (E_G)
- Entscheidung in wichtigen Fällen (E_W)
- Entscheidung in Ausnahmefällen (E_A)
- Entscheidung im Normalfall (E_N)
- Mitentscheidung (E_M)
- Kollektiventscheidung (E_K)

Der Aufbau der schaubildlichen Darstellung ist gleich dem einer Matrix. In der Kopfzeile können spaltenweise die Aktionseinheiten/Aufgabenträger eingetragen werden. Die Aufgaben werden zeilenweise aufgeführt. Es sollte die Ordnungsstufe der Aufgabengliederung übernommen werden, die im Hinblick auf den Untersuchungszweck am aussagekräftigsten ist. Dabei können sowohl alle Gliederungsstufen der Aufgabenanalyse bis zur ausgewählten Ordnungsstufe eingetragen werden (mehrstufiges Funktionendiagramm) als auch nur die ausgewählte Ordnungsstufe (einstufiges Funktionendiagramm). In das der Spalte j und Zeile i gemeinsame Feld wird dann die entsprechende Funktion eingetragen. Im Feld F_{ij} steht somit die Funktion der Aktionseinheit j/des Aufgabenträgers j in bezug auf die Aufgabe i. Die Summe der

179 vgl. Acker, H.B., Organisationsanalyse ..., a.a.O., S. 36; Blohm, H., Organisation ..., a.a.O., S. 233; Lochstampfer, P., Systemorientierte Betriebsorganisation, München 1974, S. 178; Steinbuch, P.A., a.a.O., S. 220; Schwarz, H., a.a.O., S. 248; Hill, W., Fehlbaum, R., Ulrich, P., a.a.O., Bd. 2, S. 540; Spitschka, H., Praktisches Lehrbuch der Organisation, München 1975, S. 117; Kosiol, E., a.a.O., S. 96; Schmidt, G., a.a.O., S. 155.

180 vgl. Ulrich, H., Staerkle, R., Verbesserung der Organisationsstruktur von Unternehmungen, 2. Aufl., Berlin 1962, S. 42

Teilfunktionen einer Zeile muß gleich sein der Gesamtfunktion in bezug auf die Aufgabe der entsprechenden Zeile.

Abb. 30: Funktionendiagramm

Aufgabenträger / Aufgaben entsprechend dem Aufgabengliederungsplan	Instanz 1	Instanz 21	Stelle 211	Stelle 212	Stelle 213	Stelle 214	Instanz 22	Stelle 221	Stelle 222	Stelle 223	
Aufgabe 1											
Teilaufgabe 11											
Teilaufgabe 111											
Teilaufg. 1111											
" 1112											
" 1113											
Teilaufgabe 112											
Teilaufg. 1121											
" 1122											
Teilaufgabe 12											
Teilaufgabe 121											
Teilaufgabe 122											

Zur Vereinfachung der Darstellung werden für die Funktionen/Teilfunktionen Symbole in die Matrix eingesetzt. Diese Symbole können Buchstaben (vgl. die in den Klammern den vorstehenden Funktionen zugeordneten Buchstaben) oder piktographische Zeichen sein. Die Verwendung piktographischer Zeichen führt aus folgenden Gründen zu einer erschwerten Lesbarkeit des Funktionendiagramms:

- Ein Zusammentreffen mehrerer Teilfunktionen führt durch die Überlagerung der piktographischen Zeichen zu einer Unleserlichkeit.
- Die piktographischen Zeichen sind nicht genormt und können daher frei gewählt werden.

Die im folgenden zusammengestellten piktographischen Zeichen lassen vorstehende Tatbestände leicht erkennen:

Abb. 31: Piktographische Zeichen nach Jordt/Gscheidle *)

F_1	Führungsfunktion zugleich persönlicher Vorgesetzter der ausführenden Kräfte		fallweise	
			teilweise	
F_2	Führungsfunktion nur sachlicher arbeitsmäßiger Vorgesetzter der ausführenden Kräfte		fallweise	
			teilweise	
A	Ausführungsfunktion		fallweise	
			(teilweise)	
K_1	Überwachung der Erledigung durch die ausführenden Kräfte		fallweise	
			teilweise	
K_2	Nachprüfung des Ergebnisses der geleisteten Arbeit		fallweise	
			teilweise	
V_1	Raterteilung zur zweckmäßigen Erledigung der Arbeit		(fallweise)	
			(teilweise)	
V_2	Kenntnisnahme von der Erledigung der zu leistenden Arbeit		fallweise	
			teilweise	

*) Jordt, A., Gscheidle, K., a.a.O., Lehrbrief Nr. 4, S. 13

Aus den bisherigen Darlegungen wird ersichtlich, daß im Funktionendiagramm Aufgabengliederungsplan und Organigramm darstellungstechnisch zu einer Einheit zusammengefaßt werden. Der Informationshalt wird aber durch die Berücksichtigung der Funktionen/Teilfunktionen erheblich erhöht. Im Vergleich zur Stellenbeschreibung erfaßt das Funktionendiagramm ebenfalls das Aufgaben- und Instanzenbild einer Stelle, aber mit einer erhöhten Transparenz in bezug auf den Aufgabengliederungsplan und die hierarchischen Beziehungen des Gesamtunternehmens bzw. eines Unternehmensbereiches.

Die Vor- und Nachteile, die sich bei der Verwendung von Funktionendiagrammen zur Dokumentation des Istzustandes als auch einer vom Organisator erarbeiteten Sollkonzeption ergeben, werden im folgenden zusammengefaßt.

Vorteile der Funktionendiagramme:

- Sichtbarmachung der sich aus der Verteilung der Aufgaben und Funktionen ergebenden Kompetenzabgrenzung und Koordination[181]
- Verdichtung einer Vielzahl von Informationen in einer schaubildlichen Darstellung
- Hinweis auf im Istzustand unzureichende bzw. fehlerhafte organisatorische Regelungen in bezug auf die Gebildestruktur (Kompetenz-, Aufgabenüberschneidungen, fehlende Anordnungsbefugnisse) und im Hinblick auf die Aufgabenerfüllung (unzureichende Informationsrechte und -pflichten usw.)

181 vgl. Schwarz, H., a.a.O., S. 246

Abb. 32: Piktographische Zeichen nach Kosiol *)

I. Leitungstechnische Funktionen

1. Die Vertretungs- und Willensmacht (Instanz) i.d.R. mit folgenden Kompetenzen verbunden:

2. Beaufsichtigungskompetenz, falls davon getrennt, gekennzeichnet durch:

3. Entscheidungskompetenzen (Entscheidung auf vorgelegte Fragen), falls diese getrennt oder besonders hervorzuheben ist, gekennzeichnet durch:

4. Initiativkompetenz, falls davon getrennt, gekennzeichnet durch:

II. Arbeitstechnische Funktionen

a) Verrichtungstechnische, und zwar:

direkte:

5. Eigentliche Sachbearbeitung

6. Bearbeitung schwieriger Fälle, falls davon getrennt, gekennzeichnet durch:

7. Erledigung von Hilfsarbeiten, falls davon getrennt, gekennzeichnet durch:

indirekte:

8. Raterteilung auf Befragung seitens des Sachbearbeiters:

9. Pflicht der Hilfeleistung auf Wunsch des Sachbearbeiters:

10. Regelmäßige Kenntnisnahme von der Erledigung der Aufgabe (m.d. Verpflichtung d. Sachb. zur Inkenntnissetzung):

11. Fallweise Kenntnisnahme

b) Kontrolltechnische Funktionen, und zwar:

12. Vollinhaltliche Kontrolle ausübend:

13. Inhaltliche Teilkontrolle ausübend:

Die Zeichen können kombiniert werden, z.B. Kenntnisnahme und Teilkontrolle

*) Kosiol, E., a.a.O., S. 96

Abb. 33: Piktographische Zeichen nach Schmidt *)

Initiativrecht oder -pflicht (Anregung, Verbesserungsvorschlag, Hinweis).

Entscheidungsvorbereitung (Informationssammlung, Sammlung von Alternativen, Bewertung von Alternativen).

Entscheidung (Auswahl einer Alternative, die als verbindlich erklärt wird).

Es ist als merktechnische Hilfsstellung zu beachten: der Balken wandert dem Entscheidungsprozeß folgend von oben nach unten.

Anordnung (immer notwendig, wenn Entscheidung und Ausführung auseinanderfallen, also Fremdentscheidungen vorliegen).

Merktechnisch: Stilisiertes A = Anordnung

Gesamtzuständigkeit ohne Ausführung (um die Darstellung transparent zu halten, wird nur ein Symbol verwandt, wenn die ersten vier Teilverrichtungen alle gemeinsam bei einem Stelleninhaber liegen).

Ausführung (nach eigener Entscheidung oder auf eine Anordnung hin).

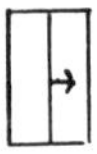
Informationspflicht (Pflicht, aufgabenbezogene Informationen zu übermitteln, die empfangende Stelle kann durch einen Buchstaben kenntlich gemacht werden, der die Spalte kennzeichnet, in der der Empfänger eingetragen ist).

Informationsrecht

Mnemotechnisch bildet die Senkrechte ein stilisiertes I = Information, der Pfeil weist auf die Informationsrichtung hin.

Überwachung der ausführenden Kräfte während der Aufgabenerledigung.

Prüfung der Ergebnisse der Aufgabenerledigung.

*) Schmidt, G., Organisation . . . , a.a.O., S. 157

- Die Erstellung der Funktionendiagramme erfordert einen geringeren Zeitaufwand als die Erarbeitung von Stellenbeschreibungen
- geringerer Aufwand für den Änderungsdienst

Nachteile der Funktionendiagramme:

- Unübersichtlichkeit bei einer großen Anzahl von Symbolen und sehr weit aufgefächerter Aufgaben- und Stellenhierarchie[182]
- Detailangaben führen zu Schwierigkeiten und Zweifelsfällen[183]
- eindeutige Definition und Abgrenzung der Funktionen nicht immer möglich oder mit erheblichen Schwierigkeiten verbunden[184]
- infolge der verwandten speziellen Zeichensprache und Begriffe nur als Instrument für den Organisator von Wert, nicht hingegen als Arbeitsunterlage für den Mitarbeiter (im Gegensatz zur Stellenbeschreibung)[185]
- keine vollständige Beschreibung der Stellenaufgabe durch eine Addition der aufgeführten Funktionsarten möglich[186]
- Mehrfachunterstellungen (z.B. im Falle der Matrixorganisation, des Produkt-Management) können nicht abgebildet werden[187]

Diese vorstehend genannten Nachteile[188] haben in der Praxis wohl dazu geführt, daß sich nur eine geringe Anzahl von Unternehmen und relativ wenige Organisatoren des Funktionendiagramms als Dokumentationsmittel bedienen.[189]

Kontrollfragen zu den Abschnitten 423 und 424

1. Welche organisatorischen Regelungen können in Form von Organigrammen dargestellt werden?
2. Welche unterschiedlichen Arten von Organigrammen können unterschieden werden?
3. Welche Kriterien sind bei der Entscheidung über die Art der graphischen Darstellung der Gebildestruktur zu berücksichtigen?
4. Worin besteht der Unterschied zwischen Organigramm und Funktionendiagramm?
5. Was versteht man unter einer Funktion?

---

182 vgl. Lochstampfer, P., a.a.O., S. 178
183 vgl. Acker, H.B., Organisation . . . , a.a.O., S. 57
184 vgl. Schwarz, H., a.a.O., S. 247
185 vgl. ebenda, S. 249
186 vgl. Knebel, H., Schneider, H., a.a.O., S. 47
187 vgl. ebenda, S. 47
188 Auftreten und Gewicht dieser Nachteile hängen von den jeweiligen Gegebenheiten des zu erfassenden betrieblichen Systems/Teilsystems ab (u.a. Größe des Systems, Grad der Aufgabenteilung und -differenzierung, Struktur der Stellenhierarchie).
189 Gegenteilige Ergebnisse empirischer Untersuchungen über den Einsatz der Funktionsdiagramme in der Organisationspraxis liegen z.Zt. noch nicht vor.

6. Welche Teilfunktionen sollten bei dem Einsatz von Funktionendiagrammen mindestens unterschieden werden?
7. Wie ist die Verwendung piktographischer Zeichen in Funktionendiagrammen zu beurteilen?
8. Welche organisatorischen Schwachstellen des Istzustandes können aufgrund eines Funktionendiagrammes erkannt werden?
9. Welche Vor- und Nachteile können bei dem Einsatz von Funktionendiagrammen festgestellt werden?
10. Begründen Sie die Feststellung, daß Organigramme in der Praxis wesentlich häufiger eingesetzt werden als Funktionendiagramme!

Literatur zur Vertiefung:

Dressler, W., Keßler, A., Köhler, H.-D., Widmann, U., Funktionendiagramme oder Stellenbeschreibungen? Eine vergleichende Analyse der Ziele und Anwendungsmöglichkeiten, in: ZfO, 44. Jg. 1975, S. 191 ff.

Hanfland, U., Zwei Wege, ein Ziel, in: Büro und EDV, München, Oktober 1975

Jope, R., Die Funktionenbeschreibung als Vorstufe zur Stellenbeschreibung, in: BTO, 1/1970, S. 38 ff.

Menzel, A., Nauer, E., Das Funktionendiagramm, ein flexibles Organisations- und Führungsmittel, Bonn 1972

Nordsiek, F., Betriebsorganisation, Lehre und Technik, Text- und Tafelband, Stuttgart 1961

derselbe, Die schaubildliche Erfassung und Untersuchung der Betriebsorganisation, 6. Aufl., Stuttgart 1962

Schmidt, G., Funktionendiagramme – das Ende der Stellenbeschreibung, in: Organisationspraxis/Bürotechnik, Heft 7, Baden-Baden 1974

Ulrich, H., Staerkle, R., Verbesserung der Organisationsstruktur von Unternehmungen, 2. Aufl., Bonn 1962

425 Darstellung der Kommunikationsbeziehungen

Die Kommunikation umfaßt den Austausch von Informationen zwischen den Elementen eines Systems (zwischen Mitarbeitern, zwischen Mitarbeitern und Sachmitteln, zwischen den Sachmitteln eines Unternehmens) bzw. zwischen Systemen (Unternehmen – Umwelt), die Informationen aufnehmen, speichern und umformen können. Anwendungsorientiert betrachtet kann unter betriebswirtschaftlichem Aspekt die Information als das Wissen verstanden werden, das ein Mitarbeiter des soziotechnischen Systems Unternehmung besitzen muß, um seine Aufgaben sachgerecht erfüllen und sich systemgerecht verhalten zu können.[190] Redundant sind solche Informationen, die weder das Wissen des Empfängers erhöhen noch die Ungewißheit vermindern. Redundanzen schützen aber die Kommunikation gegen Störungen und lassen oftmals eine Rekonstruktion von gestörten und veränderten Informationen zu.

Bei den Kommunikationsbeziehungen unterscheidet man zwischen wissentlicher und veranlassender Kommunikation.[191] Bei der wissentlichen Kommunikation wird

---

190 vgl. Dreger, W., Management-Informationssystem, Systemanalyse und Führungsprozeß, Wiesbaden 1973, S. 55

191 vgl. Handlexikon Organisation, a.a.O., S. 55 f.

durch Unterrichtung und Beratung ein Aufgabenträger in die Lage versetzt, Entscheidungen zu treffen. Hingegen wird bei der veranlassenden Kommunikationsbeziehung im Wege der Anordnung und Vereinbarung der Aufgabenträger zur Erledigung von Realisationsaufgaben (Ausführungsaufgaben) befähigt.

Die Kommunikationsbeziehungen, die in einer Organisationsuntersuchung erfaßt werden, können durch folgende Kriterien charakterisiert werden:

- Informationen abgebende Organisationseinheit (Sender)
- Informationen empfangende Organisationseinheit (Empfänger)
- Kommunikationswege } sind nur im Zusammenhang mit der Kommunikationsart von Bedeutung
- Länge der Kommunikationswege }
- Art der Kommunikation (persönliche, schriftliche, fernmündliche, bildliche)
- Kommunikationsmittel (in Abhängigkeit von der Kommunikationsart) und ihre technischen Gegebenheiten (Kapazität, Schnelligkeit, Sicherheit)
- Häufigkeit der Kommunikation je Kommunikationsart
- Dauer je Interaktion und Kommunikation.

Im Rahmen einer Organisationsuntersuchung sind die betrieblichen Kommunikationsbeziehungen entsprechend den vorstehenden Kriterien zu erfassen und zu dokumentieren.

Zur Erfassung der betrieblichen Kommunikationsbeziehungen können die im Abschnitt drei dargelegten Erhebungstechniken – Befragung, Beobachtung, Selbstaufschreibung, Messen und Zählen sowie die Dokumentenanalyse – eingesetzt werden. Entsprechend der zu erfassenden Kommunikationsart weisen sie jedoch einen unterschiedlichen Grad der Eignung auf.

Befragung

Die Befragung in schriftlicher oder mündlicher Form ist im Hinblick auf die Erfassung der Kommunikationsbeziehungen wenig geeignet, da vom Befragten nur geschätzte Größen angegeben werden, die Kommunikationsanalyse aber auf genauen quantitativen Werten (Zeiten und Mengen) basieren muß. Zudem wirken sich die subjektiven Gewichtungen der einzelnen Kommunikationsarten durch den Befragten stark aus und lassen daher die Gewinnung der tatsächlichen Kommunikationsbeziehungen nicht zu. Hingegen kann der Organisator im Rahmen der Befragung durch entsprechende Fragestellungen Hinweise auf die im Untersuchungsbereich wesentlichen Kommunikationsbeziehungen im Hinblick auf Art, beteiligte Organisationseinheiten, Dauer und eingesetzte Kommunikationsmittel erhalten, die einen gezielten Einsatz geeigneter Erhebungstechniken ermöglichen.

Beobachtung

Die direkte Beobachtung in Form des Multimomentverfahrens ist besonders geeignet, Kommunikationsart, -häufigkeit und -dauer zu erfassen.

Selbstaufschreibung

Die Selbstaufschreibung ist die Erhebungstechnik, die zur Erfassung der Kommunikationsbeziehungen in erster Linie eingesetzt wird. Neben den Tätigkeitsaufzeichnungen, in denen je Arbeitsplatz u.a. auch die Kommunikationsbeziehungen erfaßt werden[192], werden hier besonders entsprechend vorbereitete Formulare in Form

192 vgl. Acker, H.B., Organisationsanalyse . . . , a.a.O., S. 58

von Strichlisten eingesetzt. Durch einfaches Anstreichen können Sender, Empfänger, Kommunikationsmittel, Informationsinhalt und Dauer erfaßt werden. Voraussetzung ist aber, daß dem Organisator bereits grundsätzliche Kenntnisse über die Kommunikationsbeziehungen des Untersuchungsbereiches zur Verfügung stehen. Diese Kenntnisse können im Rahmen der Befragung als auch im Wege der Beobachtung gewonnen werden.

Bei der Selbstaufschreibung ist ein Erfassungszeitraum zu wählen, der als repräsentativ angesehen werden kann. In der Praxis hat sich die Dauer eines Monats als geeignet erwiesen; aperiodisch anfallende Kommunikationsbeziehungen z.B. am Ende des Geschäftsjahres, zu Beginn einer Saison, müssen gesondert erfaßt werden.

Messen und Zählen

Eine automatische Erfassung der Kommunikationsbeziehungen ist beim Einsatz der Kommunikationsmittel Telefon, Telex, Rohrpost und Bildschirm durch Meß- und Registriergeräte (Verkehrsgrößenabtastgeräte) möglich.[193]

Dokumentenanalyse

Zur Erfassung der schriftlichen Kommunikation eignet sich besonders die Dokumentenanalyse. Durch sie können genaue Angaben über Sender, Empfänger, Inhalt und bei einem entsprechend großen Erfassungszeitraum über Mengen und Häufigkeiten gewonnen werden.

Die Zielsetzung der Organisationsuntersuchung bestimmt den Umfang der zu erfassenden Kommunikationsbeziehungen. „Die Kommunikationsanalyse beschränkt sich bei Strukturuntersuchungen meist auf die Kontakte, die mit Leitungstätigkeiten in Verbindung stehen, die also nicht im normalen Geschäftsablauf auftreten. ... In anderen Fällen – z.B. bei Untersuchungen in Verbindung mit der Planung von Räumen und Gebäuden – müssen dagegen alle Kommunikationen untersucht werden. Der Zeitaufwand für Außenkontakte wird bei der Strukturuntersuchung ebenfalls außer acht gelassen“.[194]

Es gibt eine Vielzahl von Techniken, mit deren Hilfe die erfaßten Kommunikationsbeziehungen dargestellt werden können;

- Kommunikationstabellen (Sammelbogen für die Kommunikationsanalyse, Strichlisten)
- Kommunikationsdiagrammen (Dreiecks-, Kreisform, letztere auch als Kommunikationsspinne bezeichnet)
- Kommunikationsmatrix
- Kommunikationsnetz

Keine dieser Techniken ist aber in der Lage, gleichzeitig alle Kriterien der Kommunikationsbeziehungen darzustellen.

Da die genannten Darstellungstechniken in den unterschiedlichsten Variationen Verwendung finden, können im folgenden nur die wichtigsten Erscheinungsformen dargestellt werden.

193 vgl. Steinbuch, P.A., a.a.O., S. 266
194 Acker, H.B., Organisationsanalyse ..., a.a.O., S. 58; vgl. Müller-Pleuss, J.H., a.a.O., S. 62

Kommunikationstabellen

Die Kommunikationstabellen stellen eine Weiterentwicklung des von Acker verwendeten „Sammelbogen für Kommunikationsanalyse“[195] dar. Sie dienen der auszugsweisen Darstellung der Kommunikationsbeziehungen einzelner Organisationseinheiten (Stellen, Abteilungen) und beinhalten folgende Kriterien: Sender, Empfänger, Informationsart, Dauer, Häufigkeit und Kommunikationsart.

Abb. 34: Kommunikationstabelle[196]

Kommunikationsbeziehungen der Abteilung Verkauf

t = Min./Monat Øt = durchschnittlicher Zeitaufwand pro Kommunikationsart
H = Häufigkeit/Monat Σ = Summe

Kommunikationspartner / Kommunikationsart		intern				extern				Gesamt
	Stelle A	Stelle B	Stelle C	Stelle D	Σ	Unternehmen A	Unternehmen B	Unternehmen C	Σ	
	H Øt Σt	H Øt Σt	H Øt Σt	H Øt Σt	H Øt	H Øt Σt	H Øt Σt	H Øt Σt	H Øt	H Øt
persönlich bei	8 40									
persönlich von	10 60									
schriftlich an	100 6000									
schriftlich von	200 4000									
telefonisch bei	80 400									
telefonisch von	120 1200									
Summe	518 11700									

In die Felder der Matrix werden jeweils 3 Eintragungen vorgenommen, die Häufigkeit der Kommunikationsaufnahme (H), die Ø Dauer der Interaktion in Minuten (Øt) und die Gesamtdauer (Σt) während des Erhebungszeitraumes. Die Summenfelder je Zeile und Spalte erlauben eine Verdichtung des Zahlenmaterials und zugleich eine rechnerische Kontrolle des gesamten in der Tabelle zusammengefaßten Zahlenmaterials.

Anstelle der Kommunikationsart kann in die Tabelle auch die Informationsart z.B. Termin, Koordination, Lieferbedingungen aufgenommen bzw. durch eine Tabelle dieses Inhalts ergänzt werden.

195 vgl. Acker, H.B., Organisationsanalysen . . . , a.a.O., S. 59
196 vgl. die Kommunikationstabellen bei Acker, H.B., Organisationsanalyse . . . , a.a.O., S. 59; Schmidt, G., a.a.O., S. 156; Müller-Pleuss, J.H., a.a.O., S. 63, 111

Kommunikationsdiagramm

Im Gegensatz zur Kommunikationstabelle werden in den Kommunikationsdiagrammen die gesamten Kommunikationsbeziehungen des Untersuchungsbereiches dargestellt. Es können die Kriterien Dauer und/oder Häufigkeit dokumentiert werden. Zu unterscheiden sind Kreis- und Dreiecksform.

Abb. 35: Kommunikationsdiagramme „Dreiecksform"[197]

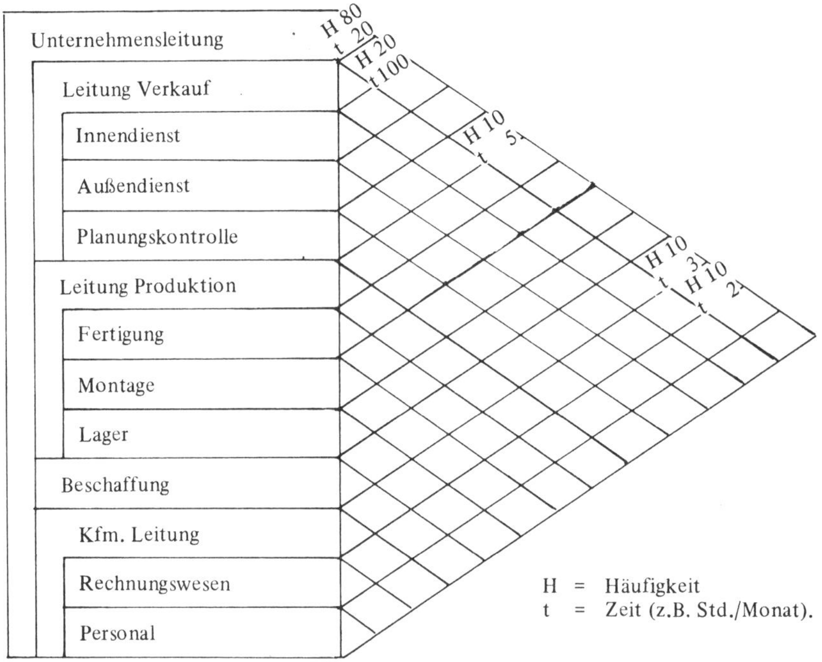

Die vorstehende Dreiecksform stellt ein um die Kommunikationsbeziehungen erweitertes modifiziertes Blockdiagramm (Organigramm) dar. In die Dreiecke jeder Zeile werden die Gesamtdauer und die Gesamthäufigkeit der Kommunikationsbeziehungen je Organisationseinheit eingetragen, in die rautenförmigen Felder die entsprechenden Werte, bezogen auf die jeweiligen Kommunikationspartner. Zusätzlich zur Dauer und Häufigkeit können noch die Kommunikationsrichtungen in Form von Pfeilen eingetragen werden. Doch leidet hierunter dann die Klarheit der Darstellung.

Bei der Kreisform, auch Kommunikationsspinne genannt, werden die interne Kommunikationshäufigkeit oder die Dauer in Form von Verbindungslinien zwischen den Organisationseinheiten, dargestellt in Form von Ringsegmenten (vgl. Organigramm in Form von Ringsegmenten), abgebildet. Die Stärke der Verbindungslinien stellt einen Maßstab für die jeweiligen Werte dar. Die externe Kommunikation kann durch Pfeile außerhalb des Kreises ausgewiesen werden.

197 vgl. die Dreiecksformen bei Acker, H.B., Organisationsanalyse, a.a.O., S. 60; Schmidt, G., a.a.O., S. 167; Müller-Pleuss, J.H., a.a.O., S. 112

Abb. 36: Kommunikationsdiagramm „Kreisform“[198]

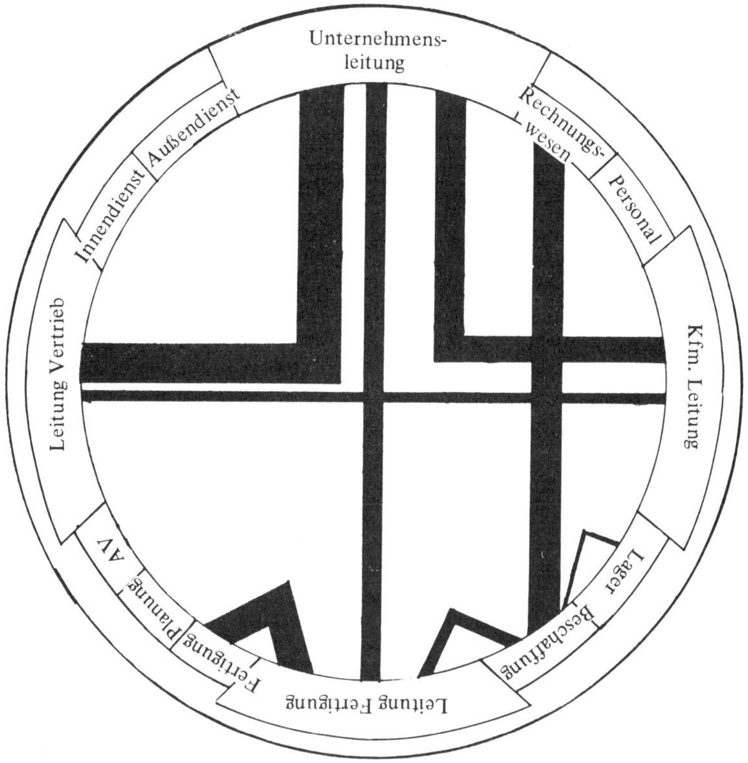

Legende:

———	1 – 5 Std./Monat
▬	6 – 10 Std./Monat
■	11 – 15 Std./Monat
█	16 – 20 Std./Monat

Bei dieser Darstellung in Kreisform stehen die Gesichtspunkte, leichte Verständlichkeit und grobe Relationen transparent zu veranschaulichen, im Vordergrund. Aber bei einer großen Anzahl von miteinander kommunizierenden Organisationseinheiten und vielfältigen Kommunikationsbeziehungen ist diese Zielsetzung schon nicht mehr erreichbar.

Kommunikationsmatrix

Bei der Darstellung der Kommunikationsbeziehungen in Form von Matrizen sind grundsätzlich zwei unterschiedliche Zielrichtungen und damit auch unterschiedliche Darstellungsformen zu unterscheiden. Zum einen werden Häufigkeit und/oder Dauer

198 vgl. die Kreisform bei Acker, H.B., Organisationsanalyse . . . , a.a.O., S. 62; Schmidt, G., a.a.O., S. 168; Steinbuch, P.A., a.a.O., S. 268

der Kommunikation zwischen den Kommunikationspartnern in Form einer Matrix dargestellt, wobei in der Horizontalen die sendenden und in der Vertikalen die empfangenden Organisationseinheiten angeordnet werden. Hierdurch können gegenüber den anderen Darstellungsformen die gesamten Kommunikationsrichtungen relativ leicht ausgewiesen werden.[199]

Abb. 37: Kommunikationsmatrix

Sender / Empfänger	Unternehmensleitung H	t	Verkauf H	t	Fertigung H	t	Beschaffung H	t	Verwaltung H	t
Unternehmensleitung	–		10	3	30	15	20	10	10	5
Verkauf	50	30	–		100	50	10	3	60	25
Fertigung	30	20	120	40	–		200	50	30	10
Beschaffung	40	25	5	1	300	25	–		20	5
Verwaltung	15	10	30	10	60	15	15	3	–	

H = Häufigkeit, t = Zeit (z.B. Std./Monat)

Zum anderen werden die formalen Kommunikationsbeziehungen im Sinne eines organisierten Informationstausches in der speziellen Form einer Matrix dargestellt, um über Strukturparameter (Kennzahlen) Anstöße für weitere organisatorische Fragestellungen zu gewinnen.[200] Für die Gewinnung dieser Strukturparameter werden die direkten Kommunikationen zwischen Organisationseinheiten in der Matrix mit einer 1 gekennzeichnet, das Fehlen solcher mit einer Null.

Abb. 38: Kommunikationsmatrix

	X1	X2	X3	X4	X5	X6
X1	0	1	0	0	1	1
X2	1	0	1	1	0	1
X3	1	1	0	1	0	1
X4	0	1	0	0	1	0
X5	1	0	1	1	0	1
X6	0	0	1	0	1	0

Diese Kommunikationsmatrix wird mit Hilfe eines besonderen Algorithmus in eine Entfernungsmatrix überführt. Aus dieser Entfernungsmatrix können neben dem „kürzesten Weg" zwischen zwei Punkten des Kommunikationsnetzes folgende Strukturparameter abgeleitet werden:

- Dispersion gleich Summe aller Entfernungen innerhalb des Modells als Maß für die „Kompaktheit",

199 vgl. die Darstellung bei Schmidt, G., a.a.O., S. 169; Steinbuch, P., a.a.O., S. 267
200 Zu diesen Ausführungen vgl. Blohm, H., Organisation . . . , a.a.O., S. 178 ff. und die dort angegebene Literatur.

- Diameter gleich größte Entfernung innerhalb des Modells,
- Existenz eines Zentrums gleich Existenz eines Punktes, dessen größte Entfernung zu allen anderen Punkten ein Minimum ist,
- Radius gleich größte Entfernung vom Zentrum zu irgendeinem anderen Punkt des Modells,
- Zahl von Zerlegungspunkten gleich Zahl solcher Punkte, bei deren Wegnahme das Modell in mehrere Teile zerfällt.

Diese Strukturparameter können gewisse organisatorische Fragestellungen qualitativer Art induzieren wie z.B.: Liegt der Diameter der Entfernungsmatrix auch dort, wo die geringste Kommunikationsnotwendigkeit im Hinblick auf die Aufgabenstellung besteht? Wenn diese Frage verneint werden muß, so ist zu untersuchen, ob sich hier nicht informelle Kommunikationsbeziehungen gebildet haben.

Während die erste Form der Kommunikationsmatrix durchaus mit den anderen Darstellungsformen vergleichbar ist (Kommunikationstabellen, Kommunikationsdiagramme in Form von Dreiecken oder Kreisen), handelt es sich bei der zweiten Form um eine modellartige Abstraktion der tatsächlichen Kommunikationsbeziehungen. Der Aussage, „der Weg, um mit Hilfe von Kommunikationsmatrizen zu objektiven, nachvollziehbaren Aussagen zu gelangen, ist noch weit“[201], ist daher voll zuzustimmen.

Kommunikationsnetzwerke

In der Darstellungsform der Kommunikationsnetzwerke können Häufigkeiten, Mengen, Richtungen der Kommunikation sowie die Länge der Informationswege dargestellt werden. In Anlehnung an die Netzplantechnik werden die Organisationseinheiten als Kreise (Knoten) dargestellt, die Kommunikationsdauer oder Häufigkeit sowie die Informationsrichtung in Form von Pfeilen, wobei die Stärke der Pfeile ein Maßstab für die Häufigkeit oder die Dauer der Kommunikation ist. Die Länge der Informationswege kann ergänzend angegeben werden.

Abb. 39: Kommunikationsnetzwerk

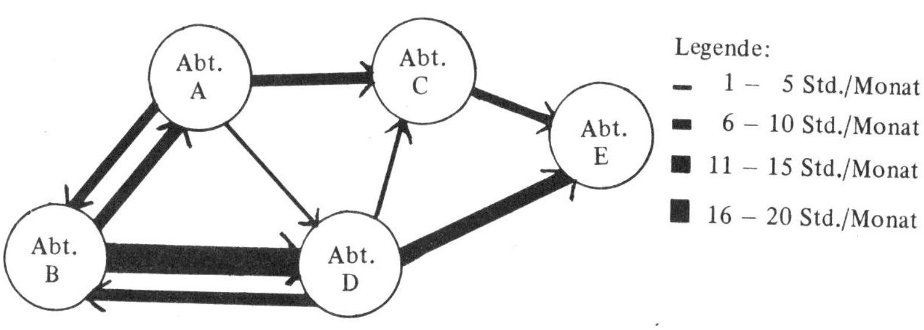

Der Vorteil dieser Darstellungsform gegenüber der Kreisform besteht besonders darin, daß die Knoten so gelegt werden können, daß die Verbindungslinien gerade und ohne eine große Anzahl von Überschneidungen gezeichnet werden können.

201 vgl. Blohm, H., Organisation . . . , a.a.O., S. 183

Betrachtet man die vorstehend dargelegten Dokumentationstechniken im Hinblick auf ihre Praxisrelevanz, so ist folgendes festzustellen: In erster Linie finden die Kommunikationstabellen Verwendung, da sie für die organisatorische Arbeit die höchste Aussagekraft besitzen. Durch ihre schrittweise Verdichtung – Zusammenfassung der Stellen zu Abteilungen, der Abteilungen zu Bereichen usw. – lassen sich zudem auch die gesamten Kommunikationsbeziehungen des Untersuchungsbereiches in aussagefähiger Form darstellen. Von den übrigen Darstellungsformen findet das Kommunikationsdiagramm in Kreisform vor allen Dingen bei der Präsentation der Untersuchungsergebnisse Verwendung, da hier dem Nicht-Organisator in klarer und übersichtlicher Form die groben Relationen der Kommunikationsbeziehungen transparent dargelegt werden können.

Kontrollfragen zu Abschnitt 425

1. Welche Kriterien kennzeichnen die Kommunikationsbeziehungen in einer Unternehmung?
2. Mit welcher Erhebungstechnik können die Kommunikationsbeziehungen des Istzustandes am besten erfaßt werden?
3. Worin unterscheiden sich die Kommunikationstabellen von dem Kommunikationsdiagramm, der Kommunikationsmatrix und dem Kommunikationsnetzwerk?
4. Welchen Beitrag können die aus der Kommunikationsmatrix abgeleiteten Strukturparameter für die praktische Organisationsarbeit leisten?
5. Wie ist die Praxisrelevanz der unterschiedlichen Dokumentationstechniken im Rahmen der Kommunikationsanalyse zu beurteilen?

Literatur zur Vertiefung:

Acker, H.B., Organisationsanalyse, 8. Aufl., Baden-Baden und Bad Homburg vor der Höhe 1975, S. 58 ff.
Bartram, P., Die innerbetriebliche Kommunikation, Berlin 1969
Bössmann, E., Die ökonomische Analyse von Kommunikationsbeziehungen in Organisationen, Berlin/Heidelberg/New York 1967
Frese, E., Aufbauorganisation, Gießen 1976, S. 92 ff.
Grochla, E., Unternehmensorganisation, Reinbek bei Hamburg 1972, S. 76 ff.
Schmidt, G., Organisation, Methode und Technik, 2. Aufl., Gießen 1975, S. 162 ff.

426 Verzeichnisse

Verzeichnisse können ebenfalls als Hilfsmittel zur Darstellung der Gebildestruktur verwandt werden. Da sie in den vielfältigsten Formen auftreten, seien hier nur einige beispielhaft aufgeführt.

- Verzeichnis der Gremien:
  In diesem Verzeichnis werden Organisationseinheiten wie ständige Ausschüsse, Kommissionen, Konferenzen, Komitees, Arbeitsgruppen usw. aufgeführt. Für die jeweilige Organisationseinheit sollte dieses Verzeichnis folgende Angaben beinhalten: Aufgaben, Entscheidungsbefugnisse, Mitglieder, Vorsitzender, Termine der

Zusammenkunft, Geschäftsordnung, Zeitpunkt der Bildung der Organisationseinheit,

- Verzeichnis der Beschäftigten und der Lohn/Gehaltssummen für alle Stellen, verdichtet über Abteilungen zu Bereichen,
- Verzeichnisse der Personen mit Leitungsbefugnissen: dieses Verzeichnis sollte folgende Angaben beinhalten: Name, Abteilung, Stelle, Umfang der Leitungsbefugnisse, evtl. auch Alter und Betriebszugehörigkeit.

Die in diesen Verzeichnissen aufgeführten Informationen werden zwar in den übrigen Darstellungstechniken (Organigramm, Stellenbeschreibung, Funktionendiagramm) im einzelnen bereits erfaßt, in den vorstehenden Verzeichnissen aber unter einem gemeinsamen Kriterium zusammengefaßt. Durch diese Zusammenfassung erhalten die sonst nur verstreut dargestellten Informationen ein besonderes Gewicht und lassen damit u.a. auch Hinweise auf aufbauorganisatorische Schwachstellen zu.

43 Darstellung der informalen Organisation

Sowohl die Organisationstheorie als auch die praktische Organisationsarbeit können sich nicht darauf beschränken, effiziente Soll-Strukturen (Ordnungsschemata) allein unter dem sachlichen Aspekt der Zweck-Mittel-Beziehung zu konstruieren und dabei den Menschen und sein reales Verhalten unberücksichtigt zu lassen. Zwar stehen im Vordergrund der Überlegungen Ablauf und Wirkungsgrad des betrieblichen Handlungssystems in Abhängigkeit von der Gebilde- und Prozeßstruktur, aber der Mensch und sein Verhalten sind dennoch von großer Bedeutung. „Doch geht es . . . nicht um die Erklärung der menschlichen Verhaltensphänomene als solcher schlechthin, sondern um die Feststellung faktischer (empirisch gültiger) Gesetzmäßigkeiten über die Wirkungsweise der organisatorischen Struktur auf die Aufgabenerfüllung. Das menschliche Verhalten wird dabei miterfaßt, und zwar in seinen Auswirkungen, d.h. also als Verhaltensresultat. Die soziologischen und psychologischen Phänomene bzw. Erkenntnisse werden so in die Rolle erklärungsrelevanter Randbedingungen gedrängt, was auf keinen Fall bedeutet, daß man sie nicht erkennen und berücksichtigen müßte."[202]

Darüber hinaus ist zu beachten, daß in der Realität eine reine Soll-Struktur nicht auffindbar ist, sondern lediglich ein betriebliches Handlungssystem als Resultat aus konzipierter Soll-Struktur und realem menschlichen Verhalten. „Die tatsächliche Organisationsstruktur ist somit das je bestehende Gefüge von Wechselbeziehungen. Sie ist das Ergebnis sowohl der offiziellen als auch der inoffiziellnen Strukturen."[203]

Somit sind die informalen Erscheinungen nicht als Ergänzung der formalen Betriebsorganisation zu sehen, sondern es ist das Aufeinandertreffen dieser Elemente unter dem Aspekt einer gegenseitigen Wechselwirkung zu betrachten.[204]

202 Wild, J., Neuere Organisationsforschung in betriebswirtschaftlicher Sicht, Berlin 1967, S. 16; vgl. Krüsselberg, H.G., Organisationstheorie, Theorie der Unternehmung und Oligopol, Berlin 1965, S. 31; Hoffmann, F., Entwicklung der Organisationsforschung, Wiesbaden 1973, S. 37

203 Hall, R.H., Die dimensionale Natur bürokratischer Strukturen, in: Bürokratische Organisation, hrsg. von Mayntz, R., Köln-Berlin 1968, S. 81; Rühli versteht dagegen unter der informalen Organisation die tatsächlich vorhandenen Verhältnisse, vgl. Rühli, E., Unternehmensführung und Unternehmenspolitik, Bd. 1, Bern und Stuttgart 1973, S. 108

204 vgl. Miller, D.C.; Form, W.H., Unternehmung, Betrieb und Umwelt (Industrial Sociology), deutsche Übertragung von Specht, K.G., in: Der Mensch im Betrieb, hrsg. von Gasser, Ch., Hax, K., Bd. 5, Köln und Opladen 1957, S. 126

431 Inhalt der informalen Organisation und ihre Erfaßbarkeit

In der Literatur werden die informalen Erscheinungen[205] – darunter sollen die menschlichen Verhaltensphänomene subsumiert werden, die nicht durch betrieblich-organisatorische Regelungen bestimmt sind – häufig unter den Begriffen „informelle" bzw. „informale" Organisation zusammengefaßt[206] und dabei z.T. nur einseitig als System „informaler Gruppen" gesehen.[207] Dieser Begriff will als nicht zutreffend erscheinen, da die Organisation als formal geplanter Komplex anzusehen ist, die informalen Erscheinungen hingegen nicht formalisierbar und planbar sind, sondern aus spontanen Entschlüssen der Mitarbeiter des Betriebes entstehen.[208]

Deshalb wird in den weiteren Ausführungen der Begriff „informale Erscheinungen" verwendet. Zunächst soll dargestellt werden, welche Phänomene den „informalen Erscheinungen" zugerechnet werden.

Informale Gruppen

Eine Gruppe umfaßt „eine Reihe von Personen, die in einer bestimmten Zeitspanne häufig miteinander Umgang haben", deren Anzahl derart begrenzt ist, daß die Personen direkt zueinander in Verbindung treten können (face-to-face-relation).[209] Die informalen Gruppen im Betrieb sind zusätzlich dadurch gekennzeichnet, daß ihre Beziehungen formalorganisatorisch nicht geplant sind. Sie bilden sich aufgrund gegenseitiger Sympathien der Mitarbeiter, gemeinsamer sozialer Faktoren wie Alter, Geschlecht, Beruf, Herkunft u.ä. oder gleicher Interessen, die häufig mit dem betrieblichen Geschehen in keinem Zusammenhang stehen. Auch Mitarbeiter formal gebildeter betrieblicher Aktionseinheiten (Arbeitsgruppe, Team, Stelle, Abteilung) neigen dazu, informale Gruppen zu bilden, wobei der räumliche Aspekt keinen unbedeutenden Einfluß ausübt. Die zur Bildung informaler Gruppen führenden unterschiedlichen Faktoren lassen erkennen, daß der einzelne Mitarbeiter durchaus mehreren informalen Gruppen angehören kann.

Ein weiteres Merkmal informaler Gruppen ist ihre Stabilität. Verfolgen sie einen bestimmten Zweck (z.B. betrieblicher Sportverein, Cliquen), so ist ihr Bestehen in der Regel dauerhafter und von den einzelnen Mitgliedern unabhängiger als dies bei loseren Verbindungen (Tischgemeinschaften, Plaudergruppen) der Fall ist.[210] Diese weniger stabilen informalen Gruppen werden aufgrund der im Betrieb begrenzten Möglichkeiten der Kontaktaufnahme überwiegen.

Informale Kommunikation

Die informale Kommunikation ist gekennzeichnet durch die Weitergabe von Informationen, die entweder durch die betriebliche Aufgabenerfüllung nicht bedingt sind

---

205 vgl. Grün, O., Informale Erscheinungen in der Betriebsorganisation, Berlin 1966, S. 21

206 vgl. u.a. König, R., Die informellen Gruppen im Industriebetrieb, in: Organisation, Bd. 1, TFB-Handbuchreihe, hrsg. von Schnaufer, E.; Agthe, K., Berlin und Baden-Baden 1961, S. 55 f.; Miller, D.C., Form, W.H., a.a.O.

207 vgl. Hill, W.; Fehlbaum, R., Ulrich, P., Organisationslehre, Bd. 2, Bern-Stuttgart 1974, S. 421

208 vgl. Dahrendorf, R., Sozialstruktur des Betriebes, Wiesbaden 1972; zu den Problemen, die sich aufgrund der Unterscheidung in formale Organisation und informale Gruppen ergeben, siehe Kruse, L., Gruppen und Gruppenzugehörigkeit, in: Handbuch der Psychologie, Bd. 7, Halbbd. 2, hrsg. von Graumann, C.F., Göttingen 1972, S. 1565 ff.; Irle, M., Verhalten in organisierten Gruppen, in: Handbuch der Psychologie, a.a.O., S. 1876 ff.

209 vgl. Homans, G.C., Theorie der sozialen Gruppe (The Human Group), deutsche Übersetzung von Gruner, R., 2. Aufl., Köln und Opladen 1970, S. 29

210 vgl. Mayntz, R., Die soziale Organisation des Industriebetriebs, Stuttgart 1969, S. 72 f.

(Gespräche persönlichen Inhalts oder über Ereignisse im Betrieb) oder aber formalen Gehalt besitzen, jedoch abweichend von den geplanten Kommunikationswegen weitergegeben werden. Darüber hinaus wird z.T. auch eine formale Kommunikation als informal bezeichnet, wenn dem Empfänger verzerrte Informationen übermittelt werden.[211] Hier wird aber übersehen, daß die formale Organisation Informationsverluste, -filterungen sowie Falschübermittlungen bei der Gestaltung des betrieblichen Kommunikations- und Informationssystems in Form von Kontrollen und anderen Regelungen berücksichtigt. Daher kann die Übermittlung verzerrter Informationen nicht der informalen Kommunikation zugerechnet werden.

Die Beschaffenheit der informalen Kommunikation wird von Fall zu Fall unterschiedlich sein, sie ist aber eng verknüpft mit der formalen Organisation.[212] Die enge Verknüpfung ist dadurch bedingt, daß für das Entstehen der informalen Kommunikation die formale Organisation Möglichkeiten der Kontaktaufnahme bieten muß. Mitglieder informaler Gruppen, die gleichzeitig mehreren Gruppen angehören, fördern in hohem Maße die informale Kommunikation.

Informale Normen

Informale Normen sind Verhaltenserwartungen, die die Einstellungen der Mitglieder informaler Gruppen wiedergeben.[213] Sie regulieren zum einen das Verhalten der Gruppenmitglieder zueinander (interne Normen), zum anderen das Verhalten gegenüber den formalen Regelungen (externe Normen)[214] bezüglich Leistung, Weitergabe von Informationen u.ä. Die internen Normen können den externen ganz oder partiell entsprechen, können aber auch von diesen vollkommen abweichen.

Die internen Normen regeln mithin den „gegenseitigen Anspruch auf Kameradschaftlichkeit, Hilfsbereitschaft und Solidarität".[215] Allerdings ist die Wirksamkeit dieser internen Normen abhängig von den Faktoren Rangstufe, formale Position und Status der Gruppenmitglieder.[216] Konflikte können dann leicht entstehen, wenn Mitarbeiter des Betriebes informalen Gruppen unterschiedlicher interner Normen angehören und die internen von den externen abweichen.

Sozialer Status

Jeder Betrieb besitzt ein individuelles Statussystem, das geprägt wird von allgemeinen gesellschaftlichen Wertvorstellungen (umweltbedingter Einfluß) und spezifisch innerbetrieblicher Faktoren. Formale Kriterien (Rangordnung und Einkommensstruktur des Betriebes) und informale Faktoren (Dauer der Betriebszugehörigkeit, Ausbildung, Beruf, soziale Herkunft) bestimmen den sozialen Status im Betrieb[217], der von allen informalen Erscheinungen am stärksten formal beeinflußt ist. Dieses findet seinen Ausdruck darin, daß der Betrieb das Statussystem nicht nur anerkennt, sondern durch betriebliche Maßnahmen begründet und erhält.[218] Darüber hinaus können Statusunterschiede auch durch rein informale Faktoren bedingt sein, die sich

---

211 vgl. Mayntz, R., a.a.O., S. 45 f.
212 vgl. Miller, D.C., Form, W.H., a.a.O., S. 124
213 vgl. Mayntz, R., a.a.O., S. 52
214 vgl. Miller, D.C., Form, W.H., a.a.O., S. 124
215 Lepsius, R.M., Strukturen und Wandlungen im Industriebetrieb, Industriesoziologische Forschung in Deutschland, hrsg. vom RKW, München 1960, S. 25
216 vgl. Mayntz, R., a.a.O., S. 55
217 vgl. derselbe, a.a.O., S. 49
218 vgl. Miller, D.C., Form, W.H., a.a.O., S. 162

in besonderen Vorrechten gegenüber Kollegen oder in erhöhter Respekterwartung ausdrücken.

Informaler Führer

Informale Führer sind solche Personen, die aufgrund subjektiver Tatbestände eine von der Gruppe anerkannte Autorität in bezug auf die betriebliche Leistungserstellung und/oder die persönlichen Beziehungen ausüben.[219] Entscheidend für die informale Führerschaft ist die Einhaltung der Gruppennorm sowie eine überdurchschnittliche Interaktion und Kommunikation zu den Gruppenmitgliedern.[220] Ein Führerwechsel ist oft situationsbedingt und hängt von der Stabilität und dem Gefüge der Gruppe ab.

Die vorstehend skizzierten informalen Erscheinungen wirken sich in vielfältiger Form auf die Gebilde- und Prozeßstruktur aus. Der Organisator muß daher über ihre Existenz informiert sein, um sie bei Reorganisationsmaßnahmen entsprechend ihrem Einfluß berücksichtigen zu können.[221]

Die informalen Erscheinungen versucht man, mit den Methoden der empirischen Sozialforschung (Beobachtung, Interview, soziometrischer Test, Gruppendiskussion) zu erfassen.[222]

Bei diesen Methoden wird aber auf kleine Gruppen abgestellt, wodurch der vollständige Tatbestand informaler Erscheinungen nicht ermittelt werden kann. „Typisch wird dies bei den soziometrischen Gruppenuntersuchungen sichtbar, bei denen etwa unterstellt wird, daß sich die wesentlichen Sozialbeziehungen ausschließlich zwischen den Mitgliedern einer Gruppe abspielen, etwa einer kleinen Gruppe in einer Abteilung des Betriebes, die gleichzeitig dem formalen Betriebsplan entspricht und eine informelle Gruppe mit persönlichen Vertrauensverhältnissen geworden ist . . . In der soziometrischen Analyse erhalten wir zunächst zumeist nur allgemeine Hinweise darauf, wobei diese oft genug in dem Allgemeinbegriff einer vagen „Loyalität" zum Betrieb als Ganzem untergehen oder einem ebenso undeutlichen Begriff der betrieblichen „Integration". Damit entschwinden aber jene Beziehungsnetze, die über die Grenzen der Abteilungen und Werkstätten, ja auch über die durch die Betriebshierarchie errichteten Barrieren hinweggreifen und etwa für das informelle „Kommunikationssystem" im Betrieb von grundlegender Bedeutung sind."[223]

Eine weitere Schwierigkeit der praktischen Anwendung der obigen Methoden, dies gilt insbesondere für die Befragung und den soziometrischen Test, ist darin zu sehen, daß die informalen Erscheinungen in der Individualsphäre der Mitarbeiter des Betriebes begründet sind und die entsprechenden Informationen gar nicht oder nur

---

219 vgl. Mayntz, R., a.a.O., S. 59 ff.

220 vgl. Homans, G.C., a.a.O., S. 156; Krüsselberg, H.G., Betriebsstruktur und Lohnanreizsystem, in: Kölner Zeitschrift für Soziologie und Sozialpsychologie, 10. Jg. 1958, S. 631

221 Zu den Auswirkungen informaler Erscheinungen und ihrer organisatorischen Berücksichtigung siehe Wittlage, H., a.a.O., S. 152 ff.

222 vgl. Mayntz, R., Holm, K., Hübner, R., Einführung in die Methoden der empirischen Soziologie, Köln und Opladen 1972; Stirn, H., Die informelle Arbeitsgruppe, in: Die Gruppe in Praxis und Forschung, Schriftenreihe für Gruppenforschung und Gruppenpflege, Heft 1, hrsg. von Steinmetz, P.H., Dortmund 1952; Olmsted, M.S., Die Kleingruppe, soziologische und sozialpsychologische Aspekte (The small Group), deutsche Übersetzung von Krause-Lang, M., Freiburg im Breisgau 1971; Atteslander, P., Methoden der empirischen Sozialforschung, Sammlung Göschen, Bd. 4229, 2. Aufl., Berlin und New York 1971; Bornemann, E., Die Gruppe im Betrieb, in: Zentralblatt für Arbeitswissenschaft und soziale Betriebspraxis 1952, S. 86

223 König, R., Die informellen Gruppen . . . , a.a.O., S. 77

unvollständig bzw. verfälscht zur Verfügung gestellt werden.[224] Stellt der Organisator im Rahmen seiner Organisationsuntersuchung fest, daß im Untersuchungsbereich die Auswirkungen informaler Erscheinungen von erheblichem Gewicht sind, so sind fundierte Untersuchungen von einem soziologisch geschulten Fachmann durchzuführen. Der Organisator selbst sollte aber in der Lage sein, die Darstellungstechniken lesen und interpretieren zu können, mit deren Hilfe die entsprechenden Untersuchungsergebnisse dokumentiert werden.

432 Soziometrische Darstellungstechniken

Zur Darstellung und Analyse der erfaßten soziometrischen Daten bedient man sich einer Reihe von Techniken, von denen das Soziogramm, die Soziomatrix und die Errechnung soziometrischer Koeffizienten kurz erläutert werden.

Soziogramm

Im Soziogramm[225] werden die erfaßten soziometrischen Beziehungen des Untersuchungsbereiches dargestellt, wobei sowohl Richtung als auch Intensität der Beziehungen berücksichtigt werden. Um die Komplexität eines Beziehungssystems übersichtlich darzustellen, bedarf es in der Regel je Beziehungsart eines Soziogramms. Man bedient sich dabei verschiedener Symbole:

Abb. 40: Symbole in Soziogrammen

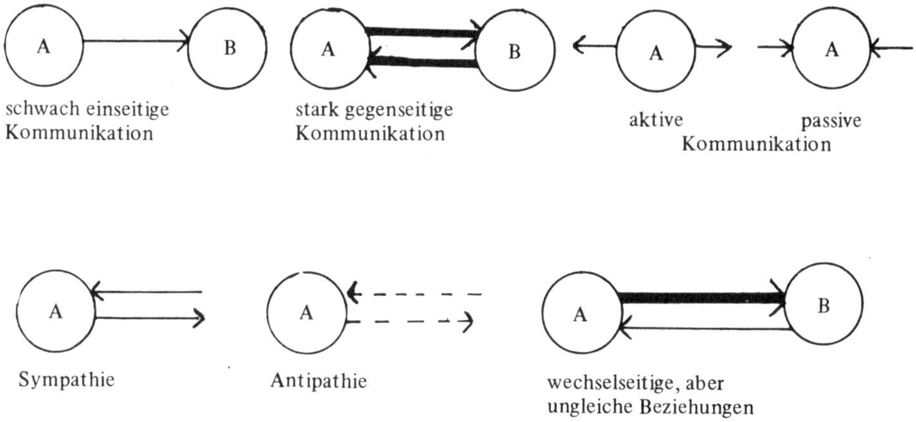

Die wichtigsten Grundtypen sozialer Beziehungen sind das isolierte Element, die Dyade, der Kern, die Kette, der Stern und die Pyramide. Die tatsächlichen sozialen Beziehungsverhältnisse des Untersuchungsbereiches stellen sich als eine Vermischung dieser Grundtypen dar.

---

224 vgl. Schmidt, G., a.a.O., S. 172

225 Zu den folgenden Ausführungen siehe Atteslander, P., a.a.O., S. 238 ff.

Abb. 41: Soziogramm der Stelle Kalkulation (5 Mitarbeiter)

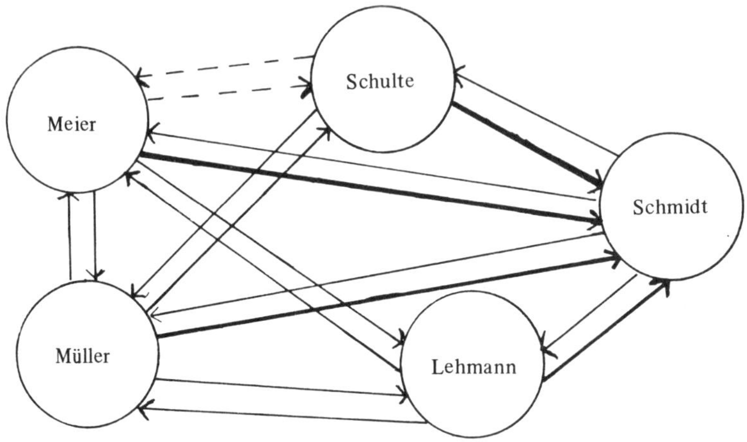

Aus dem vorstehenden Soziogramm kann der Organisator wichtige Informationen über die Zusammenarbeit in der Stelle Kalkulation entnehmen (Verhältnis: Meier – Schulte, Stellung Schmidt in der Gruppe usw.).

Soziomatrix

Die Soziomatrix besitzt zwar nicht die Anschaulichkeit des Soziogramms, ermöglicht aber eine genaue und weitergehende Analyse der soziometrischen Daten.[226] In die von Spalten und Zeilen gebildeten Felder können die erfaßten Daten mit Hilfe von Zahlen oder Symbolen eingetragen werden.

Abb. 42: Soziomatrix der Stelle Kalkulation

Gewählter / Wählende	Meier	Müller	Schulte	Lehmann	Schmidt	Σ
Meier	–	+ 1	– 1	+ 2	+ 3	+ 6 – 1
Müller	+ 1	–	– 1	+ 2	– 2	+ 3 – 3
Schulte	+ 3	– 1	–	+ 1	+ 2	+ 6 – 1
Lehmann	+ 2	– 1	+ 3	–	+ 1	+ 6 – 1
Schmidt	+ 1	– 1	+ 2	+ 3	–	+ 6 – 1
Σ	+ 7	+ 1 – 3	+ 5 – 2	+ 8	+ 6 – 2	+ 27 – 7

Legende:
\+ 1 . . . + 5 = Wahl in der Rangordnung 1 . . . 5
– 1 . . . – 5 = Ablehnung in der Rangordnung 1 . . . 5

226 vgl. Mayntz, R., Holm, K., Hübner, P., Einführung in die Methoden der empirischen Soziologie, 2. Aufl., Opladen 1971, S. 126 f.; Atteslander, P., a.a.O., S. 240 ff.

Mit Hilfe der Matrizenrechnung können aus der Soziomatrix Strukturelemente wie kooperative Beziehungen, Kerne (Cliquen) und Spannungszentren in der Gruppe ermittelt werden.

Soziometrische Koeffizienten

Bei dieser Methode werden die erfaßten soziometrischen Daten in mathematisch-statistische Formeln eingesetzt und Koeffizienten (Maßzahlen) errechnet wie positive soziale Verbundenheit, negative soziale Verbundenheit, soziale Indifferenz, Wahlstatus usw.[227] Mit Hilfe dieser Koeffizienten können z.B. folgende Kenntnisse gewonnen werden: soziometrischer Status einer Person (soziale Kontaktweite eines Mitgliedes, Integrationsinteresse eines Individuums, Integrationserwartung einer Person) und spezifische Eigenschaften der Gruppe (Realisationsgrad, Kohäsion, Integrationsgrad, Konfliktmaß).

Abschließend muß aber noch einmal auf die Schwierigkeiten der Erfassung der soziometrischen Daten sowie auf die Beschränkung der soziometrischen Techniken auf kleine Gruppen hingewiesen werden.

Kontrollfragen zu Abschnitt 43

1. Welcher Beziehungszusammenhang besteht zwischen der formalen Organisation und den informalen Erscheinungen?
2. Warum ist der Begriff der informalen Erscheinungen treffender als der der informalen Organisation?
3. Welche betrieblichen informalen Erscheinungen können unterschieden werden?
4. Wie können sich die informalen Erscheinungen auf die Gebilde- und Prozeßstruktur auswirken?
5. Welche Schwierigkeiten ergeben sich bei der Erfassung der den informalen Erscheinungen zugrundeliegenden Ursachen?
6. Welche soziometrischen Darstellungstechniken können unterschieden werden und worin bestehen ihre wesentlichen Unterschiede?
7. Welche Kenntnisse muß der Organisator im Hinblick auf die soziometrischen Darstellungstechniken besitzen?
8. Welche Bedeutung besitzen die soziometrischen Koeffizienten für die Tätigkeit des Organisators?

Literatur zur Vertiefung

Atteslander, P., Methoden der empirischen Sozialforschung, 2. Aufl., Berlin-New York 1971, S. 236 ff.
Dahrendorf, R., Die Sozialstruktur des Betriebes, Wiesbaden 1972
Hall, R.H., Die dimensionale Natur bürokratischer Strukturen, in: Bürokratische Organisation, hrsg. von Mayntz, R., Berlin 1968

227 vgl. Nehnevajsa, J., Soziometrie, in: Handbuch der empirischen Sozialforschung, Bd. 2, Grundlegende Methoden und Techniken der empirischen Sozialforschung, Erster Teil, hrsg. von König, R., 3. Aufl., Stuttgart 1973, S. 268; Mayntz, R., Holm, K., Hübner, P., a.a.O., S. 128 f.

König, R., Die informellen Gruppen im Industriebetrieb, in: Organisation, Bd. 1 der TFB-Handbuchreihe, hrsg. von Schnaufer, G., Agthe, K., Berlin und Baden-Baden 1961, S. 55 ff.
Kruse, L., Gruppen und Gruppenzugehörigkeit, in: Handbuch der Psychologie, 7. Bd., 2. Halbbd., hrsg. von Graumann, C.F., Göttingen 1972, S. 1565 ff.
Mayntz, R., Die soziale Organisation des Industriebetriebes, Stuttgart 1969
Mayntz, R., Holm, K., Hübner, P., Einführung in die Methoden der empirischen Soziologie, Opladen 1971, S. 122 ff.
Nehnevajsa, J., Soziometrie, in: Handbuch der empirischen Sozialforschung, Bd. 2, Grundlegende Methoden und Techniken der empirischen Sozialforschung, Erster Teil, hrsg. von König, R., 3. Aufl., Stuttgart 1973, S. 260 ff.

44 Darstellung der Prozeßstruktur (Ablauforganisation)

„Die nicht immer eindeutige Unterscheidung zwischen Organisations- und Arbeitsstudie sowie zwischen arbeitsplatz- und aufgabenbezogenem Arbeitsablauf bietet manchen Anlaß zu Mißverständnissen. Dies gilt besonders für das ‚zweckmäßigste Verfahren' für die Durchführung von Arbeitsablaufuntersuchungen und für den damit verbundenen Aufwand".[228] Um diese Mißverständnisse in bezug auf die folgenden Ausführungen auszuschließen, müssen zunächst einige grundlegende Betrachtungen angestellt werden.

Unter dem Begriff des arbeitsplatzbezogenen Arbeitsablaufs, auch als arbeitstechnischer Arbeitsablauf bezeichnet[229], wird die Art des Arbeitsgeschehens bei der Ausführung der einzelnen Arbeitsgänge (Verrichtungen) an einem Arbeitsplatz verstanden. Gegenstand der Betrachtung können einerseits verschiedene Verrichtungen an einem Objekt, z.B. Kundenanfrage, Bestellung oder Eingangsrechnung sein, andererseits die Verrichtungen an verschiedenen Objekten, z.B. Kundenanfragen, Bestellungen und Eingangsrechnungen. Im Vordergrund der Betrachtung steht die Abwicklung des Arbeitsgeschehens an einem Arbeitsplatz, mithin Verrichtungen, Objekte, eingesetzte Arbeitsmittel und Arbeitsunterlagen. Diese Tatbestände bilden den Gegenstand von Arbeitsplatzstudien (Untersuchung und Gestaltung von Arbeitsplätzen im Hinblick auf ein zweckmäßiges Zusammenwirken von personalen und instrumentalen Arbeitsträgern und Objekten).

Der aufgabenbezogene Arbeitsablauf, auch als arbeitsorganisatorischer Arbeitsablauf bezeichnet[230], erfaßt die zeitliche und räumliche Reihenfolge (Arbeitsfolge) der Verrichtungen, die im Hinblick auf die Erfüllung einer Aufgabe bzw. Teilaufgabe durchzuführen sind. Es werden damit alle Arbeitsplätze in die Betrachtung einbezogen, die an der Erfüllung einer Aufgabe bzw. Teilaufgabe beteiligt sind. Die aufgabenbezogene Betrachtungsweise ist damit umfassender, d.h., es werden folgende Faktoren in die Untersuchung einbezogen:

- Objekte, die im Hinblick auf die Aufgabenerfüllung bearbeitet werden, z.B. die verschiedenen internen und externen Belege;
- Bearbeiter, die Verrichtungen an den Objekten vornehmen; da die Bearbeiter an verschiedenen Arbeitsplätzen tätig sind, wird somit zugleich der räumliche Aspekt relevant;

---

228 Jordt, A., Gscheidle, K., a.a.O., Lehrbrief 5, S. 7
229 vgl. Handlexikon Organisation, a.a.O., S. 17, Walz, D., Organisationsmethoden, in: Handwörterbuch der Organisation, hrsg. von E. Grochla, Stuttgart 1973, S. 1212 ff.
230 vgl. Handlexikon Organisation, a.a.O., S. 17, Walz, D., a.a.O., Sp. 1212 f.

- Verrichtungen, die von den Bearbeitern durchgeführt werden, z.B. prüfen, rechnen, vergleichen, sortieren, ablegen;
- Arbeitsmittel, die die Bearbeiter bei ihrer Aufgabenerfüllung einsetzen, z.B. Tischrechner, Schreibmaschine, Diktiergerät, Stempel;
- Arbeitsunterlagen, die die Bearbeiter bei ihrer Aufgabenerfüllung benutzen, z.B. Karteien, Listen, Verzeichnisse, Nachschlagwerke;
- zeitliche Reihenfolge der Verrichtungen, die von einem oder von verschiedenen Bearbeitern durchgeführt werden;
- Verknüpfungen (Schnittstellen) mit anderen Arbeitsabläufen (Aufgabenerfüllungen).

Die Darstellungstechniken für die Prozeßstruktur (aufgabenbezogene Arbeitsabläufe) sind daher insbesondere unter dem Aspekt zu betrachten, inwieweit es mit ihrer Hilfe möglich ist, die vorstehend genannten Fakten, man kann sie als den Inhalt eines aufgabenbezogenen Arbeitsablaufes bezeichnen, systematisch und klar gegliedert darzustellen.

441 Darstellungsformen

Wie bereits im Punkt 41 dargelegt, kann zwischen verbalen, tabellarischen, graphischen und mathematischen Darstellungstechniken unterschieden werden. Dabei steht in Abhängigkeit von der Art der Darstellungstechnik jeweils ein anderer Gesichtspunkt im Vordergrund der Betrachtung:[231]

verbale Darstellung:	Beschreibung und Erklärung einzelner Strukturmerkmale und Regelungen der Prozesse.
tabellarische und graphische Darstellung:	Abbildung prozessualer Erscheinungen und Zusammenhänge in übersichtlicher Form, z.T. in vereinfachender Weise.
mathematische Darstellung:	modellmäßige Darstellung der Prozesse, die eine mathematische Auswertung im Hinblick auf eine „optimale" Gestaltung der Prozesse erlaubt (Netzplantechnik, Warteschlangenmodelle).

Unter Berücksichtigung der jeweils im Vordergrund stehenden Zielsetzung der Dokumentation – Abbildung, Beschreibung und Erklärung prozessualer Strukturen, Lösung komplexer Prozeßgestaltungsprobleme – setzt der Organisator die vorstehenden Techniken ein. Weiterhin ist die Komplexität des zu untersuchenden Ablaufes zu berücksichtigen. Aus diesen Gründen gibt es keine allgemein gültige Darstellungstechnik.

In den folgenden Ausführungen werden die Dokumentationstechniken detailliert dargestellt, die in der praktischen Organisationsarbeit weitgehend Verwendung finden. Dabei sollen Anwendungsmöglichkeiten und jeweilige Aussagekraft besonders berücksichtigt werden.

---

231 vgl. Schwarz, H., Betriebsorganisation, a.a.O., S. 241/242.

442 Verbale Darstellung

Bei der verbalen Darstellung ist zwischen verbalen Beschreibungen von Arbeitsabläufen und Verzeichnissen von Arbeitsabläufen zu unterscheiden. Beide Formen sind vom Inhalt her nicht als Alternativen zu sehen.

4421 Verbale Beschreibung von Arbeitsabläufen

Rein verbale Ablaufbeschreibungen sind nicht geeignet, einen aufgabenbezogenen Arbeitsablauf in übersichtlicher, geordneter und leicht auswertbarer Form darzustellen, da gleichzeitig personale, zeitliche und räumliche Aspekte zu berücksichtigen sind (vgl. den vorstehend dargelegten Inhalt eines Arbeitsablaufes). Diese mehrdimensionale Beschreibung verlangt andere Darstellungstechniken. Fernerhin ist zu beachten, daß einerseits verbale Beschreibungen dazu verleiten, Unklarheiten und Ungenauigkeiten durch nichtssagende Formulierungen zu überdecken, andererseits verbale Beschreibungen organisatorischer Ablaufgestaltungen vom Leser nur unter erheblichen Schwierigkeiten vollständig und richtig erfaßt werden können.

Aufgrund dieser Sachverhalte werden in der Organisationspraxis rein verbale Beschreibungen von Arbeitsabläufen kaum eingesetzt.[232]

4422 Verzeichnis der Arbeitsabläufe

„Die Grundlage für das Verzeichnis der Arbeitsabläufe bilden die Fragebogen für überwiegend ausführende Arbeiten. Nachdem sie durch Interviews gegebenenfalls ergänzt und überprüft worden sind, werden aus ihnen alle dort erwähnten Arbeitsabläufe herausgezogen.[233] Als sachliches Ordnungskriterium bietet sich das Prozeßgliederungsprinzip an, d.h. ausgehend vom ersten Impuls, der die Aufgabenerfüllung auslöst, z.B. von der Kundenanfrage, werden alle nachfolgenden Abläufe in ihrer sachlogischen Reihenfolge Angebotserstellung, Auftragsbearbeitung usw. bis zur endgültigen Erledigung des Vorganges, der Zahlungseingangsregulierung gereiht. Aufgrund dieses Gliederungsprinzips kann dann relativ leicht festgestellt werden, ob alle erforderlichen Arbeitsabläufe erfaßt worden sind.

Abschließend werden alle erfaßten Abläufe in einer Liste zusammengefaßt, eindeutig bezeichnet, evtl. auch mit einer Kurzbezeichnung bzw. einem Kurzzeichen versehen. Diese Bezeichnungen sollten immer der Betriebssprache entnommen werden, um keine Mißverständnisse aufkommen zu lassen. Das Verzeichnis kann noch ergänzt werden durch Hinweise auf die am Ablauf beteiligten Aktionseinheiten (Abteilungen, Stellen).

Die Erstellung eines so gestalteten Arbeitsablaufverzeichnisses empfiehlt sich bei jeder Ablaufuntersuchung, unabhängig von der Darstellungsform der Arbeitsabläufe.

Kontrollfragen zu Abschnitten 441 und 442

1. Worin bestehen die Unterschiede zwischen einem arbeitsplatzbezogenen und einem aufgabenbezogenen Arbeitsablauf?

---

232 vgl. Jordt, A., Gscheidle, K., Lehrbrief 5, a.a.O., S. 23; Schmidt, G., a.a.O., S. 181; Müller-Pleuss, J.H., a.a.O., S. 51; Spitschka, H., a.a.O., S. 122.

233 Acker, H.B., Organisationsanalyse, a.a.O., S. 79

2. Beschreiben Sie den Inhalt eines aufgabenbezogenen Arbeitsablaufes!
3. Nennen Sie die Zielsetzungen, die bei den verschiedenen Darstellungsformen im Vordergrund der Betrachtung stehen!
4. Warum werden verbale Ablaufsbeschreibungen in der praktischen Organisationsarbeit nur selten eingesetzt?
5. Nach welchem Ordnungsprinzip baut man sinnvollerweise ein Verzeichnis der Arbeitsabläufe eines Untersuchungsbereiches auf?

443 Graphisch-tabellarische Darstellungsformen

In der praktischen Organisationsarbeit wurde eine Vielzahl von graphisch-tabellarischen Techniken entwickelt, die jeweils ihre spezifischen Vor- und Nachteile besitzen. Ihr Einsatz ist daher insbesondere unter den Gesichtspunkten der jeweiligen Problemstellung und der Zielsetzung der Dokumentation zu bestimmen. In den folgenden Ausführungen sollen die Darstellungsformen eingehend analysiert werden, die in der praktischen Organisationsarbeit weitgehend Verwendung finden.

Grundsätzlich können die graphisch-tabellarischen Darstellungstechniken in zwei Gruppen aufgegliedert werden, die sich durch ihren Formalisierungsgrad unterscheiden, nämlich in die gebundene Koordinatendarstellung und die ungebundene Folgedarstellung.[234] Unter der gebundenen Koordinatendarstellung versteht man eine Darstellungstechnik, bei der der Ordinate und der Abszisse jeweils eines der sieben Inhaltskriterien des Arbeitsablaufes fest zugeordnet wird: insbesondere handelt es sich hier um die Kriterien Bearbeitungsobjekt, Bearbeiter (Stelle), Abteilung, zeitliche Reihenfolge. Durch diesen hohen Formalisierungsgrad können folgende Vorteile erzielt werden: unmittelbare Erkenntnisse über die Verknüpfung der an der Aufgabenerfüllung beteiligten Mitarbeiter/Stellen (zeitliche Reihenfolge ihres Tätigwerdens), die Häufigkeit des Tätigwerdens der beteiligten Mitarbeiter/Stellen, die Zeitpunkte ihres Tätigwerdens.

Bei Verzweigungen und Vereinigungen in einem Arbeitsablauf führt hingegen die gebundene Koordinatendarstellung zu Überschneidungen und Überlagerungen der Ablauflinien. Dadurch wird die Darstellung unübersichtlich und nur schwer lesbar.

Bei der ungebundenen Folgedarstellung wird nur der Ordinate, weniger häufig der Abszisse, das Kriterium der zeitlichen Reihenfolge der Verrichtungen zugeordnet. Dadurch ergibt sich für den Organisator ein größerer Freiraum, die individuellen Gegebenheiten des Arbeitsablaufes, insbesondere die Tatbestände der Verzweigung und Vereinigung zu berücksichtigen. Gegenüber der gebundenen Koordinatendarstellung ist nur noch unmittelbar die Reihenfolge des Tätigwerdens der Mitarbeiter und gegebenenfalls der Zeitpunkt des Tätigwerdens erkennbar.

---

234 vgl. Jordt, A., Gscheidle, K., Fernkurs für . . . , Lehrbrief 5, a.a.O., S. 24 f.

Abb. 43: Gliederung der graphisch-tabellarischen Darstellungstechniken

graphisch-tabellarische Darstellungstechniken

gebundene Koordinatendarstellung	ungebundene Folgedarstellung
• Arbeitsablaufkarte	• Ablaufdiagramme bei konventioneller Bearbeitung
• Balkendiagramm (Gantt-Diagramm)	• Datenfluß- und Programmablaufplan (Blockdiagramm)
• Vordruckdurchlaufplan	• Methode Jordt – Gscheidle
	• Vordruckstammbaum

Unabhängig von der Form der graphisch-tabellarischen Darstellungstechnik stellt sich die Frage, wann jeweils eine Verrichtung beginnt bzw. wann die vorhergehende Verrichtung endet, d.h. was ist jeweils als eine in sich abgeschlossene Verrichtung zu betrachten.

Der Beginn einer neuen Verrichtung kann immer dann angenommen werden, wenn

- der Bearbeiter (Arbeitsträger) wechselt,
- das zu bearbeitende Objekt wechselt,
- das zu bearbeitende Objekt in mehrere Teile zerlegt wird,
- mehrere zu bearbeitende Objekte zu einem vereinigt werden,
- die Arbeitsmittel bzw. die Arbeitsunterlagen wechseln.[235]

Weiterhin müssen bei der Ablaufdarstellung formale und logische Regeln befolgt werden, wenn die graphisch-tabellarische Darstellung klar und aussagefähig sein soll. Jeder Verstoß gegen diese Regeln birgt die Gefahr in sich, daß logische Fehler der Ablaufgestaltung unerkannt bleiben. Die wichtigsten Regeln werden in der folgenden Aufzählung zusammengefaßt.[236]

Logische Regeln:

1. „Nichts erscheint oder verschwindet".

Jedes zu bearbeitende Objekt (Beleg, Formular, Ware, Material, Datenträger etc.) muß von einem erkennbaren Punkt seinen Ausgang nehmen und an einem erkennbaren Punkt sein Ziel erreichen. Unklarheiten, die sich durch eine Nichtbeachtung dieser Regel ergeben, können von erheblichem Gewicht sein. Denn es macht z.B. im konkreten Fall einen großen Unterschied aus, ob ein Beleg vernichtet oder in der Abteilungsregistratur oder in der Zentralregistratur abgelegt wird. Schwachstellen im Arbeitsablauf können bei Nichtbeachtung dieser Regel unerkannt bleiben und notwendige Reorganisationsmaßnahmen werden unterlassen.

2. „Nichts kann gleichzeitig an zwei Stellen sein".

Werden Objekte von mehreren Aktionseinheiten oder in mehreren Arbeitsgängen bearbeitet, so kann dies nur in einem zeitlichen Nacheinander geschehen, es sei denn,

235 vgl. Acker, H.B., Organisationsanalyse, a.a.O., S. 79
236 vgl. Laszio, H., Wirkungsvolle Darstellung von Arbeitsabläufen, in: bto, 19. Jg. 1969, S. 35 ff.

es handelt sich um Kopien eines Beleges. Dieser Tatbestand muß sich aber klar ersichtlich aus der Ablaufdarstellung ergeben.

3. „Kontrollen sind Verzweigungen".

Eine Kontrolle kann zu einem positiven oder negativen Ergebnis führen. Für beide Alternativen muß sich aus der Ablaufdarstellung die weitere Verrichtungsfolge ergeben, d.h. es muß z.B. im Anschluß an die Rechnungsprüfung erkennbar sein, wie die unbeanstandete und die beanstandete Eingangsrechnung weiter behandelt wird.

4. „Segmentierung der Abläufe".

Durch die optische Gliederung in verschiedene parallel laufende Teile oder durch die Schaffung in sich abgeschlossener Ablaufkomplexe erhöht man die Übersichtlichkeit und ermöglicht eine Fehlerfeldbildung.

Formale Regeln

Wie bei der Darstellung der unterschiedlichen Formen graphisch-tabellarischer Darstellungstechniken erkenntlich wird, ist der formale Aufbau sehr unterschiedlich. Dennoch lassen sich einige allgemein gültige Regeln aufstellen.

1. Ablaufrichtung

Normalerweise werden die einzelnen Verrichtungen in ihrer logischen und zeitlichen Reihenfolge in vertikaler Richtung (von oben nach unten) dargestellt. Nur wenn die Übersichtlichkeit darunter nicht leidet, sollte in einem begründeten Fall von dieser Ablaufrichtung abgegangen werden.

2. Ausführlichkeit

Es hängt vom Zweck der Ablaufdarstellung ab, wie ausführlich sie gestaltet sein soll. Weiterhin muß beachtet werden, wer der Adressat ist, welche Kenntnisse vorausgesetzt werden können und welcher Informationsgehalt übermittelt werden soll.

3. Übersichtlichkeit

Trotz des Vorliegens von Verzweigungen muß der Ablauf überschaubar bleiben. Das bedingt einerseits, daß sich Ablauflinien möglichst wenig kreuzen oder auf langen gewundenen Linien umgehen, andererseits, daß Arbeitsabläufe in Unterabschnitte (Unterprogramme) zerlegt werden.

4. Bezeichnungen

Die Verwendung von Symbolen in Arbeitsabläufen ist allein nicht ausreichend; sie müssen durch entsprechende Bezeichnungen inhaltlich eindeutig gekennzeichnet werden. Dies gilt sowohl für genormte (DIN 66001) als auch nicht genormte Symbole. Z.B. ist aus dem Symbol „Liste" nicht erkennbar, ob es sich um eine Ausgangsrechnung, einen Lieferschein, eine Bestellung, eine Umsatzstatistik usw. handelt.

5. Kommentare

Oftmals reicht der Kurztext im Ablaufdiagramm nicht aus. Daher werden zur Klärung des jeweiligen Tatbestandes Kommentare erforderlich. Die einzelnen Verrichtungen können mit Nummern versehen werden, zu denen ein entsprechender Kommentar verfaßt wird.

4431 Arbeitsablaufkarten

Arbeitsablaufkarten, sie werden u.a. auch als Arbeitsablaufdiagramm, Arbeitsprozeßbogen, Arbeitsablaufblatt bezeichnet, stellen eine Kombination tabellarischer und verbaler Beschreibungen dar, ergänzt um eine symbolische Darstellungstechnik. Da die verwandten Symbole keiner DIN-Norm unterliegen, können sie inhaltlich voneinander abweichen.

Abb. 44: Symbole in Arbeitsablaufkarten

Bedeutung bei Autor / Symbol	Behlert	Böhrs	Gruppe	Nordsieck (AMA) *)
◯	Funktion	Bearbeitung	Bearbeitung	Arbeits-verrichtung
○	–	–	–	Verkehr
➡	–	Transport	Transport	–
□	Aufgaben-kreis	Kontrolle	Überprüfung	Kontrolle
▽	Ware	Verzögerung	–	–
D	–	–	Verzögerung	–
△	Person	Ablage	Lagerung	Lager

*) American Management Association

Anstelle dieser Symbole können auch Buchstaben eingesetzt werden, die heute zunehmend internationale Verwendung finden.[237]

Abb. 45: Buchstaben in Arbeitsablaufkarten

Bedeutung in Sprache / Buchstabe	Deutsch	Englisch	Französisch
O	Operation (Tätigkeit/Verrichtung)	Operation	opération
I	Inspektion (Kontrolle)	inspection	inspektion
T	Transport	transport	transport
S	Stillstand (Verzögerung)	stop-over	séjour

237 vgl. Schmidt, G., Organisation . . . , a.a.O., S. 183

Die zur Darstellung der Abläufe verwandten Formulare (Karten) weichen im Hinblick auf Aufbau und Inhalt erheblich voneinander ab. Während in den „konventionellen“ Arbeitsablaufkarten nur wenige Vorgaben gemacht werden – Spalten für die Markierung des der jeweiligen Verrichtung entsprechenden Symbols, für die fortlaufenden Nummerierungen der Verrichtungen und für die verbale Beschreibung der Arbeitsgänge (vergleiche Anlage 3), wobei die Reihenfolge unterschiedlich sein kann – werden in den „modernen“ Arbeitsablaufkarten darüber hinaus noch folgende Informationen spaltenmäßig erfaßt: Weg in m, Zeit in Min., Vordruck, Bearbeiter (vgl. Anlagen 4 und 5). Da die Dokumentation der Arbeitsabläufe in vielen Fällen die Basis für Reorganisationsmaßnahmen bildet, kann dieser Aspekt durch entsprechende Spaltenangaben in dem Formularaufbau der Arbeitsablaufkarte ebenfalls Berücksichtigung finden (vgl. Anlage 5).

Als großer Vorteil der Verwendung von Arbeitsablaufkarten erweist es sich, daß so dokumentierte Arbeitsabläufe auch von Nichtfachleuten, d.h. von den Mitarbeitern des Untersuchungsbereiches gelesen und die niedergelegten Beziehungszusammenhänge verstanden werden können. „Das Diagramm kann jedoch nur verwendet werden, wenn der Arbeitsablauf einfach ist, also insbesondere dann, wenn nur ein einziges Arbeitsobjekt bearbeitet wird (oder mehrere Objekte gemeinsam, wie z.B. Kopien des gleichen Schriftstückes) und wenn keine Alternativabläufe vorkommen ... Wenn nur das Hauptobjekt in seinem Arbeitsablauf verfolgt werden soll und Nebenobjekte außer acht gelassen werden, dann können mit dem Arbeitsablauf-Diagramm auch noch einfache Trennungs- und Vereinigungsvorgänge dargestellt werden.“[238]

Bei parallelen und vernetzten Abläufen – Verzweigungen, Vereinigungen, zyklisch, regelkreisartig verlaufende Prozesse (Schleifen) – ist daher sinnvollerweise eine andere Darstellungstechnik zu verwenden.

4432 Balkendiagramme

Balkendiagramme, auch als Gantt-Diagramm (nach ihrem geistigen Vater Gantt) oder Zeitbänder bezeichnet, sind zweidimensionale Koordinatensysteme, bei denen die Zeit, gemessen in Zeitabschnitten wie Tage, Wochen, Dekaden usw., der Abszisse, der Ordinate Vorgänge (Verrichtungen) oder Kapazitäten von Aktionseinheiten/ Maschinen zugeordnet werden. Entsprechend diesen Zuordnungsmöglichkeiten unterscheidet man zwischen einem Auftragsfortschrittsplan (der Ordinate sind Verrichtungen zugeordnet) und einem Maschinenbelegungsplan (die Ordinate ist mit Kapazitäten belegt).

Aus der Abbildung 46 ist zu entnehmen, daß am Ende der dritten Woche

Vorgang A	abgeschlossen sein soll, trifft nicht zu,
Vorbang B	nicht begonnen worden ist, trifft zu,
Vorgang C	zu 25 % erledigt sein sollte, trifft nicht zu,
Vorgang D	zu 75 % erledigt sein sollte, trifft zu,
Vorgang E	nicht begonnen worden ist, trifft zu.

Aus den Bezeichnungen Auftragsfortschrittsplan bzw. Maschinenbelegungsplan ist bereits der Anwendungsbereich dieser Technik erkennbar, nämlich

238 Acker, H.B., Organisationsanalyse, a.a.O., S. 81

Abb. 46: Balkendiagramm (Gantt-Chart)

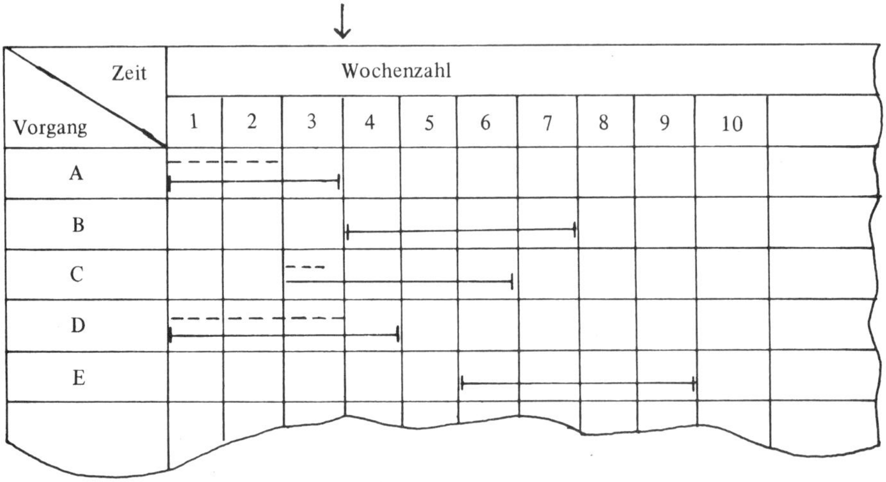

Legende:

——— geplante Zeitdauer der Verrichtungen

– – – – Istzeitdauer der Verrichtungen

↓ Kontrollzeitpunkt am Ende der 3. Woche

1. Planung, Steuerung und Überwachung von Projekten; unter Projekt sind dabei insbesondere Vorhaben zu verstehen, die in der Erfüllung komplexer, nicht laufend wiederkehrender Aufgaben bestehen, z.B. Implementierung einer EDV, Bau eines Schiffes oder einer Maschine usw.
2. Anwendung insbesondere auf Projekte des Fertigungsbereiches, im geringfügigen Umfang auf die des Verwaltungsbereiches.

Die Länge der Balken gibt den geplanten Zeitverbrauch für die im einzelnen durchzuführenden Verrichtungen an, die zuordnungsbaren Abszissenwerte den Beginn bzw. das Ende der geplanten Verrichtungen. „Werden geplante Abläufe und wirklich erfolgte Abläufe voneinander unterscheidbar festgehalten, so kann die Gantt-Chart auch als Kontrollinstrument des Arbeitsablaufes angesehen werden.“[239]

Mit Hilfe der Balkendiagramme ist es nicht oder nur sehr schwer möglich, „Aussagen über die logisch bzw. technologisch zwingende und/oder wirtschaftlich sinnvolle Abfolge der einzelnen Projektabschnitte und damit über Möglichkeiten zur Verbesserung des Projektablaufes hinsichtlich der Zeit, der Kosten und der Kapazitäten zu gewinnen. Aus einem Balkendiagramm läßt sich im allgemeinen auch nicht ersehen, welche Konsequenzen Änderungen im Projektablauf für die Projektdurchführung haben und welche Maßnahmen zum Auffangen unerwünschter Änderungen zweckmäßigerweise zu ergreifen sind. Hinzu kommt, daß die Aufstellung bzw. Zeichnung eines Balkendiagramms mit zunehmendem Projektumfang immer schwieriger wird. Ohne detaillierte Kenntnisse der Abhängigkeit im Projektablauf kann auch der im Balkendiagramm zum Ausdruck kommende Zeitplan nicht ermittelt werden“.[240]

239 Zimmermann, H.J., Netzplantechnik, Berlin-New York 1971, S. 5
240 Schwarze, J., Netzplantechnik, 4. Aufl., Herne/Berlin 1979, S. 14 f.

Zusammenfassend lassen sich folgende Vor- und Nachteile bei der Verwendung von Balkendiagrammen für die Planung, Steuerung und Überwachung von Projekten feststellen:[241]

Vorteile:

1. Balkenlänge und Zeitaufwand (Soll und Ist) entsprechen sich.
2. Der Auftragsfortschritt kann mit Hilfe des Diagramms anschaulich dargestellt werden.
3. Das Balkendiagramm ist auch für einen Nichtspezialisten lesbar und daher informativ.

Nachteile:

1. Geringer Aussagegehalt im Hinblick auf die Reihenfolge und die Verknüpfung der einzelnen Verrichtungen.
2. Feste Termine für alle zum Projekt gehörenden Verrichtungen.
3. Relativ geringe Anzahl berücksichtigungsfähiger Verrichtungen aus Gründen der Übersichtlichkeit.
4. Geringe Aussagefähigkeit im Hinblick auf Verbesserungsmöglichkeiten der Abläufe.

Die vorstehenden Nachteile haben dazu geführt, daß im zunehmenden Umfang die Technik der Balkendiagramme durch die der Netzplantechnik (PERT, CPM, MPM) ersetzt wird; sie findet aber noch Anwendung nach Abschluß einer Netzplanuntersuchung zur Verdeutlichung der Ergebnisse für die Führungskräfte.[242]

4433 Ablaufdiagramme

Bei den Ablaufdiagrammen ist im Hinblick auf die verwendeten Symbole zwischen edv-maschineller Bearbeitung (Blockdiagramm) und konventioneller Bearbeitung zu unterscheiden.

44331 Edv-maschinelle Bearbeitung (Datenfluß- und Programmablaufpläne)

Die Darstellung edv-maschineller Bearbeitungsvorgänge ist keine zweitrangige Formsache. Vielmehr ist die Anwendung geeigneter Darstellungsmethoden wesentliche Voraussetzung einer effizienten edv-maschinellen Ablaufgestaltung, gilt es doch, ein Maximum an simultaner Informationsmöglichkeit über einen äußerst komplexen Sachverhalt zu schaffen.[243] Dies und der Zwang zu einer einheitlichen Sprachregelung haben dazu geführt, daß der Deutsche Normenausschuß die DIN-Norm 66001 erarbeitet hat, in der die Symboltechnik für die Dokumentation edv-maschineller Abläufe verbindlich geregelt wird (vgl. Abb. 47). Die dadurch bedingte weite Anwendung hat ergeben, daß auch bei konventionellen Arbeitsabläufen diese Symboltechnik weitgehend Verwendung findet.[244]

---

241 vgl. Zimmermann, H.J., a.a.O., S. 6
242 vgl. Zimmermann, H.J., a.a.O., S. 6
243 vgl. Blohm, H., Organisation . . . , a.a.O., S. 219
244 Ein Überblick über die bei programmgesteuerten Systemen verwandten Symbole findet sich bei Adams, K., Kiederich, K., Systemanalyse, Arbeitstechniken der EDV-Organisation, Köln-Opladen 1973, S. 32 ff.

Abb. 47: Symbole zur Arbeitsablaufdarstellung (DIN 66001)

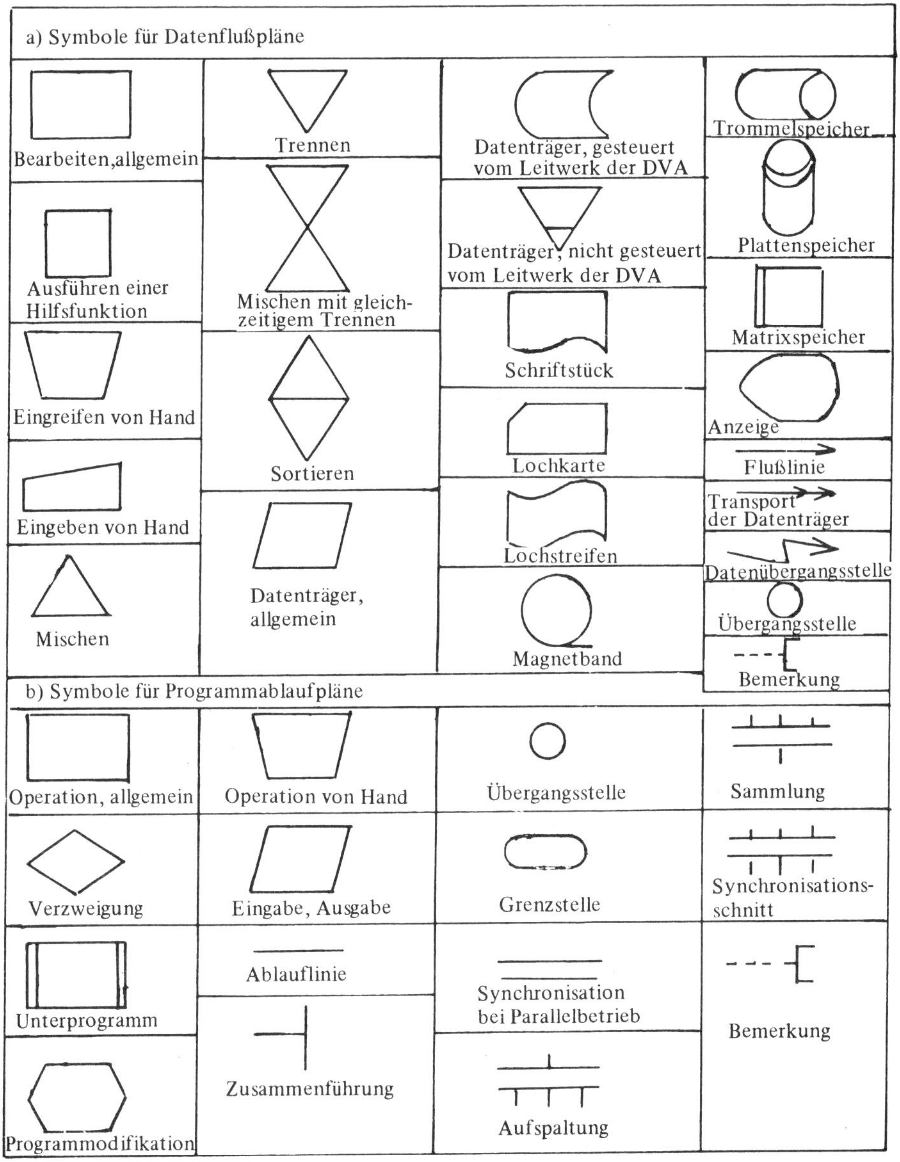

Die graphischen Darstellungen edv-maschineller Abläufe werden unter dem Oberbegriff Blockdiagramm zusammengefaßt, wobei Datenfluß- und Programmablaufpläne zu unterscheiden sind.[245]

Der Datenflußplan – Flußdiagramm, flowchart, data-flowchart – stellt graphisch einen Informationsfluß im Betrieb dar, indem die Art der Datenträger, notwendige Bearbeitungen, die Stellung der Datenträger zum Rechner sowie die Darstellung der beteiligten Programme im Zusammenhang gezeigt werden. Die verwandten Symbole gemäß DIN-Norm 66001 (vgl. Abb. 47) lassen sich in folgende drei Arten untergliedern.

- Bearbeitungssymbole (z.B. Bearbeiten, allgemein; Eingreifen von Hand, Trennen)
- Datenträgersymbole (z.B. Datenträger, gesteuert vom Zentralwerk der DVA, Lochkarte, Schriftstücke)
- Datenflußsymbole (z.B. Flußlinie, Transport der Datenträger, Datenfernübertragung)

Mit der Erstellung eines Datenflußplanes werden folgende Zielsetzungen verfolgt:

- Darstellung der Struktur einer betrieblichen Aufgabenerfüllung
- Überprüfung und Diskussion der Struktur mit den zuständigen Fachabteilungen
- Information des Programmierers über den Einsatz und die Verknüpfung der einzelnen Programme.

Der Datenflußplan ist neben der Aufgabenbeschreibung, der Beschreibung der Ein- und Ausgabe und der Dateien ein wesentlicher Bestandteil der Programmvorgabe. Er ist vom Organisator in Zusammenarbeit mit den an der Aufgabenerfüllung beteiligten Fachabteilungen zu erstellen (vgl. Anlage 6).

Der Programmablaufplan stellt graphisch die einzelnen Arbeitsschritte eines Programmes dar, wie sie nacheinander in der EDV-Anlage ablaufen sollen.[246] Die verwandten Symbole entsprechen der DIN-Norm 66001 (vgl. Abb. 47). Sie werden durch erläuternde Texte ergänzt. Durch den Programmablaufplan wird die Programmstruktur fixiert (Grobdiagramm) sowie alle Einzelschritte eines Programms (Fein- oder Befehlsdiagramm) festgelegt. Der Programmablaufsplan wird vom Programmierer aufgrund der Programmvorgabe erstellt und einer Fehlerkontrolle (desk-test, Schreibtischtest) unterworfen. Der geprüfte Programmablaufplan (Fein-, Befehlsdiagramm) bildet die Basis für die sich anschließende Codierung (vgl. Anlage 7).

44332 Konventionelle Bearbeitung

Bei parallelen und vernetzten Abläufen – es handelt sich um Prozesse, die Verzweigungen und Vereinigungen beinhalten und zyklisch oder regelkreisartig verlaufen (Schleifen) – werden zur Darstellung die nicht formalisierte gebundene Koordinatendarstellung und die ungebundene Folgedarstellung verwandt.

---

245 Eine einheitliche Terminologie ist hier nicht feststellbar. So werden teilweise die Begriffe Blockdiagramm und Programmablaufplan synonym verwendet. Vgl. Sommer, W., a.a.O., S. 236, Löbel, G., Schmid, H., Müller, P., Lexikon der Datenverarbeitung, 2. Aufl., 1969, S. 91; Schulze, H.H., Lexikon zur Datenverarbeitung, Reinbek bei Hamburg, 1978, S. 181

246 vgl. Schulze, H.H., a.a.O., S. 181/182

Gebundene Koordinatendarstellung

Im Gegensatz zur Arbeitsablaufkarte wird hier kein standardisiertes Formular verwandt, wohl aber wird sowohl der Ordinate als auch der Abszisse je ein Inhaltskriterium des Arbeitsablaufs fest zugeordnet. In der Regel wird der Ordinate (Vertikale) die zeitliche Reihenfolge der einzelnen Verrichtungen zugeordnet, während die Abszisse (horizontal) die an der Aufgabenerfüllung beteiligten Stellen/Abteilungen (vgl. Anlage 8) bzw. die zu bearbeitenden Objekte (vgl. Anlage 9) aufweist. Bei beiden Formen können Symbole verwandt werden, die der DIN-Norm 66001 entsprechen, bzw. es können auch nicht normierte Symbole (Abb. 44) verwandt werden. Im Falle der Zuordnung von Objekten zur Abszisse wird zusätzlich eine Durchnummerierung der einzelnen Tätigkeiten erforderlich, um ihre zeitliche Reihenfolge eindeutig dokumentieren zu können.

Bei der Beurteilung der gebundenen Koordinatendarstellung ist zwischen beiden vorstehend beschriebenen Formen zu unterscheiden, da sie sich entscheidend im Hinblick auf ihre Vor- und Nachteile unterscheiden.

Vor- und Nachteile der gebundenen Koordinatendarstellung, bei der der Abszisse Stellen/Abteilungen zugeordnet sind.

Vorteile:

Es ist unmittelbar erkennbar

- wer vor oder nach wem tätig wird
- wie häufig eine Stelle/Abteilung tätig wird
- ob und wann Stellen/Abteilungen parallel zueinander an der Aufgabenerfüllung arbeiten

Nachteile:

- bei einer Vielzahl beteiligter Stellen/Abteilungen ergeben sich Schwierigkeiten in der Darstellung infolge großen Platzbedarfs,
- für Kommentierungen der einzelnen Tätigkeiten ist kaum ausreichender Raum vorhanden.

Vor- und Nachteile der gebundenen Koordinatendarstellung, bei der der Abszisse die zu bearbeitenden Objekte zugeordnet werden.

Vorteile:

- unmittelbar erkennbar, welche Objekte bei der Aufgabenerfüllung bearbeitet werden
- durch die Numerierung der einzelnen Tätigkeiten ist unmittelbar die Häufigkeit der Bearbeitung der Objekte erkennbar
- durch die Ablauflinien ist die Vereinigung und das Trennen von Objekten klar ersichtlich (bei wenigen Objekten).

Nachteile:

- bei einer Vielzahl von zu bearbeitenden Objekten ergeben sich Schwierigkeiten in der Darstellung infolge großen Platzbedarfs
- für Kommentierungen der einzelnen Tätigkeiten ist kaum ausreichender Raum vorhanden

- die Vereinigungen und Verzweigungen der Objekte führen leicht zur Unübersichtlichkeit (bei einer Vielzahl von Objekten)
- im Vordergrund der Betrachtung stehen die Objekte (Belege) und nicht die Verrichtungen und Bearbeiter.

Ungebundene Folgedarstellung

Die ungebundene Folgedarstellung ist dadurch charakterisiert, daß kein standardisiertes Formblatt verwandt wird und lediglich die zeitliche Reihenfolge der Tätigkeiten der Ordinate (Vertikale) zugeordnet wird. Auf dieser zeitlichen Ablauflinie werden die einzelnen Tätigkeiten durch Kreuze oder Punkte markiert. Der Inhalt der jeweiligen Verrichtung wird durch einen Kommentar auf der rechten Seite des Blattes erläutert, wobei eine Beschränkung dieses Kommentars auf eine bestimmte Zeilenzahl nicht gegeben ist (vgl. Anlage 10). Die Bearbeiter/Stellen/Abteilungen werden links neben der Ablauflinie in Höhe der jeweiligen Markierung festgehalten, so daß Bearbeiter-, Stellen- und Abteilungswechsel unmittelbar ersichtlich werden. Für die zu bearbeitenden Objekte können die Datenträgersymbole der DIN-Norm 66001, für Arbeitsunterlagen selbstgewählte Symbole verwandt werden. Die selbstgewählten Symbole sollten auf eine geringe Anzahl beschränkt bleiben und in Form einer Legende am unteren Rand des Blattes (Fußleiste) erläutert werden. Eine Segmentierung der Ablaufdarstellung, diese wird in erster Linie bei einer Vielzahl von Verzweigungen und vernetzten Abläufen erforderlich, kann mit Hilfe von Konnektoren wie bei Datenfluß- und Programmablaufplänen vorgenommen werden.

Wie die vorstehenden Ausführungen zeigen, ist in dieser Dokumentationsform dem Organisator der größte Spielraum gegeben, die inhaltlichen Kriterien eines Arbeitsablaufs entsprechend den jeweiligen Gegebenheiten darzustellen. Die Vorteile der ungebundenen Folgedarstellung sind insbesondere in folgenden Punkten zu sehen:

- keine Einschränkung der Darstellungsmöglichkeiten durch einen starr vorgegebenen Formularaufbau,
- vollständige Berücksichtigung aller einen Arbeitsablauf charakterisierenden Fakten,
- klare und übersichtliche Darstellungsweise,
- Lesbarkeit und Erkennbarkeit der niedergelegten Beziehungszusammenhänge auch für Nichtfachleute, d.h., für die Mitarbeiter des Untersuchungsbereiches,
- schnelle und leichte Erlernbarkeit dieser Darstellungstechnik.

Die vorstehenden Vorteile der ungebundenen Folgedarstellung führen dazu, daß sie der gebundenen Koordinatendarstellung vorgezogen wird.

4434 Methode Jordt-Gscheidle

Mit der Methode Jordt/Gscheidle sollte die Möglichkeit geschaffen werden, komplexe Prozesse des Verwaltungsbereiches schnell und anschaulich abzubilden.[247] Um mit wenig Text und Raum dieses Ziel erreichen zu können, wurde eine differenzierte Symboltechnik entwickelt, die durch eine ausgefeilte Darstellungstechnik ergänzt wurde (Folge-, Felddarstellung). Basis dieser Verfahrenstechnik war die Entwicklung eines ganz spezifischen Begriffssystems (Arbeitselemente, Arbeitsfeld, Reflektoren, usw.).

Eine hohe symbolische Verdichtung sowie die Geschlossenheit des Ansatzes kennzeichnen diese Methode. Letzteres drückt sich in einer Verknüpfung von Aufgaben-

247 vgl. Spitschka, H., a.a.O., S. 129

gliederung und Aufgabenerfüllung (Aufgabengliederung → Aufgabenfolgeplan → Strukturbild → Arbeitsfelddarstellung → Arbeitsfeldbeschreibung) einerseits und Istdarstellung, Analyse/Kritik und Sollkonzeption andererseits aus. Zudem können unterschiedliche Detaillierungsgrade gewählt werden, wobei neben dem Inhalt des Arbeitsablaufes (vgl. Punkt 44) noch folgende Tatbestände – Zeiten, Häufigkeiten, Kosten und Wege – in die Darstellungstechnik einbezogen werden können.[248]

Die hohe symboltechnische Verdichtung sowie die Geschlossenheit des Ansatzes bedingen einen so hohen Grad der Komplexität, daß weder von einer leichten Verständlichkeit noch Erlernbarkeit der Methode gesprochen werden kann. Der bereits komplexe Inhalt wird noch verkompliziert durch eine Fülle merktechnisch nicht geschickt aufgebauter Symbole.[249] Der notwendige Informationsaustausch zwischen dem Organisator, der diese Methode verwendet und den Mitarbeitern des Untersuchungsbereichs ist nicht oder nur unter großen Schwierigkeiten mit einem hohen Zeitaufwand möglich. Erschwert wird auch die Zusammenarbeit mit den Datenverarbeitungsspezialisten, die nur mit der Darstellungstechnik auf der Basis der DIN-Norm 66001 vertraut sind.

Die vorstehend aufgeführten Gründe haben dazu geführt, daß die Methode Jordt/Gscheidle in der Praxis relativ geringe Verbreitung gefunden hat. Aus diesem Grunde sowie aufgrund der Tatsache, daß nur eine Darstellung der gesamten Methode sinnvoll, dies aber aufgrund des begrenzten Raumes hier nicht möglich ist, muß auf weitere Ausführungen verzichtet und auf die Spezialliteratur verwiesen werden.[250]

Kontrollfragen zu den Abschnitten 4431–4434

1. Worin unterscheiden sich die Formen der gebundenen Koordinatendarstellung von denen der ungebundenen Folgedarstellung?
2. Welche Zielsetzung wird mit der Aufstellung logischer und formaler Regeln für die Arbeitsablaufdarstellung verfolgt? Nennen Sie einige Regeln!
3. Warum kann die Verwendung von Arbeitsablaufkarten bei der Darstellung vernetzter Abläufe zu Schwierigkeiten führen? Worin sind diese in erster Linie zu sehen?
4. Aufgrund welcher Gesichtspunkte werden Balkendiagramme weitgehend durch die Methoden der Netzplantechnik ersetzt?
5. In welchem Bezug steht ein Datenflußplan zu den zugehörigen Programmablaufplänen?
6. Worin sind die Vorteile der Verwendung der DIN 66001 bei der Darstellung einer „konventionellen“ Bearbeitung zu sehen?
7. Welche Zuordnungsmöglichkeiten sind im Hinblick auf die inhaltlichen Kriterien eines Arbeitsablaufes bei der gebundenen Koordinatendarstellung im wesentlichen zu unterscheiden?

---

248 Eine Gesamtdarstellung der Methode findet sich in: Jordt, A., Gscheidle, K., Fernkurs für Organisation, a.a.O., insbesondere Lehrbrief 5

249 vgl. Schmidt, G., a.a.O., S. 197

250 siehe: Jordt, A., Gscheidle, K., Fernkurs für Organisation, a.a.O., ferner dieselben, Ist-Aufnahme von Arbeitsabläufen in Büro und Verwaltung, in: Industrial Engineering, Heft 1/1971; Ist-Aufnahme und Analyse von Arbeitsabläufen, in: bto, 1970, S. 459 ff.; 663 ff.; 881; 1091 ff.; 1971, S. 149 ff.

8. Wie wirken sich diese unterschiedlichen Zuordnungsmöglichkeiten auf die praktische Durchführung der Darstellung aus?
9. Welche wesentlichen Vorteile weist die ungebundene Folgedarstellung gegenüber der gebundenen Koordinatendarstellung auf?
10. Welche Zielsetzung verfolgt die Methode Jordt-Gscheidle und wie kann sie charakterisiert werden?

4435 Netzpläne

Begriff und Inhalt

Am Ende der fünfziger Jahre wurde die Technik der Balkendiagramme (Gantt-Charts) und die LOB-Technik (Line-of-Balance-Technik) ergänzt bzw. weiterentwickelt zur Netzplantechnik (NPT). Unter der Netzplantechnik werden dabei alle Verfahren zur Beschreibung, Planung, Steuerung und Überwachung von Abläufen auf der Grundlage von Netzplanmodellen verstanden, wobei Zeit, Kosten, Betriebsmittel und weitere Einflußgrößen berücksichtigt werden können.[251] Das Netzplanmodell beinhaltet die Darstellung der Abläufe des Planungsgegenstandes und ihre gegenseitigen Abhängigkeiten in graphischer, tabellarischer oder algebraischer Form (DIN 69900). Bei der graphischen Darstellung bedient man sich der Graphentheorie. (Ein Graph besteht aus Punkten und aus Strecken, die diese Punkte miteinander verbinden. Die Verbindungen zweier Punkte können dabei gerichtet oder ungerichtet sein.)

Gegenstand der Netzplantechnik, als Projekt bezeichnet, können Vorhaben, Aufgaben, Probleme, Abläufe etc. materieller und immaterieller Art sein, wie die folgende Aufzählung der Anwendungsgebiete zeigt:

- Investitionen
- Rationalisierungsvorhaben
- Forschungs- und Entwicklungsvorhaben
- Instandhaltungen
- Planung und Einsatz der EDV
- Bildung von großen Wirtschaftseinheiten (z.B. Fusionen, Konzernbildungen)
- langfristige Einzelfertigung
- Vorbereitung und Durchführung von Messen, Ausstellungen, Tagungen, usw.
- Planung und Durchführung von Organisationsuntersuchungen.[252]

Planung, Steuerung und Überwachung dieser Projekte mit Hilfe der Netzplantechnik bedeuten, daß die im Rahmen der Projekte durchzuführenden Tätigkeiten in ihrer logischen Abhängigkeit dargestellt und wichtige Zeitpunkte des Projektes berechnet werden, wobei Kosten und Kapazitäten berücksichtigt werden können (kostenoptimale Netzpläne, optimale Auslastung der Kapazitäten).

Netzwerkelemente

Die Elemente eines Netzwerkes sind Vorgänge (Tätigkeiten, Aktivitäten) und Ereignisse.

---

251 vgl. Handlexikon Organisation, a.a.O., S. 66
252 vgl. Wunderlich, L., Netzplantechnik für den Leiter, Grundlagen – Beispiele – Übungsaufgaben, Berlin 1969, S. 16

Aktivitäten sind alle Vorgänge, die für die Zeitbestimmung eines Projektes maßgebend sind. Es sind dabei zu unterscheiden:

normale Aktivitäten:	es sind Zeit und Kapazität (Arbeits-, Sachmittelleistung) beanspruchende Tätigkeiten,
Zusatzaktivitäten:	es sind Vorgänge, die Zeit beanspruchen, aber keine Kapazitäten (Arbeits-, Sachmittelleistungen) z.B. Lieferzeiten, Liegezeiten, Wartezeiten,
Scheinaktivitäten:	sie beanspruchen weder Zeit noch Leistungen, stellen aber den logischen Ablauf (notwendige Verknüpfung bestimmter Aktivitäten) innerhalb des Projektes her.

Diese Aktivitäten laufen in einem Zeitraum zwischen je zwei Ereignissen ab. Letztere verkörpern bestimmte Durchführungsstadien des Projektes. Sie besitzen keine zeitliche Ausdehnung, sondern unterteilen den Gesamtablauf in Zeitpunkte, zu denen bestimmte Teilvorgänge beginnen oder beendet sein sollen. Ereignisse von besonderer Bedeutung werden als Meilensteine (milestone) bezeichnet und zu Kontrollzwecken besonders hervorgehoben.[253]

Darstellungsform und Orientierung[254]

Netzpläne können anhand der beiden Kriterien Darstellungsform und Orientierung in unterschiedliche Typen untergliedert werden. Als Darstellungsformen kommen in Frage:

- Aktivitäten werden durch Pfeile (Kanten) und die Ereignisse durch Kreise (Knoten) abgebildet. Diese Darstellungsform nennt man Pfeildarstellung.
- Die Vorgänge werden in Form von Kreisen (Knoten) abgebildet. Auf eine explizite Darstellung der Ereignisse wird verzichtet. Die Pfeile zeigen in dieser Form nur die Zusammenhänge zwischen den Vorgängen an. Diese Darstellungsform wird als Kreisdarstellung bezeichnet.

Bei der Orientierung können unterschieden werden:

- vorgangsorientiert: Die Vorgänge werden im Hinblick auf Inhalt und Zeitdauer genau beschrieben, die Ereignisse ergeben sich als Anfangs- und Endzeitpunkte der Vorgänge. Im Vordergrund dieser Betrachtung stehen die einzelnen Vorgänge, z.B. im Hinblick auf die Steuerung.
- ereignisorientiert: Beschrieben oder definiert werden die Ereignisse nach ihrem Inhalt, die Vorgänge bleiben im wesentlichen undefiniert. Im Vordergrund der Betrachtung stehen hier die Ereignisse, insbesondere im Hinblick auf Kontrollzwecke. Ereignisorientierte Netzpläne besitzen einen geringeren Informationsgehalt als vorgangsorientierte, da in gleich großen Netzplänen die Zahl der Vorgänge (Kanten, Pfeile) größer ist als die der Ereignisse (Knoten, Kreise).

Aus der Kombination von Darstellungsform und Orientierung ergeben sich folgende Grundtypen:

Vorgangspfeilnetz:	vorgangsorientierte Pfeildarstellung
Vorgangsknotennetz:	vorgangsorientierte Kreisdarstellung
Ereignisknotennetz:	ereignisorientierte Kreisdarstellung

253 vgl. Wunderlich, H., a.a.O., S. 24
254 Zu den folgenden Ausführungen siehe: Zimmermann, H.-J., a.a.O., S. 12 f.

Die Pfeildarstellung kommt der Vorstellungskraft und der Lesbarkeit (Pfeil als Zeitablauf) entgegen.

Planungsmethoden

Die bekanntesten Verfahren sind in den USA und in Europa unabhängig voneinander entwickelt worden.[255] Es handelt sich um die Verfahren CPM (Critical Path Method), PERT (Programm Evaluation and Review Technique) und MPM (Metra-Potential-Methode). Aufbauend auf diesen Verfahren wurde eine große Anzahl verfeinerter Methoden entwickelt (CPS, PPS, LESS, RAMPS, GRASP, PEP usw.).[256] Die weiterentwickelten Verfahren beinhalten im allgemeinen Elemente aller drei vorstehend genannten Verfahren. In der Abb. 48 sind die Verfahren CPM, PERT und MPM einander vergleichend gegenübergestellt.

Unabhängig von der Ausgestaltung der unterschiedlichen Verfahren sind jeweils die folgenden drei Stufen durchzuführen:

- Strukturanalyse: Untersuchung der Reihenfolge und gegenseitigen Abhängigkeiten aller Vorgänge/Ereignisse.
- Zeitanalyse: Beschreibung der einzusetzenden Verfahren und Mittel, Berechnung der Zeiten.
- Kosten- und Kapazitätsanalyse: Berücksichtigung zeitlicher und kapazitativer Beschränkungen, Erstellung eines kostenoptimalen Netzplans, optimale Auslastung der Kapazitäten.

Der Inhalt dieser Stufen richtet sich nach der Art der benutzten Netzplantechnik sowie nach den gesetzten Annahmen über die Eigenschaften der Vorgänge und ihrer gegenseitigen Abhängigkeiten.

Regeln für die graphische Darstellung (Vorgangspfeilnetze)[257]

Ein Vorgang kann entweder eine eigene Kennzeichnung besitzen oder durch die Nummern seiner Anfangs- und Endereignisse gekennzeichnet werden.

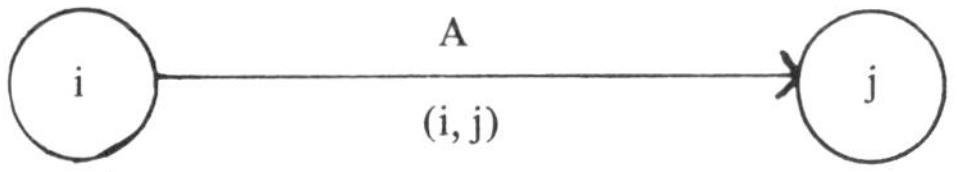

Für die Benummerung der Ereignisse gilt $i < j$, wobei das Startereignis eines Netzplanes die niedrigste und das Endereignis die höchste Nummer erhält.

1. Jede Aktivität beginnt in einem Ereignis und endet in einem nachfolgenden Ereignis.

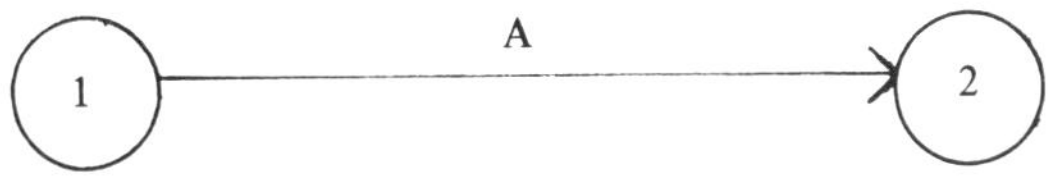

255 vgl. Schwarze, J., Netzplantechnik, 4. Aufl., Herne/Berlin 1979, S. 12
256 vgl. Schwarze, J., a.a.O., S. 12; Zimmermann, H.-J., a.a.O., S. 11
257 vgl. Zimmermann, H.-J., a.a.O., S. 14 ff.; Wunderlich, L., a.a.O., S. 25 ff.; Schwarze, J., a.a.O., S. 41

Abb. 48: Vergleichende Darstellung der grundlegenden Netzplantechniken *)

Verfahren / Kriterien	CPM Cirtical Path Method	PERT Programm Evaluation and Review Technique	MPM Metra-Potential-Methode
1. entwickelt von:	E.J. du Pont Remington Rand	US-Navy	Beratungsfirma SEMA
2. Orientierung u. Darstellung	Vorgangs-Pfeilnetz	Ereignisknoten-netz (ursprünglich) Vorgangs-Pfeil-netz	Vorgangs-Knotennetz
3. Zeitschätzung	deterministisch (eine Zeit-schätzung)	stochastisch (drei Zeitschätzungen: optimistische Zeit-dauer, wahrscheinlichste Zeitdauer, pessimistische Zeitdauer (Beta-Verteilung))	deterministisch (eine Zeit-schätzung)
4. Zielsetzung	Steuerung einfacher Projekte	Kontrolle	Steuerung und Kontrolle
5. Schein-aktivitäten	ja	nein (ursprünglich) ja	Anfang und Ende

*) in Anlehnung an Zimmermann, H.-J., a.a.O., S. 48

2. Keine Aktivität darf zeitlich nach rückwärts verlaufen und sogenannte Schleifen bilden (zyklische Anordnung von Aktivitäten), d.h. Aktivitäten dürfen nicht zu Ereignissen führen, die bereits vor Beginn der Aktivität eingetreten sein müssen.

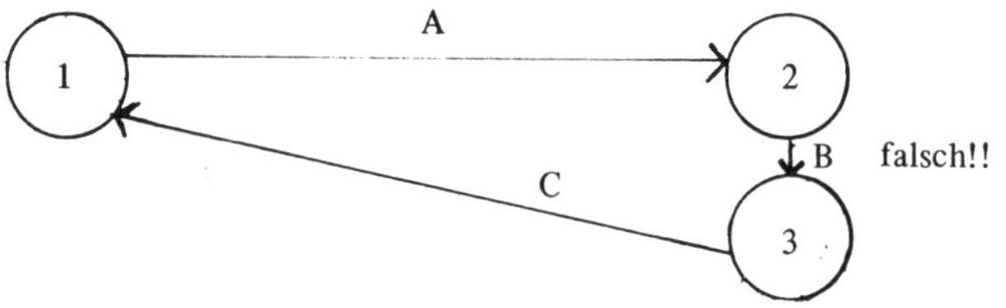

3. Zwei Ereignisse dürfen nur durch eine Aktivität verbunden werden. Besitzen zwei oder mehrere Aktivitäten gemeinsame Anfangs- und Endereignisse, so ist der logische Zusammenhang durch Scheinaktivitäten herzustellen.

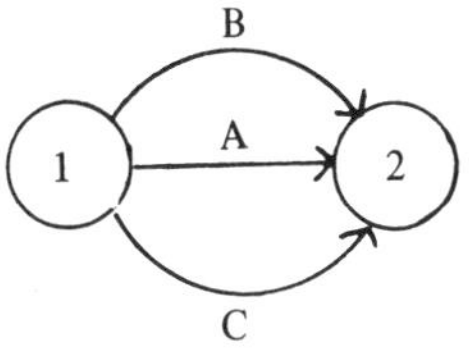

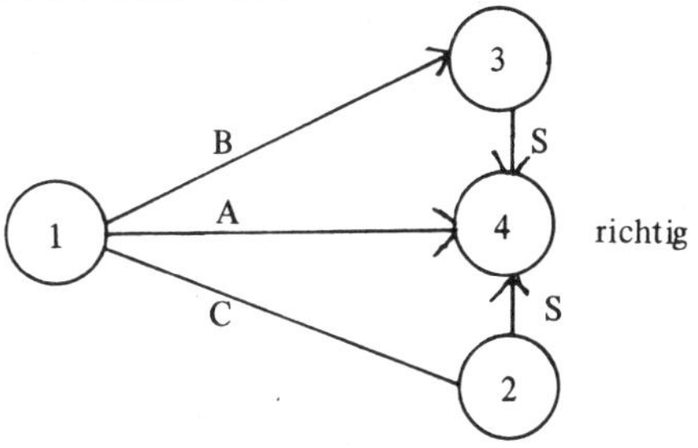

4. Ist der Beginn einer Aktivität (C) von der Beendigung zweier vorausgehender Aktivitäten (A, B) abhängig, während eine weitere Aktivität (D) nur von der Beendigung einer dieser Aktivitäten (B) abhängt, so ist diese logische Verknüpfung mit Hilfe einer Scheinaktivität zu berücksichtigen.

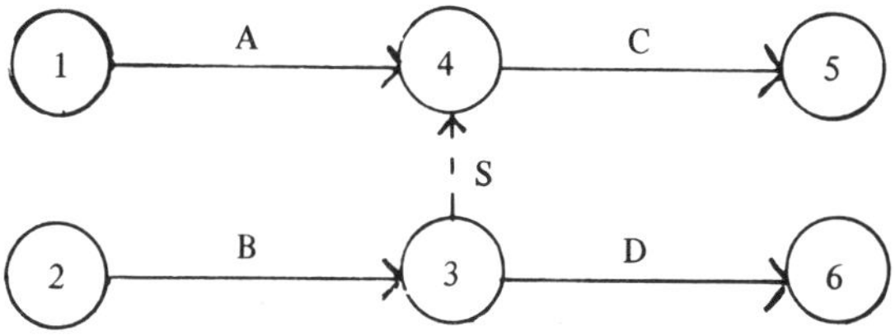

5. Müssen eine oder mehrere Aktivitäten beendet sein, bevor eine weitere beginnen kann, so enden erstere in dem Anfangsereignis der nachfolgenden Aktivität.

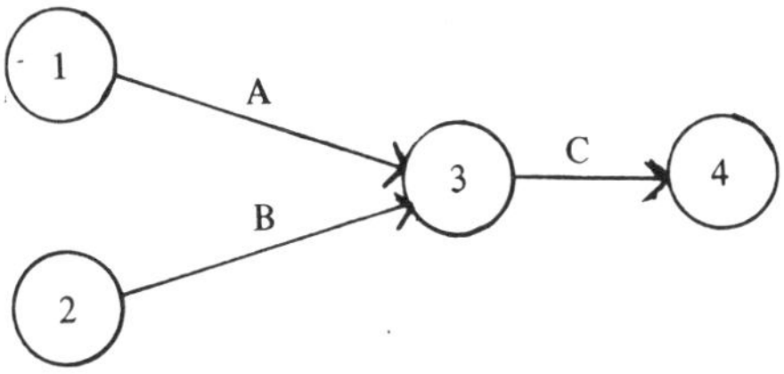

6. Können mehrere Aktivitäten erst beginnen, wenn eine vorhergehende Aktivität beendet ist, so beginnen diese im Endereignis der vorausgehenden Aktivität.

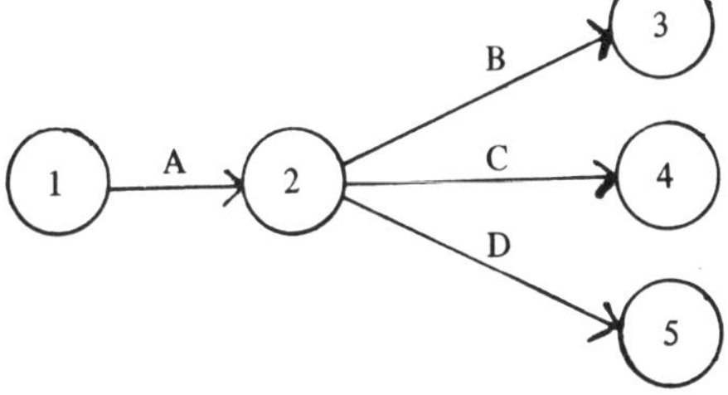

7. Jeder Netzplan besitzt nur ein Anfangs- und ein Endergebnis.

Für das zweckmäßige Vorgehen beim Entwurf eines Netzplanes lassen sich keine festen Regeln aufstellen (mögliche Vorgehensweisen: progressives Vorgehen: vom Anfangs- zum Endereignis, retrogrades Vorgehen: vom End- zum Anfangsereignis), wohl aber sind im Hinblick auf die Analyse der Zusammenhänge der einzelnen Aktivitäten folgende Fragen zu beantworten:

1. Welche Vorgänge gehen der betrachteten Aktivität unmittelbar voraus und ermöglichen erst deren Beginn (Vorläufer)?
2. Welche Aktivitäten können parallel (gleichzeitig) mit der betrachteten ablaufen?
3. Für welche Vorgänge ist die Beendigung der betrachteten Aktivität eine unbedingte Voraussetzung (Nachfolger)?

Zeitanalyse[258]

Die Zeitanalyse beinhaltet folgende Schrittfolge:

1. Bestimmung der Zeitdauer je Aktivität (Dij),
2. Berechnung der Zeiten,
3. Berechnung des kritischen Weges und der Zeitreserven.

Zu 1:
Die Bestimmung der Zeitdauer jeder Aktivität kann deterministisch (CPM) oder stochastisch erfolgen. Bei der deterministischen Ermittlung wird aufgrund einer genauen Analyse der Arbeitsausführung (Verfahren) unter Berücksichtigung der einzusetzenden Personen und Sachmittel ein Zeitwert ermittelt (Berechnung oder Schätzung). Bei der stochastischen Zeitermittlung werden hingegen drei Zeitwerte berücksichtigt, nämlich eine optimistische aij (besonders günstige Arbeitsbedingungen), eine wahrscheinliche mij (normale Bedingungen) und eine pessimistische bij (besonders ungünstige Bedingungen) Aktivitätsdauer. Aus diesen drei Werten wird ein Mittelwert nach der Formel

$$te_{ij} = \frac{a_{ij} + 4m_{ij} + b_{ij}}{6}$$

gebildet, die erwartete Zeitdauer (te_{ij}). Dieser Berechnung liegt eine Beta-Verteilung zugrunde, die für die Praxis am besten geeignet ist.[259]

Zu 2:
Für die einzelnen Aktivitäten lassen sich berechnen:

- frühestmöglicher Start FS_{ij} } Vorgangszeiten
- frühestmögliches Ende FE_{ij} } Vorgangszeiten
- spätestmöglicher Start SS_{ij} } Vorgangszeiten
- spätestmögliches Ende SE_{ij}
- gesamter Puffer TP_{ij}
- freier Puffer FP_{ij}
- unabhängiger Puffer UP_{ij}

258 Zu den folgenden Ausführungen vgl. Zimmermann, H.-J., a.a.O., S. 18 ff.; Schwarze, J., a.a.O., S. 90 ff.
259 vgl. Zimmermann, H.-J., a.a.O., S. 30

Um dic Vorgangszeiten berechnen zu können, sind zunächst je Ereignis zwei Zeiten zu berechnen, der frühestmögliche Zeitpunkt FZ und der spätestmögliche Zeitpunkt SZ.

$$FZ_j = FZ_i + D_{ij}$$

Enden mehrere Aktivitäten in einem Ereignispunkt, so ist der größte errechnete Wert für FZ_j anzusetzen.

$$SZ_i = SZ_j - D_{ij}$$

Gehen mehrere Aktivitäten von einem Ereignispunkt aus, so ist der kleinste errechnete Wert für SZ_i anzusetzen.

Die Vorgangszeiten werden für die einzelnen Aktivitäten nach folgenden Formeln berechnet:

$$FS_{ij} = FZ_i$$
$$FE_{ij} = FZ_i + D_{ij}$$
$$SS_{ij} = SZ_i - D_{ij}$$
$$SE_{ij} = SZ_j$$

Diese Zusammenhänge lassen sich wie folgt veranschaulichen:

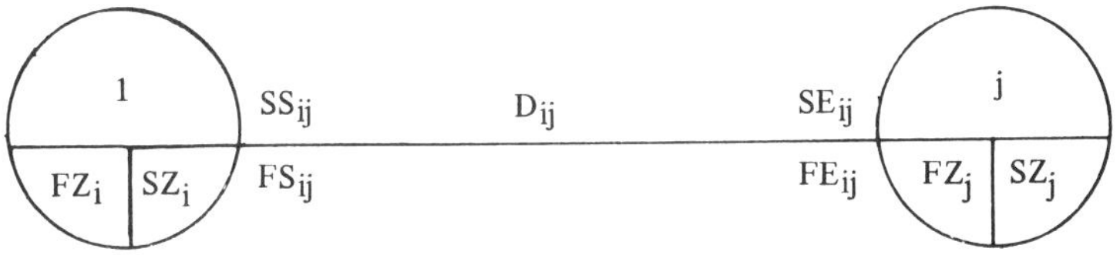

Zu 3:
Die Pufferzeiten berechnen sich dann wie folgt:

$$TP_{ij} = SZ_j - FZ_i - D_{ij}$$

TP_{ij} gibt an, um wieviel sich maximal die Aktivität (ij) verschieben läßt.

$$FP_{ij} = FZ_j - (FZ_i + D_{ij})$$

Die freie Pufferzeit gibt an, um wieviel sich die Aktivität (i, j) verschieben läßt, ohne daß der frühestmögliche Beginn der nachfolgenden Aktivität beeinflußt wird.

$$UP_{ij} = max. [O, (FZ_j - D_{ij} - SZ_{ij})]$$

Die unabhängige Pufferzeit gibt an, um wieviel sich eine Aktivität verschieben läßt, wenn die vorhergehende Aktivität zum spätesten Termin endet und die nachfolgende Aktivität zum frühesten Termin beginnen soll.

Alle Vorgänge längs des kritischen Pfades haben eine Pufferzeit $TP = O$, oder anders ausgedrückt:

$$FZ_i = SZ_i \text{ und } FZ_j = SZ_j$$

Die Ereignistermine/Zeiten können nach unterschiedlichen Verfahren berechnet werden: einfache manuelle Berechnung, Matrizenmethode und edv-maschinelle Berechnung.[260]

260 Zu den unterschiedlichen Berechnungsverfahren sowie zu ihren jeweiligen Vor- und Nachteilen s. Wunderlich, L., a.a.O., S. 42 ff.

Berücksichtigung der Kapazität

Bei der Ermittlung (Schätzung, Berechnung) des Zeitverbrauchs der einzelnen Aktivitäten wird von einer bestimmten benötigten Menge von Produktionsfaktoren (Aufgabenträger, Sachmittel) ausgegangen. Diese Annahme über die einzusetzenden Kapazitäten werden aber nicht in die zeitliche Berechnung des Netzplanes einbezogen. Hierdurch können sich zwei Problemkreise ergeben:

- ungleichmäßige Auslastung der Kapazitäten (Aufgabenträger, Sachmittel) im Zeitablauf
- Aktivitäten können aufgrund von Kapazitätsengpässen nicht oder nur verzögert ausgeführt werden.

Kapazitätsausgleich

Aufgrund der errechneten Ereigniszeiten können die für die Durchführung der Aktivitäten in den einzelnen Zeiträumen benötigten Kapazitäten an Produktionsfaktoren errechnet werden. Für die wichtigsten Beschäftigungskategorien (Aufgabenträger unterschiedlicher Art, Maschinen und maschinelle Anlagen) lassen sich Kapazitätsbelastungskurven (Kapazitätsanforderungsprofile, Summenpolygone) in Form von Balkendiagrammen darstellen. Diese zeigen auf, ob die Kapazitätsauslastungen starken Schwankungen unterworfen sind.

„Starke und dazu noch kurzfristige Beschäftigungsschwankungen – auch einzelner Teilbereiche – sind unerwünscht. Sieht man einmal davon ab, daß derartige Schwankungen durch eine größere Anzahl parallel laufender Projekte kompensiert werden können, so wird man bestrebt sein, bei der Projektdurchführung eine möglichst gleichmäßige Kapazitätsauslastung zu erzielen. Bei vorgegebener Projektdauer kann man das erreichen, indem man nichtkritische Vorgänge zeitlich so einplant, d.h. innerhalb des durch den Puffer gegebenen Zeitraumes so verschiebt, daß eine gleichmäßigere Auslastung des jeweiligen Produktionsmittels erfolgen kann".[261] „Die Verfahren zur Glättung der Kapazitätsbelastungskurven bzw. Produktionsmitteleinsatzkurven sind unter den Namen Recource Levelling oder Manpower Levelling bzw. Smoothing bekannt."[262] Bei diesen Verfahren handelt es sich um systematische Probiermethoden.

Kapazitätsbeschränkungen

Kapazitätsbeschränkungen bedeuten, daß die für die Durchführung des Projektes benötigten Recourcen nicht in unbegrenzten Mengen zur Verfügung stehen. Das führt dazu, daß simultan geplante Aktivitäten nacheinander ausgeführt werden müssen. Damit sind zusätzlich Reihenfolgebeschränkungen zu berücksichtigen, die evtl. zu einer Verlängerung des kritischen Weges führen können.

„Die Ermittlung optimaler oder nachoptimaler Reihenfolgen kann auf vier verschiedene Weisen durchgeführt werden:

a) durch Enumeration, d.h. Durchrechnung aller möglichen Reihenfolgen,
b) durch verschiedene Näherungsverfahren,
c) durch Entscheidungsbaumverfahren,
d) durch lineares Programmieren".[263]

---

261 Schwarze, J., a.a.O., S. 170
262 ebenda
263 Zimmermann, H.-J., a.a.O., S. 49

Man bezeichnet diese Vorgehensweisen als Recource Allocation oder Manpower Scheduling.[264]

Berücksichtigung der Kosten

Die Berücksichtigung der Kosten im Rahmen der Netzplantechnik gewinnt immer mehr an Bedeutung, denn die Vorgangsdauer der einzelnen Aktivitäten ist in bestimmten Grenzen beeinflußbar, z.B. durch den vermehrten Einsatz von Recourcen, und damit evtl. die gesamte Projektdauer. Dieser Tatbestand führt zu folgender Problemstellung:

„a) Die Gesamtdauer ist nicht eindeutig durch die Zahl und Art der durchzuführenden Vorgänge und durch die Kapazitätsbeschränkungen bestimmt, sondern sie kann in bestimmten Grenzen variiert werden.

b) Diese Variationen der Projektzeit haben kostenmäßige Auswirkungen.

c) Es ist daher möglich und sinnvoll, kostenoptimale Projektdauern unter Berücksichtigung aller relevanten Kosten zu bestimmen."[265]

Die in die Betrachtung einzubeziehenden Kosten sind:

Vorgangskosten:	die einer Aktivität unmittelbar zurechenbaren Kosten, die von der Vorgangsdauer abhängig sind (Löhne, Abschreibung, Material)
Projektkosten:	Kosten, die nur dem Projekt insgesamt zurechenbar sind. (Verwaltungskosten, Zinskosten)
Verlängerungskosten:	Kosten, die durch eine Verlängerung der geplanten Projektdauer entstehen (Konventionalstrafen, Mietausfall, entgangener Gewinn)

Die optimale Projektdauer wird durch das Minimum der Gesamtkosten (Vorgangs-, Projekt-, Verlängerungskosten) bestimmt.

Abb. 49: Kostenverläufe und Projektdauer[266]

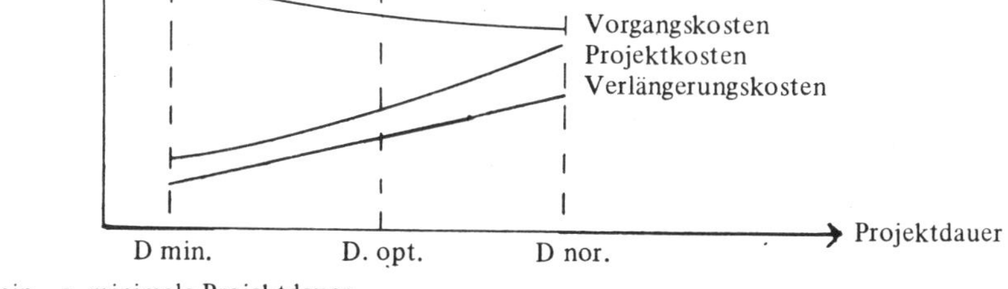

D min. = minimale Projektdauer
D opt. = optimale Projektdauer
D nor. = normale Projektdauer bei minimalen Vorgangskosten (häufige Ausführungsart).

264 Schwarze, J., a.a.O., S. 171
265 Zimmermann, H.-J., a.a.O., S. 63
266 vgl. die Abbildungen bei Zimmermann, H.-J., a.a.O., S. 64; Schwarze, J., a.a.O., S. 164; Schmidt, G., a.a.O., S. 212

Aus der Abb. 49 ist ersichtlich, daß durch eine Verkürzung der Projektdauer das Gesamtkostenminimum erreicht werden kann. Dies ist nur durch eine zeitliche Verkürzung der Aktivitäten auf dem kritischen Weg möglich. Die Vorgehensweise der Verkürzung der Projektdauer läßt sich in folgende Schritte untergliedern.[267]

1. Bestimmung der Aktivitäten auf dem kritischen Weg, die
   - kürzungsfähig sind
   - die geringsten mittleren Beschleunigungskosten aufweisen (die mittleren Beschleunigungskosten sind das Verhältnis der zusätzlichen Kosten zu der erreichten Verkürzung der betrachteten Aktivität):

$$MBk_{ij} = \frac{k_{2i,j} - k_{1i,j}}{D_{1ij} - D_{2ij}} = \frac{k}{D}$$

$k_{2i,j}$ = Kosten der Aktivität vor der Verkürzung
$k_{1i,j}$ = Kosten der Aktivität nach der Verkürzung
$D_{1i,j}$ = Dauer der Aktivität vor der Verkürzung
$D_{2i,j}$ = Dauer der Aktivität nach der Verkürzung

2. Kürzung dieser Aktivitäten bis
   - entweder eine dieser die Minimaldauer erreicht
   - oder neue kritische Wege entstehen.
3. Wiederholung der Schritte 1 – 2, solange auf einem kritischen Weg noch eine verkürzbare Aktivität vorhanden ist. Weist ein kritischer Weg nur unverkürzbare Aktivitäten auf, so bestimmt dessen Länge die minimale Projektdauer.

Kontrollfragen zu Abschnitt 4435

1. Welche Zielsetzungen (Funktionen) können mit Hilfe der Netzplantechnik verfolgt werden?
2. Was sind die Elemente eines Netzwerkes und welche Bedeutung ist den Scheinaktivitäten in einem Netzwerk zuzumessen?
3. Welche Grundtypen kann man aufgrund der unterschiedlichen Darstellungsformen in Kombination mit der Orientierung unterscheiden?
4. Beschreiben Sie den Inhalt der drei Stufen, die unabhängig von der Verfahrensart bei der Anwendung der Netzplantechnik durchzuführen sind!
5. Nennen Sie die wichtigsten Regeln für die graphische Darstellung!
6. Welche Zeitwerte werden im Rahmen der Zeitanalyse berechnet? Welche Verfahren der Berechnung können unterschieden werden?
7. Wie können Kapazitätsausgleich und Kapazitätsbeschränkungen berücksichtigt werden?
8. Welche Kostenarten sind bei der Bestimmung der kostenoptimalen Projektdauer zu berücksichtigen?

---

267 vgl. Zimmermann, H.-J., a.a.O., S. 70

9. Stellen Sie graphisch die Kostenverläufe der zu berücksichtigenden Kostenarten dar!

10. Beschreiben Sie die Vorgehensweise bei der Verkürzung der Projektdauer!

4436 Vordruckstammbaum und Vordruckdurchlaufplan

Vordrucke (Formulare, Formblätter) sind mit Text und/oder Zeilen-/Spaltenaufdruck versehene Papiere, die manuelle und maschinelle Informationsverarbeitungsprozesse (Datenerfassung, Datenauswertung) vereinfachen (rationalisieren).[268] Die Vereinfachung wird dadurch erreicht, daß bei immer wiederkehrenden Texten die konstanten Daten vorgedruckt werden oder mittels Zeilen- und/oder Spaltenaufdruckes Daten immer an vorbestimmten, gleichen Stellen angeschrieben werden (Erleichterung der Datenerfassung und -auswertung). Dabei sind bestimmte Anforderungen an die Gestaltung der Vordrucke zu stellen, u.a. klare und übersichtliche Trennung von Vordruck- und Ausfülltexten, maschinengerechte und typografische Anordnung der Schreibfelder (Spalten, Zeilen), ihre klare verbale und numerische Bezeichnung, Berücksichtigung von Fluchtlinien, Heft- und Greifrand.[269]

Während bei der Darstellung der Arbeitsabläufe die Verrichtungsfolgen im Hinblick auf eine Aufgabenerfüllung im Vordergrund der Betrachtung standen, sind nun die bei der Aufgabenerfüllung verwandten Vordrucke (Formulare) der Untersuchungsgegenstand. Der Weg von Vordrucken und Vordrucksätzen, d.h. ihre Verteilung, Bearbeitung, Zusammenfügung und Ablage, sowie die Beziehungen von Formularen untereinander werden mit Hilfe des Vordruckstammbaums (auch als Formularbeziehungsformular bezeichnet) dargelegt.

Der Vordruckstammbaum kann Hinweise auf mögliche organisatorische Schwachstellen und daraus abzuleitende Reorganisationsmaßnahmen geben, u.a.

- Doppelspurigkeit
- fehlende Normierung und Vereinfachungen (Schemabrief, Maskenverfahren, Formularsätze)
- notwendige oder überflüssige Kopien
- Notwendigkeit der Zentralisierung des Vordruckwesens

Ergänzt wird der Vordruckstamm durch den Vordruckdurchlaufplan (Formularflußdiagramm), bei dem der einzelne Vordruck bzw. Vordrucksatz im Hinblick auf seine Entstehung, die bearbeitenden Stellen und Ablage/Vernichtung analysiert wird.[271]

Die für die Erstellung des Vordruckstammbaums und des Vordrucklaufplans erforderlichen Informationen werden im Rahmen der Istaufnahme gewonnen. Als sinnvoll haben sich die Technik des Interviews (Frage: wohin wird der Vordruck jetzt weitergegeben?) und die der Durchlaufkarte (an jeden Vordruck/Kopie wird eine Durchlaufkarte geheftet, in dem jeder Bearbeiter, Eingang, Ausgang und Bearbeitungsart einträgt) erwiesen.

268 vgl. Handlexikon Organisation, a.a.O., S. 177
269 Zur Gestaltung und Verwendung von Vordrucken siehe: Helbig, M., Vordrucke, Gestalten – Verwalten – Verwenden, Aachen 1965
270 vgl. Müller-Pleuss, J.H., a.a.O., S. 58; Sommer, W., a.a.O., S. 237
271 vgl. Sommer, W., a.a.O., S. 239 f.; Müller-Pleuss, J., a.a.O., S. 60

Abb. 50: Vordruckstammbaum *)

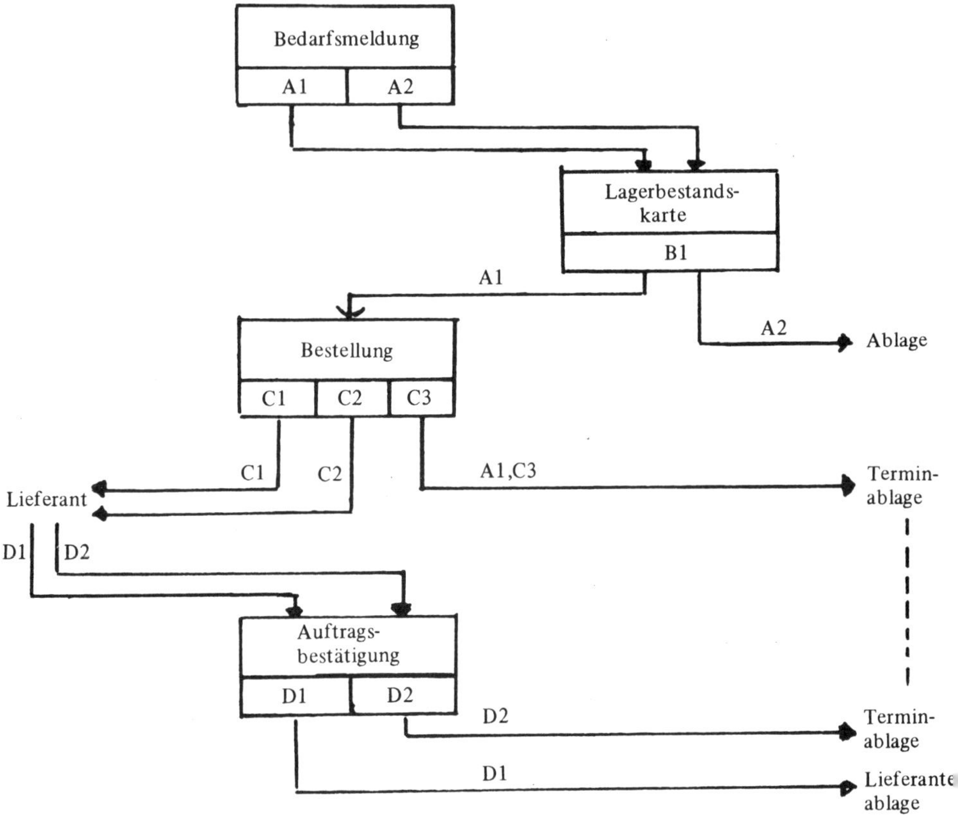

*) entnommen aus: Müller-Pleuss, J.H., Organisationsmethoden, 3. Aufl. 1972, S. 59

Abb. 51: Vordruckdurchlaufplan *)

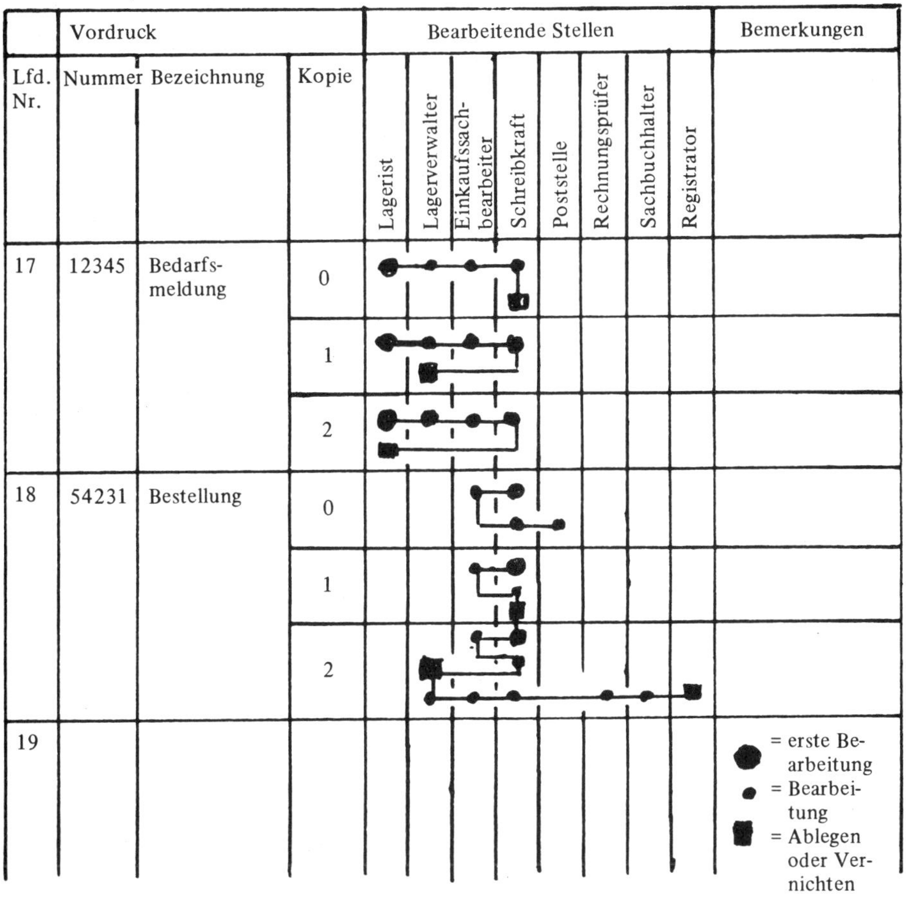

*) entnommen aus: Müller-Pleuss, a.a.O., S. 59

Kontrollfragen zu Abschnitt 4436

1. Worin unterscheiden sich Vordruckstammbaum und Vordruckdurchlaufplan von Arbeitsablaufdarstellungen?
2. Welche Erkenntnisse können sich im Hinblick auf organisatorische Schwachstellen aufgrund eines Vordruckstammbaums ergeben?
3. Stellen Vordruckstammbaum und -durchlaufplan alternative Darstellungsmöglichkeiten dar? Begründen Sie Ihre Antwort!

444 Verzeichnis der Sachmittel

Die Erfassung der Prozeßstruktur schließt die Aufnahme der bei der Aufgabenerfüllung eingesetzten Sachmittel (Arbeitsmittel, Arbeitsunterlagen) ein. Im Hinblick auf eine kritische Durchleuchtung des Istzustandes (insbesondere Verfahrensvergleich, s. Punkt 51) ist eine Vielzahl von Informationen erforderlich, die sinnvollerweise in einem Sachmittelverzeichnis systematisch zusammengefaßt werden.

4441 Verzeichnis der Arbeitsmittel

In einem Verzeichnis der Arbeitsmittel (u.a. Maschinen, maschinelle Anlagen, Geräte, Büromöbel) sind die ablaufspezifischen Maschinen/Geräte (die in einem Arbeitsablauf eingesetzten) im Hinblick auf folgende Informationen zu erfassen.[272]

- Einsatzort (Arbeitsplatz)
- Sachmittelart und Menge (technische Daten)
- im Arbeitsablauf . . . . . eingesetzt
- Einsatzzeiten
- verfügbare und genutzte Kapazität
- technischer Zustand (Brauchbarkeit)
- Anschaffungswerte, Restwerte, Reparaturen- und Wartungskosten.

Die vorstehenden Informationen können z.T. aus Unterlagen des Rechnungswesens (Anlagenkartei, Anlagenverzeichnis) gewonnen werden bzw. mit Hilfe der Erfassungstechniken Fragebogen bzw. Interview.

4442 Verzeichnis der Arbeitsunterlagen

Neben den Arbeitsmitteln werden als weitere Sachmittel Arbeitsunterlagen (u.a. Karteien, Tabellen, Listen, Nachschlagewerke, Referenzbücher, Verzeichnisse) eingesetzt, die dem Aufgabenträger bei der Aufgabenerfüllung als Informationsquelle zur Verfügung stehen. Auch diese eingesetzten Arbeitsunterlagen sind systematisch in Verzeichnissen im Hinblick auf folgende Angaben zu erfassen:

- Arbeitsplatz
- Art der Verzeichnisse und deren Informationsgehalt
- im Arbeitsablauf . . . . . eingesetzt
- Informationsstand (letzter Termin einer Änderung → Änderungsdienst)

---

272 vgl. Müller-Pleuss, J.H., a.a.O., S. 60; Steinbuch, P., a.a.O., S. 254 ff.; Acker, H.B., Organisationsanalyse, a.a.O., S. 91

Die erforderlichen vorstehenden Informationen sind im Rahmen einer Dokumentenanalyse zu gewinnen.

45 Organisationshandbuch

Das Organisationshandbuch ist eine systematische Zusammenfassung aller orgnisatorischen Regelungen und Vorschriften, die sich auf die Gebilde- und Prozeßstruktur beziehen.[273] Es sollte grundsätzlich alle Regelungen und Vorschriften beinhalten, die im Wege von Organisationsanweisungen, Dienst-/Geschäftsanweisungen, Arbeitsanweisungen, Rundschreiben und Betriebsvereinbarungen in Kraft gesetzt worden sind. Die Aufgaben (Zielsetzung) eines Organisationshandbuches sind zu sehen in:[274]

- Unterweisungsmittel für alte und neue Mitarbeiter
- aktuelles Nachschlagewerk zur schnellen Informationsgewinnung
- Sicherung und Weiterentwicklung aller organisatorischen Regelungen und Vorschriften (Abstimmung organisatorischer Teillösungen)
- Klarlegung der Unternehmensziele (Unternehmensphilosophie)
- Praktizierung eines bestimmten Führungsstils.

Übereinstimmend weisen die meisten OR-Handbücher folgende Gliederungsthematik auf.

1. Einleitung:	sie beinhaltet neben einem Vorwort und dem Inhaltsverzeichnis eine Benutzeranleitung, in der der Aufbau und das angewandte Klassifizierungssystem dargelegt werden.
2. Allgemeiner Teil:	er kann im einzelnen umfassen: • Unternehmensziele • Unternehmenspolitik • Geschäftsgrundsätze • Satzung des Unternehmens (bei AG) • Betriebs-/und Dienstordnung • Unternehmensgeschichte • Grundsätze für die Mitarbeiterbeurteilung • Richtlinien für die Bewertung von Arbeitsplätzen
3. Regelungen der Gebildestruktur	• Organisationsschaubilder • Stellenbesetzungspläne • Stellenbeschreibungen • Funktionendiagramme • Unterschriftsregelungen (extern, intern)
4. Regelungen der Prozeßstruktur	• Arbeitsablaufdarstellungen • Verfahrensregelungen • Arbeitsanweisungen • Datenfluß- und Programmablaufpläne

273 vgl. Blohm, H., Organisation . . . , a.a.O., S. 216; Kieser, A., Kubicek, H., a.a.O., S. 141; Sommer, W., a.a.O., S. 217; Handlexikon Organisation, a.a.O., S. 70
274 vgl. Steinbuch, P., a.a.O., S. 323; Schmidt, G., a.a.O., S. 231

5. Anhang: Der Anhang beinhaltet in der Regel

- Formularverzeichnis
- Richtlinien über das Vordruckwesen einschließlich Vordrucksammlung
- Organisationsmittelverzeichnis
- Raum- und Wegpläne
- Sachwortverzeichnis
- Änderungsnachweis

Als formale Gestaltungskriterien eines OR-Handbuches sind zu nennen:

- Lose-Blatt-Form (Ringbuch)
- DIN A 4-Format (vorzugsweise hoch)
- dekadische Numerierung nach Sachgebieten und Informationsarten (Organisationsanweisung, Dienst-/Geschäftsanweisung usw.)
- Einsatz von farblich unterschiedlichen Papieren (Erleichterung von Suchvorgängen)

Grundsätzlich ist zum Aufbau und der Pflege eines OR-Handbuches folgendes festzustellen:

- relativ hohe Kosten der Erstanlage und der laufenden Unterhaltung
- nur ein den laufenden Änderungen angepaßtes OR-Handbuch kann die angestrebte Zielerreichung (s.o.) gewährleisten
- Erstellung und Änderungsdienst für das OR-Handbuch ist Aufgabe der Organisationsabteilung oder der für Organisationsfragen zuständigen Stelle.

Aufgrund des Umfanges und der Vielgestaltigkeit organisatorischer Regelungen kann es sich als sinnvoll erweisen, das OR-Handbuch in einzelne Handbücher zu untergliedern

- Handbuch für das Gesamtunternehmen
- Handbuch für einzelne Unternehmensbereiche
- Handbuch für einzelne Arbeitsabläufe

Durch die Untergliederung ist es möglich, den Mitarbeitern des Unternehmens eine gezielte Informationsunterlage zur Verfügung zu stellen und eine Informationsflut mit ihren negativen Auswirkungen („Informationsparadoxon“) zu vermeiden.

Kontrollfragen zu Abschnitt 45

1. Was versteht man unter einem Organisationshandbuch?
2. Welche möglichen Zielsetzungen verfolgt das Unternehmen mit der Einführung eines Organisationshandbuches?
3. Nennen Sie die organisatorischen Regelungen, die in einem Organisationshandbuch zusammengefaßt werden sollten!
4. Wann kann es sinnvoll sein, eine Untergliederung in einzelne Handbücher vorzunehmen?
5. Was versteht man unter dem „Informationsparadoxon“?

Literatur zur Vertiefung:

Acker, H.B., Organisationsanalyse, Verfahren und Techniken praktischer Organisationsarbeit, 8. Aufl., Baden-Baden und Bad Homburg 1975, S. 78–91

Adams, K., Kiederich, K., Systemanalyse,Arbeitstechniken der EDV-Organisation, Köln-Opladen 1973

Blohm, H., Organisation, Information und Überwachung, 3. Aufl., Wiesbaden 1977, S. 217–233

Buschardt, D., Zur rationellen Organisation von Arbeitsabläufen, Berlin 1973

Feurer, W.E., Brevier der Arbeitsvereinfachung, Schriftenreihe des Instituts für Betriebswirtschaft der Hochschule St. Gallen, 2. Aufl., Bern/Köln und Opladen 1968

Helbig, M., Vordrucke – Gestalten – Verwalten – Verwenden, Aachen 1965

Jordt, A., Gscheidle, K., Fernkurs für Organisation, Wiesbaden o.J., Lehrbrief 5

dieselben, Ist-Aufnahme von Arbeitsabläufen in Büro und Verwaltung, in: Industrial-Engineering 1971, Heft 1

dieselben, Ist-Aufnahme und Analyse von Arbeitsabläufen, in: bto, 24. Jg. 1970, S. 459 ff., 663 ff., 881 ff., 1051 ff., 25. Jg. 1971, S. 145 ff.

Laszio, H., Wirkungsvolle Darstellung von Arbeitsabläufen, in: bto, 19. Jg. 1969, S. 35 ff.

Müller-Pleuss, J.H., Organisationsmethoden, 3. Aufl., Heidelberg 1972, S. 35–63

Schmidt, G., Organisation, Methode und Technik, 2. Aufl., Gießen 1975, S. 175–234

Schwarze, J., Netzplantechnik, 4. Aufl., Herne/Berlin 1979

Schweitzer, M., Probleme der Ablauforganisation in Unternehmen, Berlin 1964

Simon, G., Organisationshandbücher sind selten perfekt, in: bto, 26. Jg. 1972, Heft 5

Sommer, W., Handbuch für Systemorganisation, Berlin, New York 1971, S. 221–243, S. 436–462

Steinbuch, P., Organisation, Ludwigshafen 1977, S. 257 ff.

Thumb, N., Grundlagen und Praxis der Netzplantechnik, München 1968

Vieregg, J., Bestandteile, Gliederung und System eines Organisationsbuches, in: ZfO, 1964, S. 121 ff.

Wunderlich, L., Netzplantechnik für den Leiter, Grundlagen – Beispiele – Übungsaufgaben, Berlin 1969

Zimmermann, H.-J., Netzplantechnik, Berlin – New York 1971

5 Verfahren der Istkritik

Der Aufnahme des Istzustandes und dessen Dokumentation folgt die Istkritik (auch als Analyse des Istzustandes bezeichnet). Mithin sind eine vollständige Istaufnahme und eine klare und aussagefähige Dokumentation unabdingbare Voraussetzungen. Die Kritik muß konstruktiv sein, denn nur so kann sie zu einer Verbesserung der organisatorischen Regelungen führen. Ihre Zielsetzung ist wie folgt zu sehen:

- Erkennen organisatorischer Schwachstellen und Mängel des Untersuchungsbereiches (Probleme und Ursachen)
- Kenntlichmachung der Ansatzpunkte für die Realisierung der speziellen Zielsetzung der Organisationsuntersuchung (z.B. Verkürzung der Durchlaufzeiten, Beseitigung von Engpässen, Einführung eines EDV-Systems).

Beide Zielsetzungen können im Rahmen der Istkritik simultan Berücksichtigung finden, denn die einzusetzenden Techniken sind dieselben und die Zielsetzungen kompatibel.

51 Methodische und inhaltliche Grundlagen

Alle bisher entwickelten Techniken der Istkritik (Schwachstellenkatalog, Prüffragenkatalog, Prüfmatrix) weisen außer der vorstehend dargelegten Zielsetzung in mehr oder minder großem Umfange Gemeinsamkeiten im Hinblick auf ihre methodischen und inhaltlichen Grundlagen auf.

Methodische Grundlagen [274a]

Für das Erkennen von Problemen und den ihnen zugrundliegenden Ursachen hat sich unabhängig von einer konkreten Situation eine Systematik entwickelt, die man als systematische Problemanalyse bezeichnet. Sie beinhaltet folgende Schritte:

1. Problemerkennung
Ein Problem wird dadurch ersichtlich, daß zwischen Ist (Istaufnahme) und einer Zielsetzung (Soll) negative Abweichungen festgestellt werden (negative Problemerkennung) bzw. sich Abweichungen durch Veränderungen der Zielsetzung (neues Soll) ergeben werden (positive Problemerkennung). Da bei der Problemerkennung häufig nur die Symptome und nicht die zugrundeliegenden Ursachen offenbar werden, wird als nächster Schritt eine Problemdefinition erforderlich.

2. Problemdefinition
Das Problem ist genau im Hinblick auf Zeit, Ort und Umfang zu beschreiben. Weiterhin ist der Problembereich gegenüber angrenzenden Bereichen exakt abzugrenzen. Als weiterer Schritt folgt die

3. Problembedeutung
Um die Bedeutung des Problems ermessen zu können, ist die Auswirkung auf den Zielerreichungsgrad festzustellen. Denn bei Vorliegen mehrerer Probleme kann nur

---

274a vgl. zu den folgenden Ausführungen: Steinbuch, P., a.a.O., S. 49 ff.; Schmidt, G., a.a.O., S. 237 ff.; Kepner, Ch.H., Tregoe, B.B., Management-Entscheidungen vorbereiten und richtig treffen, 3. Aufl., München 1971, S. 53 ff.

so eine Prioritätenfolge festgelegt werden. Anderenfalls würden die Probleme zunächst einer Lösung zugeführt, für die Lösungen relativ einfach zu entwickeln sind, aus denen sich aber Beschränkungen für die Lösungsmöglichkeiten von Problemen höherer Priorität ergeben könnten.

4. Problemursachen

Um für die erkannten Probleme Lösungen erarbeiten zu können, müssen die zugrundeliegenden Ursachen identifiziert und auf ihre Richtigkeit überprüft werden. Hierfür hat sich folgende Systematik herausgebildet[274 b]:

- Beschreibung des Ist und Ist-Nicht

Die Beschreibung des Ist und Ist-Nicht erfolgt auf der Basis der vier Grundfragen was, wo, wann, wieviel. Damit werden die notwendigen Informationen über Objekt und Problematik (Fehler, Mangel usw.), Ort und Lage des Problems in bezug auf das Objekt, Zeitpunkt/Zeitraum des Auftretens und Umfang gewonnen.

Beispiel:

Fragestellung	Information	Ist	Ist-Nicht
was?	Objekt/ Problematik	Fakturierung fehlerhaft	Fakturierung
wo?	Ort	Fakturierautomat A	Fakturierautomat A
wann?	Zeitpunkt/ Zeitraum	Monatsende (15.–20./21. Arbeitstag)	Monatsanfang und -mitte (1.–14. Arbeitstag)
wieviel?	Umfang	10 %	1 % (normal).

- Ermittlung der Besonderheiten

Durch den Vergleich von Ist und Ist-Nicht ergeben sich die Besonderheiten. (Bezogen auf das obige Beispiel: am Monatsende werden 80 % aller Fakturen erstellt.)

- Ermittlung der Veränderungen bei den Besonderheiten

Es wird die Frage gestellt: „Was hat sich bei den Besonderheiten geändert bzw. ist die Besonderheit selbst eine Veränderung?"

(Bezogen auf das vorstehende Beispiel: Ursprünglich war das Fakturenvolumen gleichmäßig über den gesamten Monat verteilt — Besonderheit selbst eine Veränderung.)

- Ermittlung der Ursachen (Hypothesenbildung)

Die Ursachen für die Veränderung werden gesucht.

(Bezogen auf das Beispiel: Übergang von Einzel- auf Sammelrechnungen zum Monatsende.)

- Prüfung der Ursachen (Test und Beweis)

Überprüfung, ob die erkannte Ursache sowohl das Ist als auch das Ist-Nicht erklärt. Der Beweis kann durch einen praktischen Versuch erbracht werden.

Auf der Basis dieser Problemanalyse kann dann anschließend eine Problemlösung (Sollkonzeption) erarbeitet werden.

247b Die nachfolgende Systematik geht auf Kepner/Tregoe zurück; vgl. Kepner, Ch.H., Tregoe, B.B., a.a.O., S. 89 ff.

Inhaltliche Grundlagen

Weiterhin kann unabhängig von den einzusetzenden Techniken die Istkritik inhaltlich in zwei Phasen gegliedert werden, in die Grundsatzkritik und die Verfahrenskritik.[275]

- Grundsatzkritik (Grundlagenanalyse)

Zunächst hat der Organisator die Frage nach der Notwendigkeit eines organisatorischen Tatbestandes zu stellen. Diese Frage nach Ursache und Zweck läßt erkennen, ob eine Aufgabenerfüllung (und damit vielleicht eine Aktionseinheit), ein Arbeitsablauf, eine Verrichtung, der Einsatz eines Sachmittels usw. im Hinblick auf die konkrete Zielsetzung erforderlich ist. Es handelt sich hierbei um die Beantwortung der Fragestellung: „Wie wirkt sich das Nichtvorhandensein eines organisatorischen Tatbestandes, z.B. fehlende Aufgabenerfüllung, Wegfall einer Verrichtung, auf den Zielerreichungsgrad des Unternehmens/Untersuchungsbereiches aus?“ Ist eine negative Auswirkung weder kurz-, mittel- noch langfristig feststellbar, kann der entsprechend hinterfragte organisatorische Tatbestand ersatzlos entfallen. Damit ist eine wirksame Vereinfachung erzielt, denn der organisatorische Tatbestand entfällt für eine weitere organisatorische Untersuchung. Als typische Beispiele können genannt werden:[276]

- Verrichtungen und/oder Verrichtungsfolgen werden mehrfach durchgeführt (Doppelarbeiten, Mehrfacharbeiten z.B. eine Anlagenkartei gleichen Inhalts wird von mehreren Stellen – Buchhaltung, Betriebsabrechnung, technischer Einkauf – geführt).
- der ursprüngliche Grund für eine Aufgabenerfüllung ist zwischenzeitlich entfallen (Statistiken, Abrechnungen, Kontrollen)
- Grundlagen (insbesondere gesetzliche) der Aufgabenerfüllung haben sich verändert (z.B. Verkürzung der gesetzlichen Aufbewahrungsfristen, Anerkennung von Mikrofilmablagen/-registraturen)
- betriebsfremde oder für die Zielerreichung bedeutungslos gewordene Aufgabenerfüllungen (z.B. Unterhalt einer Kfz-Werkstatt nach Abschaffung betriebseigener Kraftfahrzeuge, Vorhandensein einer Mahnabteilung bei Factoring)
- das Kosten/Nutzenverhältnis einer Aufgabenerfüllung ist nicht mehr tragbar (z.B. überflüssige Statistiken, Erstellen betrieblicher Kennzahlen).

Praktische Erfahrungen zeigen, daß sich häufig auf der Basis einer Grundsatzkritik größere Rationalisierungserfolge erzielen lassen als vor Durchführung einer Organisationsuntersuchung vermutet wird. Dies ist dadurch bedingt, daß im Unternehmen organisatorische Teillösungen realisiert wurden, bei denen der Gesamtzusammenhang aller organisatorischen Regelungen aufgrund der Komplexität übersehen bzw. nicht ausreichend berücksichtigt wurde.

Weiterhin ist im Rahmen der Grundsatzkritik die Frage zu stellen, ob Aufgaben nicht erfüllt werden, deren Erfüllung aber im Hinblick auf die Zielsetzung erforderlich ist (Grundlage dieser Fragestellung ist eine Aufgabenanalyse). Diesbezügliche Aufgabenerfüllungen sind bei der Entwicklung einer Sollkonzeption zu berücksichtigen.

---

275 vgl. Müller-Pleuss, J.H., a.a.O., S. 65; Feurer, W.E., a.a.O., S. 47

276 vgl. Acker, H.B., Organisationsanalyse . . . , a.a.O., S. 39; Feurer, W.E., a.a.O., S. 47; Müller-Pleuss, J.H., a.a.O., S. 65

- Verfahrenskritik

Die aufgrund der Grundsatzkritik als notwendig erkannten organisatorischen Tatbestände sind in einem zweiten Schritt einer Verfahrenskritik zu unterziehen. Dabei ist wie folgt vorzugehen:[277]

1. Zunächst ist zu prüfen, ob eine fehlerhafte und/oder unzweckmäßige Gestaltung vorliegt; denn für die Gestaltung der Gebilde- und Prozeßstruktur gibt es organisatorische Grundsätze, die es zu beachten gilt (Grundsätze der Aufgaben- und Arbeitssynthese).
2. Vergleich der im Istzustand realisierten Vorgehensweisen mit alternativen Lösungsmöglichkeiten, d.h. es werden die Vor- und Nachteile des Ist im Vergleich zu möglichen Alternativen unter den Gesichtspunkten wie z.B. Produktivität, Wirtschaftlichkeit, Rentabilität, Durchlaufzeiten herausgearbeitet.

Dieses schrittweise Vorgehen ist erforderlich, denn der Vergleich des Ist mit alternativen Lösungsmöglichkeiten ist nur zulässig, wenn zuvor das Ist von fehlerhaften und/oder unzweckmäßigen Gestaltungen (Regelungen) bereinigt wurde. Neben der inhaltlichen Unterscheidung der Istkritik in Grundlagen- und Verfahrenskritik kann im Hinblick auf den Umfang noch unterschieden werden in Gesamt- und Teilanalysen.

- Gesamtanalyse: dies kann einerseits bedeuten, daß das gesamte Unternehmen mit all seinen Teilbereichen einer Analyse unterworfen wird und/oder zum anderen, daß alle Systemmerkmale in die Untersuchung einbezogen werden.
- Teilanalyse: hier werden nur Teilbereiche des Unternehmens und/oder nur bestimmte Systemmerkmale in der Untersuchung berücksichtigt.

Ob eine Gesamt- oder Teilanalyse durchgeführt wird, hängt von dem erteilten Organisationsauftrag ab.

Im Hinblick auf die bei der Istkritik eingesetzten Techniken kann zwischen systematischen und zufallsabhängigen Techniken unterschieden werden. Als systematische Technik ist die Prüfmatrix zu bezeichnen, als zufallsabhängig Schwachstellen- und Prüffragenkataloge (Checkliste).[278] In den folgenden Ausführungen soll nun näher auf dieseMethoden eingegangen werden.

52 Schwachstellenkatalog

Unter Schwachstellen der Organisation werden realtypische, komplexe Mängel der Organisation verstanden, zu denen auch die Nichtbeachtung bewährter organisatorischer Grundsätze gehört.[278a] Die diesbezüglichen Erfahrungen praktischer Organisationsarbeit wurden gesammelt und zu sog. Schwachstellenkatalogen verdichtet. Aufgrund der Beschreibung häufig festgestellter Schwachstellen läßt sich in der konkreten Situation prüfen, ob entsprechende Schwachstellen vorhanden sind.

Da sich Schwachstellen bei allen organisatorischen Regelungen ergeben können, hat es sich als sinnvoll erwiesen, Schwachstellenkataloge für einzelne Sachbereiche zu

---

277 vgl. Acker, H.B., Organisationsanalyse . . . , a.a.O., S. 39; Feurer, W.E., a.a.O., S. 47; Müller-Pleuss, J.H., a.a.O., S. 65

278 vgl. Schmidt, G., a.a.O., S. 237

278a vgl. Blohm, A., Organisation . . . , a.a.O., S. 144

entwickeln. So sind spezielle Schwachstellenkataloge u.a. für folgende Bereiche erarbeitet worden:

- Berichtswesen[278b]
- Investitionsbereich[278c]
- Formularwesen[278d]
- Arbeitsstrukturierung[278e]

Sind aufgrund des Schwachstellenkataloges organisatorische Mängel festgestellt worden, so sind in einem weiteren Schritt die zugrundeliegenden Ursachen zu ermitteln, um Ansatzpunkte für die notwendige Mängelbeseitigung zu gewinnen.

„Die Schwachstellenmethode hat einen negativen Akzent; sie heilt oder beugt allenfalls vor ... Sie ist eine Rationalisierungsmethode, weniger eine Methode der schöpferischen Neugestaltung".[278f] Weiterhin hängt der Erfolg dieser Methode von der Vollständigkeit des eingesetzten Schwachstellenkataloges ab. Damit bekommt das Erkennen von Schwachstellen auf der Grundlage dieser Kataloge einen gewissen Zufallscharakter.

53 Prüffragenkatalog

Der Prüffragenkatalog, auch als Prüfliste bezeichnet, ist eine Technik zur Auffindung organisatorischer Schwachstellen und Mängel, „eine Zusammenstellung von Fragen, die für jeden organisatorischen Sachverhalt gestellt werden sollen, um keine wesentlichen Gesichtspunkte der Beurteilung außer acht zu lassen und um die Vollständigkeit zu erreichen".[279]

Zwei wesentliche Mängel werden dieser Technik häufig angelastet, nämlich Unsystematik und das Fehlen eines „allgemeinen Gerüstes", um alle Probleme angehen zu können.[280] Wie eine Analyse der zugängigen Prüffragenkataloge[281] zeigt, ist eine fehlende Systematik nicht feststellbar, wohl aber keine einheitliche Gliederung der Prüflisten. So sind z.B. folgende Gliederungssysteme auffindbar.

Acker:[282]

1. Fragen zur Gebildestruktur
1.1 Allgemeine Organisation (Organisationsstruktur im allgemeinen)
1.2 Führungsorganisation
1.3 Informelle Organisation
2. Fragen zur Prozeßstruktur
2.1 Zweck der Verrichtung

278b vgl. Blohm, H., Die Gestaltung des betrieblichen Berichtswesens als Problem der Leitungsorganisation, 2. Aufl., Herne/Berlin 1974, S. 53 ff.

278c Blohm, H., Lüder, K., Investition, Schwachstellen im Investitionsbereich des Industriebetriebes und Wege zu ihrer Beseitigung, 4. Aufl., München 1978

278d Joschke, H.K., Formular-Handbuch für die kaufmännische Verwaltung, München 1964, S. 94–97

278e Rühl, G., Untersuchungen zur Arbeitsstrukturierung, in: Industrial Engineering (REFA), 3 (1973) 3, S. 147–197

278f Blohm, H., Die Gestaltung des ..., a.a.O., S. 53

279 Handlexikon Organisation, a.a.O., S. 77

280 vgl. Schmidt, G., a.a.O., S. 251

281 siehe u.a. Acker, H.B., Organisationsanalyse ..., a.a.O., S. 69 ff.; Sommer, W., a.a.O., S. 158 ff.; Schmidt, G., a.a.O., S. 289 ff.; Seidel, N., Büro-rationalisiertest, Quickborn o.J.; derselbe, Organisier-test, Quickborn o.J.

282 vgl. Acker, H.B., Organisationsanalyse ..., a.a.O., S. 69 ff., 94 ff.

2.2 Zusammenwirken der Verrichtungen
2.3 Kontrollanforderungen
2.4 Gestaltung der Arbeitsobjekte
2.5 Transport der Arbeitsobjekte
2.6 Gestaltung der Arbeitsplätze, Maschinen und Hilfsmittel.

Sommer:[283]

1 Fragen zur Planung
 11 Umfang und Inhalt
 12 Planungsprozeß
2 Fragen zur Organisation
 21 Strukturelle Organisation
 22 Delegation von Kompetenzen und Festlegung von Verantwortung
 23 Dienstwege und Informationskanäle
3 Fragen zur Stellenbesetzung
 31 Personaleinsatz
 32 Ausbildung
4 Fragen zu Beziehungen nach innen und außen
 41 Interne Beziehungen
 42 Externe Beziehungen
 43 Raumordnung
5 Fragen zur Kontrolle
 51 Vorgaben zur Leistungsmessung
 52 Berichtswesen und Kontrolle
 53 Formular (Vordruck-)wesen

Schmidt:[284]

1 Prüffragen zur formellen Organisation
 11 Allgemeine Fragen
 12 Gliederungssysteme, Stellen und Abteilungsbildung
 13 Kommunikationssystem
 14 Sachmitteleinsatz
2 Prüffragen zur informellen Organisation

Diese Gliederungen zeigen, daß alle wesentlichen organisatorischen Regelungen einer Analyse unterzogen werden. Die Effektivität der Prüflisten hängt damit weniger von ihrer Gliederung als vielmehr von den den einzelnen Komplexen zugeordneten Fragen ab. Es lassen sich zwei Gruppen von Fragen[285] unterscheiden. Die erste Fragengruppe ergibt sich aus einer rein logischen Betrachtung des Untersuchungsgegenstandes. Die Fragen basieren in erster Linie auf dem „Allgemeinen Organisationswissen", d.h. auf den grundsätzlichen Kenntnissen über die Gestaltung der Gebildestruktur (z.B. Aufgabenverteilung, Bildung von Aktionseinheiten, Zentralisation/Dezentralisation) und der Prozeßstruktur (z.B. personale, temporale und lokale Synthese).

Die zweite Fragengruppe basiert auf Erfahrungen, die im Rahmen der praktischen Organisationsarbeit gesammelt wurden. Sie beziehen sich auf Verfahrensregelungen und Lösungen, die sich, in vielen Fällen angewandt, als zweckmäßig erwiesen haben.

---

283 vgl. Sommer, W., a.a.O., S. 198 ff.
284 vgl. Schmidt, G., a.a.O., S. 289 ff.
285 vgl. Acker, H.B., Organisationsanalyse . . . , a.a.O., S. 40

Da jeder Untersuchungsbereich anders strukturiert ist und die Problemstellungen unterschiedlich sind, ist es erforderlich, die Prüffragen im Hinblick auf den jeweils vorliegenden Sachverhalt zu konkretisieren. Die vorliegenden Prüffragenkataloge sind daher zu sehen als Basis für die Aufstellung dieser speziellen Prüflisten (vgl. Anlage 11). Damit werden die Kenntnisse und die Fähigkeiten des Organisators von entscheidender Bedeutung für die Effektivität der Prüflisten.[286]

54 Prüfmatrix

Aus der Kritik an der Technik der Prüflisten ist die Methode der Prüfmatrix entwickelt worden.[287] „Prüfmatrizen dienen einer gezielten Mängel-Ursachen-Analyse. Organisatorische Mängel können sich zeigen bei der

- Aufgabenerfüllung, den
- Aufgabenträgern und den
- Sachmitteln."[288]

Die Mängelursachen können gesehen werden zum einen in der Leistungserstellung (Aufgabenerfüllung), die als ein Kombinations- und Transformationsprozeß angesehen werden kann (Kombination der Stellenaufgaben, Kombination der Stellen, raum-/zeitliche Strukturierung), zum anderen im Input (Aufgabenträger, Sachmittel, Informationen) dieses Prozesses.

Auf Basis einer Detaillierung der Mängel und der möglichen Mängelursachen wird eine Matrix gebildet. Im Schnittpunkt von Mängeln und möglichen Mängelursachen sind die tatsächlichen Mängel zu identifizieren. „An jedem Schnittpunkt von möglichem Mangel und möglichen Mängelursachen bieten sich problembezogene, eingeengte und systematisierte Ursache/Wirkung-Aussagen an. Durch den methodischen Zwang, alle möglichen Ursachenkategorien im Hinblick auf die vorgegebene Mängelsystematik durchzuprüfen, steigt die Wahrscheinlichkeit, die tatsächliche Ursache zu finden. Zusätzlich wird methodisch sichergestellt, daß die Suche nicht abgebrochen wird, sobald eine Ursache entdeckt wurde."[289]

Abb. 52/53: Prüfmatrix *)

Mängel im Ergebnis	Mängelursachen		
Aufgabenerfüllung	Kombination der Stellenaufgaben – Art der Stellenbildung	Kombination der Stellen	Raum-/zeitliche Strukturierung
Überflüssige Aufgaben			
Grundsätzlich überflüssig	Fehlende Aufgabenrationalisierung (traditionelle Aufgaben); fehlende Stellenbeschreibung. Zu geringe Ziel- und/oder Mittelvorgabe.	Auf der entsprechenden Ebene überflüssig. Zuviele Hierarchieebenen. Keine klaren Gliederungsprinzipien.	Zu lange Transportwege; unnötige Verrichtungen (Briefträgerfunktionen z.B.)

286 Im Rahmen der EDV-Organisation haben die Checklisten eine relativ große Bedeutung erlangt. So haben die verschiedenen EDV-Hersteller für die unterschiedlichen Sachverhalte spezielle und sehr detaillierte Checklisten entwickelt.

287 vgl. Schmidt, G., Organisationsanalyse, Istkritik als Stufe des Organisationsprozesses, in: ZfO, 41. Jg., 1972, S. 9 ff.; derselbe, Organisation . . ., a.a.O., S. 241 ff.

288 Schmidt, G., Organisation . . . , a.a.O., S. 241

289 Schmidt, G., Organisation . . . , a.a.O., S. 251

Mängel im Ergebnis	Mängelursachen		
Aufgabenerfüllung	Kombination der Stellenaufgaben – Art der Stellenbildung	Kombination der Stellen	Raum-/zeitliche Strukturierung
Doppelarbeiten Notwendige Aufgaben Nicht erfüllt Grundsätzlich	Mehrfach verteilt; nicht explizit verteilt; nicht hinreichend präzis verteilt.	dto.	
Gesamtaufgabe	Nicht verteilt, mehrfach verteilt (jeder verläßt sich auf den anderen); Stelle dauernd überlastet; erforderlicher Berufstyp nicht vorhanden; notwendige Qualifikationskombination nicht zu erreichen.	Stellen zu tief / zu hoch eingeordnet. Zu breite Leitungsspannen. Falsches Koordinationskriterium (Gliederung nach Raum statt nach Abnehmern z.B.). Unscharfe Abgrenzung der Weisungsbeziehungen.	Fehlende Einsatzfaktoren (nicht rechtzeitig beschafft): fehlende Kapazitäten (anderweitig verfügt).
Planung	dto., zusätzlich: Zuviel Routine verdrängt Planung; Initiativpflicht fehlt.		
Entscheidung	dto., zusätzlich: Aufgabe ohne Kompetenz.	wie oben	
Realisation	dto.		
Kontrolle	dto., zusätzlich: Eigen- statt Fremdkontrolle.		
Gelegentlich	wie oben		
Schlecht erfüllt Erfüllungsqualität: Übertrieben Zu gering Fehlerhaft Unvollständig Ungeeignet	Nicht hinreichend präzisiert; nicht ausgelastet (quantitativ und/oder qualitativ); stellenbedingte Präferenzen für Teilaufgaben. Qualitatives Niveau der Aufgabenerfüllungsansprüche ungleich / zu gering / zu hoch. Stelle zeitlich überlastet (für wichtige Aufgaben?). Zuviel Eigenkontrolle; unzureichende Spezialisierung; fehlende Möglichkeit der Leistungsmessung. Keine Klarheit über Zuständigkeiten bei Toleranzabweichungen.	Stellen zu hoch / zu tief eingeordnet; zu geringe Leitungsspanne. Falsches Koordinationskriterium. Zu niedrig / zu hoch eingeordnet. Zu große Leitungsspanne. Gleichrangige Stellen nicht gleichgewichtigt – Stabilität. Dominanz von Stellen gegenüber anderen unter dem gleichen Leiter (zwangsläufige, stets gleichgerichtete Parteinahme bei Interessenkonflikten). Leistungsmessung erschwert. Einfache / mehrfache Weisungsbeziehungen. Unscharfe Abgrenzung der Weisungsbeziehungen.	Zu kurze Bearbeitungs-, Transport-, Rüst-, Lagerzeiten, zu lange Bearbeitungs-, Transport-, Rüst-, Lagerzeiten, zu kurze / lange Zeiten für Informationsverarbeitung und -überarbeitung.

Mängel im Ergebnis	Mängelursachen		
Aufgabenerfüllung	Kombination der Stellenaufgaben – Art der Stellenbildung	Kombination der Stellen	Raum-/zeitliche Strukturierung
Erfüllungspunkt			
Zu früh fertig	Nicht ausgelastet.	Zu hoch eingeordnet. Zu kleine Leitungsspanne.	Unzweckmäßige Reihenfolge der Arbeitsgänge; zu lange Rüst-, Verarbeitungs-, Transport-, Lagerzeiten; zu lange Zeiten für Informationsverarbeitung und -übertragung; diskontinuierlicher Aufgabenanfall; fehlende Kapazitäten; fehlende Einsatzfaktoren; zu lange Transportwege; unzweckmäßige Losgröße.
Zu spät fertig	Zeitlich überlastet.	Zu tief eingeordnet. Falsch zugeordnet. Zu große Leitungsspanne.	
Erfüllungszeitdauer			
Zu lang	Zeitlich überlastet.	Zu tief eingeordnet.	
Zu kurz	Nicht ausgelastet.	Zu hoch eingeordnet.	

Aufgabenerfüllung	Information der Stelle	Aufgabenträger	Sachmittel
Überflüssige Aufgaben			
Grundsätzlich überflüssig	Anstoßinformationen mißverständlich, falsch; Steuerinformationen (Aufgabe, Programm) mißverständlich, falsch, unvollständig.	Beschäftigungstherapie (Frühstücksdirektor), Hobby, quantitativ / qualitativ nicht ausgelastet.	Vorhandenes Sachmittel soll genutzt werden, unzweckmäßiges Sachmittel.
Doppelarbeiten	dto.	dto.	dto.
Notwendige Aufgaben			
Nicht erfüllt			
Grundsätzlich Gesamtaufgabe	Anstoßinformation fehlt (Informationskanal verstopft. Informationen nicht vorhanden); kann nicht entschlüsselt werden, unvollständig. Steuerinformation fehlt, falsch, kann nicht entschlüsselt werden. Zu verarbeitende Information fehlt, kann nicht entschlüsselt werden, unvollständig. Informationsträger nicht normgerecht.	Quantitative oder qualitative Überlastung, nicht motiviert, fehlende Leistungsbereitschaft.	Keine Kapazitäten; quantitativ oder qualitativ unzureichende Kapazitäten.
Planung		dto., zusätzlich: Bevorzugt Routinearbeiten.	
Entscheidung		dto., zusätzlich: Entscheidungsscheu.	
Realisation			
Kontrolle		dto., zusätzlich: Schwache Position.	
Gelegentlich			
Schlecht erfüllt			
Erfüllungsqualität			
Übertrieben	Anstoß-, Steuerungs-, zu verarbeitende Information fehlen, mißverständlich, unvollständig, fehlerhaft. Vergleichsangaben fehlen.	Quantitativ oder qualitativ nicht ausgelastet; subjektive Präferenzen.	Sachmittel qualitativ übertrieben.

Mängel im Ergebnis	Mängelursachen		
Aufgabenerfüllung	Kombination der Stellenaufgaben – Art der Stellenbildung	Kombination der Stellen	Raum-/zeitliche Strukturierung
Zu gering Fehlerhaft Unvollständig Ungeeignet	Anstoß-, Steuerungs-, zu verarbeitende Informationen fehlen, mißverständlich, unvollständig, fehlerhaft; Vergleichsangaben fehlen; Informationen gefiltert; zuviel Information; Information nicht koordiniert (Ausschüsse, Kollegien z.B.); Informell gesteuerte Fehlinformation.	Qualitativ oder quantitativ überlastet; nicht motiviert (fehlende Leistungsbereitschaft), informell bedingte Minderung der Leistung.	Zu wenige Aufgaben auf Sachmittel übertragen? Vorhandene Sachmittel qualitativ oder quantitativ nicht ausreichend, störungsanfällig; schwierige Handhabung.
Erfüllungszeitpunkt Zu früh fertig	Anstoß-, Steuerungs-, zu verarbeitende Informationen fehlen, mißverständlich, unvollständig, fehlerhaft.	Qualitativ oder quantitativ nicht ausgelastet.	Sachmittel quantitativ nicht ausgelastet.
Zu spät fertig Erfüllungszeitdauer Zu lang	Anstoß-, Steuerungs-, zu verarbeitende Informationen fehlen, mißverständlich, unvollständig, fehlerhaft; Vergleichsangaben fehlen; Informationsträger unzweckmäßig – wichtige Informationen schlecht zu erkennen; Informationen unzweckmäßig verdichtet (zu detailliert, zu grob, nicht integriert, zuviele mündliche / schriftliche Information; zuwenig graphisch aufbereitet; zuviel Information; Informationsaufnahme und -abgabe zu langsam.	Quantitativ oder qualitativ überlastet.	Sachmittel quantitativ überlastet, störungsanfällig, schwierige Handhabung.
Zu kurz	Anstoß-, Steuerungs-, zu verarbeitende Informationen fehlen, mißverständlich, unvollständig, fehlerhaft.	Quantitativ oder qualitativ nicht ausgelastet.	Quantitativ nicht ausgelastet.

*) Entnommen aus Schmidt, G., Organisation, Methode und Technik, 2. Aufl., Gießen 1975, S. 249/250

Die vorstehende Matrix zeigt im Vergleich zu den Prüflisten, daß die Mängel und die möglichen Mängelursachen der Matrix in den Prüflisten den Inhalt der Fragen bilden, die sich aus der rein logischen Betrachtung der Sachverhalte ergeben („Allgemeines Organisationswissen"). Die zweite Fragengruppe (Erfahrungen praktischer Organisationsarbeit), die in den Prüflisten enthalten ist, findet hingegen keine Berücksichtigung. Der Vorteil der Prüfmatrix ist darin zu sehen, daß die Suche nach Mängeln und möglichen Mängelursachen, die sich aus einer rein logischen Betrachtung ergeben, systematisiert worden ist. Um aber weitere mögliche Schwachstellen erkennen zu können, ist die Prüfmatrix um einen Prüffragenkatalog zu ergänzen, der die Fragen der zweiten Fragegruppe (basierend auf Erfahrungen praktischer Organisationsarbeit) beinhaltet. Abschließend ist festzustellen, daß über den Einsatz der Prüfmatrix bisher noch keine auswertbaren Erfahrungen vorliegen.[220]

Kontrollfragen zu Abschnitt 5

1. Welche Zielsetzungen werden mit der Istkritik verfolgt?
2. Was ist der Inhalt der systematischen Problemanalyse?
3. Worin unterscheidet sich die Grundsatzkritik von der Verfahrenskritik?
4. Was sind die beiden grundsätzlichen Überlegungen der Verfahrenskritik?
5. Worauf basiert die Technik des Schwachstellenkataloges?
6. Welche Fragekategorien können im Prüffragenkatalog unterschieden werden und auf welchen Überlegungen beruhen sie?
7. Worin ist der Unterschied zwischen Schwachstellenkatalog und Prüffragenkatalog zu sehen?
8. Beschreiben Sie den Aufbau einer Prüfmatrix!
9. Inwiefern stimmen Prüffragenkatalog und Prüfmatrix überein?
10. Ist eine Istkritik unter alleiniger Verwendung der Prüfmatrix als ausreichend zu betrachten?

Literatur zur Vertiefung:

Acker, H.B., Organisationsanalyse, Verfahren und Techniken praktischer Organisationsarbeit, 8. Aufl., Baden-Baden und Bad Homburg vor der Höhe 1975, S. 39–50, S. 94–98

Blohm, H., Die Gestaltung des betrieblichen Berichtswesens als Problem der Leitungsorganisation, 2. Aufl., Herne/Berlin 1974, S. 52 ff.

Feurer, W., Brevier der Arbeitsvereinfachung, 2. Aufl., Köln/Opladen 1968, S. 46 ff.

Horváth, P., Prüfung bei automatisierter Datenverarbeitung, Herne 1971

Kepner, Ch.H., Tregoe, B.B., Management-Entscheidungen vorbereiten und richtig treffen, 3. Aufl., München 1971

Müller-Pleuss, J.H., Organisationsmethoden, 3. Aufl., Heidelberg 1972, S. 65 ff.

Ott, B., Prüfung der Betriebsorganisation, Herne 1972

Schmidt, G., Organisationsanalyse, Ist-Kritik als Phase des Organisationsprozesses, in: ZfO, 41. Jg. 1972, S. 9 ff.

Sommer, W., Handbuch für Systemorganisation, Berlin-New York 1971, S. 140–170

Schuler, M., Organisationsprüfungen mit Hilfe von Arbeitsuntersuchungen, Köln und Berlin 1970

Tumm, G.W., Die neuen Methoden der Entscheidungsfindung, München 1972

---

290 vgl. Steinbuch, P., a.a.O., S. 284

6 Methoden und Techniken der Entwicklung einer Sollkonzeption

„Das Ziel der Ausarbeitung von Varianten des Soll-Zustandes ist, die Struktur, die Kompetenz- und Arbeitszuteilung, die Systeme und Verfahren, die Operationen und die Informationsmittel so zu gestalten, daß sie denselben oder einen erweiterten Zweck in rationellerer, rascherer und zweckmäßigerer Weise erreichen helfen."[291]

Die unter dieser Zielsetzung zu erarbeitenden Sollvarianten stehen in einem engen Bezug zu den vorhergehenden Phasen der Istaufnahme und Istkritik, gilt es doch, praktikable Lösungsvorschläge zu entwickeln. Grundsätzlich stellt die Entwicklung solcher Lösungsalternativen hohe Anforderungen an die Kreativität des Organisators, doch gibt es Techniken, die diesen Teil der Organisationsarbeit unterstützen und erleichtern (konventionelle Technik und Kreativitätstechniken). Unter den erarbeiteten Lösungsalternativen ist dann die auszuwählen (Bewertungsverfahren), die zur Realisierung vorzuschlagen ist.

61 Entwicklung alternativer Sollkonzeptionen

611 Konventionelle Technik

Die konventionelle (traditionelle) Technik besteht darin, daß man Lösungen vergleichbarer Problemstellungen aus anderen Unternehmen und Branchen des In- und Auslandes zu finden sucht. Als mögliche Quellen kommen in Frage:

- eigene Erfahrungen des Organisators, gesammelt in langjähriger praktischer Organisationsarbeit (gilt insbesondere für einen externen Berater),
- schriftliche Berichte in Fachzeitschriften, Fachbüchern, Veröffentlichungen von Unternehmen, die sich aufgrund ihrer Produkte oder Dienstleistungen mit der Lösung von Organisationsproblemen beschäftigen (Büromöbelhersteller, EDV-Hersteller, Hersteller von Organisationsmitteln, Beratungsfirmen usw.)
- persönliche Information (zwischenbetriebliche Fachgespräche, Betriebsbesichtigungen, Kongresse usw.).

Im Hinblick auf die ermittelten Lösungsalternativen ist genauestens zu prüfen, ob die Problemstellung und die Ursachen vergleichbar und die gefundenen Lösungen aufgrund der konkreten betrieblichen Situation realisierungsfähig sind.

Die vorstehende Vorgehensweise basiert auf dem Grundgedanken, daß eine Vielzahl von Problemen gleicher oder ähnlicher Art bereits in anderen Unternehmen gelöst worden ist.

Die Gefahr dieser Vorgehensweise besteht einerseits darin, daß unreflektiert Lösungsalternativen übernommen werden, ohne die Gegebenheiten des konkreten Falles ausreichend zu berücksichtigen. Dies führt entweder dazu, daß nicht der bestmögliche Sollzustand angestrebt wird, bzw. daß sich in der Phase der Realisation vermehrt

---

291 Feurer, W.E., a.a.O., S. 54

Schwierigkeiten ergeben. Andererseits wird durch diese Vorgehensweise die Beseitigung der im Istzustand festgestellten Mängel und Ursachen in den Vordergrund gestellt, eine grundlegende Veränderung der vorgefundenen Gebilde- und Prozeßstruktur wird aber nicht in die Überlegung einbezogen.

Der Vorteil der konventionellen Technik ist darin zu sehen, daß relativ schnell Lösungsvarianten ermittelt werden können.

612 Kreativitätstechniken

Die Kreativitätstechniken, auch als Ideenfindungstechniken bezeichnet, stellen dagegen die Zielsetzung in den Vordergrund, durch die Kombination vorhandenen Wissens und von Erfahrungen vor allem durch Teamarbeit grundlegend neue Lösungsalternativen zu entwickeln. Von der Vielzahl möglicher Kreativitätstechniken sollen im folgenden die in ihren Grundzügen dargestellt werden, die in erster Linie in der Organisationspraxis Verwendung gefunden haben.[292]

Brainstorming (Ideenkonferenz)

Unter Brainstorming (Ideenkonferenz)[292a] wird die Findung alternativer Lösungsmöglichkeiten durch eine ungehemmte assoziierte Ideensamlung in einer Gruppe verstanden, ohne zunächst die Verwertungsmöglichkeiten zu prüfen.[293] In der Praxis haben sich bezüglich der Vorbereitung und Durchführung von Ideenkonferenzen folgende Regeln herausgebildet:[294]

Regeln für die Vorbereitung

- Teilnehmerzahl zwischen 5–12 Personen, die keine rangmäßig großen Unterschiede aufweisen sollten, um Hemmungen der Teilnehmer zu vermeiden (z.B. bei Vorgesetzten und Untergebenen).
- Teilnehmer möglichst unterschiedlichen Erfahrungshorizontes (auch Teilnahme von Nichtfachleuten u.U. sinnvoll).
- Bestimmung eines Moderators
- rechtzeitige Bekanntgabe von Ort, Zeit, Teilnehmer und Themenbereich; die Problemstellung sollte vorher nicht bekanntgegeben werden, um spontane Äußerungen der Teilnehmer sicherzustellen.
- Bereitstellung von Hilfsmitteln zur Visualisierung der Problemstellung (Flip-Chart, Overhead-Projektor, Tafel usw.)
- Sicherstellung einer ungestörten Gruppensitzung (Abschalten des Telefons, kein Zugang für Nichtteilnehmer).

Regeln für die Durchführung:

- Bekanntgabe folgender Sitzungsregeln: keine Kritik oder Bewertung vorgetragener Gedanken; Quantität geht vor Qualität; auch ungewöhnliche Ideen sollen geäußert

---

292 Das Battelle-Institut hat im Rahmen einer Studie 44 unterschiedliche Kreativitätstechniken ermittelt, vgl.: Battelle-Institut, Methoden und Organisation der Ideenfindung, Frankfurt a.M. 1973, S. XI (vgl. Anlagen 12 und 13)

292a Es können insgesamt 9 verschiedene Arten des Brainstorming unterschieden werden: Klassisches Brainstorming, Anonymes Brainstorming, Didaktisches Brainstorming, Destruktiv-konstruktives Brainstorming, „And-also"-Methode, Creative Collaboration Technique, Buzz-Session (Diskussion 66), Imaginäres Brainstorming, SIL-Methode

293 vgl. Handlexikon Organisation, a.a.O., S. 31

294 vgl. Acker, H.B., Organisationsanalyse, a.a.O., S. 43 ff.; Steinbuch, P.A., a.a.O., S. 302 ff.; Schmidt, G., Organisation . . . , a.a.O., S. 256

werden; von anderen Teilnehmern geäußerte Ideen sind weiterzuentwickeln und fortzuführen;

- Vorstellung des Themas und knappe Skizzierung des Problems und der Ursachen, möglichst in visualisierter Form
- zeitliche Begrenzung der Sitzung auf ca. 30 Minuten
- Protokollierung der vorgetragenen Ideen.

Auf der Grundlage des Protokolls sind in einer weiteren Sitzung (dieselben oder andere Mitglieder) die vorgetragenen Ideen zu bewerten und zu gruppieren in

- unbrauchbare Ideen
- unmittelbar verwertbare Ideen
- Ideen, die eine weitere Bearbeitung sinnvoll erscheinen lassen.

Mit der Bewertung unbrauchbarer Ideen sollte man vorsichtig verfahren, da sonst besonders originelle Ideen aus den weiteren Überlegungen ausgeschlossen werden könnten.[295]

Methode 635 (Brainwriting)[295a]

Diese Methode kann aufgrund des höheren Formulierungsgrades als eine Weiterentwicklung des Brainstorming angesehen werden. Der Name dieser Methode beruht darauf, daß sechs Teilnehmer (6) jeweils drei Vorschläge (3) schriftlich zu fixieren haben, die von den übrigen 5 Teilnehmern (5) weiterzuentwickeln sind.

Die Regeln der Vorbereitung entsprechen denen des Brainstorming. Ergänzend tritt die Bereitstellung eines geeigneten Formulars für die schriftliche Fixierung der Vorschläge sowie für deren Weiterentwicklung hinzu.

Regeln der Durchführung:

- Bekanntgabe der Sitzungsregeln: schriftliche Fixierung von drei Lösungsalternativen durch jeden Teilnehmer, Weitergabe an die 5 Teilnehmer, Weiterentwicklung der von den anderen Mitgliedern fixierten Lösungsalternativen.
- Vorstellung des Themas und knappe Skizzierung des Problems und der Ursachen, möglichst in visualisierter Form.
- Zeitliche Begrenzung je Bearbeitungsstation auf ca. 10 Minuten (Gesamtdauer damit ca. 60 Minuten).

Am Ende der Sitzung müssen dann auf den 6 Formularen zusammen 108 Lösungsalternativen (einschl. Modifizierungen) vorliegen.

Es ist auch durchaus denkbar, daß die Teilnehmer nicht an einem Ort zusammenzukommen brauchen. Weiterhin können auch die im Rahmen des Brainstorming erarbeiteten unmittelbar verwendbaren Ideen bzw. die Ideen, die eine weitere Bearbeitung sinnvoll erscheinen lassen, dieser Procedur unterworfen werden.

CNB-Methode[295b]

Die CNB-Methode (Collective-Notebook = gemeinsames Notizbuch) verzichtet im Gegensatz zum Brainstorming und der Methode 635 auf eine Gruppenarbeit (positive

---

295 Eine solche originelle Idee wird z.B. von Acker näher beschrieben: vgl. Acker, H.B., Organisationsanalyse, a.a.O., S. 44/45 (Walnuß-Problem)

295a Das Brainwriting umfaßt noch folgende Methoden: Brainwriting-Pool, Ideen-Delphi, Kärtchen-Befragung, Idea-Engineering, Collective-Notebook-Methode, Trigger-Technik, BBB-Methode (= D5)

295b Die CNB-Methode ist als eine Variante des Brainwriting zu sehen.

Beeinflussung der Gruppenmitglieder untereinander im Hinblick auf die Entwicklung von Lösungsalternativen), bezieht aber mehrere Personen in den Problemlösungsprozeß ein. Eine begrenzte Anzahl von Personen bekommt eine schriftliche Darstellung des Problems und seiner Ursachen (in einem Notizbuch) mit der Aufforderung,

- Lösungsalternativen schriftlich niederzulegen,
- eventuell das Problem neu zu definieren,
- Quellen, in denen Lösungsalternativen dargelegt worden sind, anzugeben (z.B. Fachzeitschriften, Fachbücher, Veröffentlichungen von Unternehmen wie Organisationsmittel-, Büromaschinenhersteller).

Nach einer Zeitspanne von etwa 4 Wochen werden diese schriftlichen Unterlagen (Notizbücher) von einem Moderator eingesammelt und ausgewertet. In einer Sitzung aller beteiligten Personen kann eine Vertiefung und Auswertung der vom Moderator zusammengestellen Lösungsalternativen vorgenommen werden.

Morphologische Methode[296]

„Unter der Morphologischen Methode sei das mehrdimensionale Klassifizieren eines Sach- oder Sinnbereiches nach bestimmten Regeln, die eine zielorientierte Synthese ermöglichen, verstanden".[296a] Gegenüber den anderen Kreativitätstechniken, in denen das intuitive Element vorherrscht, überwiegt hier das rationale. Für eine Problemstellung werden in einer Matrix (Morphologischer Kasten) die Einflußgrößen (Parameter, Kriterien) in einer Vorspalte eingetragen, die alternativen Ausprägungen (Gestaltungen) dieser Einflußgrößen werden in der Horizontalen aufgeführt (vgl. Abb. 54). Jede Kombination der Ausprägungen beinhaltet eine synthetische Lösungsalternative, sofern diese Kombination einer Überprüfung im Hinblick auf ihre Realisierbarkeit standhält. Die Einflußgrößen und ihre möglichen Ausprägungen können im Rahmen des Brainstorming gewonnen werden.

„Die Auslese einer begrenzten Zahl realisierbarer Alternativen aus der großen Anzahl der theoretisch gegebenen Kombinationen stellt durch kausale Abhängigkeit der Teillösungen und zu beachtenden Nebenbedingungen in der Praxis kein Problem dar."[296b]

Kontrollfragen zu Abschnitt 61

1. Wodurch unterscheidet sich die konventionelle Technik von den Kreativitätstechniken?
2. Was ist der Grundgedanke der konventionellen Technik?
3. Worin sind die Unterschiede der verschiedenen Kreativitätstechniken zu sehen?
4. Welche Formen der Kreativitätstechniken werden insbesondere bei Organisationsuntersuchungen Verwendung finden? Begründen Sie Ihre Antwort!
5. Welcher Aspekt wird bei der morphologischen Methode gegenüber den anderen Kreativitätstechniken besonders betont?

---

296 Die Morphologische Methode ist den systematischen Strukturierungstechniken zuzurechnen, die noch folgende weitere Formen umfassen: Morphologischer Kasten, Funktionsanalyse, Attribute Listung, Problemfeld-Darstellung, Sequenzielle Morphologie, Problemlösungsbaum, Ablaufanalyse

296a Blohm, H., Organisation . . . , a.a.O., S. 42

296b ebenda, S. 43

Abb. 54: Morphologischer Kasten *)

Kriterien (Auswahl) \ Gestaltung		01	02	03	04
10	Umfang der Aufgabe: Bestellvorgang	11) Formelle Abwicklung vorgegebener Bestellungen	12) Teilweise selbständige Lieferantenauswahl	13) Grundsätzlich freie Lieferantenauswahl	14) —
20	Umfang der Aufgabe: Mengendisposition	21) Keine eigene Mengendisposition	22) Teilweise eigene Mengendisposition	23) Grundsätzlich eigene Mengendisposition	24) —
30	Ebene der Leitung des Bereiches	31) Oberes Management	32) Mittleres Management	33) Unteres Management	34) —
40	Instanzenzug	41) Ohne eigenen Instanzenzug	42) Mit Instanzenzug über 2 Ebenen	43) Mit Instanzenzug über 3 Ebenen	44) Mit Instanzenzug über mehr als 3 Ebenen
50	Grad der Zentralisation	51) Zentrale Leitung und zentrale Ausführung	52) Zentrale Leitung und dezentrale Ausführung	53) Zentrale Richtlinienkompetenz, dezentrale Leitung und Ausführung	54) völlig dezentraler Aufbau allenfalls mit Koordinierungsstelle
Realisierbare Kombinationen		D: (12 o. 13) → (22 o. 23) → 32 → 42 → (52 o. 53) Z: (12 o. 13) → (22 o. 23) → 32 → 41 → 51			

*) entnommen aus Blohm, H., Organisation, Information und Überwachung, 3. Aufl., Wiesbaden 1977, S. 42

Literatur zur Vertiefung

Battelle-Institut, Methoden und Organisation der Ideenfindung, Gruppenuntersuchung, Frankfurt a.M. 1973

Battelle-Institut, Vademecum der Ideenfindung. Eine Anleitung zum Arbeiten mit Methoden der Ideenfindung, 2. Aufl., Frankfurt a.M., o.J.

Battelle-Institut, Einführung und Anwendung der Methoden der Ideenfindung im Unternehmen, Probleme und Ansätze zu ihrer Überwindung, Frankfurt a.M. 1975

Clark, Ch., Brainstorming, 2. Aufl., München 1967

Geschka, H., Schlicksupp, H., Techniken der Problem-Lösung, in: Rationalisierung 22/1971, S. 297 ff.

Keller, A.F., Methoden zum Finden neuer Ideen, in: Marketing Journal, 21/1971, S. 154 ff.

Kesselring, F., Schöpferische Arbeit in Technik und Wirtschaft, in: Fortschrittliche Betriebsführung, 21 (1968), S. 39–59

Ropohl, G., Systematische Ansätze bei der Anwendung der morphologischen Methode in der Praxis, in: Blohm, H., Steinbuch, K. (hrsg.), Technische Prognosen in der Praxis, Düsseldorf 1972, S. 29–39

62 Personalbedarfsrechnung

Ein wesentlicher Bestandteil der Sollkonzeption besteht in der Ermittlung des erforderlichen Personalbedarfs. Neben der Optimierung der Arbeitsabläufe ist insbesondere die Zahl der Aufgabenträger zu bestimmen, die zur Erfüllung der anstehenden Aufgaben erforderlich ist. Diese Anzahl notwendiger Aufgabenträger unter Berücksichtigung der jeweiligen betrieblichen Gegebenheiten zu bestimmen, ist Gegenstand der Personalbedarfsrechnung.[297] Die im folgenden dargestellten Verfahren können gleichermaßen für die Personalbedarfsermittlung eines Istzustandes eingesetzt werden.

621 Arten der Personalbedarfsrechnung[298]

Um den notwendigen Personalbedarf bestimmen zu können, ist u.a. die für die jeweilige Aufgabenerfüllung erforderliche Bearbeitungszeit zu ermitteln. Für die Verwaltungstätigkeiten wird in diesem Zusammenhang vielfach der Einwand erhoben, bei diesen handle es sich um geistig-schöpferische Tätigkeiten, die zudem sehr komplex seien, so daß die Ermittlung von Bearbeitungszeiten nicht oder nur in geringerem Umfang möglich sei.

Die Erfahrungen praktischer Organisationsarbeit führten aber zu dem Ergebnis, daß die Tätigkeiten im Verwaltungsbereich, auch die „Vorgesetztentätigkeiten", viele Elemente enthalten, die sich in gleicher Form oftmals wiederholen und damit einer zeitlichen Erfassung zugängig sind. Der so erfaßbare Anteil (Routinetätigkeiten) wird auf etwa 70 % – 80 % der Gesamtarbeit geschätzt.[299] Es verbleibt daher nur ein relativ geringer Prozentsatz geistig eigenproduktiver und schöpferischer Tätigkeiten, die den im folgenden dargestellten Methoden der Personalbedarfsrechnung nicht unterworfen werden können. Diese sind in erster Linie im Top- und Middle-Management der Unternehmen angesiedelt[300], sowie in den Forschungs- und Entwicklungsabteilungen.

Die eingesetzten Verfahren für die quantitative Personalbedarfsrechnung lassen sich auf die drei nachfolgend untersuchten Grundformen zurückführen.

6211 Globale Berücksichtigung des Mengen- und Zeitgerüstes

Von einer globalen Berücksichtigung des Mengen- und Zeitgerüstes kann immer dann gesprochen werden, wenn der quantitativen Personalbedarfsrechnung für einen bestimmten Zeitraum z.B. Woche, Monat, Jahr, folgende Formel zugrunde gelegt wird:

$$(1)\ PB = \frac{\emptyset\ \text{Zeitbedarf x } \emptyset\ \text{Anzahl der Aufgaben/Tätigkeiten}^{301}}{\text{zu arbeitende Stunden}}$$

297 vgl. Rosenkranz, R., Personalbedarfsrechnung als Voraussetzung und Folge von Rationalisierungsuntersuchungen in Geld- und Kreditinstituten, in: Das rationelle Büro, 8/1970, S. 18

298 Zur Bedeutung der Personalbedarfsrechnung innerhalb des Systems der Personalplanung, siehe: Harrmann, A., Zum Problem der Personalplanung in einem Industriebetrieb, in: BFuP, 25. Jg. 1973, S. 341 ff.

299 vgl. Heinisch, I., Sämann, W., Planzeitwerte im Büro, Bd. 17 der Schriftenreihe Arbeitsstudium-Industrial-Engeneering, Grundlagen und Methoden, Berlin-Köln-Frankfurt a.M. 1973, S. 19 ff.; Zander, E., Handbuch der Gehaltsfestsetzung, 3. Aufl., Heidelberg 1972, S. 225

300 vgl. Groschla, E., Unternehmensorganisation, Reinbek b. Hamburg 1972, S. 66

301 vgl. Potthoff, K.P., Die Ermittlung des Brutto-Personalbedarfs in der Industrie, in: Der Betrieb, 23. Jg. 1970, S. 1399; Rottmeyer, F., Quantitative Personalplanung, in: Rationalisierung, 22. Jg. 1971, S. 47

PB = Personalbedarf für eine Aktionseinheit (Abteilung, Gruppe) bzw. einen Arbeitsprozeß.

Das in die Formel eingehende Volumen der Tätigkeiten/Aufgaben wird aufgrund eines längerfristigen Erfassungszeitraums ermittelt (Istaufnahme) und stellt somit eine Durchschnittsmenge dar. Der Zeitbedarf pro Tätigkeit/Aufgabe wird anhand von Beobachtungen erfaßt und als Mittelwert der Beobachtungen errechnet, der als Durchschnitts- oder Normalzeit bezeichnet wird (vgl. Punkt 3343 Verfahren der Zeitermittlung).

Die „zu arbeitenden Stunden" werden errechnet unter Berücksichtigung

- des durchschnittlichen jährlichen Urlaubs
- der für die Vergangenheit ermittelten Fehlzeiten (Krankheit, unbezahlter Urlaub, Schulungszeiten, Wehrübungen usw.).

Man dynamisiert die Berechnung dadurch, daß die zukünftige mengenmäßige Entwicklung der Aufgaben/Tätigkeiten berücksichtigt wird.

6212 Differenzierte Berücksichtigung der Art der Aufgabenerfüllung, des Zeit- und Mengengerüstes

62121 „Manuell-geistige" Aufgabenerfüllung

Für die auf „manuell-geistige" Aufgabenerfüllung ausgerichtete Personalbedarfsrechnung kann die „Rosenkranzsche Formel"[302] als repräsentativ angesehen werden:

$$(2)\ PB = \frac{\sum_{1}^{n} \varnothing Menge_{1-n} \times \varnothing Zeit_{1-n}}{Zeit/Angestellter} \times NVZ + \frac{Zeit\ für\ Verschiedenes}{Zeit/Angestellter} \times \frac{NVZ}{TVZ}\ {}^{303}$$

PB = Personalbedarf;
∅ Menge = Zahl der Geschäftsvorfälle eines Jahres: 12;
∅ Zeit = Netto-Soll-Bearbeitungszeit;
Zeit/Angestellter = Arbeitszeit eines Angestellten je Monat laut Vertrag (einschl. Urlaubszeit);
n = Arbeitsablauf n;
1 = Arbeitsablauf 1;
Verschiedenes = Arbeiten, für welche keine Zeitaufnahme gemacht wurden;
NVZ = Notwendiger Verteilzeit-Zuschlag;
TVZ = Tatsächlicher Verteilzeit-Zuschlag;

Die durchschnittliche Zeit ist eine Netto-Soll-Bearbeitungszeit, die keine Verteilzeiten beinhaltet. Sie kann mit Hilfe unterschiedlicher Verfahren der Zeitermittlung (z.B. standardisierte Richtwerte, Zeitaufnahme, Multimomentaufnahmen vgl. Punkt 3343) ermittelt werden.

---

302 vgl. Rosenkranz, R., Personalbedarfsrechnungen, in: Das rationelle Büro, 8/1970, S. 20; Duschek, E., Personalbedarfsrechnung, in: Zeitschrift für das gesamte Rechnungswesen, 14. Jg. 1968, S. 12

303 Die von Müller-Pleuss verwandte Formel kann als eine grobe Vereinfachung der Rosenkranzschen Formel angesehen werden, vgl. Müller-Pleuss, J., a.a.O., S. 101

Die Zeit für Verschiedenes beinhaltet Zeiten für Tätigkeiten, die von der Menge der Geschäftsvorfälle abhängen und solche, die von letzteren unabhängig sind. Da für sie keine Soll-Zeitermittlung durchgeführt wird, der dazu notwendige Aufwand ist nicht vertretbar, werden diese Zeiten aus den Aufgaben- und Tätigkeitsübersichten des Istzustandes entnommen.[304]

Der notwendige Verteilzeitfaktor berücksichtigt folgende Größen: Vergessene Arbeiten, Nebenarbeiten, Ermüdung und Ausfall (Urlaub, Krankheit, Feiertage usw.). Die Größe des Faktors vergessene und Nebenarbeiten schwankt zwischen 1,20 und 1,40 (aufgrund von Erfahrungswerten), die Größe Ermüdung ist aufgrund arbeitswissenschaftlicher Untersuchungen mit 1,12 anzusetzen, während der Faktor Ausfall in jedem konkreten Fall aufgrund der erfaßten Zahlen der Personalabteilung zu berechnen ist.

Der tatsächliche Verteilzeitfaktor ist der Quotient aus Istbearbeitungszeit und Netto-Sollbearbeitungszeit, errechnet auf der Basis der Tätigkeiten, für die die Ist- und Sollbearbeitungszeiten ermittelt wurden.

62122 „Manuell-technologische" Aufgabenerfüllung

Bei der „manuell-technologischen" Aufgabenerfüllung handelt es sich um Tätigkeiten, bei denen aufgrund des Mechanisierungsgrades der Zeitbedarf durch die eingesetzten Arbeitsmittel entscheidend mitbestimmt wird. Dieser Tatbestand findet Berücksichtigung in den anzusetzenden Zeitbedarfswerten.

$$(3)\quad PB = \frac{PZW_B}{AZ \cdot AL} = \frac{PZW_N\,(1+EZ+VZ)}{TAZ\,(1-FZ) \cdot AL}$$

PB = Personalbedarf;
PZW_N = Planzeitwert netto;
PZW_B = Planzeitwert brutto:
PZW_B = PZW_N (1+EZ+VZ);
EZ = Erholungszeit; EZ ≈ 0,12 (12 % vom PZW_N)
AZ = Anwesenheitszeit; AZ = TAZ (1-FZ);
VZ = Verteilzeit VZ ≈ 0,15 . . . 0,45 (15 . . . 45 % vom PZW_N)
a) persönliche : rd. 5 % vom PZW_N;
b) sachliche : 10 . . . 40 % vom PZW_N;
TAZ = Tarifliche Arbeitszeit gemäß Tarifvertrag;
FZ = Fehlzeiten : F_Z ≈ 0,15 (15 % vom TAZ)
a) Urlaub rd. 10 % vom TAZ
b) Krankheit und sonstige Fehlzeiten: rd. 5 % vom TAZ
AL = Auslastung; AL ≈ 0,85 (85 % vom TAZ).

„Die Prozentsätze für EZ, VZ und AL sind als Richtwerte zu betrachten. Bei der praktischen Anwendung müssen diese Werte analytisch nach betriebsindividuellen Gegebenheiten festgelegt werden".[305]

---

304 vgl. Schmidt, V., Die Groberfassung des Istzustandes bei Arbeitsablaufuntersuchungen, in: Das rationelle Büro, 8/1966, S. 8

305 Heinisch, I., Sämann, W., a.a.O., S. 127

Unter den Planzeitwerten werden Sollzeiten für bestimmte Tätigkeiten/Tätigkeitsfolgen verstanden, die mit Hilfe von Einflußgrößen beschrieben werden können.[306] Sie können mit Hilfe unterschiedlicher Verfahren der Zeitermittlung (z.B. standardisierte Richtwerte, Zeitaufnahmen, Multimomentaufnahmen) ermittelt werden.

„Die Erholungszeit besteht aus der Summe der Sollzeiten aller Ablaufabschnitte, die für das Erholen des Menschen erforderlich sind."[307] Die Erholungszeiten werden mit zeitaufwendigen Verfahren wie z.B. Multimomentaufnahmen ermittelt.

Die Verteilzeit beinhaltet sachlich bedingte Sollzeiten für zusätzliche Tätigkeiten (organisatorische Störungen im Arbeitsablauf, Mangel an Informationen, Mithilfe bei anderen Personen) und störungsbedingtes Unterbrechen der Tätigkeiten (Warten auf Arbeitsmengen) sowie persönlich bedingte Sollzeiten (Gang zur Toilette, Holen von Getränken, Zigaretten usw.).[308]

Mit einem AL unter 100 % sollen folgende Fakten Berücksichtigung finden:

- unvermeidbare, nicht vorhersehbare Sonderarbeiten bzw. kurzfristige Arbeitsspitzen
- die tatsächlich erforderlichen PZW schwanken innerhalb eines gewissen Bereiches
- Ausgleich natürlicher Schwankungen im Leistungsvermögen der Mitarbeiter
- um Stapelbildungen bei fremdbestimmtem und stark schwankendem Arbeitsanfall (an „passiven Arbeitsplätzen") in wirtschaftlich vertretbaren Grenzen zu halten.[309]

622 Unterschiede der Verfahren

Bei den folgenden Ausführungen wird unterstellt, daß die in die Formeln eingehenden Größen dem sachlichen und zeitlichen Entsprechungsverhältnis genügen.

Während in die Formeln (1) und (2) die Arbeitsmenge (Menge der anfallenden Tätigkeiten) eingeht und damit der Personalbedarf unmittelbar für eine Stelle/Abteilung berechnet werden kann, bezieht sich die Formel (3) nur auf eine Tätigkeit/Tätigkeitsfolge. Der Personalbedarf ist hier in einem zusätzlichen Schritt unter Berücksichtigung der auf die Tätigkeiten/Tätigkeitsfolgen entfallenden Mengen zu ermitteln. Bei allen Formeln ist dabei von dem Arbeitsangebot auszugehen, nicht von erledigten Arbeitsmengen der Vergangenheit.

Die in die Formeln eingehenden Zeitgrößen unterscheiden sich wie folgt: Der ∅ Zeitbedarf in der Formel (1) ist ein Mittelwert, errechnet auf der Basis von Beobachtungen und somit ein Durchschnittswert. Er läßt den Leistungsgrad der Beobachteten unberücksichtigt, weiterhin werden die tatsächlichen Verteilzeiten in die Berechnung einbezogen. Somit ist die ∅ Zeitbedarfsgröße zufallsbedingt und damit der auf ihrer Basis ermittelte Personalbedarf.

Die in die Formeln (2) und (3) eingehenden Zeitbedarfswerte sind Nettozeitwerte und unterscheiden sich nur durch ihre Bezugsgröße. In der Formel (3) bezieht sich der PZW_N auf eine Tätigkeit/Tätigkeitsfolge, so daß in ihm Wartezeiten innerhalb arbeitsprozeßgebundener Aufgaben (manuell-technologische Arbeitsabläufe) berück-

306 ebenda, S. 22
307 ebenda, S. 125
308 vgl. Heinisch, I., Sämann, W., a.a.O., S. 125
309 vgl. Heinisch, I., Sämann, W., a.a.O., S. 125

sichtigt werden. In der Formel (2) kann der Abbau dieser Wartezeiten durch die Ausführungen anderer Tätigkeiten berücksichtigt werden.[310]

Der Tatbestand, daß bei der Personalbedarfsrechnung nicht von der tariflichen, sondern von der tatsächlichen Arbeitszeit auszugehen ist, findet in allen Formeln gleichermaßen Berücksichtigung, in den Formeln (1) und (3) durch die Größe des Nenners, in der Formel (2) im NVZ.

In der Formel (1) wird die Verteilzeit nicht gesondert berücksichtigt, da sie bereits in der Ø Zeitbedarfsgröße berücksichtigt wird. Dabei wird unterstellt, daß durch die Mittelwertbildung des Zeitbedarfswertes auch die berücksichtigte Verteilzeit einen Normalwert annimmt.

Die durch den NVZ in der Formel (2) berücksichtigte Größe „Vergessene Arbeiten" – Tätigkeiten, die Bestandteile der Arbeitsabläufe sind, aber bei deren Istaufnahme infolge Belanglosigkeit nicht genannt wurden[311] –, finden in dem Verteilzeitfaktor der Formel (3) keine Berücksichtigung. In der Formel (3) müssen auch diese Tätigkeiten vollständig erfaßt und in die Nettobearbeitungszeit der Tätigkeit/Tätigkeitsfolge einbezogen werden. Dies bedingt einerseits einen erhöhten Erhebungsaufwand, andererseits ist ihre vollständige Erfassung nicht gesichert.

Die Größen Ermüdung und Erholung werden in der Formel (2) im NVZ berücksichtigt, in der Formel (3) in dem Faktor Erholzeit (EZ) und in der persönlich bedingten Verteilzeit. Die persönlich bedingte Verteilzeit beinhaltet Sollzeiten für persönlich bedingtes Unterbrechen der Tätigkeit (Gang zur Toilette, Holen von Getränken oder Zigaretten usw.).[312] Zusätzliche Zeitzuschläge für diese persönlich bedingten Unterbrechungen sind bei der Personalbedarfsermittlung aber nicht zu berücksichtigen, da sie bereits durch die als notwendig ermittelte Erholzeit abgegolten sind.

Eine Besonderheit weist die Formel (3) in der Berücksichtigung eines Auslastungsfaktors unter 100 % auf.[313] Die hierfür genannten Gründe sind nicht haltbar, wie sich aus folgenden Überlegungen ergibt:

- unvorhersehbare Sonderarbeiten und kurzfristige Arbeitsspitzen können sinnvoller durch andere Methoden als durch eine Kapazitätserhöhung bewältigt werden, z.B. durch Überstunden, Einsatz von Springern, zeitliche Verlagerung von anderen Aufgaben usw. Eine Erhöhung der Kapazität führt zu einer nahezu dauernden Nichtauslastung der Mitarbeiter, die diese durch Scheintätigkeiten verschleiern, so daß bei weiteren Sonderaufgaben bzw. kurzfristigen Arbeitsspitzen wieder ein zusätzlicher Personalbedarf entsteht,[314]
- da die tatsächlich benötigten Zeiten um den PZW streuen, weichen sie also sowohl nach oben als auch nach unten vom PZW ab. Damit sollte sich zwischen diesen ein Ausgleich ergeben. In die obige Begründung für die Berücksichtigung des Faktors AL wird nur die eine Seite dieser Abweichungen berücksichtigt,
- da die Nettosollzeiten auf einem normalen Leistungsvermögen der Mitarbeiter basieren, ergibt sich auch hier auf die Dauer trotz der Schwankungen ein durchschnittliches Leistungsvermögen. Zudem ist die Personalbedarfsrechnung zeitraum-

---

310 vgl. Hentze, J., Die Hauptdeterminanten des quantitativen Personalbedarfs, in: ZfB, 40. Jg. 1975, S. 683

311 vgl. Rosenkranz, R., Die notwendigen und die tatsächlichen Verteilzeit-Zuschlags-Faktoren, in: Das rationelle Büro, 9/1966, S. 12

312 vgl. Heinisch, I., Sämann, W., a.a.O., S. 125

313 vgl. Heinisch, I., Sämann, W., a.a.O., S. 126; Rottmeyer, F., a.a.O., S. 47

314 vgl. Müller-Pleuss, J.H., a.a.O., S. 102

und nicht zeitpunktbezogen. Außerdem ist noch die Möglichkeit eines interpersonalen Ausgleichs der Leistungsschwankungen zu berücksichtigen,

- ein Mitarbeiter im Verwaltungsbereich ist an einer Mehrzahl von Aufgabenerfüllungen beteiligt, so daß das Problem der Warteschlangen bzw. Stapelbildung bei entsprechenden organisatorischen Maßnahmen nicht relevant wird.

Da die für die Berücksichtigung eines AL unter 100 % genannten Gründe als entkräftet gelten können, ist es nicht sinnvoll, in der Personalbedarfsrechnung diese Größe zu berücksichtigen.

Aus den dargelegten Unterschieden zwischen den Formeln der quantitativen Personalbedarfsrechnung ergibt sich, daß für den Verwaltungsbereich die Formel (2) am geeignetsten ist. Insbesondere sei nochmals auf folgende Fakten hingewiesen:

Der Tatbestand, daß in der Regel der Personalbedarf für einzelne Stellen und nicht etwa für einzelne Tätigkeitsfolgen ermittelt wird, findet in der Formel (2) unmittelbare Berücksichtigung. Des weiteren kann in der Formel (2) der mögliche Abbau von Wartezeiten innerhalb manuell-technologischer Arbeitsabläufe durch die Ausführung anderer Tätigkeiten berücksichtigt werden. Weiterhin ermöglicht der Faktor „Verschiedenes", daß nicht für alle anfallenden Tätigkeiten Netto-Soll-Bearbeitungszeiten ermittelt zu werden brauchen, sondern von der in der Istaufnahme ermittelten Ist-Zeit auf einen angemessenen Personalbedarf geschlossen werden kann (Berücksichtigung durch den Faktor $\frac{NVZ}{TVZ}$). Dies führt zu einer zeitlich schnelleren und weniger kostenaufwendigen Personalbedarfsrechnung. Zudem werden im notwendigen Verteilzeitfaktor die bei der Istaufnahme infolge Belanglosigkeit nicht genannten Tätigkeiten („Vergessene Arbeiten") berücksichtigt.

623 Optimierung

6231 Problemstellung

Die Optimierung der quantitativen Personalbedarfsrechnung ist durch die vier folgenden Teilprobleme, die voneinander unabhängig sind und daher auch getrennt gelöst werden können, charakterisiert:

- Die Aufgaben, die in einer Aktionseinheit des Verwaltungsbereiches (Stelle, Abteilung, Bereich) den Personalbedarf bestimmen, sind von unterschiedlicher Art und Umfang. Da nicht jede Aufgabenart im einzelnen im Hinblick auf den durch ihn entstehenden Personalbedarf analysiert werden kann (Grundsatz der Wirtschaftlichkeit der Organisationsarbeit), müssen die Aufgabenarten bestimmt werden, für die Netto-Soll-Bearbeitungszeiten zu ermitteln sind, und zum anderen der Aufgabenanteil, der durch den Faktor „Verschiedenes" in der Personalbedarfsformel abgedeckt werden kann.
- Je Aufgabenart schwanken die notwendigen Netto-Soll-Bearbeitungszeiten aufgrund der jeweils voneinander abweichenden individuellen Gegebenheiten; es ist daher für die Ermittlung der in die Personalbedarfsformel eingehenden Netto-Soll-Bearbeitungszeiten der Stichprobenumfang der Zeitmessungen (allgem. Zeitermittlungen) festzulegen.
- Weiterhin ist noch zu beachten, daß die Aufgaben nicht kontinuierlich über einen Zeitraum anfallen, sondern mehr oder minder großen Schwankungen unterworfen sind; damit schwankt auch der jeweils zur Aufgabenerfüllung erforderliche Perso-

nalbedarf. Wie dieser schwankende Personalbedarf abzudecken ist, ist ein weiteres Problem.

- Letztlich ist ein Reservebedarf aufgrund temporärer und quantitativer Schwankungen der menschlichen Arbeitsleistung zu berücksichtigen.

6232 Bestimmung des Untersuchungsumfanges

62321 Bestimmung der Aufgabenarten

Da in einer Aktionseinheit unterschiedliche Arten von Aufgaben zu erfüllen sind und die Gesamtheit der Aufgaben nicht analysiert werden kann, ist zunächst festzulegen, für welche Aufgabenarten Netto-Soll-Bearbeitungszeiten zu ermitteln sind, bzw. welche Aufgabenarten in der Personalbedarfsformel durch den Faktor „Verschiedenes" global berücksichtigt werden können bzw. müssen. Voraussetzung für die Ermittlung von Soll-Bearbeitungszeiten ist ein Mindestanfall von Aufgaben gleicher Art innerhalb des Untersuchungszeitraumes („Mindestanfallprinzip").[315] Dieser wird bestimmt durch den Stichprobenumfang; der der Ermittlung der Netto-Soll-Bearbeitungszeiten zugrunde zu legen ist (vgl. Punkt 62322). Dabei ist es unerheblich, ob die Bearbeitungszeiten je Aufgabenart hohe oder niedrige Werte aufweisen.

Die Aufgabenarten einer Aktionseinheit, die im Rahmen der Istaufnahme mit Hilfe der Aufgaben- und Tätigkeitsübersichten erfaßt worden sind, sind im Hinblick auf dieses Mindestanfallprinzip zu untersuchen. Die das Mindestanfallprinzip erfüllenden Aufgabenarten sind entsprechend ihrem Gesamtaufwand zu reihen und die Gesamtzeitaufwendungen sind zu kumulieren. Ergibt der kumulierte Zeitaufwand im Vergleich zum gesamten Zeitaufwand der Aktionseinheit einen Prozentsatz, der über 80 %[316] liegt, so können die restlichen Aufgabenarten im Faktor „Verschiedenes" berücksichtigt werden (Übernahme der Istzeiten aus den Aufgaben- und Tätigkeitsübersichten und Korrektur durch den Faktor NVZ/TVZ). Sollte dieser Prozentsatz nicht erreicht werden, so sind durch eine tiefergehende Aufgabengliederung weitere Teilaufgaben zu ermitteln, die dem „Mindestanfallprinzip" entsprechen, so daß der kumulierte Gesamtzeitaufwand der Aufgaben, für die Netto-Soll-Bearbeitungszeiten ermittelt werden können, 80 % übersteigt.

Durch dieses Vorgehen soll erreicht werden, daß der TVZ (tatsächlicher Verteilzeitfaktor), der aufgrund des Vergleichs von Netto-Soll-Bearbeitungszeiten mit Istbearbeitungszeiten ermittelt wird, auch auf die Aufgabenerfüllungen übertragen werden kann, für die keine Netto-Soll-Bearbeitungszeiten errechnet werden.

62322 Stichprobenumfang der Bearbeitungszeitermittlung je Aufgabenart[317]

Der absolute Fehler f einer Stichprobe n bei 95 % Sicherheit und der Unterstellung einer Normalverteilung berechnet sich nach der Formel:

$$f = 2 \cdot \frac{S_x}{\sqrt{n}}$$

315 vgl. Rosenkranz, R., Die Bedeutung des notwendigen Verteilzeitzuschlags bei Personalbedarfsrechnungen, in: Bürotechnik (BAT/BTO) Heft 12, 14. Jg., 1976, S. 58

316 Dieser Prozentsatz stellt einen Erfahrungswert praktischer Organisationsarbeit dar.

317 Zur Bestimmung des Stichprobenumfanges bei der Personalbedarfsrechnung vgl. Rosenkranz, R., Die Stichprobe bei Personalbedarfsrechnungen, in: Bürotechnik (BTA/BTO), Heft 11, 24. Jg., 1976, S. 74 ff.

wobei S_x die mittlere quadratische Abweichung

$$S_x = \frac{\sum_{i=1}^{n} (x_i - \overline{x})^2}{n}$$

vom arithmetischen Mittel $\overline{x} = \frac{\sum x_i}{n}$ ist. Für einen gewünschten, d.h. im Rahmen der Personalbedarfsrechnung zugelassenen absoluten Fehler, ergibt sich für den Umfang n der Stichprobe:

$$n = \frac{2^2 \cdot S_x{}^2}{(\text{absoluter zugelassener Fehler})^2}$$

Das arithmetische Mittel ist im Rahmen einer Voruntersuchung aufgrund einer begrenzten Anzahl von Zeitaufnahmen zu ermitteln (ca. 10 Zeitaufnahmen je Aufgabenart).

Mit abnehmender Größe des zugelassenen Fehlers und mit stark differierenden Zeitwerten aufgrund der Voruntersuchung steigt der Umfang der Stichprobe. Für den absoluten Fehler kann nicht nur eine absolute Zahl z.B. eine Zeiteinheit (1 Minute) sondern auch ein Prozentsatz vom arithmetischen Mittel der Zeitwerte der Voruntersuchung angesetzt werden. Durch dieses Vorgehen ist eine bessere Abstimmung des gewünschten (zugelassenen) Fehlers in Abhängigkeit von der Größenordnung der Netto-Soll-Bearbeitungszeit für die jeweilige Aufgabenerfüllung möglich.

Zusammenfassend kann mithin festgestellt werden, daß die beiden Teilprobleme

- Bestimmung der Aufgabenarten, für die Netto-Soll-Bearbeitungszeiten ermittelt werden können und müssen, und
- Ermittlung des Stichprobenumfanges in bezug auf die Zeitbedarfsermittlung je Aufgabenart

befriedigend gelöst werden können.

6233 Personalbedarf bei schwankendem Aufgabenanfall

62331 Analyse bisheriger Lösungsansätze

- Allgemeine Ansätze ohne Optimierungsversuch

Gleichmäßiger Aufgabenanfall, im Fertigungsbereich als Ergebnis einer funktionierenden Arbeitsvorbereitung und Fertigungssteuerung erreichbar, wird selten im Verwaltungsbereich von Unternehmungen über einen längeren Zeitraum anzutreffen und erreichbar sein.[318]

Es erhebt sich somit die Frage, von welchem Mengenanfall (Arbeitsangebot, nicht aber erledigte Aufgabenmenge) bei schwankendem Aufgabenanfall auszugehen ist, von

- dem maximalen Mengenanfall
- dem durchschnittlichen Mengenanfall, wobei sich aber wiederum die Alternative ergibt, gewogenes oder ungewogenes arithmetisches Mittel; der Unterschied beider

318 vgl. Müller-Pleuss, J.H., a.a.O., S. 102

Durchschnittswerte wirkt sich nicht unerheblich auf den errechneten Personalbedarf aus,[319]
- dem minimalen Mengenanfall.

Diese Frage wird kontrovers beantwortet.

Müller-Pleuss geht von dem minimalen Mengenanfall aus und begründet diesen Ansatz damit, daß nur hierdurch der Betrieb von unterbeschäftigten Mitarbeitern freigehalten werden könnte.[320] Die so nicht gedeckten Personalbedarfsspitzen sollen durch eine der nachfolgend dargestellten Methoden abgedeckt werden. Dieser Vorgehensweise kann nicht zugestimmt werden, da hierdurch ein Personalbedarf ermittelt wird, der nur kurzfristig, d.h. für ein kurzes Zeitintervall, dem Mengenanfall entspricht, während über den größeren Zeitraum Personalbedarfsspitzen abzudecken sind. Dabei könnten die Methoden zur Arbeitsspitzenbewältigung höhere Kosten verursachen als eine zeitweilig nicht ausgelastete Arbeitskraft.

Rosenkranz[321] geht hingegen bei seinen Berechnungen von dem durchschnittlichen Arbeitsanfall aus (Aufgabenanfall eines Jahres : 12) und weist darauf hin, daß die Bedarfsspitzen durch eine oder die Kombination der im folgenden genannten Methoden abzudecken sind. Auch diese Verfahrensweise weist schwerwiegende Mängel auf, da der Durchschnittswert auch einen Mengenanfall berücksichtigt, der in Umfang und Zeitpunkt genau prognostizierbar und zudem nur zu einem oder wenigen Zeitpunkten eines Jahres anfällt z.B. Jahresabschlußarbeiten. Hierdurch werden zeitweilig unterbeschäftigte Mitarbeiter im Betrieb geschaffen.

Heinisch und Sämann nehmen wie folgt zu diesem Problem Stellung: „Grundsätzlich sollte versucht werden, den Personalbedarf zunächst nach einem Arbeitsanfall auszurichten, der, wenn es die Randbedingungen zulassen, noch etwas unterhalb des durchschnittlichen Arbeitsanfalles liegt. Nur so kann vermieden werden, daß Mitarbeiter bei sinkendem Arbeitsanfall Scheintätigkeiten ausführen".[322]

Das hier aufgeführte Argument für den Ansatz einer „noch etwas unterhalb des durchschnittlichen Arbeitsanfalls liegenden Größe" ist nicht zutreffend, denn sollte sich das Leistungsverhalten der Mitarbeiter wie vorstehend beschrieben ändern, so gilt das auch für den Fall eines Sinkens des Mengenanfalls unter diese Bezugsgröße.

Wie aus den vorstehenden Ausführungen ersichtlich wird, werden unterschiedliche Größen für den in die Personalbedarfsformel einzusetzenden Aufgabenanfall postuliert, die jeweiligen Begründungen sind aber nicht ausreichend fundiert.

Im Hinblick auf die möglichen Abhilfen bei Arbeitsspitzen besteht dagegen volle Übereinstimmung, wobei die Realisationsmöglichkeiten unterschiedlich gesehen werden. Diese Möglichkeiten sind nachfolgend tabellarisch dargestellt.

Die Anwendung und Kombination dieser Möglichkeiten der Abdeckung von Personalbedarfsspitzen hängt entscheidend von den jeweiligen betrieblichen Bedingungen ab. Dabei ist zu beachten, daß insbesondere die Möglichkeiten 4, 5, 7, 12 und 15 der Tabelle strukturelle und prozessuale Reorganisationsmaßnahmen bedingen.

---

319 vgl. Scholtz, H., Optimierung der Personalbedarfsrechnung mit Hilfe von Risikokalkülen, in: Das rationelle Büro, 2/1969, S. 7

320 vgl. Müller-Pleuss, J.H., a.a.O., S. 102

321 vgl. Rosenkranz, R., Personalbedarfsrechnung, in: Das rationelle Büro, 8/1970, S. 20; derselbe, Weiterhin schlechte Organisation und schlechter Kundendienst in Geldinstituten, in: Bürotechnik (BTA/BTO) 4/1976, S. 97 f.

322 Heinisch, I., Sämann, W., a.a.O., S. 130

Abb. 55: Tabellarische Darstellung der Möglichkeiten zur Abdeckung von Personalspitzen[323]

Art der Aufgabenmengenschwankung / Abdeckung der Personalbedarfsspitzen durch:	einmalig oder stichtagbezogen		regelmäßig wiederkehrend	
	Schwankung:		Schwankung:	
	gering	stark	gering	stark
1. Anreiz zu höherer Leistung (z.B. Leistungsentlohnung)	x	x	x	
2. Überstunden (im beschränkten Umfang)	x	x	x	
3. Wochenendarbeit (im beschränkten Umfang)	x	x		
4. Einsatz von Arbeitskräften anderer Aktionseinheiten		x		
5. Einsatz von betrieblichen Springergruppen		x		
6. Einsatz von Aushilfskräften		x		x
7. Bildung größerer Aktionseinheiten			x	x
8. Gleitende Arbeitszeit			x	x
9. Einsatz von Teilzeitbeschäftigten			x	x
10. Einsatz von Heimarbeitskräften			x	x
11. Einsatz von Dienstleistungsbetrieben				x
12. Aufgabenumverteilung zwischen Aktionseinheiten				x
13. Zeitliche Verlagerung von Aufgaben	x		x	
14. Steuerung und Kontrolle der Ausfallzeiten				x
15. Arbeitsvorbereitung in der Verwaltung		x	x	x

x = geeignet

323 vgl. Heinisch, I., Sämann, W., a.a.O., S. 131; Müller-Pleuss, J.H., a.a.O., S. 103

- Optimierung mit Hilfe von Risikokalkülen

Der Grundgedanke dieses Vorgehens besteht in der Errechnung einer optimalen Stammbelegschaft, die durch die folgende Bedingung gekennzeichnet ist:

$$H = \frac{KST}{ZK};$$ [324]

H = Häufigkeit der Beschäftigungsverteilung, bei der die optimale Stammbelegschaft liegt

KST = Kosten eines Belegschaftsmitgliedes der Stammbelegschaft

ZK = Zusatzkosten, die entstehen, wenn eine Zusatzkraft eingesetzt wird oder Überstunden gefahren werden etc., auch entgangener Gewinn, wenn Aufträge nicht ausgeführt werden.

Der Wert H kann aus einer Häufigkeitstabelle entnommen werden, die folgenden Aufbau aufweist:

Abb. 56: Häufigkeitstabelle

Häufigkeitstabelle			
Anzahl der täglichen Auftragseingänge		Prozent der täglichen Auftragseingänge	
zeitlich	der Größe nach	Einzel %	H kum. %
(1)	(2)	(3)	(4)
80	120	10	10
120	100	10	20
100	100	10	30
60	80	10	40
70	80	10	50
80	70	10	60
40	60 ←	10	70 ←
50	60	10	80
100	50	10	90
60	40	10	100
Σ aller Fälle	10	100	–

Spalte (1): tägliche Anzahl der Auftragseingänge
Spalte (2): Auftragseingänge der Größe nach gereiht
Spalte (3): bei 10 Perioden (Tage) entfallen auf jede Periode (Tag) durchschnittlich 10 % des Gesamtanfalls (100 % : 10)
Spalte 4: Kummulation der Prozentansätze der Spalte 3

Die Stammbelegschaft wird durch den Auftragseingang bestimmt, der der in der Spalte (2) nach obiger Formel errechneten Häufigkeit bei optimaler Stammbelegschaft (in Spalte (4) einzusetzen) entspricht:

Beispiel:
KST = 7,– DM pro Stunde (Vollkosten)
ZK = 10,– DM pro Stunde (Vollkosten)
$H = \frac{7}{10} = 0{,}7 \quad 70\,\%$

324 vgl. Scholtz, H.D., a.a.O., S. 7 f.

Die Stammbelegschaft ist also auf 70 % (Spalte 4) festzulegen, so daß sie auf eine Normalauslastung von 60 Aufträgen ausgerichtet ist. Eine höhere oder niedrigere Stammbelegschaft führt zu höheren Kosten, wie aus folgender Tabelle ersichtlich wird. (Basis: ein Mitarbeiter erledigt pro Tag 10 Aufträge, Arbeitszeit pro Tag 8 Std.)

Kosten bei unterschiedlicher Stammbelegschaft				
Belegschaft ausgerichtet auf Aufträge	Personen	Kosten Stammbelegschaft	Zusatzkosten	Gesamtkosten
80	8	4.480	640	5.120
70	7	3.920	1.040	4.960
60	6	3.360	1.520	4.880 ←
50	5	2.800	2.160	4.960

Dieses Verfahren der Berechnung geht von folgenden Voraussetzungen aus:

- die Verteilung des Auftragseingangs läßt sich in etwa bestimmen
- die Kosten der Stammbelegschaft lassen sich eindeutig ermitteln
- die Kosten der Zusatzkräfte, der Überstunden, der Aushilfen usw. sind errechenbar
- die Auftragseingänge weisen eine bestimmte mathematische Verteilung auf (Gauß, Poisson etc.)
- Auftragseingänge sind am Arbeitstag zu bearbeiten.

Die Voraussetzung, daß der Aufgabenanfall in einer Aktionseinheit einer bestimmten mathematischen Verteilung (z.B. Gauß, Poisson, logarithmische) entspricht, mag in wenigen Fällen zutreffend sein, in der Mehrzahl der Fälle wohl nicht. Selbst wenn unterstellt werden kann, daß eine mathematische Verteilung des Aufgabenanfalls vorliegt bzw. eine große Ähnlichkeit mit einer solchen gegeben ist, so ist doch zu beachten, daß mit dem vorstehenden Verfahren nur ein partielles Optimum errechnet werden kann. Denn der Berechnung der Stammbelegschaft nach obigem Verfahren liegt nur eine Aufgabenart zugrunde (Auftragseingang). In einer Aktionseinheit fallen aber unterschiedliche Aufgabenarten an und für die Gesamtheit aller Aufgabenarten ist der Personalbedarf zu bestimmen. Ein totales Optimum ist aber auch dadurch nicht erreichbar, daß für jede Aufgabenart einer Aktionseinheit ein partielles Optimum errechnet wird und diese dann zu einem totalen Optimum zusammengefaßt werden. Denn hierbei bleiben notwendigerweise Interdependenzen unberücksichtigt z.B. zeitlich gegeneinander verschobene Schwankungen der einzelnen Aufgabenarten, die bei einem „Totalen Optimum" zu berücksichtigen sind.

Zusammenfassend kann festgestellt werden, daß eine Optimierung unter Berücksichtigung des schwankenden Aufgabenfalls noch nicht vorliegt und im strengen mathematischen Sinne im Hinblick auf die Komplexität des Problems auch ohne Verlust der Praxisrelevanz kaum möglich sein wird (z.B. bei einem Simulationsmodell).

62332 Mehrstufige Lösung

1. Schritt: Analyse des Aufgabenanfalls im Hinblick auf die Erledigung

Der erste Schritt dieses Verfahrens besteht in der Analyse des Aufgabenanfalls einer Aktionseinheit im Hinblick auf seine Erledigung. Denn nicht nur der Zeitpunkt des Aufgabenanfalls bestimmt den Personalbedarf, sondern auch die zeitliche Art der Aufgabenerledigung. Dabei können drei Formen unterschieden werden:

- Aufgaben, deren Erfüllung keinen zeitlichen Aufschub erlaubt; diese Aufgaben bedingen eine „Sofortarbeit" (z.B. Auskunftserteilung, Bedienung von Kunden usw.),
- Aufgaben, die „Sofortarbeit mit Speicherung" zulassen, d.h. eine kurzfristige Zurückstellung der Aufgabenerfüllung ist möglich (z.B. Abgabe von Angeboten, Bearbeitung von Reklamationen usw.),
- Aufgaben, die eine zeitliche Verschiebung der Aufgabenerfüllung ermöglichen, also „Speicherarbeit"; zwischen dem Zeitpunkt des Aufgabenanfalls und der Erledigung besteht kein fester zeitlicher Zusammenhang (z.B. Erstellung bestimmter Statistiken).

2. Schritt: Verteilung der Aufgabenerfüllung entsprechend der zeitlichen Erledigung und der erforderlichen Bearbeitungszeit

Die innerhalb des Betrachtungszeitraumes[325] anfallenden Aufgaben sind in einem zweiten Schritt entsprechend ihrer zeitlichen Erledigung und ihrer Bearbeitungszeiten so zu verteilen, daß zu jedem Zeitpunkt ein möglichst gleich großer Gesamt-Netto-Soll-Bearbeitungsbedarf (Summe der Zeitbedarfswerte aller zu erledigenden Aufgabenarten) anfällt bzw. der Unterschied dieser Größen im Zeitablauf möglichst gering ist. Bei diesen Überlegungen sind zukünftige Veränderungen bereits zu berücksichtigen, soweit diese voraussehbar und annäherungsweise quantifizierbar sind (Einsatz der mathematischen Statistik und wahrscheinlichkeitsorientierter Prognose-Rechnungen). Das Ergebnis dieser Überlegungen ergibt für jeden Zeitpunkt des Betrachtungszeitraumes einen Zeitbedarf, der durch eine zeitliche Verlagerung der Aufgabenerfüllung nicht weiter geglättet werden kann und der daher durch einen entsprechenden Personaleinsatz abgedeckt werden muß.

3. Schritt: Bestimmung einer Stammbelegschaft

Der dritte Schritt in dem hier dargestellten Verfahren besteht darin, sofern im zweiten Schritt kein geglätteter bzw. nahezu geglätteter Zeitbedarf erreicht werden konnte, den Personaleinsatz über eine entsprechende Arbeitszeitregelung dem Zeitbedarf anzupassen. Als Methoden bieten sich hier die gleitende Arbeitszeitregelung[326] bzw. die gestaffelte Arbeitszeit an. Die Anzahl der Mitarbeiter, die bei vollständig bzw. nahezu geglättetem Zeitbedarf erforderlich werden, bzw. die bei nicht geglättetem Zeitbedarf unter Einsatz einer entsprechenden Arbeitszeitregelung voll ausgelastet werden, stellen die Größe der Stammbelegschaft dar (diese Stammbelegschaft wird ermittelt aufgrund der Rosenkranzschen Personalbedarfsformel, wodurch Verteil- und Ausfallzeiten berücksichtigt werden).

4. Schritt: Abdeckung der verbleibenden Bedarfsspitzen

Der von der so errechneten Stammbelegschaft nicht abgedeckte Zeitbedarf ist mit Hilfe einer der in der Abb. 55 dargelegten Maßnahmen abzudecken, wobei folgende Grundüberlegung zum Tragen kommt: Die Stammbelegschaft ist solange um jeweils eine Arbeitskraft über die im dritten Schritt errechnete Größe zu erhöhen, bis die

---

325 Bei zyklischen Schwankungen muß dieser Betrachtungszeitraum einen ganzen Zyklus umfassen.

326 vgl. Rosenkranz, R., Weiterhin schlechte Organisation und schlechter Kundendienst in Geldinstituten, in: Bürotechnik (BTA/BTO), 4/1976, S. 98

Kosten der letzten Erhöhung gleich sind den Kosten einer anderen Maßnahme (z.B. Überstunden, Part-time-Mitarbeiter usw.), also bis

$$\triangle K_{ST} = \triangle K_{Z} \quad \text{ist}$$

(K_{ST} = Kosten Stammbelegschaft, K_Z = Kosten einer anderen Maßnahme).

6234 Reservebedarf

„Die Ermittlung des Reservebedarfs enthält eine spezifische Fragestellung. Wie kann man den von einer Reihe von Einflußgrößen abhängigen und entsprechenden quantitativen und temporären Schwankungen unterworfenen Ausfall menschlicher Arbeitsleistung so berücksichtigen, daß einerseits die Bewältigung des Arbeitsanfalls weitgehend sichergestellt und andererseits die Personalkapazität nicht allzu hoch bemessen wird?“[327]

In der Rosenkranzschen Personalbedarfsformel werden diese Ausfallzeiten[328] als eine Durchschnittsgröße im notwendigen Verteilzeitfaktor berücksichtigt, berechnet aufgrund der statistischen Aufzeichnungen der Personalabteilung für die entsprechende Aktionseinheit. Durch diese Durchschnittsbildung werden zwar individuelle quantitative und temporäre Schwankungen, d.h. auf eine Person bezogen, unberücksichtigt gelassen, aber durch den Tatbestand, daß in einer funktionsfähigen Aktionseinheit immer mehrere Mitarbeiter tätig sind, werden diese Schwankungen stark abgeschwächt. Eine weitergehende Berücksichtigung der Ausfallzeiten in der Personalbedarfsrechnung ist nicht sinnvoll, da es sich hier um ein dispositives ablauforganisatorisches Problem handelt (Personaleinsatz, Stellvertretung usw.).

6235 Schlußbemerkung

Das vorstehend dargelegte Verfahren der Bestimmung des Personalbedarfs geht von folgenden Grundgedanken aus:

(1) Nicht allein der Zeitpunkt des Aufgabenanfalls sondern auch die zeitliche Art der Aufgabenerledigung ist in die Bestimmung des Personalbedarfs mit einzubeziehen.

(2) Vor einer Ermittlung des Personalbedarfs ist der Zeitbedarf im Zeitablauf durch die Möglichkeit der zeitlichen Verschiebung der Aufgabenerledigungen zu glätten.

(3) Auf der Basis des geglätteten Zeitbedarfs ist unter Berücksichtigung einer entsprechenden Arbeitszeitregelung (gleitende Arbeitszeit, gestaffelte Arbeitszeit) eine Stammbelegschaft zu ermitteln.

(4) Die durch die Stammbelegschaft nicht abgedeckten Arbeitsspitzen sind durch eine oder die Kombination von Zusatzmöglichkeiten (vgl. die in der Tabelle aufgeführten Maßnahmen) abzudecken.

Das dargestellte Verfahren erhebt nicht den Anspruch, eine Optimierung der quantitativen Personalbedarfsrechnung im mathematischen Sinne zu sein, sondern stellt ein praktikables Verfahren dar, das zu einer „befriedigenden“ Lösung führt.

---

327 vgl. Hackstein, R., Nüssgens, K.H., Uphus, P.H., Personalbedarfsermittlung im System Personalwesen (II), in: Fortschrittliche Betriebsführung, 20. Jg. 1971, Heft 4, S. 174

328 Die Ausfallzeiten beinhalten Urlaub, Krankheit, unbezahlten Urlaub, Schulungszeiten, Wehrübungen usw.

Kontrollfragen zu Abschnitt 62

1. Wie lauten die Formeln der drei Grundtypen der Personalbedarfsrechnung?
2. Worin unterscheiden sich die drei Grundtypen im wesentlichen?
3. Welche der drei Grundtypen ist für die Berechnung des Personalbedarfs in Verwaltungseinheiten anzuwenden?
4. Welche Teilprobleme sind im Rahmen der Optimierung zu lösen?
5. Warum sind die „Allgemeinen Ansätze" als nicht ausreichend zu bezeichnen?
6. Welche Schwachstellen weist die Optimierung mit Hilfe von Risikokalkülen auf?
7. Durch welche Vorgehensweise ist die mehrstufige Lösung charakterisiert?

Literatur zur Vertiefung:

Duscheck, E., Personalbedarfsrechnung, in: Zeitschrift für das gesamte Rechnungswesen, 13. Jg. 1967, S. 245 ff., S. 278 ff., 14. Jg. 1968, S. 12 ff.

Hackstein, R., Nüssgens, K.H., Uphus, P.H., Personalbedarfsermittlung im System Personalwesen (II), in: Fortschrittliche Betriebsführung, 20. Jg. 1971, Heft 4, S. 159 ff.

Harrmann, A., Zum Problem der Personalplanung in einem Industriebetrieb, in: BFuP., 25. Jg. 1973, S. 341 ff.

Heinisch, I., Sämann, W., Planzeitwerte im Büro, Bd. 17 der Schriftenreihe Arbeitsstudium-Industrial-Engineering, Grundlagen und Methoden, Berlin-Köln-Frankfurt a.M. 1973

Hentze, J., Die Hauptdeterminanten des quantitativen Personalbedarfs, in: ZfB, 40. Jg. 1970, S. 677 ff.

Potthoff, K.P., Die Ermittlung des Brutto-Personalbedarfs in der Industrie, in: Der Betrieb, 23. Jg. 1970, S. 1397 ff.

Rosenkranz, R., Die Bedeutung des notwendigen Verteilzeitzuschlags bei Personalbedarfsrechnungen, in: Bürotechnik (BTA u. BTO), Heft 12, 24. Jg. 1976, S. 51 ff.

derselbe, Personalbedarfsrechnungen als Voraussetzung und Folge von Rationalisierungsuntersuchungen in Geld- und Kreditinstituten, in: Das rationelle Büro, 8/1970, S. 18 ff.

Rottmeyer, Fr., Quantitative Personalplanung, in: Rationalisierung, 22. Jg. 1971, S. 45 ff.

Russ, A., Die Technik der Personalbedarfsrechnung, in: Das rationelle Büro, 9/1966, S. 5 ff.

Winnes, R., Beschäftigungsabhängige Personalbedarfsplanung, Königstein/Ts. 1978

Wittlage, H., Quantitative Personalbedarfsrechnung im Verwaltungsbereich, in: Der graduierte Betriebswirt, 10. Jg. 1977, S. 5 ff.

derselbe, Optimierung der quantitativen Personalbedarfsrechnung im Verwaltungsbereich, in: Der graduierte Betriebswirt, 10. Jg. 1977, S. 351 ff.

Zander, E., Handbuch der Gehaltsfestsetzung, 3. Aufl., Heidelberg 1972.

63 Bewertung und Auswahl

Aus den erarbeiteten Lösungsalternativen ist eine zur Realisierung auszuwählen. Hierzu bedarf es einer vergleichenden Bewertung aller Lösungsalternativen, die die Zielsetzung der Organisationsuntersuchung (z.B. Verkürzung der Durchlaufzeit der Auftragsbearbeitung) in einem vorgegebenen Rahmen (z.B. auf mindestens 4 Arbeitstage) erfüllen und zudem vorgegebenen Nebenbedingungen genügen (z.B. gesetzliche Vorschriften, vorgegebenes maximales Investitionsvolumen, keine Entlassung von Mitarbeitern). Dazu ist es erforderlich, daß alle Lösungsalternativen, die diese Bedingungen nicht erfüllen, vor Durchführung der vergleichenden Bewertung ausgesondert werden.

Schwierigkeiten ergeben sich bei der Bewertung und Auswahl immer dann, wenn sich die Lösungsalternativen in bezug auf Kriterien unterscheiden, die nicht unmittelbar quantifizierbar sind, d.h. von qualitativer Natur sind. Zwar können auch hier mittelbare Quantifizierungen vorgenommen werden (Punktwertungen), nur läßt sich im gewissen Grade eine subjektive Bewertung nicht ausschließen.

Die Bewertung sollte, unabhängig von der jeweiligen Methode, folgende Anforderungen erfüllen:

- die Bewertungskriterien sollen quantifizierbar sein
- die Bewertung muß alle wichtigen Kriterien berücksichtigen
- das Bewertungsverfahren muß transparent, d.h. überprüfbar sein.

Als mögliche Verfahren kommen in Frage:

- verbale Vergleiche
- Verfahren aus dem Bereich der Investitionsrechnung (statische und dynamische Verfahren)
- Punktwertverfahren.

631 Verbaler Vergleich[329]

Beim verbalen Vergleich werden die Vor- und Nachteile der verglichenen Alternativen schriftlich fixiert und im Hinblick auf den Zielerreichungsgrad beurteilt. Die Vor- und Nachteile können tabellarisch zusammengefaßt werden, eine Quantifizierung findet hingegen nicht statt. Die Schriftform zwingt zu einer gründlichen Überlegung, aber trotzdem können folgende Mängel nicht übersehen werden:

- ein exakter Vergleich der Lösungsalternativen ist nicht gewährleistet,
- die verbale Formulierung der Vor- und Nachteile ohne eine Quantifizierung ist ungenau (z.B. kürzere, längere Durchlaufzeiten, hohe, niedrige Kosten, hoher, niedriger Zeitaufwand)
- bei der verbalen Formulierung kann eine subjektive Bewertung ein großes Gewicht bekommen, ohne daß dieses sofort erkennbar wird
- die Entscheidungsfindung wird erschwert.

Aus diesen Gründen sollte ein verbaler Vergleich nur dann vorgenommen werden, wenn ein anderes Bewertungsverfahren nicht durchführbar ist bzw. die Vorteilhaftigkeit einer Lösungsalternative unmittelbar, auch ohne aufwendige Berechnungen, ersichtlich ist.

632 Wirtschaftlichkeitsberechnungen

Im Rahmen der Investitionstheorie sind im Laufe der Zeit eine Vielzahl von Rechnungsverfahren entwickelt worden, die sich wie folgt gruppieren lassen:[330]

Statische Investitionsrechnungen

- Kostenvergleichsrechnung
- Amortisationsrechnung (Pay-off-Period, Pay-Back-Period)

329 vgl. Acker, H.B., Organisationsanalyse . . . , a.a.O., S. 50

330 vgl. Wöhe, G., Einführung in die Allgemeine Betriebswirtschaftslehre, 12. Aufl., München 1976, S. 507 f.

- Gewinnvergleichsrechnung (buchhalterische Methode)
- Rentabilitätsrechnung (Return on Investment)

Dynamische Verfahren

- Kapitalwertmethode (Present Value)
- Interner Zinsfuß
- Annuitätsmethode
- Mapi-Verfahren

(Kapitalwertmethode, Interner Zinsfuß, Annuitätsmethode: Finanzmathematisches Verfahren)

Von den vorstehenden Verfahren sollen im folgenden nur die Kostenvergleichsrechnung sowie die Gewinnvergleichs- und Rentabilitätsrechnung dargestellt werden, da diese Verfahren im Rahmen von Organisationsuntersuchungen am häufigsten Verwendung finden.

Kostenvergleichsrechnung

Kostenvergleichsrechnungen sind immer dann anwendbar, wenn den zu vergleichenden Alternativen Kosten unmittelbar oder mittelbar (über Schlüsselgrößen) zugerechnet werden können.

Zunächst sind die Kosten der alternativen Lösungsmöglichkeiten, Personalkosten (Löhne, Gehälter, Sozialaufwand, usw.) und Sachkosten (Abschreibungen, Verzinsung des gebundenen Kapitals, Reparatur- und Instandhaltungskosten, Kosten des Materialverbrauchs, usw.) als Periodendurchschnittsgrößen (in der Regel auf der Basis von 5 Jahren) zu ermitteln. Ein Vergleich dieser Periodenkosten führt dann zu der kostengünstigsten Alternative, wenn die Leistungsmengen (Kapazitäten) aller Alternativen einander gleich sind. Weichen diese jedoch voneinander ab, so ist der Periodenvergleich durch einen Stückkostenvergleich zu ersetzen.[331] Da aber Lösungsalternativen ungleicher Leistungsmengen ihre Kostenoptima bei unterschiedlichen Leistungsausbringungen aufweisen, gibt es Ausbringungsmengen, bei denen die verglichenen Alternativen kostenindifferent sind (kritische Mengen).

Aufgrund der Abb. 57 ergibt sich, daß im Ausbringungsbereich A (Ausbringung X_0 bis X_1) Alternative I, im Bereich B (Ausbringung X_1 bis X_2) Alternative II und im Bereich C (Ausbringung $> X_2$) Alternative III kostenoptimal ist. Da, wie ersichtlich, mit variierender Ausbringung die kostenoptimale Alternative ebenfalls wechselt, ist es erforderlich, im Rahmen des Vergleichs die Leistungsmengenentwicklung zu berücksichtigen. Damit sind in der Betrachtung zusätzlich zu den durchschnittlichen Periodenkosten die Umstellungskosten zu berücksichtigen.

Beispiel:
Zum Zeitpunkt des Vergleichs betrug die Leistungsmenge $\bar{X}$, mittelfristig wird sie aber auf $\tilde{X}$ ansteigen. Die Entscheidung zwischen den Alternativen I und II ist aufgrund des Kostenvergleichs folgender, zur Wahl stehender Entscheidungsalternativen, zu treffen:

Entscheidungsalternative 1

In dem dem Vergleich zugrundliegenden Zeitraum wird die Alternative I realisiert. Als Kostenvergleichsgröße ist die Summe der Gesamtkosten der Leistungsausbringung dieses Zeitraumes sowie der Umstellungskosten auf Alternative I[332] anzusetzen.

---

331 vgl. Wöhe, G., a.a.O., S. 508

332 Die Umstellungskosten sind zu berücksichtigen, da an Stelle des Ist die Alternative I treten soll.

Abb. 57: Kostenvergleich

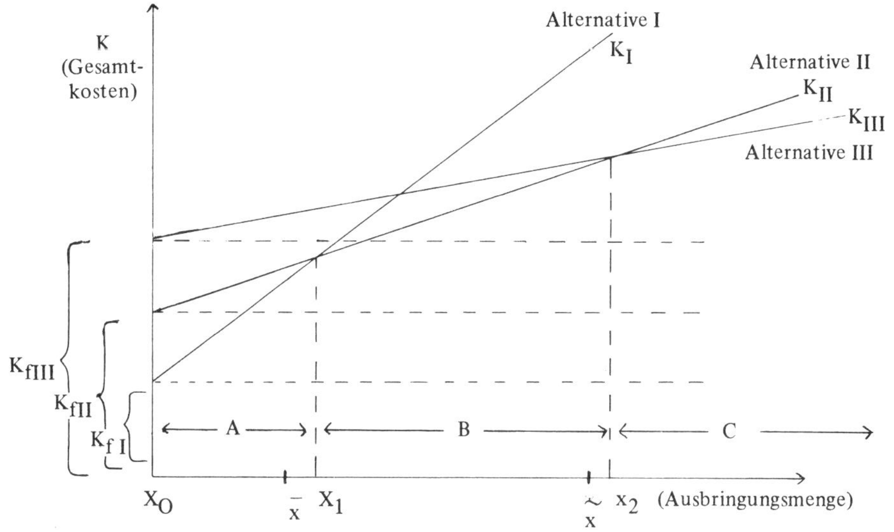

Legende: K_{fI}, K_{fII}, K_{fIII} = Fixkosten der Alternativen I, II u. III.
K_I, K_{II}, K_{III} = Gesamtkosten der Alternativen I, II u. III.

Entscheidungsalternative 2

Bei Überschreiten der Ausbringungsmenge X_1 wird von Alternative I auf Alternative II umgestellt. Als Kostenvergleichsgröße ist anzusetzen: Summe der Kosten der Ausbringungsmenge, die mit Alternative I erbracht wird, der Gesamtkosten der Leistungsmenge, die mit Alternative II erbracht wird, der Umstellungskosten auf Alternative I, der Umstellungskosten von Alternative I auf Alternative II.

Entscheidungsalternative 3

In dem dem Vergleich zugrundeliegenden Zeitraum wird die Alternative II realisiert. Als Kostenvergleichsgröße ist die Summe der Gesamtkosten der Leistungsmenge dieses Zeitraumes sowie der Umstellungskosten auf Alternative II anzusetzen.

Aufgrund einer konkreten Kostensituation ist jede der drei Entscheidungsalternativen als kostenoptimal denkbar.

Die Mängel der Kostenvergleichsrechnung sind:

- die relativ kurzfristige Betrachtungsweise berücksichtigt nur unvollständig die zukünftige Kostenentwicklung,
- die Alternativen weisen nicht nur Mengenunterschiede (Kostenoptimum bei unterschiedlichen Leistungsmengen) sondern auch Unterschiede im Hinblick auf Schnelligkeit (Durchlaufzeit), Sicherheit, Genauigkeit usw. auf. Diese Unterschiede können sich in einer unterschiedlichen Ertragsbeeinflussung niederschlagen. Eine entsprechende Berücksichtigung der Ertragsseite findet aber keine Berücksichtigung.

Gewinnvergleichsrechnung

Die Kostenvergleichsrechnung führt dann zu völlig falschen Entscheidungen, wenn die Organisationsalternativen qualitativ unterschiedliche Leistungen erbringen. Diesen Mangel sucht die Gewinnvergleichsrechnung dadurch zu vermeiden, daß die Leistungen, bewertet in Geldeinheiten, in die Berechnung einbezogen werden. Dazu ist es aber erforderlich, daß die Leistungen (∅ Periodenleistung) den einzelnen Alternativen eindeutig zugerechnet und in Geldeinheiten bewertet werden können. Dies wird bei organisatorischen Lösungen zwar nicht häufig der Fall sein, es sind aber einige Fälle denkbar, wie Mechanisierungs- und Automatisierungsvorhaben im Verwaltungsbereich (Schreibautomaten, Mikroverfilmung, Automatisierung des Mahnwesens usw.).[333] Die Gewinne (Ertrag – in Geld bewertete Leistungen – minus Aufwand) der einzelnen Alternativen werden miteinander verglichen und die Alternative mit dem höchsten absoluten Gewinn wird zur Realisierung ausgewählt.

Die Gewinnvergleichsrechnung berücksichtigt zwar die Ertragsseite, weist aber weiterhin noch folgende Mängel auf:

- die relativ kurzfristige Betrachtungsweise berücksichtigt nur unvollständig die zukünftige Ertrags- und Kostenentwicklung
- trotz der Berücksichtigung der Ertragsseite bleibt die Verzinsung des in unterschiedlicher Höhe eingesetzten Kapitals der verglichenen Alternativen unberücksichtigt.

Rentabilitätsrechnung

Bei der Rentabilitätsrechnung findet die Verzinsung des unterschiedlich hohen Kapitaleinsatzes der Alternativen Berücksichtigung. Auch hier wird, wie bei der Kostenvergleichs- und Gewinnvergleichsrechnung eine Periodendurchschnittsbetrachtung durchgeführt.

$$\text{Rentabilität} = \frac{\text{Gewinn x 100}}{\text{Kapital}}$$

Eine Modifizierung dieser Rentabilitätsrechnung in Form der ROI-Rechnung (Return on Investment)

$$\text{ROI} = \frac{\text{Gewinn}}{\text{Umsatz}} \text{ x } \frac{\text{Umsatz}}{\text{investiertes Kapital}} \text{ x } 100$$

ist für Organisationslösungen kaum möglich, da sich Umsatzgrößen diesen kaum zurechnen lassen.

Ebenso wie bei der Kosten- und Gewinnvergleichsrechnung liegen die Schwächen dieses Verfahrens in der kurzfristigen Betrachtungsweise, die zukünftig Veränderungen von Kosten und Erträgen nicht berücksichtigt, und in der Schwierigkeit, Erträge den einzelnen Organisationslösungen zuzurechnen.[334] Zwar wird die Rentabilität des eingesetzten Kapitals errechnet, aber nur für eine Durchschnittsperiode. Diese Schwierigkeiten haben insbesondere zur Entwicklung des Punktwertverfahrens geführt.

---

333 vgl. Schmidt, G., Organisation . . . , a.a.O., S. 262
334 vgl. Wöhe, G., a.a.O., S. 510

633 Punktwertverfahren

Mit dem Punktwertverfahren sollen einerseits die Schwierigkeiten bei der Ermittlung von Kosten und Erträgen und deren Zurechnung auf die Organisationsalternativen gelöst, andererseits die nicht in Kosten- und Ertragsgrößen ausdrückbaren Unterschiede der Alternativen in die Vergleichsrechnung einbezogen werden. Das Punktverfahren ist den Scoring-Modellen[335] (ein einfaches Modell der Entscheidungshilfe) zuzurechnen. „Mit Scoring-Modellen können verschiedene Teilzielsetzungen – wie die verschiedenen Soll-Eigenschaften des Anforderungskatalogs – auf einen Punktwert-Nenner (Score) gebracht und für die Bewertung von Entscheidungsalternativen herangezogen werden."[336] Der Aufbau und die Anwendung eines Scoring-Modells wird aus folgender Darstellung ersichtlich.

Abb. 58: Aufbau und Anwendung eines Scoring-Modells *)

1. Problem: Es soll eine aus mehreren Alternativen ausgewählt werden. Es liegt Mehrfachzielsetzung vor. Entscheidungskriterium ist ein Gesamtscore.

2. Modell:

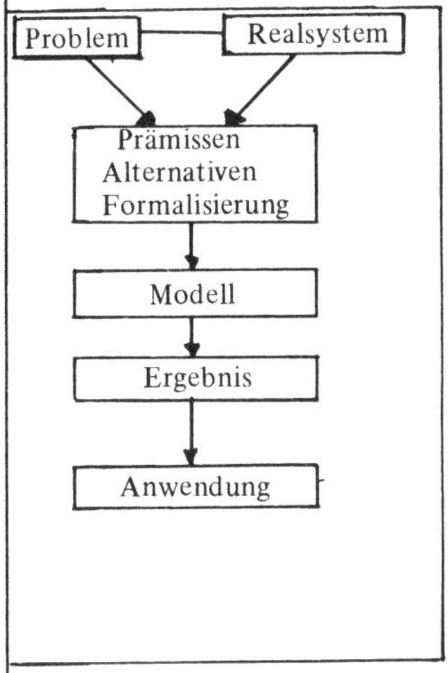

a) Es ist eine begrenzte Anzahl (i.d.R. 5 bis 10) erwünschter Eigenschaften (möglichst kausal und nutzentheoretisch unabhängig) aufzustellen. *)

b) Jedes Teilziel, d.h. jede Eigenschaft, ist durch Zuordnung eines Zielkriteriums zu operationalisieren; es ist jeweils eine Zielmeßskala festzulegen.

c) Die Ausprägungen der Eigenschaften werden geschätzt (bei Istaufnahmen auch festgestellt) und mit Hilfe der Meßskalen ausgedrückt.

d) Die unterschiedlich dimensionierten Eigenschaften werden in reellen Zahlen ausgedrückt (Transformation mittels Scoring-Funktionen in Scores)

b) – d) können durch Schätzung von Erfüllungsgraden zusammengefaßt werden.

e) Amalgamierung der Einzelscores zu Gesamtscore (i.d.R. Addition oder Multiplikation). Bei Bedeutungsunterschieden sind die Einzelscores zu gewichten.

3. Ergebnis: Für die praktische Entscheidung liefert das Modell eine Unterlage. Dazu ist eine Entscheidungsregel (z.B. „wähle die Alternative mit maximalem Punktwert!") festzulegen.

*) Unvermeidbare kausale Abhängigkeiten müssen bei der Gewichtung berücksichtigt werden (2e), indem die abhängigen Eigenschaften geringer gewichtet werden. Nutzentheoretische Abhängigkeiten können z.T. durch Setzen von Nebenbedingungen zur Geltung gebracht werden, indem für bestimmte Eigenschaften Mindest-Erfüllungsgrade gefordert werden.

*) entnommen aus: Blohm, H., Organisation . . . , a.a.O., S. 172

335 vgl. Strebel, H., Forschungsplanung mit Scoring-Modellen, Baden-Baden 1975; Dreyer, A., Scoring-Modelle bei Mehrfachzielsetzung im: ZfB, 44. Jg., 1974, S. 255 ff.

336 Blohm, H., Organisation . . . , a.a.O., S. 171

Entsprechend dem Aufbau und der Anwendung von Scoring-Modellen ergeben sich für die Durchführung des Punktwertverfahrens bei Organisationslösungen folgende Schritte:[337]

(1) Bestimmung der Beurteilungskriterien (erwünschte Eigenschaften), d.h. sammeln und auswählen. Voneinander abhängige Beurteilungskriterien sind zusammenzufassen. In dieser Phase kommt es darauf an, daß alle wesentlichen Kriterien, die eine Beurteilungsbasis alternativer Lösungen bilden können, berücksichtigt werden.

(2) Gewichtung der ausgewählten Beurteilungskriterien. Zunächst sind die Kriterien zu reihen, d.h. die relative Bedeutung des wichtigsten und des am wenigsten wichtigen Kriteriums ist festzuhalten, die übrigen sind in den sich dadurch ergebenden Bereich einzuordnen. Das wichtigste Kriterium bekommt das höchste, das unbedeutendste das niedrigste Gewicht (Punktzahl). Hierbei ist es möglich, eine Spanne von 1 – 10 für die Gewichte zu vergeben; andererseits kann auch von einer fest vorgegebenen Punktsumme ausgegangen (z.B. 100), und diese entsprechend der jeweiligen Bedeutung den einzelnen Beurteilungskriterien zugeteilt werden (z.B. Kriterium A 30 Punkte, Kriterium B 25 Punkte, Kriterium C 15 Punkte usw.).

(3) Bewertung der Erfüllungsgrade der Beurteilungskriterien: Die zu vergleichenden Lösungsalternativen sind im Hinblick auf den Erfüllungsgrad der einzelnen Beurteilungskriterien zu bewerten. Man ordnet einem 100 % Erfüllungsgrad eine bestimmte Punktzahl zu (z.B. 10) und bewertet niedrigere Erfüllungsgrade mit einer entsprechend niedrigeren Punktzahl (z.B. 50 % Erfüllung 5 Punkte, fehlende Erfüllung 0 Punkte). Bei der Bemessung der Punktzahlen für den Erfüllungsgrad ist besonders zu beachten, daß es sich in vielen Fällen nur um eine Schätzung handeln kann, d.h. die Ungenauigkeit einer Schätzung ist nicht durch eine noch so feine Skalierung der Erfüllungsgrade kompensierbar.

(4) Gesamtbewertung: Die Punktzahl je Erfüllungsgrad eines Beurteilungskriteriums ist mit dem zugehörigen Gewicht zu multiplizieren; die gewichteten Einzelwerte sind zur Gesamtpunktzahl der jeweiligen Lösungsalternative zu addieren. Die Lösungsalternative mit der höchsten Gesamtpunktzahl ist als die beste der miteinander verglichenen anzusehen und zur Realisierung vorzusehen.

(5) Sensitivitätstest: Durch eine Variation der Gewichtung der Beurteilungskriterien und der Einzelbewertungen ist zu überprüfen, bei welchen Datenkonstellationen sich das Ergebnis verändert, d.h. an die zunächst ermittelte „optimale Lösung" eine andere Lösungsalternative tritt. Diese Datenkonstellation ist einer kritischen Betrachtung zu unterziehen.

In bezug auf das Punktwertverfahren muß abschließend noch einmal betont werden, daß die Bestimmung der zu realisierenden Organisationslösung nicht völlig objektiviert, die Entscheidungsfindung aber in jedem Fall transparent geworden ist.[338] Ein gewisser höherer Grad der Objektivierung der Bewertung kann dadurch erreicht werden, daß die Gewichtung von einem Team erarbeitet wird.

Weiterhin ist es erforderlich, dies gilt für alle vorstehend dargelegten Verfahren der Bewertung und Auswahl, daß zum Abschluß der Bewertung auch eine Sammlung

337 vgl. Blohm, H., Organisation . . . , a.a.O., S. 176
338 vgl. Blohm, H., Organisation . . . , a.a.O., S. 176

Abb. 59: Beispiel einer Bewertung *)

gewünschte Eigenschaft	Gewichtung	Anlage 1		Anlage 2		Anlage 3		Anlage 4		Anlage 5		Anlage 6	
		Faktor	Punkte	Faktor	Punkte	Faktor	Punkte	Faktor	Punkte	Faktor	Punkte	Faktor	Punkte
1. *Leistungsfähigkeit*													
1.1 Hardware													
1.11 Allgemeine Merkmale	20	x 0,6	= 12	x 1,0	= 20	x 2,0	= 40	x 1,0	= 20	x 0,8	= 16	x 1,2	= 24
1.12 Zentraleinheit	10	x 0,9	= 9	x 1,0	= 10	x 1,5	= 15	x 0,8	= 8	x 1,2	= 12	x 1,5	= 15
1.13 Ein-/Ausgabegeräte	15	x 1,4	= 21	x 0,6	= 9	x 1,0	= 15	x 0,6	= 9	x 0,8	= 12	x 1,0	= 15
1.14 Externe Speicher	20	x 1,0	= 20	x 1,0	= 20	x 1,7	= 34	x 0,5	= 10	x 1,2	= 24	x 0,6	= 12
1.15 Erweiterungs- und Ausbaufähigkeit	10	x 1,0	= 10	x 0,8	= 8	x 1,8	= 18	x 0,5	= 5	x 0,8	= 8	x 0,5	= 5
1.2 Software													
1.21 Steuerprogramme	20	x 1,0	= 20	x 0,8	= 16	x 1,5	= 30	x 1,0	= 20	x 0,8	= 16	x 1,2	= 24
1.22 Übersetzungsprogramme	20	x 0,8	= 16	x 0,9	= 18	x 1,2	= 24	x 0,8	= 16	x 0,8	= 16	x 1,0	= 20
1.23 Anwendungsprogramme	20	x 1,5	= 30	x 1,0	= 20	x 0,8	= 16	x 0,6	= 12	x 0,5	= 10	x 1,0	= 20
Summe	135		138		121		192		100		114		135
2. *Kosten*													
2.1 Einmalkosten	10	x 2,0	= 20	x 2,0	= 20	x 1,0	= 10	x 1,1	= 11	x 0,8	= 8	x 0,4	= 4
2.2 Laufende Kosten	50	x 1,0	= 50	x 1,2	= 60	x 0,8	= 40	x 0,7	= 35	x 1,0	= 50	x 0,4	= 20
Summe	60		70		80		50		46		58		24
3. *Kundendienst des Herstellers*													
3.1 Organisatorischer Kundendienst	10	x 1,0	= 10	x 0,8	= 8	x 1,5	= 15	x 1,2	= 12	x 1,5	= 15	x 0,8	= 8
3.2 Technischer Service	10	x 0,8	= 8	x 1,5	= 15	x 1,0	= 10	x 1,1	= 11	x 1,8	= 18	x 1,0	= 10
Summe	20		18		23		25		23		33		18
4. *Sonstige Vertragsbedingungen*													
4.1 Allgemeine Vertragsbedingungen	10	x 1,0	= 10	x 1,0	= 10	x 0,8	= 8	x 1,0	= 10	x 1,2	= 12	x 1,1	= 11
4.2 Lieferung und Aufstellung	10	x 0,8	= 8	x 1,5	= 15	x 2,0	= 20	x 0,6	= 6	x 1,0	= 10	x 1,2	= 12
4.3 Zahlungsbeginn	20	x 0,7	= 14	x 1,2	= 24	x 2,0	= 40	x 0,1	= 2	x 0,8	= 16	x 2,0	= 40
Summe	40		32		49		68		18		38		63
Gesamt			258		273		335		187		243		240

Gesamtpunktzahl der Gewichtung 255 Punkte; Gewichtung der Erfüllungsgrade 0 – 2 Punkte

*) entnommen aus: Futh, H., EDV-Organisation, Bd. I, Entwicklung eines EDV-Systems, 2. Aufl., München-Wien 1972, S. 82

negativer Auswirkungen der Alternativen vorgenommen wird. Aufgrund dieser so festgestellten Auswirkungen, sie sind zu gewichten aufgrund der Wahrscheinlichkeit ihres Eintretens und ihres Wirkungsgrades, kann es durchaus möglich sein, daß sich eine veränderte Reihung der Lösungsalternativen ergibt.

Kontrollfragen zu Abschnitt 63:

1. Welche Anforderungen müssen an das einzusetzende Bewertungsverfahren gestellt werden?
2. Welche Verfahren der Bewertung können Verwendung finden?
3. Unter welchen Bedingungen ist ein verbaler Vergleich als ausreichend zu betrachten?
4. Stellen Sie die Verfahren der Wirtschaftlichkeitsberechnung einander vergleichend gegenüber!
5. Welche Einzelschritte sind bei der Anwendung des Punktwertverfahrens durchzuführen?
6. Welche Bedeutung besitzt der Sensitivitätstest im Rahmen des Punktwertverfahrens?
7. Wird im Punktwertverfahren die Bewertung der einzelnen Alternativen völlig objektiviert?

Literatur zur Vertiefung

Blohm, H., Organisation, Information und Überwachung, 3. Aufl., Wiesbaden 1977, S. 171–178
Dreyer, A., Scoring-Modelle bei Mehrfachzielsetzung, in: ZfB 44. Jg. 1974, S. 255–274
Futh, H., EDV-Organisation, Bd. 1, Entwicklung eines EDV-Systems, 2. Aufl., München-Wien 1972, S. 73–90
Hax, H., Investitionstheorie, 2. Aufl., Würzburg 1972
Kepner, Ch.H., Tregoe, B.B., Management-Entscheidungen vorbereiten und richtig treffen, 3. Aufl., München 1971, S. 193 ff.
Kern, W., Investitionsrechnung, Stuttgart 1974
Koch, H., Grundlagen der Wirtschaftlichkeitsrechnung, Probleme der betriebswirtschaftlichen Entscheidungslehre, Wiesbaden 1970
Leffson, U., Programmiertes Lehrbuch für Investitionsrechnung, Wiesbaden 1973
Schneider, D., Investition und Finanzierung, 2. Aufl., Opladen 1971
Wildemann, H., Auswahl und Bewertung von Alternativen, in: RKW – Handbuch Führungstechnik und Organisation, hrsg. von Potthoff, Berlin 1978, Kennzahl 2212
Zangenmeister, Ch., Nutzwertanalyse in der Systemtechnik, 3. Aufl., München 1973

64 Präsentation und Untersuchungsbericht

Den Abschluß einer Organisationsuntersuchung bilden die Präsentation der Untersuchungsergebnisse und deren Dokumentation (Untersuchungsbericht). Sowohl für die Vorbereitung und Durchführung der Präsentation als auch für die Erstellung des Untersuchungsberichtes sind Regeln zu beachten, denn wie jede Leistung wollen auch die Ergebnisse einer Organisationsuntersuchung richtig „verkauft" sein. Wie die Erfahrungen der praktischen Organisationsarbeit zeigen, haben manche organisatorischen Untersuchungsergebnisse infolge Nichtbeachtung dieser Regeln nicht die Berücksichtigung gefunden, die sie auf Grund ihrer Qualität hätten finden müssen.

641 Präsentation

Für die Präsentation der Untersuchungsergebnisse sind nicht nur rationale, sachorientierte Gesichtspunkte zu beachten, sondern es müssen auch die Wünsche, Bedürfnisstrukturen, Befürchtungen, Wertvorstellungen und Erfahrungen der Entscheidungsträger[339] (psychologisch – soziologische Situation) berücksichtigt werden. Unter diesen Aspekten sind die Regeln zu sehen, die es für die Vorbereitung, Durchführung und Auswertung der Präsentation zu beachten gilt.

Regeln der Vorbereitung

- Informationen: die an die Beteiligten zu gebenden Informationen beschränken sich auf technische Hinweise wie Ort, Zeit, geplante Dauer, Teilnehmer, Thema und Zielsetzung der Präsentation. Weitere Informationen wie aufgedeckte Mängel der Organisation, Lösungsalternativen usw. führen dazu, daß sich bereits vor der Präsentation bei den Beteiligten „starre Fronten" bilden würden, und eine Steuerung der Entscheidungsfindung durch den Organisator kaum noch möglich ist.
- Sachmittel: Bereitstellung der zur Durchführung der Präsentation erforderlichen Sachmittel wie ein geeigneter Raum, Tageslichtprojektor, Tafel, Flip-Chart, usw.
- Auswahl der Teilnehmer: neben den Mitgliedern des Managements, die die erforderlichen Entscheidungen zu treffen haben, sind auch die Leiter der betroffenen Unternehmensbereiche zu berücksichtigen, da sie über das erforderliche Detailwissen verfügen. Um aber die Arbeitsfähigkeit während der Präsentation zu erhalten, ist der Teilnehmerkreis auf 15 – 20 Personen zu begrenzen. Dies kann bedeuten, daß die Leiter der betroffenen Unternehmensbereiche nur zeitweise an der Präsentation teilnehmen.
- Auswahl und Darstellung der Untersuchungsergebnisse: die Untersuchungsergebnisse sind nur soweit darzulegen, wie es zur Entscheidungsfindung erforderlich ist (zielgerichtete Informationen), d.h. die grundlegenden Zusammenhänge sowie die bestehenden Probleme sind klar und eindeutig darzulegen. Im Hinblick auf die vorgeschlagene Lösungsalternative (n) sind sowohl die Vor- als die Nachteile darzulegen. Für evtl. von den Teilnehmern geäußrte Gegenargumente sind im voraus bereits fundierte Antworten vorzubereiten (z.B. im Wege des Pro- und Contra-Spiels, des Rollenspiels durch die Mitglieder des Organisationsteams).

  Neben der richtigen Auswahl ist die visuelle und didaktische Aufbereitung des Präsentationsinhaltes von großem Gewicht. Neben der Form der Visualisierung sind Reihenfolge und Zeiteinteilung sowie personelle Verteilung (welches Mitglied des Organisationsteams trägt was vor?) festzulegen. Im Hinblick auf die Visualisierung sind folgende Aspekte besonders zu berücksichtigen: wenige Aussagen pro Bild, Beschränkung des Textes auf ein notwendiges Minimum, Vergleiche nebeneinander darstellen, Verwendung von Farben zur Hervorhebung (die Darstellung darf aber nicht bunt werden, daher nur maximal 3 Farben verwen-

339 Neben der Entscheidungsfindung kann die Präsentation auch den Zielen der Information und Meinungsbildung dienen. Vgl. Siemens (hrsg.), Organisationsplanung, Planung durch Kooperation, 2. Aufl., Berlin-München 1974, S. 180

den), Ausdrucksweise und Darstellungsweise müssen der Vorstellungswelt der Teilnehmer vertraut sein (z.B. möglichst mehrdimensionale Darstellungen vermeiden).

- schriftliche Unterlagen: zu Beginn der Präsentation sollte der Präsentationsinhalt in knapper schriftlicher Form allen Beteiligten zur Verfügung gestellt werden (Qualität vor Quantität); dabei ist zu beachten, daß diese Unterlagen nicht die vollständige Aufmerksamkeit der Teilnehmer beanspruchen dürfen.

Regeln der Durchführung

- Einteilung in Vortrags- und Diskussionsphase: die Vortragsphase sollte 1/4, die Diskussionsphase 3/4 der Gesamtheit der Präsentation umfassen.
- Vortragsphase: Wechsel der Vortragenden, Beachtung der Regeln der Rethorik wie freie Rede, Augenkontakt, Variation der Lautstärke und Modulation, angemessene Gestik und Mimik usw., Mut zur Lücke (d.h. Konzentration auf die wichtigsten Aussagen).
- Diskussionsphase: Einsatz von Beteiligungstechniken wie motivierendes Gruppenverhalten, Abfragetechniken, Situationsabfrage, Bewertungstechniken, um die Teilnehmer zum Mitdenken, zur Kritik, zur Entwicklung von Verbesserungsvorschlägen zu aktivieren, Auflockerung und Entkrampfung der Diskussion durch Herausstellen von Gemeinsamkeiten, Wechseln des Themas usw.

  Die in der Literatur auffindbare Forderung, die Präsentation auf die Dauer von 1 Stunde zu beschränken[340], widerspricht den praktischen Erfahrungen. Je nach dem Umfang der Organisationsuntersuchung sind mehrstündige Präsentationen keine Seltenheit.

Regeln der Auswertung

- Erstellen eines Protokolls: nach Abschluß der Präsentation ist ein Ergebnisprotokoll anzufertigen und allen Teilnehmern der Präsentation mit der Aufforderung zuzustellen, auf etwaige Fehlinterpretationen und Mißverständnisse hinzuweisen; danach Anfertigung eines berichtigten Protokolls.
- Reflexion: das Organisationsteam hat nach durchgeführter Präsentation sowohl den Inhalt als auch die Präsentationstechnik kritisch zu reflektieren, um aus auftretenden Fehlern für die nächste Präsentation zu lernen.

642 Untersuchungsbericht

Unter Berücksichtigung der in der Präsentation erarbeiteten Ergänzungen und Korrekturen ist ein Untersuchungsbericht zu erstellen, der die Ergebnisse der Organisationsuntersuchung beinhaltet. Er umfaßt im einzelnen:

- eine Darstellung des Istzustandes des untersuchten Unternehmensbereiches
- eine kritische Darlegung der erkannten Probleme und der zugrundeliegenden Ursachen
- eine Beschreibung möglicher Lösungsalternativen sowie einen begründeten Vorschlag für die zu realisierende Lösungsalternative (Sollkonzeption).

---

340 vgl. Siemens (hrsg.), a.a.O., S. 183; Schmidt, G., Organisation . . . , a.a.O., S. 275

Dieser Planungsbericht dient folgender Zielsetzung:

- Entscheidungsgrundlage für die Entscheidungsträger im Unternehmen
- Zielvorgabe und Arbeitsunterlage für die Realisation
- Informationsmittel für das geplante System
- Unterlage für den Erfahrungsaustausch.

Der Adressatenkreis des Untersuchungsberichtes ist in folgenden Personen zu sehen:

- Entscheidungsträger im Unternehmen, d.h. Personen, die über die Realisierung der vorgeschlagenen Lösungsalternativen entscheiden.
- Leiter der Abteilungen, die von den Reorganisationsmaßnahmen betroffen werden.
- Personen, die die Realisierung der Reorganisatonsmaßnahmen durchzuführen haben.

Unter Berücksichtigung der genannten Zielsetzungen und des vorstehend beschriebenen Adressatenkreises sind die Dokumentationstechniken auszuwählen (zu den Dokumentationstechniken siehe die Ausführungen zu Kapitel 4). Dabei besteht ein Problem in der Erfüllung der folgenden Forderung. „Der Untersuchungsbericht soll so knapp wie möglich und so ausführlich wie nötig sein.“

Kontrollfragen zu Abschnitt 64

1. Warum finden Untersuchungsergebnisse oft nicht die ihrer Qualität entsprechende Berücksichtigung?
2. Welche Regeln sind bei der Vorbereitung der Präsentation zu beachten?
3. Welche Regeln gelten für die Durchführung der Präsentation der Untersuchungsergebnisse?
4. Was sollte der Untersuchungsbericht beinhalten?
5. Für welche Adressaten ist der Untersuchungsbericht bestimmt?

Literatur zur Vertiefung:

IBM, Handbuch der EDV-Organisation, IBM-Form 71523–2, Kapitel 5, Abschnitte 70–71

Jay, A., Die Kunst der Präsentation, Düsseldorf 1973

Reiners, L., Die Kunst der Rede und des Gespräches, Bern und München 1968

Siemens (hrsg.), Organisationsplanung, Planung durch Kooperation, München, 2. Aufl. 1974, S. 180 ff.

Wohlleben, H.-D., Präsentationstechnik, Gießen 1975

7 Methoden und Techniken der Einführung

Ist die im Rahmen der Organisationsuntersuchung erarbeitete Sollkonzeption (Reorganisationsvorschlag) vom Auftraggeber (Unternehmensleitung) akzeptiert worden, häufig in einer modifizierten Form aufgrund der nachträglichen Berücksichtigung spezieller Wünsche (personeller oder sachlicher Art), so gilt es, diese unverzüglich zu realisieren; denn jede Verzögerung der Realisierung bedeutet, daß aufgrund der Dynamik des Unternehmens die ausgearbeiteten Reorganisationsmaßnahmen wertloser werden, da das der Sollkonzeption zugrundegelegte Mengen-, Zeit- und Wertgerüst mittel- und langfristig erhebliche Veränderungen erfahren kann.

In der Organisationspraxis ist festzustellen, daß solche Verzögerungen häufig dann auftreten, wenn die Organisationsuntersuchung von externen (betriebsfremden) Organisationsberatern durchgeführt wurde. Der Grund ist darin zu sehen, daß man zögert, den externen Beratern auch die Einführung der Sollkonzeption zu übertragen, da sie zeitaufwendige Kleinarbeit bedingt[341] und damit relativ hohe Kosten verursacht. Auch bei der Realisierung mit eigenem Personal treten oftmals Verzögerungen auf, da im Unternehmen entweder kein entsprechend qualifiziertes Personal vorhanden oder dieses bereits mit der Erfüllung anderer Aufgaben ausgelastet ist.

Um eine erfolgreiche Realisierung der Sollkonzeption zu gewährleisten, ist zunächst eine Phase der Einsatzvorbereitung zu durchlaufen, der sich dann die Einführung anschließt.

71 Einsatzvorbereitung

Die Einsatzvorbereitung beinhaltet die Erfüllung folgender Aufgaben

- Festlegung der Einführungsmethode
- Durchführung der Realisierungsplanung
- Bereitstellung der Ressourcen (Sachmittel, Personal)
- Informierung aller unmittelbar und mittelbar beteiligten Aktionseinheiten
- Festlegung der Maßnahmen zur Sicherung der laufenden Aufgabenerfüllung.

711 Einführungsmethode

Zur Wahl stehen folgende Methoden:[342]

Totaleinführung stufenweise Einführung Paralleleinführung	Unterscheidungskriterium ist der Zeitraum der Einführung
Pilotverfahren	Kriterium: Umfang des betroffenen Bereiches

Die Entscheidung über die Einführungsmethode wird bestimmt von den Faktoren Art- und Umfang der Reorganisationsmaßnahmen (Gebilde-, Prozeßstruktur, Gesamt-,

341 Praktische Erfahrungen besagen, daß die Realisierung mindestens den dreifachen Zeitaufwand der Organisationsuntersuchung benötigt.

342 vgl. Siemens, a.a.O., S. 130 ff.; Sommer, W., a.a.O., S. 180 ff.; Steinbuch, P.A., a.a.O., S. 349 ff.

Teilbereiche), erforderliche Ressourcen (Sachmittel, Personal) und mögliche Risiken (insbesondere Kosten und Ertragsrisiken).[343]

Totaleinführung

Bei der Totaleinführung werden zu einem Zeitpunkt die bisher geltenden organisatorischen Regelungen durch die neuen Sollregelungen ersetzt (schlagartige Umstellung). Sinnvoll anwendbar ist diese Methode nur, wenn es sich um klar abgegrenzte, überschaubare und dem Umfang nach kleine Reorganisationsmaßnahmen handelt, bzw. um neue Systeme, die keinen oder nur einen geringen Bezug zum Ist aufweisen. Weiterhin sind folgende Voraussetzungen als unabdingbar anzusehen:

- alle Beteiligten müssen die erforderlichen Fertigkeiten und Detailkenntnisse besitzen (notfalls durch vorausgehende Schulung und Information)
- die organisatorischen Regelungen müssen detailliert in schriftlicher Form vorliegen (z.B. Stellenbeschreibungen, Arbeitsablaufpläne, Arbeitsanweisungen)
- die zu realisierende Sollkonzeption muß fehlerfrei und ausgetestet sein.

Stufenweise Einführung

Die stufenweise oder schrittweise Einführung empfiehlt sich immer dann, wenn es sich um umfangreiche und/oder neuartige Organisationsregelungen handelt. Die Sollkonzeption ist hierzu in sachlich eng abgegrenzte Teilbereiche zu untergliedern, die sukzessiv realisiert werden. Nach jeder Stufenrealisierung erfolgt eine Ergebnisüberprüfung, um ggf. noch notwendige Korrekturen vorzunehmen. Ein Nachteil dieses Vorgehens kann darin gesehen werden, daß sich die Gesamtrealisierung über einen längeren Zeitraum erstreckt und die Motivation der Mitarbeiter verloren gehen kann. Der Vorteil hingegen besteht darin, daß der Umstellungsprozeß sich kontinuierlich und kontrolliert vollzieht. Als Voraussetzungen für diese Vorgehensweise müssen gegeben sein:

- die Reorganisationsmaßnahmen müssen sich in sich abgeschlossene Teilbereiche zerlegen lassen (modularer Aufbau), die bestehenden Teilbereichen des Istzustandes entsprechen
- die Gebilde- bzw. Prozeßstrukturen dürfen keine hohe Komplexität aufweisen (d.h. einfache, wenig vernetzte Beziehungen).

Paralleleinführung

Bei der Paralleleinführung werden die neuen organisatorischen Regelungen unter Beibehaltung des Istzustandes realisiert, d.h. Ist- und Sollzustand bestehen nebeneinander. Diese Methode empfiehlt sich immer dann, wenn erhebliche Ertrags- und Kostenrisiken zu berücksichtigen sind bzw. von den betroffenen Aktionseinheiten die Reorganisationsmaßnahmen sehr skeptisch bewertet werden. Die Dauer des Parallellaufs hängt vom Erfolg der neuen organisatorischen Regelungen, von der Umstellungsfähigkeit und Motivation der betroffenen Aktionseinheiten ab. Der Vorteil dieser Vorgehensweise ist darin zu sehen, daß ein fundierter Praxistest erfolgt (Ergebnis altes und neues System können verglichen werden). Der Nachteil ist im wesentlichen in dem erhöhten Aufwand zu sehen. Als Voraussetzungen dieser Vorgehensweise sind zu nennen:

---

343 Zu den weiteren Ausführungen vgl. Siemens, a.a.O., S. 130 ff.; Sommer, W., a.a.O., S. 180 ff.; Steinbuch, P.A., a.a.O., S. 352 ff.

- ausreichend zur Verfügung stehende Ressourcen (Sachmittel, Personal)
- keine erheblichen Störungen durch den Parallellauf
- der Mehraufwand muß in einem vertretbaren Verhältnis zu den abgedeckten Risiken stehen (Mehraufwand eine Prämie für die Risikoabsicherung).

Pilotverfahren

Das Pilotverfahren, auch als Probeeinführung bezeichnet, besteht darin, daß in einem kleinen Bereich des Unternehmens (z.B. in einer Abteilung, in einer Niederlassung, in einem Werk) die Sollkonzeption probeweise eingeführt wird. Dies kann sowohl in Form der Totaleinführung, der stufenweisen Einführung oder der Paralleleinführung geschehen. Die entsprechenden Voraussetzungen dieser Verfahrensweisen müssen auch hier gegeben sein. Dieses Vorgehen wird vornehmlich dann Anwendung finden, wenn ein großes Gewicht auf den erfolgreichen Praxistest gelegt wird, wenn erst aufgrund des Praxistests endgültig über die zu realisierende Lösungsalternative entschieden werden soll oder große Unsicherheiten in bezug auf den Erfolg mangels praktischer Erfahrungen (z.B. völlig neuartigen Konzeptionen) bestehen.

Als Voraussetzungen sind zu nennen:

- es müssen in sich abgeschlossene Unternehmensbereiche vorliegen, die als Pilot-Bereiche dienen können bzw. es müssen solche gebildet werden können
- die Ergebnisse aus dem Pilot-Bereich müssen auf die übrigen Unternehmensbereiche übertragbar sein (repräsentative Ergebnisse).

712 Realisierungsplanung

Auf der Basis der Entscheidung über die Einführungsmethode ist die Realisierungsplanung vorzunehmen. Die Vorgehensweise entspricht der bei der Aufstellung eines Netzwerkes, d.h. es sind folgende Verrichtungen durchzuführen:

Strukturanalyse

- Sammeln der zu erfüllenden Aufgaben (Beschaffen und Bereitstellen der Sachmittel und des Personals, Durchführung etwaiger Personalschulung, Information aller unmittelbar und mittelbar Beteiligten, Ausarbeitung und Festlegung von Maßnahmen zur Sicherung der laufenden Aufgabenerfüllung)
- ordnen dieser Aufgaben nach ihren Abhängigkeiten, d.h. Analyse der Reihenfolge und gegenseitigen Abhängigkeiten.

Zeitanalyse

- Beschreibung der einzusetzenden Verfahren und Ressourcen (Form der Projektorganisation, Personal, Sachmittel)
- ermitteln der Zeiten für die einzelnen Aufgabenerfüllungen
- Berechnung der Zeitpunkte für den Beginn und das Ende der einzelnen Aufgabenerfüllungen (frühester, spätester Start usw.).

Als Planungstechniken können die Verfahren der Netzplantechnik Verwendung finden (vgl. Punkt 4435).

713 Bereitstellung der Ressourcen

Sofern im Rahmen der Sollkonzeption bisher nicht vorhandene Sachmittel eingesetzt werden sollen, bzw. anders qualifiziertes Personal benötigt wird, ist dafür Sorge zu tragen, daß zu den vorgesehenen Zeitpunkten (ermittelt aufgrund der Terminplanung) diese Ressourcen in einem ausreichenden Umfang zur Verfügung stehen.

Sachmittel

Im Rahmen der Sollkonzeption sind die einzusetzenden Sachmittel genauestens beschrieben worden (Anforderungskatalog). Nun gilt es, folgende Aufgaben zu lösen.

- Bestimmung des Herstellers (Lieferant) und des Fabrikates
- Entscheidung über die Finanzierung (Kauf, Miete, Leasing usw.)
- Aushandeln der Konditionen.

Da es sich hier nicht um rein einkaufstechnische Entscheidungen handelt, ist der Organisator an diesen zu beteiligen.

Personal

Aufgrund der Sollkonzeption liegt fest, welches Personal (Qualifikation) in welchem Umfang (Quantität) benötigt wird. Nun gilt es, folgende Entscheidungen zu treffen bzw. folgende Maßnahmen durchzuführen:

- wer soll welche Aufgaben zukünftig erfüllen (eigenes Personal, das durch die Reorganisation freigestellt wurde, oder umgesetzt werden kann, bzw. Einstellung neuer Mitarbeiter)
- Schulung und Einarbeitung des Personals durch eigene oder fremde Mitarbeiter
- Durchführung der Schulung und Einarbeitung.

Diese Aufgaben obliegen der Personalabteilung im Unternehmen. Auch hier hat der Organisator Unterstützung zu leisten.

714 Information

Um eine weitgehend reibungslose Einführung der Sollkonzeption zu gewährleisten, sind alle unmittelbar und mittelbar beteiligten Stellen auch externe z.B. Kunden, Lieferanten, über Inhalt und Umfang der zukünftigen organisatorischen Änderungen gezielt zu informieren. Als Mittel der Informationsübermittlung kommen in Frage:[344]

- direkte Anschreiben
- Rundschreiben
- Veröffentlichungen
- Anschlag am schwarzen Brett
- Organisationsrichtlinien
- Organisationshandbuch
- Betriebsversammlung

344 vgl. Steinbuch, P.A., a.a.O., S. 360 ff.

Bei der Informationsverteilung kommt es darauf an, daß jeder der mittelbar oder unmittelbar Beteiligten die Informationen erhält, die er für seine Aufgabenerfüllung benötigt.

715 Sicherung der laufenden Aufgabenerfüllung

Da jede Realisierung einer Sollkonzeption das Risiko des Mißlingens beinhaltet, ist die laufende Aufgabenerfüllung durch geeignete Maßnahmen abzusichern. Diese Maßnahmen können einer der drei folgenden Gruppen zugerechnet werden.[345]

Rückkehrmaßnahmen

Bei einem Mißerfolg soll zum alten Istzustand zurückgekehrt werden. Es sind daher alle Maßnahmen festzuhalten, die eine solche Rückkehr ermöglichen.

Reduktionsmaßnahmen

Ausgangspunkt der Überlegungen ist die Feststellung, daß die Sollkonzeption trotz aufgetretener Schwierigkeiten realisiert werden soll. Dies bedingt eine Planung der Maßnahmen, die während der Notlage ergriffen werden müssen, um die Erfüllung der unbedingt notwendigen Aufgaben sicherzustellen.

Notmaßnahmen

Inhalt dieser Planung ist ein Notsystem, das weder dem Istzustand noch der Sollkonzeption entspricht. Es beinhaltet die organisatorischen Regelungen, die eine kurzfristige Erfüllung aller notwendigen Aufgabenerfüllungen gewährleisten.

72 Übernahme

Entsprechend der Realisierungsplanung werden die einzelnen organisatorischen Regelungen eingeführt. Während dieser Anlaufzeit werden bereits von den beteiligten Mitarbeitern Änderungen der Sollkonzeption verlangt. Mögliche Gründe sind:

- es werden bei der praktischen Durchführung Mängel in den organisatorischen Regelungen erkannt
- Fachabteilungen fordern die Berücksichtigung zusätzlicher Regelungen
- zusätzliche Verbesserungsmöglichkeiten werden ersichtlich.

Aber nur solche Gründe sollten zu einer sofortigen Änderung der Sollkonzeption führen, die eine Einführung gefährden. Alle anderen sind erst nach Abschluß der Anlaufphase einer eingehenden Betrachtung zu unterwerfen, denn einerseits sollte die Anlaufzeit nicht zusätzlich mit weiteren Veränderungen belastet werden und andererseits werden manche vorzeitigen Änderungswünsche nach Realisierung der Gesamtkonzeption gegenstandslos.

345 ebenda, S. 362 ff.

Kontrollfragen zu Abschnitt 7

1. Was beinhaltet die Einsatzvorbereitungsphase?
2. Welche Einführungsmethoden können unterschieden werden?
3. Welche Maßnahmen können unterschieden werden, um eine Sicherstellung der laufenden Aufgabenerfüllung zu gewährleisten?
4. Welche Gründe sollten nur in der Anlaufphase zu einer Veränderung der Sollkonzeption führen?

Literatur zur Vertiefung:

Feurer, W.E., Brevier der Arbeitsvereinfachung, 2. Aufl., Köln und Opladen 1968, S. 59 ff.

Futh, H., EDV-Organisation, Bd. 2, Einführung eines EDV-Systems, 2. Aufl., München-Wien 1973, S. 147 ff.

IBM, Handbuch der Organisation, IBM-Forum 71523 – 2, Kapitel 7

Müller-Pleuss, J.H., Organisationsmethoden, 4. Aufl., Heidelberg 1974, S. 116 ff.

Siemens, Organisationsplanung, Planung durch Kooperation, 2. Aufl., Berlin-München 1974, S. 114 ff.

Sommer, W., Handbuch für Systemorganisation, Berlin-New York 1971, S. 178 ff.

Steinbuch, P.A., Organisation, Ludwigshafen 1977, S. 348 ff.

8 Erfolgskontrolle

Nach erfolgter Anlaufphase ist eine Erfolgskontrolle durchzuführen. Sie beinhaltet zwei Prüfungsaspekte, nämlich

- ist die Sollkonzeption in der geplanten Form realisiert worden?
  und
- ist der Erfolg, der aufgrund der Realisierung der Sollkonzeption prognostiziert wurde, auch tatsächlich eingetreten?

Die Beantwortung der ersten Frage ist insofern von großem Gewicht, da die Nichterreichung des prognostizierten Erfolgs durchaus dadurch bedingt sein kann, daß die Sollkonzeption nicht in der geplanten Form realisiert wurde bzw. in der Zwischenzeit bereits Abänderungen erfahren hat. Weiterhin ist bei einer festgestellten Abweichung vom Soll zu überlegen, ob auf eine vollständige, sollkonforme Realisierung verzichtet werden kann. Ist ein Verzicht nicht begründbar, so ist eine entsprechende Korrektur des Ist vorzunehmen.

Als Techniken der Kontrolle bieten sich an:

- eine Einzeluntersuchung
- ein Soll-Ist-Vergleich
- eine umfassende Istaufnahme

Einzeluntersuchung

Bei der Einzeluntersuchung wird fallweise untersucht, ob die geplante Sollkonzeption realisiert wurde und der prognostizierte Erfolg eingetreten ist. Diese fallweise Untersuchung kann vom Organisator selbst ausgehen, indem er besonders wichtige Teilaspekte der realisierten Sollkonzeption analysiert, bzw. er kann aufgrund von Hinweisen und Anregungen betrieblicher Aktionseinheiten tätig werden. Aufgrund dieser Stichprobenergebnisse wird dann auf den Realisierungsumfang und -erfolg der Sollkonzeption geschlossen.

Soll-Ist-Vergleich

Beim Soll-Ist-Vergleich werden wichtige Kennzahlen der Sollkonzeption mit denen der realisierten Konzeption verglichen, z.B. Anzahl der Mitarbeiter Soll/Ist, Bearbeitungszeiten Soll-Ist, Durchlaufzeiten Soll-Ist, Bearbeitungsmengen Soll-Ist, Kosten Soll/Ist usw. Solche Kennzahlenvergleiche werden insbesondere für die Tatbestände durchgeführt, die als wesentliche Bestandteile der Sollkonzeption angesehen werden. Die festgestellten Abweichungen sind dann den weiteren Überlegungen zugrunde zu legen.

Umfassende Istaufnahme

Die zeitaufwendigste Kontrollmaßnahme ist eine erneute vollständige Ist-Aufnahme des Untersuchungsbereiches. In diesem Fall werden alle Soll/Istabweichungen, auch relativ unbedeutende, erfaßt. Infolge des hohen Zeitaufwandes sollte diese Form nur gewählt werden, wenn schwerwiegende Abweichungen auch nach der Anlaufphase noch nicht behoben werden konnten.

Die festgestellten Abweichungen sind einer eingehenden Analyse zu unterziehen, um die entsprechenden Ursachen feststellen zu können. Hiermit schließt sich dann der

Kreislauf der Organisation, denn mit der Erfolgskontrolle kann wieder der erste Schritt in eine neue Organisationsuntersuchung getan werden. Dies ist auch dadurch bedingt, daß die Organisationstätigkeit in einem Unternehmen als eine Daueraufgabe anzusehen ist, gilt es doch, die organisatorischen Regelungen im Hinblick auf die sich laufend vollziehenden betrieblichen Änderungen auf ihre Zweckmäßigkeit hin zu überprüfen.

Kontrollfragen zu Abschnitt 8

1. Worin unterscheiden sich die Techniken der Erfolgskontrolle einer Reorganisation?
2. Inwiefern ist die Organisationstätigkeit in einem Unternehmen eine Daueraufgabe?

Literatur zur Vertiefung

Futh, H., EDV-Organisation, Bd. 2. Einführung eines EDV-Systems, 2. Aufl., München-Wien 1973, S. 153 f.
Müller-Pleuss, J.M., Organisationsmethoden, 4. Aufl., Heidelberg 1974, S. 124 f.
Siemens, Organisationsplanung, Planung durch Kooperation, 2. Aufl., München 1974, S. 132 ff.

Anlagen

Anlage 1: DIN 5034 Innenraumbeleuchtung mit Tageslicht, Leitsätze

Die Leitsätze zur Innenraumbeleuchtung mit Tageslicht beinhalten:

1. Zweck
2. Geltungsbereich
3. Grundlagen der Beleuchtung mit Tageslicht
   (astronomisch-meteorologische Voraussetzungen, Benennungen und Zeichen zur geometrischen Darstellung, Tageslichtquotient)
4. Güte der Beleuchtung mit Tageslicht
   (Größe des Tageslichtquotienten, Gleichmäßigkeit der Beleuchtung, Blendungsfreiheit, Schattigkeit und Lichteinfallsrichtung)
5. Allgemeine Planungshinweise zur Tagesbeleuchtung
   (Bauarten von Lichtöffnungen, Einfluß der Verbauung, Hinweise für die Raumgestaltung, besondere hygienische Gesichtspunkte)
6. Besondere Forderungen für Räume mit Seitenlicht
   (Beleuchtungszonen, Anordnungen der Fenster, Wohnräume, Arbeitsräume, Unterrichtsräume, Krankenräume, Verkehrsräume)
7. Besondere Forderungen für Räume mit Oberlichter
   (Allgemeines, Anordnung der Oberlichter)
8. Ständige Tageslicht-Ergänzungsbeleuchtung
   (Begriffsbestimmung und Anwendung, Allgemeine Anforderungen)
9. Beiblätter zur DIN 5034

Für die praktische Organisationsarbeit sind insbesondere die Ausführungen zu den Punkten 4 (Güte der Beleuchtung), 5 (Allgemeine Planungshinweise zur Tagesbeleuchtung), 6 (Besondere Forderungen für Räume mit Seitenlicht) und 8 (Ständige Tageslicht-Ergänzungsbeleuchtung) von Bedeutung.

Anlage 2: DIN 5035 Innenraumbeleuchtung mit künstlichem Licht, Allgemeine Richtlinien

Die DIN 5035 umfaßt Allgemeine Richtlinien und spezielle Empfehlungen für verschiedene Beleuchtungsaufgaben.

Die Allgemeinen Richtlinien zur Innenraumbeleuchtung mit künstlichem Licht beinhalten:

1. Geltungsbereich
2. Aufgaben der Beleuchtung
   (Allgemeines, Arbeitsräume, Verkaufs- und Ausstellungsräume, stimmungsbetonte Räume, Verkehrszonen, Arbeitsplätze im Freien)
3. Gütemerkmale der Beleuchtung
   (Beleuchtungsniveau – Sehaufgaben, Leuchtdichte und Beleuchtungsstärke, empfohlene Nennbeleuchtungsstärken, Leuchtdichteverteilung im Gesichtsfeld, Stroboskopischer Effekt – Begrenzen von Blendung – Allgemeines, direkte Blendung, Reflexblendung – Lichtrichtung, Schattenwirkung und Kontrastminderung, Licht und Farbe – Allgemeines, Lichtfarbe, Farbwiedergabe, Lichtquellen, Farbgestaltung, Farbklima – Kosten der Beleuchtungsanlage)
4. Planung der Beleuchtungsanlage
   (Allgemeines, Wahl der Beleuchtungsart – Allgemeinbeleuchtung, arbeitsplatzorientierte Allgemeinbeleuchtung, Einzelplatzbeleuchtung – Sicherheitsbeleuchtung, Tageslichtergänzungsbeleuchtung, Großraumbeleuchtung, Zusammenwirken von Beleuchtung und Lüftung, Hinweise auf die Berechnung)
5. Instandhaltung der Anlage
6. Hinweis auf weitere Normen

Für die praktische Organisationsarbeit sind insbesondere die Ausführungen zu den Punkten 3 und 4 von Bedeutung.

Anlage 3: „Konventionelle" Ablaufkarte *)

Abteilung: Verkauf
Datum: 23.10.61

Arbeitsablauf: Anfragebearbeitung
Aufgenommen von: Bernhard

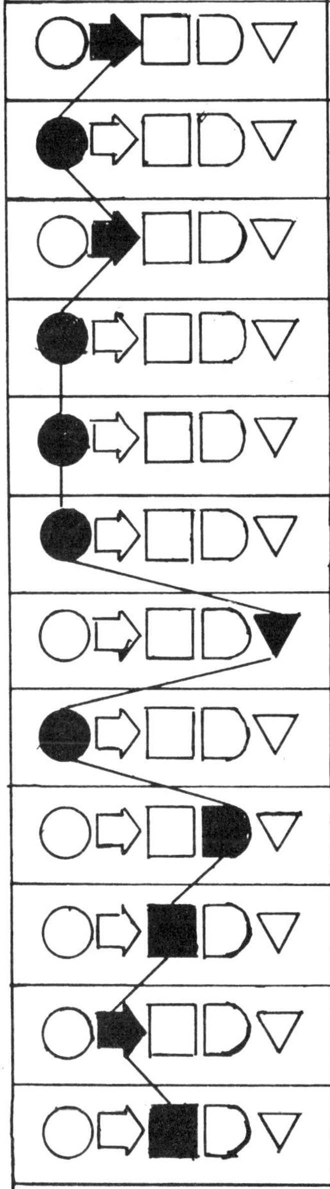

Nr.	Arbeitsgang
1	Verkaufsleiter (VL) erhält Anfrage von Poststelle
2	VL gibt Bearbeitungshinweise und bestimmt Sachbearbeiter (S)
3	durch Boten an S
4	S prüft, ob Anfrage interessant, klar und vollständig ist
5	S stellt mit Kundenkartei fest, ob Anfragender bereits Kunde; evtl. Bonität
6	S erbittet telefonisch Liefertermin bei Terminstelle
7	S legt vorläufig ab, bis Termin kommt
8	S diktiert Angebot, Rückfrage oder Absage
9	S wartet auf Reinschrift (erledigt weitere Anfragen)
10	S sieht Reinschrift durch; unterschreibt rechts
11	durch Boten an VL (mehrere gleichzeitig in der Postmappe)
12	VL prüft und unterschreibt links

*) entnommen aus: Acker, H.B., Organisationsanalyse, 8. Aufl., Baden-Baden und Bad Homburg vor der Höhe 1975, S. 80

Anlage 4: „Moderne“ Arbeitsablaufkarte

Betrieb ______ Abt ______ Sachgebiet ______	Arbeitsablaufdarstellung	Ist - Stand ☐ Vorgeschl. Regelung ☐ Aufgestellt am ______ durch ______
Arbeitsvorgang		

Tätigkeitsstufe Nr	Bearbeitung	Weiterleitung	Prüfung	Aufenthalt	Ablage	Weg in m	Zeit in Min	Vordruck	Beschreibung der einzelnen Tätigkeitsstufen (was wird getan?)	Bearbeiter (wer tut was?)
1	2	3	4	5	6	7	8	9	10	11
	○	▷	□	D	▽					
	○	▷	□	D	▽					
	○	▷	□	D	▽					
	○	▷	□	D	▽					
	○	▷	□	D	▽					
	○	▷	□	D	▽					
	○	▷	□	D	▽					
	○	▷	□	D	▽					
	○	▷	□	D	▽					
	○	▷	□	D	▽					
	○	▷	□	D	▽					
	○	▷	□	D	▽					
	○	▷	□	D	▽					
	○	▷	□	D	▽					
	○	▷	□	D	▽					
	○	▷	□	D	▽					
	○	▷	□	D	▽					
	○	▷	□	D	▽					
	○	▷	□	D	▽					
	○	▷	□	D	▽					
	○	▷	□	D	▽					
	○	▷	□	D	▽					
	○	▷	□	D	▽					
	○	▷	□	D	▽					
	○	▷	□	D	▽					
	○	▷	□	D	▽					
	○	▷	□	D	▽					
	○	▷	□	D	▽					
	○	▷	□	D	▽					
	○	▷	□	D	▽					
	○	▷	□	D	▽					
	○	▷	□	D	▽					
	○	▷	□	D	▽					
	○	▷	□	D	▽					
	○	▷	□	D	▽					
	○	▷	□	D	▽					
	○	▷	□	D	▽					
	○	▷	□	D	▽					
	○	▷	□	D	▽					
	○	▷	□	D	▽					
	○	▷	□	D	▽					
	○	▷	□	D	▽					

Anlage 5: „Moderne“ Arbeitsablaufkarte

Arbeit:				
Abteilung:				
Bestehende Methode		Person		Datum:
Vorgeschl. Methode		Material		
Studie beginnt bei:				
Studie endet bei:				
Aufgenommen durch:				

Zusammenstellung									
	Ist Zustand			Vorschlag			Unterschied		
	%	Zahl		%	Zahl		%	Zahl	
○									
⇨			Mtr.			Mtr.			Mtr.
□									
D			Min.			Min.			Min.
▽									

Lfd. Nr.	Stufen des Arbeitsablaufes	Bearbeit.	Transport	Überprüf.	Verzöger.	Lagerung	Weg i. mtr.	Zeit i. Min.	Anzahl	Analyse: Was? Warum?	Wo?	Wann?	Wer?	Wie?	Bemerkungen	Vorschlag: Auslassen	Zus.legen	And.: d. Ortes	d. Reihf.	d. Person	Verbesser.
1		○	⇨	□	D	▽															
2		○	⇨	□	D	▽															
3		○	⇨	□	D	▽															
4		○	⇨	□	D	▽															
5		○	⇨	□	D	▽															
6		○	⇨	□	D	▽															
7		○	⇨	□	D	▽															
8		○	⇨	□	D	▽															
9		○	⇨	□	D	▽															
0		○	⇨	□	D	▽															
1		○	⇨	□	D	▽															
2		○	⇨	□	D	▽															
3		○	⇨	□	D	▽															
4		○	⇨	□	D	▽															
5		○	⇨	□	D	▽															
6		○	⇨	□	D	▽															
7		○	⇨	□	D	▽															
8		○	⇨	□	D	▽															
9		○	⇨	□	D	▽															
0		○	⇨	□	D	▽															

Anlage 6: Datenflußplan *)

DATENFLUSSPLAN

Teilsystem:	Verkaufsabrechnung V (Grob-Datenflußplan)
Arbeitsgebiet:	Auftragsbearbeitung, Fakturierung, Statistiken
Organisator:	Schulz
Projektleiter:	Krause

Diagramm | Bezeichnung

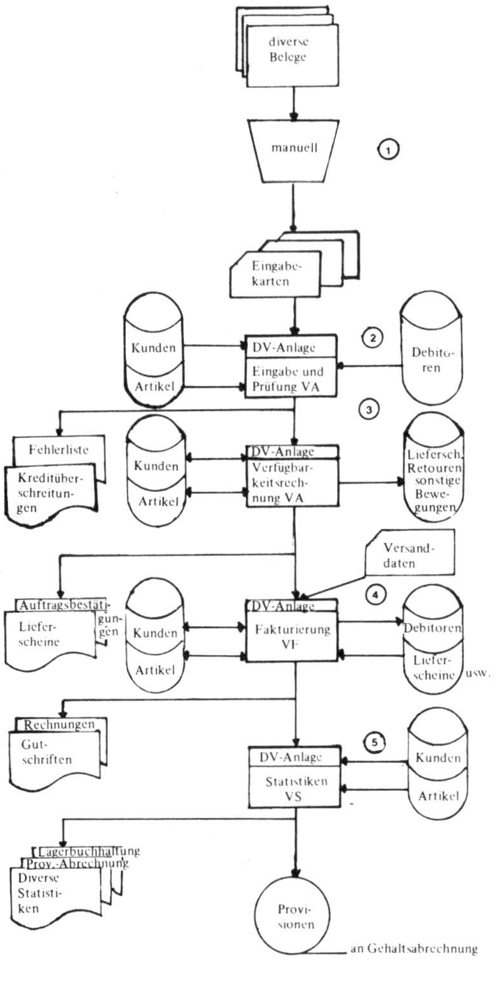

Erläuterungen

1 Erfassen der verschiedenen Daten und Übertragen in Lochkarten

2 Eingabe und Prüfung der verschiedenen Daten, Drucken einer Fehlerliste und Liste über Kreditüberschreitungen

3 Verfügbarkeitsrechnung anhand der verfügbaren Lagerbestände, Drucken der Auftragsbestätigungen und Lieferscheine

4 Drucken der Rechnungen und Gutschriften, Speicherung in der Debitoren-Datei

5 Drucken der Lagerbuchhaltung, der Provisionsabrechnungen und diverser Statistiken, Speicherung der Provisionsdaten für Gehaltsabrechnung

*) entnommen aus: Futh, H., EDV-Organisation, Bd. II, Einführung eines EDV-Systems, 2. Aufl. 1973, S. 17

Anlage 7: Programmablaufplan *)

PROGRAMMABLAUFPLAN

Arbeitsgebiet:	Auftragsbearbeitung VA
Programm:	Eingabe und Prüfung VA010T
Programmierer:	Neumann
Projektleiter:	Krause

Diagramm

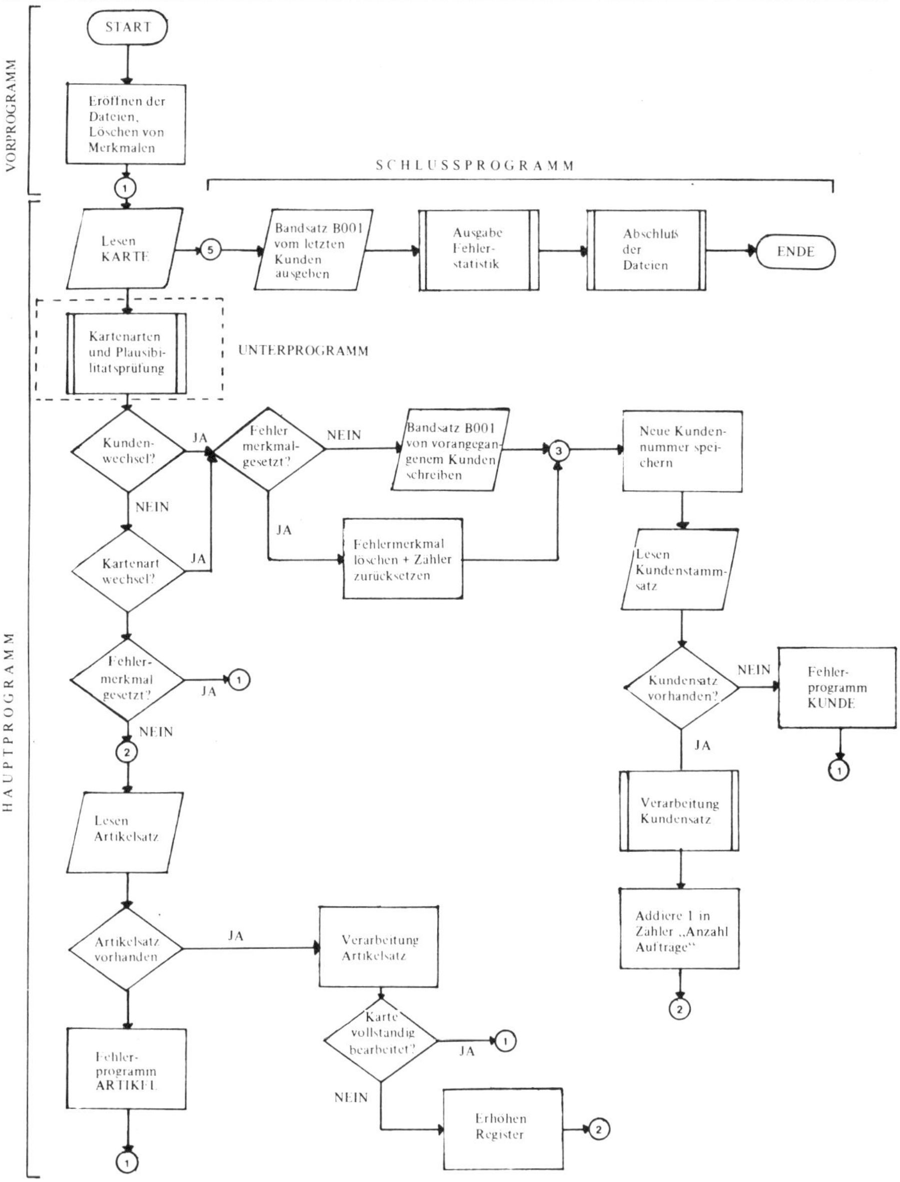

*) entnommen: Futh, H., EDV-Organisation, Bd. II, Einführung eines EDV-Systems, 2. Aufl., S. 18

Anlage 8: Gebundene Koordinatendarstellung *)

Grobdarstellung eines Arbeitsprozesses
(Arbeiten eines Arbeitsprozesses)

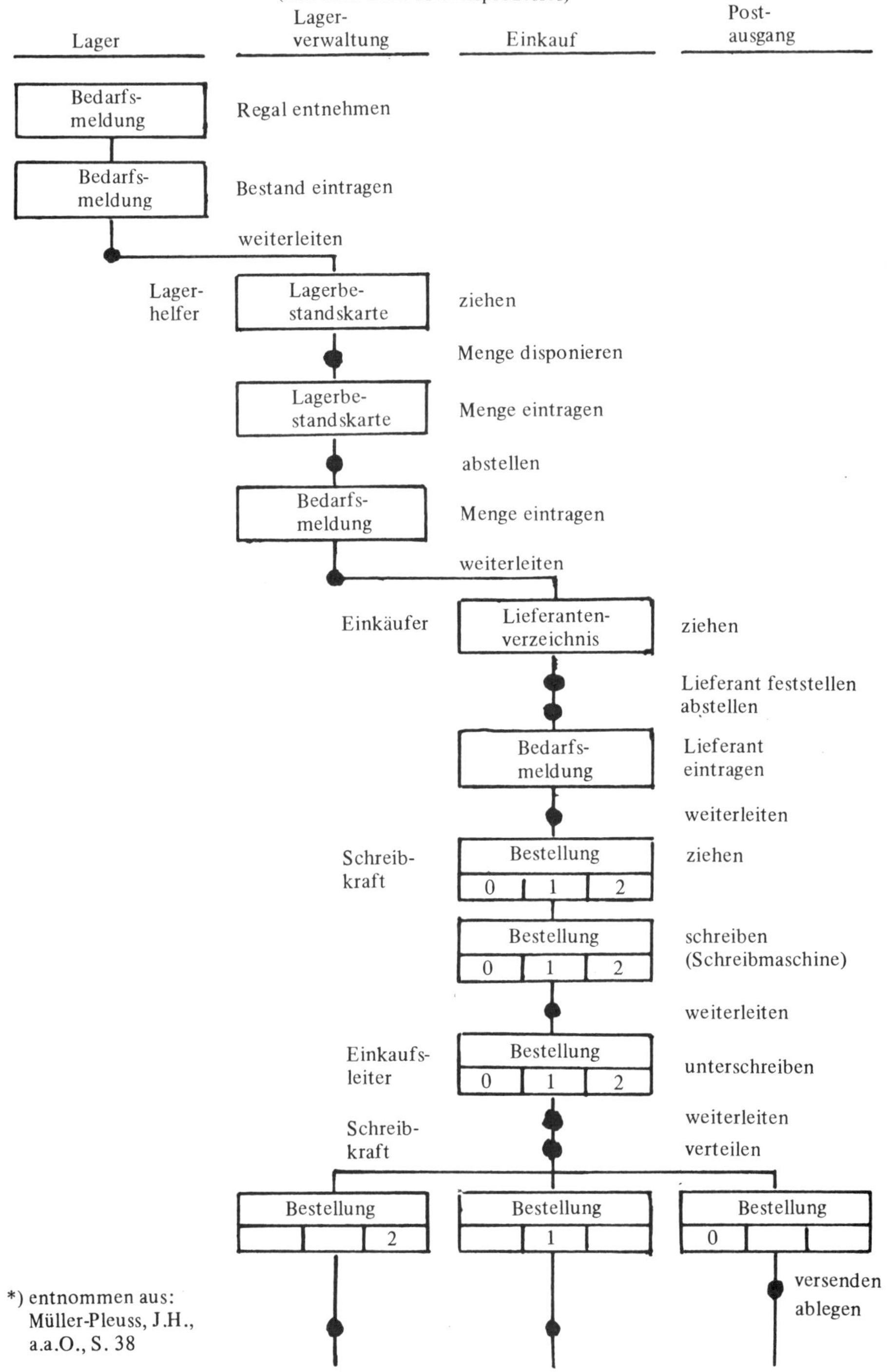

*) entnommen aus:
Müller-Pleuss, J.H.,
a.a.O., S. 38

Anlage 9: Gebundene Koordinatendarstellung *)

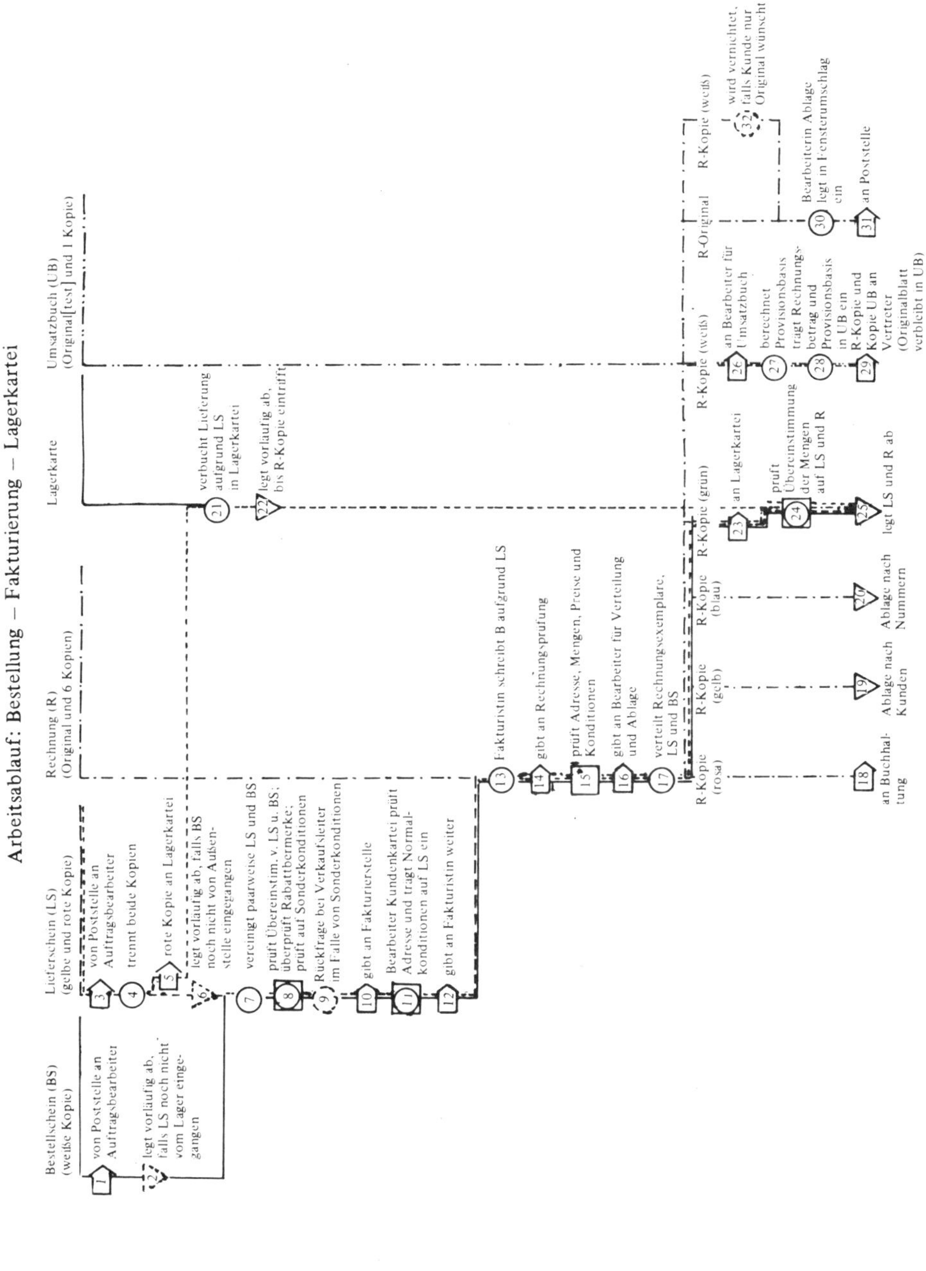

*) entnommen aus: Acker, H.B., Organisationsanalyse, a.a.O., Abb. 9

Anlage 10: Ungebundene Folgedarstellung

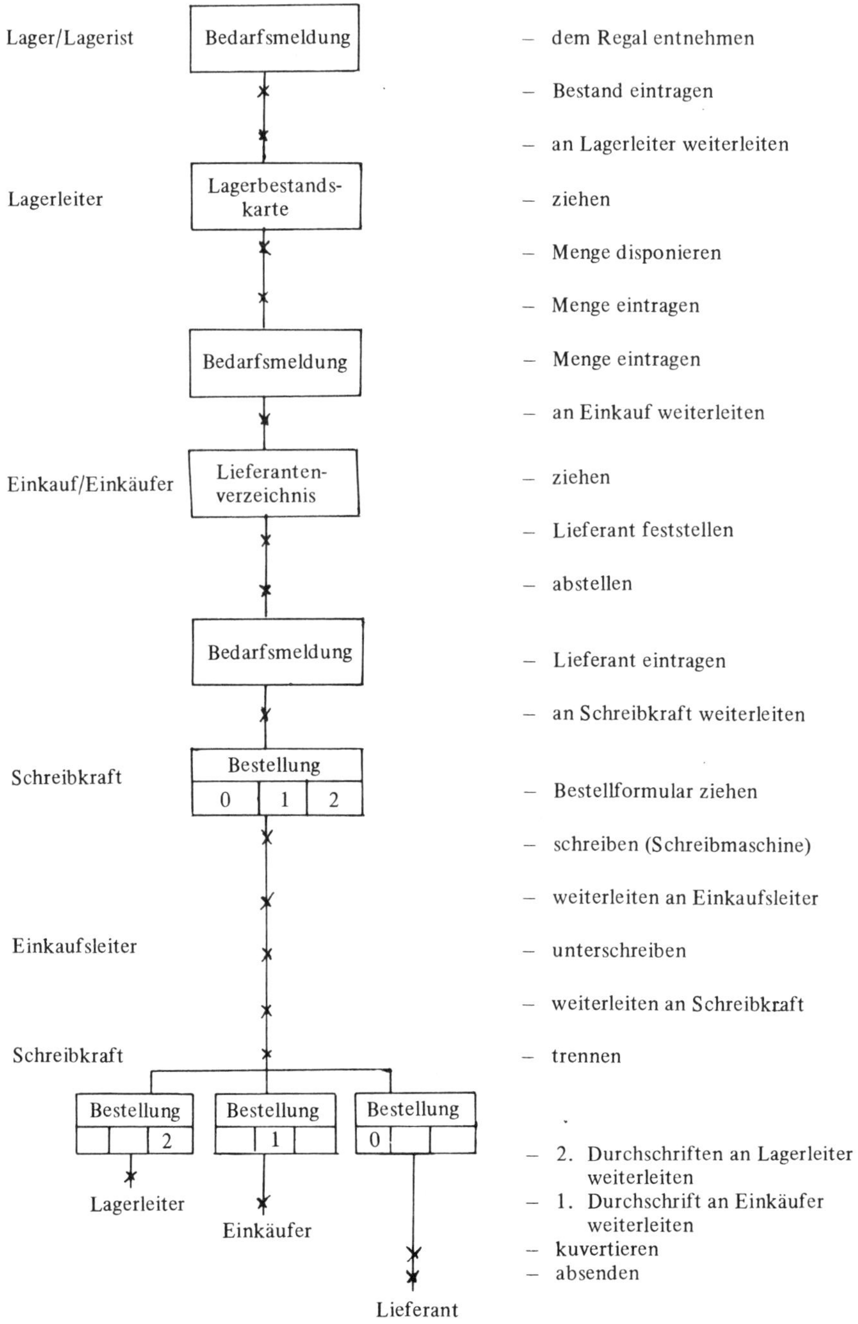

Anlage 11: Prüffragenkatalog

Die Prüffragen sind in *drei Gruppen* gegliedert: Die erste Gruppe beschäftigt sich mit Prüffragen für die Organisationsstruktur im allgemeinen, die zweite Gruppe bringt besondere Fragen für die Führungsorganisation (Organisation der Unternehmensspitze), während sich die dritte Gruppe auf Prüffragen zur informellen Organisation bezieht.

a) Allgemeine Organisation

1. Sind die Aufgaben der einzelnen Abteilungen, Stellen und Arbeitsplätze klar festgelegt?
2. Sind einzelne Aufgaben mehrfach verteilt worden oder überschneiden sich bestimmte Aufgaben?
3. Fehlen einzelne Aufgaben, die sonst bei Unternehmen dieser Branche oder dieser Größe vorkommen, völlig?
4. Sind die Abteilungen, Stellen und Arbeitsplätze so gebildet worden, daß sie leicht zu übersehen und zu beherrschen sind?
   Dies ist der Fall, wenn die Erfüllung der Aufgaben jeweils ähnliche Kenntnisse und Fähigkeiten verlangt und wenn bei der Arbeit ähnliche Schwierigkeiten überwunden werden müssen.
5. Begünstigt die Aufgabenverteilung die Spezialisierung der Mitarbeiter und die ständige Verbesserung ihrer Fachkenntnisse?
6. Sind die Aufgaben in den organisatorischen Einheiten (Abteilungen, Stellen und Arbeitsplätzen) so zusammengefaßt, daß sie sich entweder ähnlich sind oder aber dem gleichen (Teil-) Ziel dienen?
7. Sind die Einheiten so gebildet, daß sich ihre Leistungen leicht messen lassen? Das ist immer dann der Fall, wenn die Leistung einen neuen dauerhaften Zustand schafft.
8. Sind – ausgenommen bei der Unternehmensspitze – die Arbeitsplätze, Stellen und Abteilungen so gebildet worden, daß sie mit Personen besetzt werden können, wie sie nach Ausbildung, Fähigkeiten, Kenntnissen und Charaktereigenschaften im allgemeinen im Arbeitsmarkt verfügbar sind?
   Es ist z.B. schwierig (und daher teuer), Stellen zu besetzen, die ein abgeschlossenes Medizinstudium und gleichzeitig längere Praxis auf dem Gebiet des Marketing verlangen; Arbeitsplätze, die einen Fachingenieur verlangen, der mehrere Fremdsprachen spricht, sind ebenfalls schwer zu besetzen.
9. Weicht die Gliederung des Unternehmens von dem Gliederungs-Typus ab, der in der betreffenden Branche und bei der gleichen Betriebsgröße weit verbreitet ist?
   Wenn ja, sind für diese Abweichungen stichhaltige Gründe gegeben?
10. Sind solche Aufgaben, die gegenwärtig für das Unternehmen von besonderer Bedeutung sind, als *einzige* Aufgaben einer Person, Stelle oder Abteilung zugewiesen, damit sie sich nicht durch die gleichzeitige Beschäftigung mit anderen Aufgaben zersplittern können?
    Wer wichtige, schwierige und unangenehme Aufgaben zu bewältigen hat – wie z.B. Gewinnung eines neuen Marktes oder Senkung der Kosten –, dem sollte nicht die Möglichkeit gegeben werden, auf andere (bequemere) Aufgaben, die er außerdem noch zu erledigen hat, auszuweichen.
11. Liegt die Anzahl der Untergebenen jedes Vorgesetzten – ausgenommen bei Vorgesetzten von Personen mit rein ausführender Tätigkeit – innerhalb des Bereichs von 4 bis 7 (Kontrollspanne)?
    Wenn das nicht der Fall ist: Sind die Abweichungen von diesem Wert – insbesondere höhere Untergebenenzahlen – sachlich hinreichend begründet?
    Größere Kontrollspannen können z.B. zweckmäßig sein, wenn die Arbeit der Untergebenen gleich oder sehr ähnlich ist (also z.B. bei reiner „Mengenteilung") und wenn nur wenige Querverbindungen oder wenige Gruppenbeziehungen zwischen den Untergebenen eines Vorgesetzten bestehen (z.B. bei der Unterstellung von Verkaufsfilialen unter einen zentralen Verkaufsleiter). Wenn die Kontrollspanne größer ist: Zeigt die Tätigkeitsanalyse des Vorgesetzten, daß er trotz größerer Kontrollspanne seine Koordinierungsfunktion einwandfrei bewältigen kann?

---

*) entnommen aus: Acker, H.B., Organisationsanalyse, a.a.O., S. 69 ff.

12. Ist – bei sehr großen Unternehmen – die Gliederung nach Produktgruppen (Divisions) oder die regionale Gliederung zweckmäßig?

13. Gibt es bei der gegenwärtigen Organisationsstruktur genügend Positionen, in denen sich der Führungsnachwuchs weiterbilden und bewähren kann?
Dezentrale Organisationen geben – unter sonst gleichen Bedingungen – im allgemeinen bessere Möglichkeiten für die Heranbildung des Führungsnachwuchses.

14. Nimmt die gegenwärtige Organisationsstruktur Rücksicht auf die vorhersehbare oder geplante Entwicklung des Unternehmens?
Die Zukunft kann Veränderungen der Betriebsgröße, des Sortiments, der Märkte, des Produktionsprozesses usw. bringen. Die dafür erforderlichen organisatorischen Änderungen müssen oft schon lange im voraus vorbereitet werden.

15. Entsprechen Kopfzahl und Gehaltssumme jeder einzelnen Stelle der Bedeutung, die ihrer Aufgabe im Rahmen des gesamten Unternehmens zukommt?

16. Sind die Unterstellungsverhältnisse klar geregelt?
Das bedeutet insbesondere:
a) Weiß jeder, wem er disziplinarisch unterstellt ist und wer ihm disziplinarisch untersteht?
b) Weiß jeder, wem gegenüber er funktionale Anordnungsrechte hat und wer ihm gegenüber funktionales Anordnungsrecht hat?

17. Sind die sonstigen Formen der Entscheidungsbildung und Zusammenarbeit eindeutig geregelt?
Hierbei sind alle Fälle zu betrachten, bei denen mehrere an einer Entscheidung mitwirken (z.B. Verkaufsabteilung und Finanzabteilung, wenn einem Kunden ein Zahlungsbefehl geschickt werden soll). Es handelt sich im einzelnen um Formen gemeinsamer Entscheidung wie:
- Entscheidung im Gremium nur einstimmig möglich
- Entscheidung durch Mehrheitsbeschluß im Gremium
- Einspruch eines Beteiligten bewirkt Entscheidung durch nächsthöhere Instanz
- Berechtigung, vor einer Entscheidung gehört zu werden
- Berechtigung, von einer Entscheidung vorher informiert zu werden
- Berechtigung, nach einer Entscheidung informiert zu werden

18. Ist die Anzahl der schwebenden, d.h. noch nicht entschiedenen Angelegenheiten bei den einzelnen Instanzen normal?

19. Ist der „Entscheidungs-Rückstand" (Spanne zwischen Bitte um Entscheidung und Entscheidung selbst) normal?

20. Werden Entscheidungen niederer Instanzen von höheren häufig wieder aufgehoben?

21. Werden Stabsstellen mit echten Stabsaufgaben beschäftigt, d.h. mit Aufgaben der Entscheidungsvorbereitung?

22. Decken sich die Ansichten, die die Mitglieder von Stäben über ihre Aufgaben und Befugnisse haben, mit den entsprechenden Vorstellungen der Unternehmensleitung und der übrigen Abteilungen und Stellen?

23. Haben die Inhaber von Stabsstellen Linienpraxis und die Inhaber von Linienstellen Stabspraxis?

24. Sind Ausschüsse für solche Aufgaben gebildet worden, die bei der gewählten Unternehmensgliederung zerschnitten werden mußten?
Bei jeder Unternehmensgliederung werden Aufgaben, die unter bestimmten Aspekten zusammengehören, auseinandergerissen und auf verschiedene Stellen verteilt, weil man andere Aspekte für wichtiger hält. Gliedert man z.B. ein Unternehmen in der Spitze sofort nach Produktgruppen, dann gibt es keine zentrale Einkaufsabteilung, sondern für jede Produktgruppe eine besondere. Einheitliches Einkaufsgebaren (z.B. hinsichtlich der Konditionen) kann dann nur durch einen Einkaufsausschuß gesichert werden.

25. Sind Ziele, Aufgaben und Befugnisse (z.B. verbindliche Beschlüsse zu fassen) der Ausschüsse eindeutig festgelegt?

26. Sind die Ausschüsse nur für solche Aufgaben eingesetzt, die nicht von Einzelpersonen besser erledigt werden können?
Schöpferische Arbeiten und komplizierte Einzelarbeiten können viel besser von Einzelpersonen als von Gremien erledigt werden.

27. Ist die Teilnehmerzahl der Ausschüsse richtig gewählt?
Ausschüsse für Erfahrungsaustausch und Information können 6–10 Teilnehmer haben, Arbeitsausschüsse (z.B. für Planungsaufgaben) sollen kleiner sein (3–5 Personen).

28. Arbeitet das Informationssystem so, daß sich jeder, der eine Entscheidung zu fällen hat, auf alle Informationen (Tatsachen, Tatsachen-Interpretationen, Erwartungen, Meinungen, Pläne usw.) stützen kann, die diese Entscheidung beeinflussen und über die eine andere Stelle oder ein anderer Arbeitsplatz des Unternehmens verfügt?

29. Sind die wichtigen Verkehrsbeziehungen zwischen Stellen und Abteilungen – insbesondere die, die den normalen Geschäftsablauf betreffen – so gestaltet, daß sie schnell und zweckmäßig ablaufen?

30. Stehen schriftliche und mündliche Kommunikation im richtigen Verhältnis zueinander?
Schriftliche Mitteilung für das, was wichtig, kompliziert oder von dauerndem Interesse ist; mündliche Mitteilungen für das, was weniger wichtig, einfach oder nur von vorübergehendem Interesse ist.

31. Kennen die unteren Instanzen die Ziele, Pläne und Grundsätze der Unternehmensspitze?

32. Ist dafür gesorgt, daß die Unternehmensspitze ausreichend über die Vorgänge, Ansichten und Erwartungen in den unteren Instanzen unterrichtet wird?

33. Werden häufig Informationen durch *improvisierte* Kommunikation übermittelt, wenn sie besser durch *organisierte* Kommunikation, wie Konferenzen oder Berichte, ausgetauscht werden sollten?

34. Entspricht der Zeitaufwand, den jeder Mitarbeiter seinen einzelnen Aufgaben widmet, der Bedeutung dieser Aufgaben für das Ganze?

35. Ist der gesamte Zeitaufwand für Kommunikation und seine Verteilung auf die einzelnen Arten der Kommunikation und auf die einzelnen Sachgebiete erforderlich?

36. Ist jeder mit Aufgaben betraut, die kein anderer besser erledigen kann, und die niemand, der weniger qualifiziert ist, auch zufriedenstellend erledigen könnte?

37. Stimmen die einzelnen Instanzen und Ränge des Organisationsaufbaues – unter Berücksichtigung anderer Faktoren, wie Dienstalter, besondere Qualifikationen usw. – im großen und ganzen mit den Bezügen derjenigen überein, die diese Positionen innehaben?

38. Gibt es bei der Stellenbesetzung sogenannte Personalunionen (vertikal oder horizontal), also die Besetzung mehrerer Stellen durch eine einzige Person? Wenn ja, welches sind ihre Ursachen und sind sie zweckmäßig?

39. Ist die Verfügungs- und Unterschriftsbefugnis so geregelt, daß der Verfügende oder Unterschreibende fachlich und zeitlich wirklich in der Lage ist, eine Kontrolle auszuüben?

b) Führungsorganisation (Organisation der Unternehmensspitze)

40. Ist bei der Verteilung der Führungsaufgaben – neben den allgemeinen sachlichen Gesichtspunkten – auch auf die besonderen Fähigkeiten und Neigungen der Führungskräfte Rücksicht genommen worden?
Wenn nein, würde eine derartige Verteilung der Aufgaben so schwerwiegende Nachteile haben, daß die Ausnutzung der besonderen Fähigkeiten und Neigungen der Spitzenkräfte dahinter zurücktreten muß?

41. Entspricht die zahlenmäßige und die fachliche Besetzung der Unternehmensspitze der Betriebsgröße und der Dynamik der Branche?
In einer dynamischen Branche – also einer Branche, die sich selbst und deren Umwelt sich schnell und wesentlich verändert – ist die Führungsaufgabe und Führungsarbeit schwieriger und umfangreicher. Darum ist der Anteil der Führungsarbeit an der gesamten Unternehmensarbeit in solchen Fällen größer als in weniger dynamischen Branchen oder Betrieben.

Für die Beurteilung der Dynamik eines Betriebes (seiner „Daten-Änderungs-Geschwindigkeit“) kommen folgende Kriterien in Frage:

a) neue Erzeugnisse mit mehr als 5 % Marktanteil
b) neue Märkte oder Kundengruppen mit mehr als 5 % Marktanteil
c) Änderung der Vertriebswege
d) Fallen der Verkaufspreise (Marktpreise) um mehr als 5 %
e) Einführung neuer Produktionsverfahren
f) Errichtung eines Zweigwerkes
g) Übernahme eines anderen Betriebes als Tochterunternehmen
h) Kostensteigerungen um mehr als 5 %
i) Lohnsteigerungen um mehr als 5 %
k) Personalwechsel in der Führungsgruppe
l) Personalzunahme um mehr als 5 %

Je häufiger derartige Ereignisse in einem bestimmten Zeitraum (ein oder drei Jahre) eintreten, um so größer ist die Dynamik des Betriebes bzw. seiner Umwelt.

42. Entspricht die Arbeitsweise (der Führungsstil) der Unternehmensspitze der Betriebsgröße und der Dynamik der Branche?
Bei schnellem Wachstum oder anderen wesentlichen Veränderungen (z.B. schneller geographischer Ausdehnung) hinkt die Entwicklung der Arbeitsweise der Führungsgruppe oft hinter der Entwicklung des Unternehmens her.

43. Ist der Aufbau der Unternehmensspitze günstig für die richtige Verteilung der Arbeitszeit der Führungskräfte auf die Aufgaben: Planen, Leiten, Koordinieren und Kontrollieren?

44. Ist die Führungsgruppe ausreihend über die Vorgänge, Erwartungen und Ansichten in den unteren Instanzen informiert?

45. Hat die Führungsgruppe die unteren Instanzen ausreichend über ihre Ziele, Pläne und Grundsätze informiert?

46. Sind häufig Anordnungen der Führungsgruppe in der letzten Zeit nicht, nicht richtig oder nicht rechtzeitig ausgeführt worden?
Wenn ja, welche Ursachen hatte das?

47. Stimmen die Ansichten, die die Mitglieder der Führungsgruppe über die Ziele, Probleme und Pläne des Unternehmens sowie über die wichtigsten Grundsätze der Unternehmensführung haben, im wesentlichen überein?
Wenn nicht, kennt jeder die Ansichten des anderen?

48. Sind in der Besetzung der Führungspositionen verschiedene Altersgruppen gemischt?

49. Ist der Zeitaufwand für Kommunikation (bilateral und in Konferenzen) innerhalb der Führungsgruppe angemessen?

c) Informelle Organisation

Vorbemerkung: Die Untersuchung der informellen Organisation eines Unternehmens ist besonders schwierig und zeitraubend. Die entsprechenden Untersuchungsmethoden sind noch nicht vollkommen entwickelt und noch nicht über jeden Zweifel erhaben. Darüber hinaus erfordern derartige Untersuchungen im allgemeinen besonderes soziologisch geschultes Personal und können kaum ohne die freiwillige Mitarbeit der Angehörigen des Unternehmens durchgeführt werden. Darum sind solche Untersuchungen noch selten, besonders für Zwecke der Gestaltung des Unternehmensaufbaues. Im allgemeinen beschränkt man sich darauf, sie lediglich dann anzustellen, wenn der Verdacht besteht, daß sich in einem einzelnen Fall die informelle Organisation eines Unternehmens besonders hemmend auf die formelle Organisation und die Arbeit auswirkt.

50. Welche informellen Gruppen gibt es im Unternehmen?

51. Wer sind die Gruppenführer und die „zweiten Männer“ jeder Gruppe?

52. Wie groß ist die Wertschätzung (fachlich und menschlich), die der Gruppenführer in seiner Gruppe genießt?

53. Wie groß ist der Einfluß des Gruppenführers auf seine Gruppe?

54. Wie ist die Einstellung der Gruppen zum Unternehmen und seinen Zielen (positiv, negativ oder indifferenz)?

55. Welche Beziehungen, Wertschätzungen und Einstellungen bestehen zwischen den Gruppen? Hier sind auch die Beziehungen zu untersuchen, die dadurch entstehen, daß bestimmte Personen gleichzeitig zu mehreren informellen Gruppen gehören.

56. Kennt die Unternehmensleitung die wichtigsten informellen Gruppen, ihre Führer und ihre Einstellung zum Unternehmen?
Wenn ja, berücksichtigt sie diese Tatsachen bei ihren Maßnahmen?

57. Benutzt die Unternehmensleitung bewußt die informellen Gruppen, um Informationen weiterzugeben oder um die Gruppen zu beeinflussen?
Bei geplanten Änderungen der Organisation kann es z.B. vorteilhaft sein, sich vorher die Mitarbeit der informellen Gruppenführer zu sichern.

58. Werden Gruppen mit positiver Einstellung zum Unternehmen unterstützend bei den Plänen der Unternehmensleitung eingesetzt? Werden Gruppen mit negativer Einstellung aufgelöst oder durch organisatorische Maßnahmen in ihrer Wirkung neutralisiert?
Feindliche Gruppen können z.B. durch Entlassung des Führers oder – in großen Unternehmen – durch Versetzung mit räumlicher Trennung aufgelöst werden.

59. Wer sind die „einflußreichen Leute", die jeder zunächst gewinnen will, wenn er eine Idee oder einen Vorschlag bei der Unternehmensleitung durchsetzen möchte? Sind es fachlich qualifizierte und charakterlich einwandfreie Personen, die ihren inoffiziellen Einfluß positiv nutzen?

Anlage 12: Klassifikation der Methoden der Ideenfindung **)

A *Brainstorming und seine Abwandlungen*

A 1 Klassisches Brainstorming
A 2 Anonymes Brainstorming
A 3 Didaktisches Brainstorming
A 4 Destruktiv-konstruktives Brainstorming
A 5 „And-also"-Methode
A 6 Creative Collaboration Technique
A 7 Buzz-Session (Diskussion 66)
A 8 Imaginäres Brainstorming
A 9 SIL-Methode *)

B *Brainwriting-Methoden*

B 1 Methode 635
B 2 Brainwriting-Pool *)
B 3 Ideen-Delphi *)
B 4 Kärtchen-Befragung
B 5 Idea-Engineering
B 6 Collective-Notebook-Methode
B 7 Trigger-Technik
B 8 BBB-Methode (= D5)

C *Methoden der schöpferischen Orientierung*

C 1 Heuristische Prinzipien
C 2 Suchfeldauflockerung
C 3 Bionik

D *Methoden der schöpferischen Konfrontation*

D 1 Klassische Synektik
D 2 Synektische Konferenz
D 3 Visuelle Synektik *)
D 4 Reizwort-Analyse *)
D 5 BBB-Methode *) (= B8)
D 6 Force-Fit-Spiel *)
D 7 TILMAG-Methode *)
D 8 Nebenfeldintegration *)
D 9 Semantische Intuition *)
D10 Forced-Relationship
D11 Katalog-Technik

E *Lösungsfindung durch systematische Strukturierung*

E 1 Morphologischer Kasten
E 2 Funktionsanalyse
E 3 Attribute Listing
E 4 Problemfeld-Darstellung
E 5 Sequenzielle Morphologie *)
E 6 Problemlösungsbaum
E 7 Ablaufanalyse

F *Methoden der systematischen Problemspezifizierung*

F 1 Progressive Abstraktion
F 2 Epistemologische Analyse
F 3 KJ-Methode
F 4 NM-Methode
F 5 Hypothesen-Matrix *)
F 6 Relevanzbaum

*) = vom Battelle-Projektteam neu entwickelte Methoden
**) Battelle-Institut, Methoden und Organisation der Ideenfindung, Frankfurt a.M. 1973, S. XI

Anlage 13: Kurzübersicht der Untersuchungsergebnisse *)

Untersuchte Hauptmethode	Ergebnisse unter den Untersuchungsaspekten:		
	Bedingungen der Durchführung	Leistung in bezug auf Problemarten	Entwicklung von Methodenvarianten
A 1 *Brainstorming*	Gruppe mit 4–7 Teilnehmern, abhängig von der Zahl der erwartbaren Lösungen; fachlich heterogene Besetzung ist von Vorteil; der gebildete Laie ist als Teilnehmer zu bevorzugen; soziale Spannungen in der Gruppe vermeiden; qualifizierter Leiter und Protokollant erforderlich; Dauer: zwischen 15 und 60 min.	Überlegen bei der Lösung von Suchproblemen. Weniger gut geeignet für Analyseprobleme und Konstellationsprobleme. Lösungsqualität streut stärker als bei Synektik. Die behandelten Probleme sollten nicht zu weit gefaßt sein; Ideenfluß stärker als bei den anderen Methoden.	A 9 *SIL-Methode*):* Systematische Integration von positiven Lösungselementen zu einer „optimalen" Gesamtlösung.
B 1 *Methode 635* (Brainwriting)	In der Grundform mit 6 Teilnehmern; Abweichungen (± 2) sind ohne weiteres möglich; für störungsfreien Ablauf sorgen; Leiter entbehrlich; Problemstellung vor Ideenfindung sorgfältig klären, da Rückfragen während der Sitzung kaum möglich sind; Formulare vorbereiten.	Ähnlich wie Brainstorming, jedoch auch besser zur Lösung von Analyseproblemen geeignet (herabgesetzte Spontanität). Ca. 25–30% Doppelnennungen bei der Lösungsfindung; die besten Lösungen liegen oft über der bei Brainstorming erzielbaren Lösungsqualität.	B 2 *Brainwriting-Pool *):* Sicherung des Ablaufs individueller Ideenflüsse; flexible Stimulation durch einen Ideen-Pool. B 3 *Ideen-Delphi *):* Übertragung des Verfahrensrahmens der Delphi-Methode auf die Ideensuche.
D 1 *Synektik*	Gruppe mit 5–7 Teilnehmern; gleiche Kriterien für Gruppenzusammensetzung wie bei Brainstorming; Teilnehmer sollten jedoch in Synektik bereits geschult sein; Bedarf nach qualifiziertem Leiter; Dauer einer Sitzung: ca. 2 Std., Wandtafel erforderlich.	Am besten für Konstellationsprobleme geeignet. Weniger gut für Analyseprobleme und Suchprobleme. Vorschläge durchweg von hoher Originalität; Ideenfluß geringer als bei Brainstorming, Qualität der Vorschläge dafür aber in der Regel besser.	D 3 *Visuelle Synektik *):* Verfremdung und schöpferische Konfrontation mit Bildern in der Gruppe. D 4 *Reizwortanalyse*)* Schöpferische Konfrontation mit beliebig gefundenen Begriffen. D 5 *BBB-Methode*):* Schöpferische Konfrontation durch Bildmappen, individuelles Arbeiten. D 6 *Force-Fit-Spiel*)*

*) Battelle-Institut, Methoden und Organisation der Ideenfindung, Frankfurt a.M. 1973, XI und XII

Fortsetzung der Anlage 13

Kurzübersicht der Untersuchungsergebnisse

Untersuchte Hauptmethode	Ergebnisse unter den Untersuchungsaspekten:		
	Bedingungen der Durchführung	Leistung in bezug auf Problemarten	Entwicklung von Methodenvarianten
D 1 *Synektik*			D 7 *TILMAG-Methode*:* Verfremdung über Bildung von Assoziationen und Gemeinsamkeiten. D 8 *Nebenfeld-integration*:* Einbeziehung des Umfeldes in die Lösungsfindung. D 9 *Semantische Intuition**
E 1 *Morphologischer Kasten*	Nicht in allen Phasen (Auswahlprozesse!) optimal von einer Gruppe zu bewältigen. Vorteilhaft: Brainstorming zur Ermittlung der Ausprägungen der Parameter. Bei intuitiver Auswertung der Morphologischen Kästen nicht mehr als 7 Parameter aufnehmen. Parameter scharf voneinander abgrenzen.	Hervorragend zur Lösung von Konstellationsproblemen bei qualitativ gut strukturierter Lösungsgestalt; ebenso gut für Suchprobleme, wenn Varianten zu einer Grundstruktur gesucht werden. Für sehr komplexe Probleme ebenso wie für abgegrenzte. Parameterauswahl ist Analyseproblem.	*Sequenzielle Morphologie*:* Sukzessiver Aufbau eines Morphologischen Kastens anhand gewichteter Parameter. Die Wichtung erfolgt über die an Lösungen geknüpften Auswahlkriterien.
F 1 *Progressive Abstraktion*	In kleinerer Gruppe (bis 6 Teilnehmer); Gruppenmitglieder sollten sachlich kompetent sein und nicht allzu divergierende Auffassungen vom Problem haben; bei jeder Abstraktionsstufe klären, ob der Bereich subjektive Realisierbarkeit der Lösungen nicht verlassen wurde.	Typischerweise auf Analyseprobleme anzusetzen. Ergebnis der Progressiven Abstraktion ist nicht die Lösung des Problems unmittelbar, sondern eine effizientere Problemauffassung. Auch für komplexe und schlecht definierte Probleme tauglich.	Vorschläge zur Entwicklung spezifischer Frageraster als Leitlinien zur Abstraktion. Ableitung beispielsweise aus dem Organigramm des Unternehmens.

Stichwortverzeichnis